# Fleur du Cloître

ou

## Vie Edifiante de Sœur Marie Céline de la Présentation

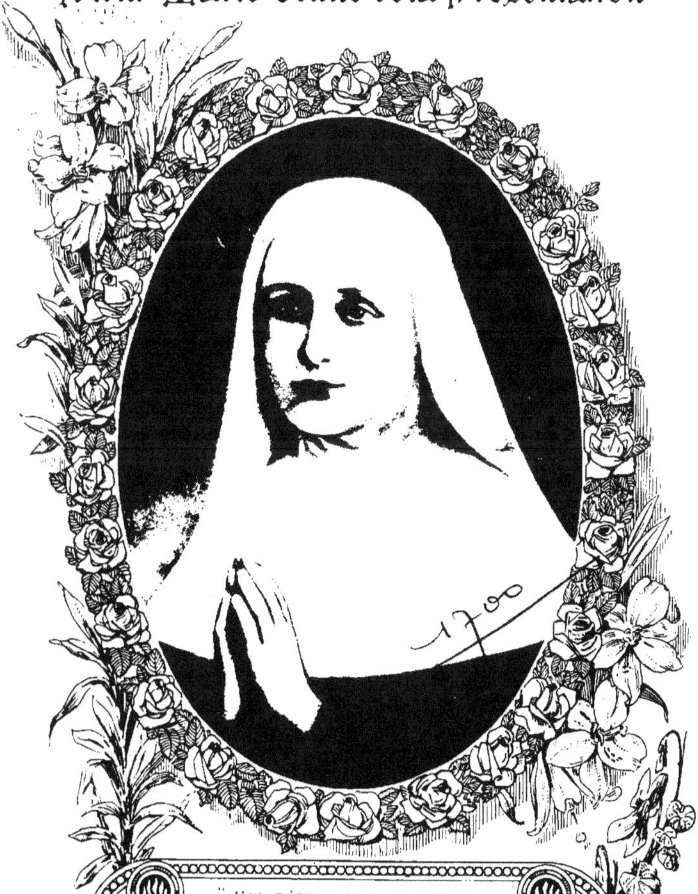

"J'AI RÉSOLU QUE JE SERAI UNE VIOLETTE D'HUMILITÉ, UNE ROSE DE CHARITÉ, UN LYS DE PURETÉ : POUR JÉSUS..." (Marie-Céline).

# FLEUR DU CLOÎTRE

## ou

# SŒUR MARIE-CÉLINE DE LA PRÉSENTATION

O JÉSUS ! J'AI SOIF DE L'AMOUR !

(Sœur Marie-Céline de la Présentation).

II-III

# FLEUR DU CLOÎTRE

OU

## VIE ÉDIFIANTE

DE

# SŒUR MARIE-CÉLINE

## DE LA PRÉSENTATION

MORTE EN ODEUR DE SAINTETÉ A L'AGE DE DIX-NEUF ANS

*Au Monastère de Sainte-Claire de l'Ave Maria de Bordeaux-Talence*

PAR

UNE PAUVRE CLARISSE

6e ÉDITION



SOCIÉTÉ SAINT-AUGUSTIN
DESCLÉE, DE BROUWER ET Cie
LILLE-BRUGES

# DÉCLARATION

----

Conformément au décret du Pape Urbain VIII, l'auteur déclare soumettre, sans aucune réserve, au jugement du Saint-Siège apostolique et du Vicaire infaillible de Jésus-Christ, l'appréciation des faits et celle de la doctrine contenus dans cet ouvrage, et y soumet pleinement sa personne. L'auteur déclare également qu'en employant la qualification de sainte, il n'entend donner à ce mot qu'un sens purement humain ; également aussi, il n'attribue qu'une portée humaine aux faits miraculeux rapportés dans ce récit, et s'en remet en tout au jugement de la Sainte Église catholique, apostolique et romaine.

----



UNE CLARISSE.

# Approbations précédentes.

## APPROBATION

DE

### SON EMINENCE LE CARDINAL LECOT
*Archevêque de Bordeaux*

ARCHEVÊCHÉ
DE
BORDEAUX

*Bordeaux, le 24 septembre 1897.*

MA CHÈRE FILLE,

La vie et la mort de votre regrettée Sœur Marie-Céline ont été pour votre monastère comme un parfum de vertu exquise, qui vous a causé les meilleures impressions et vous laisse les souvenirs les plus édifiants.

J'ai compris facilement, quand vous m'avez communiqué votre dessein, le désir ardent que vous aviez de conserver, pour les Religieuses de votre Monastère, de si douces et de si fortifiantes émotions, et j'ai encouragé vos projets.

Vous avez fait un livre de ce qui aurait pu n'être qu'un mémorial de quelques pages racontant les traits les plus édifiants de la vie de votre petite sainte. On pourra trouver un peu longs, peut-être, les détails qui précèdent l'entrée de la jeune Germaine au couvent. C'est une biographie complète qu'a voulu donner votre cœur, heureux de retrouver et de reproduire tous les mouvements d'une âme merveilleusement privilégiée. Et vous avez mis au service de vos émotions tous les trésors d'une imagination dont nous avons trouvé ailleurs les pieuses créations.

Que Dieu daigne vous bénir, et, avec vous, l'œuvre de souvenir reconnaissant, qui donnera au Monastère de l'*Ave Maria* une sorte de baptême saint et d'où sortira vénéré le nom de *Sœur Marie-Céline*.

Croyez, ma chère Fille, aux meilleurs sentiments de votre Supérieur et Père en Dieu.

† V.-L.-C. LECOT,
*Arch. de Bordeaux.*

# APPROBATION

DU

Ministre Général de tout l'Ordre des Frères Mineurs

Sur le rapport qui nous a été fait, nous sommes heureux d'ajouter notre approbation à celle de l'Éminentissime Cardinal de Bordeaux. Nous faisons des vœux pour que la vie édifiante de Sœur Marie-Céline produise, parmi les âmes chrétiennes, et surtout dans le cloître, des imitatrices de ses vertus.

Fr. Louis LAUER,
*Min. général.*

Rome, Couvent de Saint-Antoine, 16 novembre 1897, fête de la Séraphique sainte Agnès.

# LETTRE DU T. R. P. DEHON

Supérieur Général des Prêtres du Sacré-Cœur de Jésus
Consulteur de la S. Congrégation de l'Index

Ma Révérende Mère,

Vous m'avez offert votre « Fleur du Cloître », je vous en suis bien reconnaissant. Oh ! oui, votre chère Marie-Céline est bien une fleur, une fleur supérieure à celles de la nature, une fleur aux parfums multiples, parmi lesquels se distinguent plus nettement les douces senteurs du lis et de la violette et celles plus enivrantes de la rose.

Elle avait dit dans ses pieuses résolutions : « Je voudrais être une violette par l'humilité, un lis par la pureté, une rose par la ferveur de l'amour ». Elle a été tout cela, et les parfums mystérieux qui ont embaumé sa cellule à l'heure de son trépas, ont bien marqué que le divin Époux était venu cueillir cette petite âme comme un bouquet mystique au Jardin de l'*Ave Maria*.

Ce n'était qu'une enfant quand Dieu l'a prise, elle avait 19 ans ! Mais c'était une enfant de la race des Louis de Gonzague, des Jean Berchmans, des Stanislas Kostka, et il est peut-être dans les desseins de la Providence qu'elle devienne une patronne de l'enfance et des noviciats, comme ceux-là le sont déjà.

Elle a passé comme une fleur, elle n'a vécu que le matin de sa vie, et cependant, ma Révérende Mère, de cette vie d'une enfant vous avez fait un volume dont l'intérêt ne se dément pas. Il a fallu pour cela votre talent de narration et le secours d'une grâce exceptionnelle.

Votre beau livre ne sera pas lu seulement avec profit dans les pensionnats et dans les cloîtres, mais aussi dans les familles chrétiennes. À côté de cette enfant, vous nous avez montré sa mère, une mère chrétienne, une femme forte de la race des Monique, des Symphorose, des Félicité, des Paula, des Aleth, des Blanche de Castille, des Jeanne de Chantal ; une mère qui regardait ses douze enfants comme sa couronne, et qui en acceptait courageusement le sacrifice quand Dieu les réclamait prématurément.

Vous nous avez montré un père de famille, fidèle à Dieu et constant dans l'épreuve ; une sœur ainée qui mène dans une autre Communauté la vie de Marthe, pendant que votre héroïne a choisi la vie de Marie dans la famille des Clarisses. Précédemment, vous racontez la vie et la mort d'une autre petite fleur du désert, la sœur Marie-Éléonore de Saint-Joseph.

Vous nous dites aussi ce qu'est la vie des Filles de Sainte-Claire ou plutôt, par modestie, vous le laissez dire par des pages éloquentes empruntées à une âme de poète, qui nous montre la Clarisse « demandant à l'aumône quotidienne l'austère aliment de sa vie, vouée au jeûne, à l'oraison, aux macérations de toutes sortes, auxquelles viennent s'adjoindre les travaux de l'esprit et des mains, le chant de l'office, les veillées de nuit, passées à prier pour ceux qui dorment, pour ceux qui souffrent, pour ceux qui fautent dans les ténèbres... »

Ce siècle si vulgaire et si matérialiste a cependant semé nos cloîtres de ces fleurs. Quelques-unes ont donné un parfum particulièrement suave : telles Xavérine de Maistre, les sœurs Sylvie et Blanche de Sainte-Colombe, et, au sein d'une société d'élite, Mathilde de Nédonchel. Marie-Céline ne le cède à aucune autre.

Comme Louis de Gonzague, son modèle, elle a atteint la perfection en peu de temps, *consummata in brevi explevit tempora multa...*


Vous nous montrez l'enfant héroïque à dix ans, déjà devenant l'ange consolateur de sa famille et s'offrant en victime, pour détourner les cruelles épreuves qui s'abattaient alors si furieusement sur ceux qu'elle aimait.

A sa prise d'habit, elle dit à son Jésus bien-aimé : « Me voici, coupez, brûlez, tranchez ; faites de moi ce qu'il vous plaira ; pourvu que mon amour pour Vous croisse de plus en plus, c'est tout ce que je vous demande ».

Au cloître, elle est l'ange du Noviciat. On se demande « où pourrait se trouver en elle l'ombre d'une imperfection ». On ne se lasse pas d'admirer « ses excès d'humilité, sa délicieuse simplicité, sa candeur incomparable ».

Un jour, on est étonné de la voir s'acheminer rapidement vers le Calvaire. Elle en donne l'explication : « J'ai demandé à Dieu la souffrance, dit-elle, et il m'a répondu ». Elle souffre longtemps et s'avance vite par la souffrance dans la perfection. Elle avait dit : « Le bon Dieu veut que je souffre... au moins voudrais-je *bien souffrir, souffrir très bien* ».

Ses derniers jours nous reportent aux légendes des grands Saints du Moyen-Age. Des parfums mystérieux embaument sa cellule. La Vierge Marie vient au-devant d'elle avec un cortège de vierges.

Vous nous dites cela fort gracieusement et avec la réserve qu'impose l'Église pour le récit des faits merveilleux.

Puissiez-vous être beaucoup lue ! Les religieuses cloîtrées exercent l'apostolat par leurs prières et leurs sacrifices, vous l'exercerez aussi par ce beau livre. Puisse-t-il pour votre récompense vous conduire quelques belles vocations !

Priez bien au cloître de l'*Ave Maria* pour notre pauvre société si malade.

Agréez les dévoués hommages de votre humble serviteur.

L. DEHON,

*Supérieur Général des Prêtres du Sacré-Cœur de Jésus*
*Consulteur de la S. Congrégation de l'Index.*

Saint-Quentin, 21 août 1898.

# LETTRE ADRESSÉE A L'AUTEUR

PAR

## M. LE COMTE GANDELET

Chambellan de S. S. Léon XIII
Commandeur des Ordres de Saint-Grégoire-le-Grand et de Saint-Sylvestre
Décoré de la Croix *Pro Ecclesia et Pontifice*
Vice-Promoteur de l'Ordre des Avocats de Saint-Pierre
Membre des Académies Pontificales de la Religion Catholique, de la Tibérine et des Arcades

---

Madame et Révérende Mère,

Pour répondre aux désirs qui vous sont témoignés de toutes parts, vous publiez dès maintenant la biographie de votre céleste « Fleur du cloître ».

Une âme d'élite, se développant au sein d'une famille toute chrétienne ; un précoce appel de Dieu ; l'acceptation généreuse de toutes les douleurs, de toutes les souffrances, pour pouvoir répondre à ce divin appel ; le sacrifice accompli dans la joie ; quelques mois seulement de noviciat religieux ; puis la Providence jugeant le fruit mûr et l'enlevant à la terre : en peu de mots voilà toute la vie de celle qui s'appela dans le monde Jeanne-Germaine Castang, et en religion Sœur Marie-Céline de la Présentation.

La nature et la grâce semblaient l'avoir formée de concert pour la prédestiner au cloître. Elle savait joindre aux vertus religieuses la pratique de la pauvreté dont elle avait la passion. Elle était donc bien à sa place chez les « pauvres Dames de Sainte-Claire », ces séraphiques amantes de la Croix, dans l'Ordre des Franciscains, cette grande famille, tendre et austère, de pénitents, qui s'en vont pieds nus, à travers le monde et les temps, faire aimer et bénir Jésus-Christ et prêcher sa croix avec toutes ses horreurs naturelles et toutes ses divines tendresses.

Pour fixer le souvenir de Sœur Céline, vous avez puisé dans ses « Écrits intimes », où se reflète sa pensée, où elle-même glorifie Dieu des grâces reçues, et où, sans y prendre garde, elle rend témoignage à sa propre fidélité.

Le monde est si mal préparé à comprendre les vocations religieuses, il les explique d'ordinaire par des motifs si étranges, qu'il fait toujours bon lui en raconter une dans sa simplicité authentique, c'est-à-dire d'après les paroles mêmes de l'âme appelée.

Alors, ceux qui n'ont point absolument résolu de ne pas entendre sont bien obligés de reconnaître là, autre chose qu'un caprice ou un dégoût, autre chose qu'une folie ou le résultat de la pression étrangère. Il leur faut saluer la grâce, confesser Dieu.

Oui, vraiment, le Christ Jésus est bien le mot de l'énigme : Jésus qui n'éteint pas la nature, mais qui l'élève et la console, tout en lui demandant de se sacrifier. Pour la jeune fille, Jésus est le dernier mot de tout.

Heureuses, mille fois heureuses sont celles qui puisent au foyer paternel — comme votre séraphique petite Sœur — les magnifiques enseignements de la religion, du devoir et de l'honneur.

A notre siècle d'énervement et d'affadissement, on ne saurait trop retracer de tels exemples aux parents et aux enfants ; aussi, je ne doute pas que votre livre ne fasse le plus grand bien, et n'ait sa place marquée dans toutes les familles chrétiennes, sur la tablette où les esprits justes et les cœurs délicats rangent avec respect ces amis inconnus auxquels ils doivent souvent d'être devenus meilleurs.

La vie de Sœur Céline, ma Révérende Mère, me semble être le sublime couronnement des œuvres admirables que vous avez publiées jusqu'à présent.

A la lecture de vos ouvrages, l'âme se repose avec bonheur, en méditant sur des pages embaumées du parfum de la plus tendre piété. Leur méditation charme le cœur, ranime l'esprit de foi et de piété, entretient la paix de l'âme, et rend l'esprit plus religieux en développant la vie chrétienne elle-même, et en augmentant dans les cœurs la dévotion envers Jésus.

On juge de l'arbre à ses fruits ! Quoi d'étonnant que, sous la conduite habile d'une telle maîtresse, à l'école de tant d'héroïsme et de si fortifiants enseignements, les vertus de Sœur Céline se soient rapidement et admirablement développées. Elles étaient d'ailleurs de celles que l'on rencontre rarement à ce degré de perfection chez une novice.

Tout en elle respirait la gravité, le recueillement, l'absorption en Dieu ; l'amour de son Créateur la possédait vraiment tout entière. Procurer la gloire du Divin Époux, l'unique objet de son amour, était sa pensée fixe. Elle le cherchait en tout et partout.

On n'arrive à un tel détachement des objets extérieurs que par un dépouillement intérieur qui ne laisse guère de place à la volonté propre. Il n'est donc pas étonnant que l'obéissance de Sœur Céline fût exemplaire.

Heureuses, mille fois heureuses sont vos chères novices, ma Révérende Mère, de marcher, sous votre conduite, sur les traces de celle que vous avez si bien nommée « l'Ange du noviciat », et qui en restera toujours le parfait modèle ! Elles pourront graver sur les murs de leur « Béthanie », sanctifié par le séjour de Sœur Céline, ces paroles que

l'angélique novice leur laisse comme testament spirituel : « Ne faites jamais de peine à nos Révérendes Mères ». Elles pourront méditer à loisir, et jamais trop longuement, ce que l'éminent et vénérable Cardinal Archevêque de Bordeaux appelle, avec tant de paternelle délicatesse, l'œuvre de « Souvenir reconnaissant qui donnera au monas-
» tère de l'*Ave-Maria* une sorte de baptême saint, et d'où sortira vénéré
» le nom de Sœur Marie-Céline ».


Souffrir et mourir sont pour l'âme religieuse deux actes éminents et pour ainsi dire deux fonctions principales de son état même. Tant qu'elle garde la possession de soi, l'âme doit s'appliquer à tirer de la souffrance tout le fruit possible.

Ici encore, la séraphique novice nous apparait comme type parfait de la perfection religieuse.

A mesure que l'âme de Marie-Céline allait s'élevant dans les mystérieuses ascensions de la sainteté, son faible corps allait déclinant rapidement. Bientôt, les souffrances les plus terribles devinrent son partage de tous les instants ; elles ne pouvaient être surpassées que par l'héroïcité de sa patience et de sa résignation. — « Ne vous déso-
» lez pas, disait-elle à une de ses chères Sœurs, — le bon Dieu veut que
» je souffre et s'Il permet que rien ne me soulage, moi je ne veux pas
» qu'il en soit autrement... au moins, voudrais-je bien souffrir !...
» souffrir très bien !... »

Ce que les pages de ce sublime récit des souffrances et de la mort de Sœur Céline voilent le plus possible, c'est la maternelle sollicitude de la Sainte Abbesse et de sa digne émule, la Mère Maîtresse des novices, pour la chère malade. Toutes deux, elles se constituèrent, avec un admirable dévouement, les infirmières de cette délicieuse privilégiée de Jésus ; jour et nuit, elles se dépensèrent sans compter au chevet de son lit de douleur. Tout ce qu'elles purent lui donner de consolation, elles le firent avec leur cœur de mères ; nous n'en voulons d'autre preuve que cette inoubliable cérémonie des saints vœux de la profession religieuse dans la petite infirmerie du monastère.

Ah ! c'est que le comble du sacrifice, le sommet suprême de la douleur, ce n'est pas de donner sa vie : le grand martyre, quand on est mère, c'est de donner la vie de son enfant. Et Sœur Céline était bien l'enfant de choix et de prédilection de ses Mères vénérées. Elles voyaient arriver le moment suprême où il leur fallait remettre, entre les mains de Jésus, le précieux dépôt qu'il leur avait confié pour le rendre pleinement digne de lui. Sans doute, leur résignation était parfaite, mais le cœur saignant quand même sous l'étreinte de la douleur ; aussi, ne nous étonnnons-nous pas de la note émue, des accents pleins de tristesse qui dominent dans cet émouvant récit. « On sent combien ce travail a dû être doux et cruel — écrivait une autre âme d'élite, amie
» du monastère, au sujet de la séraphique novice et de sa chère Maî-

tresse, — une telle mère racontant une telle fille ; ces pages seront délicieuses à lire et à méditer, mais on peut deviner qu'elles auront été écrites avec le sang du cœur ».

Puissent ces pages destinées aux âmes fidèles tomber comme par hasard sous les yeux de l'incrédulité, fixer un instant son attention distraite et lui fournir la plus douce et la plus puissante révélation qui puisse manifester Dieu au cœur de l'homme : la révélation de l'Amour !... « J'ai soif de l'amour », disait Sœur Céline.

On lira le cœur ému et l'âme fortifiée, les chapitres où l'auteur, avec une simplicité pleine de charmes, dit la sainteté éminente de sa chère novice : — la cellule rangée par les anges — les ravissants excès de sa charité — sa contemplation devant la crèche — son lit de douleur — la bague de Jésus-Céline — la Tourterelle a fait entendre sa voix — mystérieuse psalmodie, parfums et chants célestes — vision d'une belle Dame — le lis brisé.

Sœur Céline vécut comme un ange et mourut comme une sainte, trop tôt pour la terre, hélas ! mûre aux yeux de Dieu, pour ses vues éternelles. « La fleur du cloître » est au ciel, mais son parfum embaume encore l'*Ave-Maria* de Talence ; c'est là qu'elle accorde des grâces merveilleuses aux bienfaiteurs et aux amis du monastère, à tous ceux qui demandent à Jésus par son intercession.

Plaise à Dieu, plaise à la sainte Église d'en consacrer un jour l'impérissable souvenir !

En attendant, veuillez agréer, je vous prie, Madame et Révérende Mère, l'hommage de mes sentiments les plus respectueux et me croire toujours votre bien dévoué serviteur.

Comte GANDELET.

Château de Coligny, en la fête de sainte Thérèse, 1897.

# LETTRE ADRESSÉE A L'AUTEUR

PAR

## M. J.-M. VILLEFRANCHE [1]

MA TRÈS RÉVÉRENDE MÈRE,

Je ne veux pas, comme imprimeur, laisser s'achever la *Vie de Sœur Marie-Céline* sans vous remercier de l'honneur que vous nous avez fait en nous confiant ce travail et du bonheur que nous avons éprouvé mes collaborateurs et moi, à l'exécuter.

Jamais, grâce à Dieu, jamais nous n'avons mis la main à rien qui puisse scandaliser, mais jamais non plus nous n'avions rencontré une impression aussi remplie d'édification et de charme. Ah ! les bonnes, les fortifiantes *épreuves* que celles de Marie-Céline ! dirai-je en répétant l'exclamation d'un de mes correcteurs, si j'osais me permettre de jouer sur les mots.

Autant l'âme de la jeune novice, sitôt enlevée de ce monde, apparaît tendre, naïve, héroïque ; autant la plume de la narratrice est émouvante dans sa simplicité, élégante mais sans recherche et complètement exempte de l'afféterie trop fréquente dans les biographies pieuses ; bref, le peintre est digne du modèle.

Ce livre, c'est un coin du ciel entrevu de la terre, pour le réconfort de ceux qui errent dans les ténèbres et les poursuites vaines ; ainsi encore, par un jour pluvieux, un rayon de soleil glisse entre deux nuages, illumine un coin de l'horizon sombre et laisse deviner ce que sera la pleine clarté quand tous les voiles seront écartés.

Certes, et les luttes, les tentations même de Marie-Céline le montrent assez, le chemin qui mène aux hauts sommets est toujours la voie étroite et raboteuse, la voix de la Croix ; mais c'est aussi la voie triomphale. Nous autres, gens du monde, qui regardons de bas et de loin, nous n'apercevons que les rudesses de l'entrée, nous concevons difficilement les allégresses et la légèreté de l'ascension pour les élus du sacrifice, que l'amour saisit et soulève. Nous ressemblons à l'oiseau qui marche et qui traine le fardeau de ses ailes pliées ; mais ces

---

. . Auteur du *Fabuliste chrétien* et des *Vies de Pie IX*, de *Dom Bosco*, de l'*Histoire de Napoléon III*, etc., etc.

mêmes ailes portent l'oiseau qui sait les ouvrir toutes grandes ; sur elles il s'élance vers l'infini.

Quelle surprise lorsque parfois il nous est donné de voir que ce sont les cloîtres qui renferment le plus de joie et le moins de misères, même dès ce monde ! En obéissant à l'appel — si l'on est vraiment appelé — on fait d'héroïques abandons, mais combien on quitte plus d'illusions que de réalités ! On a eu le mérite de ses renoncements, parce que l'imagination vous faisait prendre des mirages pour un terrain solide ; mais combien vite on éprouve qu'on s'est tout simplement débarrassé d'entraves et d'obstacles !

Peut-être la lecture de cet ouvrage inspirera-t-elle à quelque jeune âme d'aller prendre la place laissée vide par l'heureuse novice. S'il en résultait une vocation, fût-ce une seule, quelle récompense pour la religieuse qui l'a écrit et pour tous ceux qui auront contribué à le faire lire !

Attirez-nous après vous, vaillantes privilégiées. Nous vous suivrons mal, trop de liens nous retiennent, mais aidez-nous, tendez-nous la main et, pour cela, ajoutez vos prières pour nous à vos sublimes exemples. C'est tout ce qui nous reste à vous dire, ma très Révérende Mère, et c'est ce que réclame de vous en particulier,

*Votre très humble et tout dévoué serviteur,*

J.-M. VILLEFRANCHE.

Bourg, le 15 décembre 1897.

*Lettre du Révérend Père J.-M. COLLOMB,*
*de l'Ordre des Frères Prêcheurs.*

# UN HUMBLE AMI

DE

L'*Ave-Maria* DE TALENCE

A

# L'AUTEUR D'UNE " FLEUR DU CLOITRE "

MADAME ET TRÈS RÉVÉRENDE MÈRE,

Avec l'affectueuse simplicité des Filles de Sainte-Claire, vous avez bien voulu me demander mon impression sur les pages consacrées par votre cœur à redire la vie de votre céleste envolée.

C'est avec une joie mêlée de crainte que je réponds à votre invitation ; je n'ai en effet d'autre titre à cette nouvelle et si douce marque de bienveillance que le souvenir du baiser de votre séraphique Père au Patriarche de la famille dominicaine, souvenir d'une émotion intense qui, depuis tantôt sept siècles, laisse entre les deux grands Ordres mendiants comme une traînée lumineuse de suaves sympathies.

C'est l'âme doucement attendrie que j'ai suivi pas à pas votre petite héroïne le long des dix-neuf années de son passage sur terre : en arrivant au *Nunc dimittis* de l'humble enfant, résolvant sa vie de vertus et de souffrances en un envol angélique vers le Paradis, mon cœur, comme les vôtres, Révérendes Mères, qui avez eu la vision de tels exemples, n'a pu retenir un cri de reconnaissance envers Dieu, plus que jamais admirable dans ses saints.

Notre Seigneur avait voulu que son Église eût tous les charmes, après avoir eu les irradiations victorieuses de « ses témoins » auréolés d'une pourpre sanglante ; un souffle de son amour y fit germer les vierges, ces fleurs liliales des vieux cloîtres : fleurs célestes ! fleurs immortelles ! car après avoir embaumé les âges disparus au déclin de ce siècle tout à l'agonie effarée de ses préoccupations d'un jour,

les créations de Jésus sont aussi fécondes qu'à leur première aurore.
Les « folies de la Croix » sont bien vivantes ! Du milieu des ronces
des crucifiements voulus s'élancent encore vers l'azur les ravissantes
apparitions d'autrefois, et comme à l'aube de la vie monastique, por-
tés sur les ailes des attirances divines, les séraphins et les saints s'en-
volent peupler les monastères du Ciel.

Ange et sainte, *Sœur Marie-Céline de la Présentation* a été l'un
et l'autre. *Consummata in brevi, explevit tempora multa.* Pauvre petite
violette des champs, sa vie a passé comme elle, simple, discrète,
oubliée : mais tel est l'attrait de l'humilité qu'involontairement
l'arôme de son innocence a des charmes puissants sur les âmes ; des
effluves célestes s'en exhalent, il semble que ce ne soit déjà plus l'exil
et l'on rêve, près de ces oubliées, des enivrements de l'au-delà
dévoilé.

Cette vision elles l'ont eue pendant les quelques mois que Jésus
leur a confié sa petite vierge ; elles l'ont eue à chaque minute de la
journée, les pieuses moniales de l'*Ave-Maria*, les mères dévouées surtout qui guident leur ascension au Calvaire, d'où l'on ne voit plus
que la Croix irradiée d'amour.

Vous avez pensé avec raison, ma Très Révérende Mère, que cette
vie si brève selon le monde, selon le ciel si riche, serait un exemple
d'un enseignement puissant à ce siècle si engoué de lui-même, si
oublieux d'immolation.

Vous avez laissé parler votre cœur de Mère, tout épris encore des
fleurs de mortification, tout ravi de la gerbe de vertus que l'humilité angélique de votre enfant avait moissonnées dans vos cloîtres ;
votre cœur nous a donné la plus ravissante des biographies, j'allais
dire... des légendes.

Il semble en effet, à parcourir vos pages, que l'on ait sous les yeux
quelqu'une de ces naïves chroniques de moutiers où les vieux annalis-
tes, en un langage tout embaumé de foi, rediraient des récits merveilleux de pureté et de blancheur.

Aucune vie ne s'y prêtait mieux ; ce que les recluses d'autrefois
étaient en l'extase des solitudes claustrales, votre fille l'a été ; comme
elles, elle a aimé la pauvreté jusqu'à en faire sa compagne préférée ;
elle s'est renoncée, comme elles, jusqu'à la crucifixion de son moi
sur la croix de l'obéissance. Comme jadis pour ses Sœurs des vieux
âges, la nature a pour Marie-Céline des préférences secrètes et des
caresses gracieuses. « Le miracle même traverse sa cellule » et y laisse
un rayon de légende qui fait rêver des chastes orantes du moyen-âge :
ce sont les *Fioretti* de l'Énamouré de l'Alverne qui poussent à nouveau
leur floraison de lis et de roses.

Acte d'amour de tous les instants, sa vie n'a été telle que parce
qu'au cloître — où l'on s'initie à la science de la mort — elle a été
une victime perpétuelle d'humilité. En brisant son cœur sur le pied

du Crucifix, la petite Clarisse en fait jaillir, comme du vase de Béthanie, des vertus délicieuses.

Les derniers mois que Dieu vous la prête sont pour elle le triomphe de l'*Ama nesciri*, verbe mystérieusement fécond d'un auteur qui l'a réalisé si complètement qu'après trois cents ans de recherches, les perspicacités géniales de la critique moderne ont dû renoncer à fouiller la tombe ignorée, dans laquelle l'admirable psychologue monastique a voulu se coucher pour demeurer l'inconnu sublime.

Comme elle a soif d'être ignorée, la petite professe à l'angélique beauté ! Avec quelle ardeur elle gravit son Calvaire ! « *Ce n'est pas si difficile d'aller au Ciel, il ne s'agit que de souffrir !* » Comme elle souffre bien, elle, la douce vierge de dix-neuf ans qui se meurt de ne pouvoir mourir ! Ou plutôt, pour me servir du mot de saint Augustin, souffre-t-elle, elle qui aime ? ou du moins si elle souffre, comme elle aime ce qu'elle souffre ! la mort, c'est-à-dire la vie dont l'aube n'aura pas de crépuscule, s'avance trop lentement au gré de son cœur, et cependant avec quelle générosité le martyre de la mort lui étant refusé, elle savoure longuement le martyre de sa vie d'adolescente ! La douleur qui fait se replier sur elles-mêmes tant d'âmes peureuses dilate la sienne, elle la sent prête à déployer son aile : plus que la souffrance, c'est la nostalgie de l'amour qui la tue. Quel entretien d'une suavité déchirante que celui de cette nuit où, penchée sur vous, ma Révérende Mère, elle vous parle du bonheur de mourir ; pour elle, mourir c'est s'unir à l'Epoux ravissant dont elle porte l'anneau. Le cœur la suit avec larmes dans son ascension à travers l'agonie, trouvant au milieu des tortures de la maladie la force de sourire et de consoler, dictant ce sublime billet d'adieu à sa sœur, quatre lignes de martyre qui font pleurer d'admiration et d'envie.

Et quand, après les angoisses dernières, en cette nuit du 30 mai 1897, « la Belle Dame et les angéliques théories d'enfants vêtues de blanc » viennent chercher l'innocente pour la conduire enfin au Désiré de sa passion virginale, n'est-ce pas le *Te Deum* qui s'envole de l'âme avec une prière à la petite élue, et j'ajouterai un merci de gratitude à la pauvre Clarisse qui nous dévoile cette vie d'ange et cette mort de sainte.

Veuillez, Madame et Révérende Mère, en excusant la pauvreté de ces lignes, bien pâles pour un tel sujet, demander « à l'Ange du Noviciat de l'*Ave-Maria* » de se souvenir auprès de Jésus de celui qui a l'heur de se dire votre humble serviteur.

Fr. J.-M. COLLOMB<br>
*des Frères Prêcheurs.*

Vienne, le 7 novembre 1897.

---

L'édition anglaise de " Fleur du Cloître " a été honorée d'une préface élogieuse du grand Cardinal BOURNE, le 29 avril 1923.

*Approbations des précédentes éditions*

———————

IMPRIMATUR :

Fr. Albertus Lepidi, O. P., S. P. Ap. *Magister.*


NIHIL OBSTAT :

Burdigalæ, die 22 Februarii, 1924.
R. M-J. Mauriac,
librorum censor.

IMPRIMATUR :

Burdigalæ die 22 Febr. 1924
A. Giraudin
vic. gen.

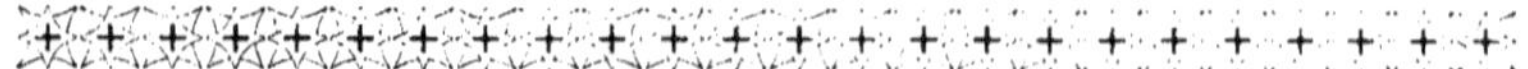

# PRÉFACE DE L'AUTEUR

Quelques semaines se sont à peine écoulées depuis le jour inoubliable qui nous ravit notre bien-aimée Sœur Marie-Céline de la Présentation, et déjà, de tous côtés, nous entendons un concert de voix pieuses réclamant la *Vie* de cette humble vierge morte à dix-neuf ans, en odeur de sainteté, dans une pauvre cellule de notre Monastère de Bordeaux-Talence.

La vie de Sœur Céline est une réalisation saisissante de la parole du Christ : *Quiconque s'humilie sera exalté.* Plus elle a voulu se cacher dans la profondeur délicieuse de notre solitude claustrale, plus elle a voulu disparaître et s'anéantir dans l'humilité du Monastère, et plus Dieu semble vouloir exalter sa Servante, plus grandit l'auréole d'amour, de respect, de vénération dont ses amis de la terre entourent sa mémoire ! Dans ce concert de louanges qui retentit sur la tombe à peine fermée de notre angélique Sœur, sa famille religieuse ne pouvait rester muette.

Nos Supérieurs ont jugé bon de répondre aux demandes des Amis de notre Ordre qui réclamaient une biographie de l'*Ange du Noviciat*. Notre charge de Maîtresse des Novices qui nous rendit l'intime confidente de Marie-Céline et l'heureux témoin de sa vie admirable nous aidera un peu dans notre mission d'écrivain... mais hélas ! combien nous nous sentons impuissante à rendre la beauté, la pureté de cette vie plus céleste qu'humaine. Nous osons le dire, cette vie, quelque simple et modeste qu'elle paraisse, peut, sous certains rapports, être mise en parallèle avec celle de saint Berchmans : en tout temps Dieu veut des lis sur la terre... Béni et remercié soit son divin Cœur qui a daigné jeter la semence d'une telle fleur de pureté et d'amour dans le parterre de notre *Ave-Maria*...

Quelque indigne que nous soyons de raconter comment, sous l'œil de Dieu, germa et s'épanouit cette blanche fleur, nous osons le tenter, avec la bénédiction de l'obéissance et celle de Notre-Dame de l'*Ave-Maria*, reine des Vierges.

*Ad majorem Dei gloriam ! ! !*

UNE PAUVRE CLARISSE.

De notre Monastère de l'*Ave-Maria* de Bordeaux-Talence, le 2 juillet 1897,
en la fête de la Visitation de Notre-Dame.

# INTRODUCTION

'ÉTAIT à Rouen, au lendemain du martyre de la Vierge Lorraine. Le bûcher fumait encore, une femme y arrive angoissée, haletante. A ses sanglots, à son attitude, on l'a bien vite reconnue. Pauvre mère, il est trop tard ! la flamme a fait son œuvre, Jeanne n'est plus sur la terre, elle est au ciel avec les anges. Trop tard ? non, sur les cendres il est doux de pleurer, de prier plus doux encore. Et longtemps, bien longtemps, les larmes coulèrent avec les prières. Larmes et prières Dieu les compte. Il les exauce toujours. Toujours il a du baume pour les plaies du cœur. Et voilà qu'à cette mère, il inspire, comme autrefois aux matrones romaines, de recueillir les cendres de la martyre. O heureuse pensée ! L'humble femme avait à peine commencé son œuvre, qu'elle tressaille, un cri s'échappe de ses lèvres ; parmi les tisons, dans les cendres, ses mains ont rencontré une relique. Déjà elle la couvre de baisers, l'inonde de ses larmes et bientôt on la voit sur son cœur presser comme autrefois le cœur de son enfant.



Il y a huit mois, en un monastère de Clarisses, une âme prenait son essor vers le Paradis. Ce fut joyeuse fête Là-Haut : les anges chantèrent leurs plus mélodieux cantiques ; mais sur la terre, quel

1. Rév. Mère Séraphine : *B. Isabelle de France.*
2. R. P. Delaporte : *Récits et légendes.*

deuil ! combien de larmes ! Le cloître était désolé ; novices et professes, toutes pleuraient. On l'aimait tant, Sœur Céline ! Elle était
si douce, si pure, si sainte. Du bûcher de l'immolation volontaire,
le cloître ; de la fournaise incandescente du divin amour, du lit de la
croix, la Vierge de Jésus vers Lui s'était envolée. Près de ce divin
Époux, jubilante de bonheur, on savait bien que sa belle âme n'oublierait pas ses amis de la terre ; elle l'avait promis, on pouvait y compter et on n'attendrait pas longtemps les premières faveurs. Mais, de
la chère sainte, n'aurait-on pas de reliques ! le parfum de cette fleur
du Ciel s'évanouirait-il comme celui des fleurs de la terre ? Enfin, de
Sœur Céline ne resterait-il rien ici-bas... rien que le pieux souvenir ?
« *Defunctus adhuc loquitur* ». Pour nos pauvres âmes, votre sainte,
Seigneur, n'aura-t-elle plus de voix ?... et les vibrations de son cœur
plus d'écho ? A cette prière, à nos pleurs, le divin Maître a répondu ;
la voix de l'obéissance s'est fait entendre. Ange visible de la chère
disparue, parlez et écrivez d'elle ! Cherchez dans les souvenirs de
famille, dans ceux du pensionnat, interrogez le cloître, surtout ouvrez
votre cœur d'intime confidente et révélez ses secrets. Bientôt, heureuse comme la Mère de votre Sœur de Domrémy, vous aurez trouvé
non pas un cœur de chair, mais ce qui vaut mieux encore, les pensées,
les paroles, les actes du cœur de la sainte envolée.

Ia volonté de Dieu s'était manifestée, il était doux d'obéir. La
Révérende Mère auteur l'a fait avec bonheur. Une à une, elle a recueilli
les reliques de son enfant chérie et, tout embaumées de son amour
maternel, elle les a enchâssées dans ces pages.

Ici je devrais peut-être déposer ma plume et tout de suite laisser
contempler, admirer les trésors de vertus de l'angélique Vierge de
Nojals. Ames candides et pures qui n'avez pas encore entendu la
voix du monde, je n'ai plus rien à vous dire. Sœur Céline vous attend...
et votre âme est impatiente de la rencontrer. Ouvrez le reliquaire
et contemplez la fiancée de Jésus.

Mais qui sait ? des âmes moins heureuses, prévenues peut-être,
ne partageront pas d'abord cette impatience. « Encore une biographie, diront-elles, il y en a déjà tant ! » A celles-là, il faut une réponse ;
la voici, elle est du R. P. Lacordaire, quelqu'un qui connaissait les
âmes et les besoins de notre siècle : « *On ne saurait*, disait l'éminent
religieux, *trop propager le culte et le souvenir des grandes âmes dans
un temps où il y en a si peu !* » C'est qu'en effet, comme l'a très bien
dit Mgr Dupanloup, parlant de la vie des saints, « rien n'est mieux fait
non seulement pour animer les âmes ferventes et fortifier les cœurs
faibles, mais encore pour ramener à Dieu et à la foi ceux que le malheur des temps en a éloignés ». Pie IX, de sainte mémoire, avait dit :
« La presse est une œuvre pie d'une utilité souveraine ». Pourquoi ?
Ah ! c'est qu'il faut le reconnaître, l'invasion des mauvaises lectures
est, à l'heure présente, un des grands périls des âmes, de la famille
et de la société. Quelle digue arrêtera ce torrent ?... Les bonnes lec

tures. Il y a des milliers de livres qui enseignent l'indifférence, l'impiété, le vice sous toutes ses formes ; il faudrait en semer des millions qui rappellent aux âmes leur grandeur, leurs devoirs et leur destinée. Aux livres qui énervent les âmes, opposer ceux qui inspirent le courage et la vaillance ; aux tableaux qui dégradent, opposer ceux qui ennoblissent ; enfin, aux livres du monde, de ce monde qu'un païen appelait déjà « la partie corrompue et corruptrice de l'humanité », opposer la vie des âmes grandes, pures, généreuses, la vie des saints.

En tête d'un de ses ouvrages, un des plus grands malfaiteurs littéraires de la fin du dernier siècle avait la cynique franchise de faire graver cet avertissement : « Je déclare que la jeune fille qui lira ce livre est une fille perdue ». Il pouvait le dire, j'en conviens, il avait mis dans ses pages assez de fiel, assez de venin pour empoisonner les âmes, mais je ne puis croire qu'un mauvais livre avec la malice du démon soit plus puissant pour le mal qu'avec la bénédiction de Dieu un bon livre pour le bien. *Si Deus pro nobis, quis contra nos ?* Nous n'avons peut-être pas assez de confiance en la force que donne le secours de Dieu ; sans cela, en tête de nos ouvrages, nous pourrions écrire, à l'encontre du triste corrupteur cité plus haut : *Tolle, lege et vives !* Prenez la vie des saints, elle embaumera votre âme. On ne respire pas en vain la bonne odeur de Jésus-Christ. La vertu a des charmes qui attirent les cœurs généreux et font germer les saints. Étudier la vie des grandes âmes, c'est apprendre à les aimer, et quand on les aime, on est bien près de les imiter, de les suivre.

La biographie de Sœur Céline servira-t-elle à ce travail de sanctification ? Nous en avons l'intime assurance et nous estimons qu'elle est bien fondée.

L'évêque d'Orléans, nous l'avons vu plus haut, aimait la vie des saints, mais il la voulait belle comme leur âme. « Avant tout, disait-il, avec la conception juste et le sentiment exquis de ce qui convient en de tels sujets, avant tout et par-dessus tout, l'amour du saint, puis une étude approfondie de son âme, de ses luttes, de ce que furent en elle la nature et la grâce : tout cela tracé avec simplicité, vérité, noblesse, pénétration profonde et vivants détails, de telle sorte que le saint soit fidèlement représenté... ; des faits vrais, authentiques, précis, nombreux, mais groupés avec art et habilement disposés dans un ordre savant qui prépare et éclaire tout ; un style enfin simple, grave, ému, pénétrant ». Voilà ce que le savant prélat voulait rencontrer dans la vie des saints.

La biographie de Sœur Céline répondra-t-elle à ces exigences ?

Pour ceux qui ont lu « Phillippa de Gueldre », « Le Mois du Divin Époux », « De la Terre au Ciel », « Isabelle de France », « L'Histoire poétique de la Bienheureuse Marguerite-Marie » et hier encore « Les Échos de Béthanie », ils savent avec quelle munificence celle qui a signé ces pages a reçu de Dieu le don de son amour et celui du discernement des âmes, ceux-là, j'en suis sûr, voudront tous respirer le parfum d'une « Fleur du Cloître ».

À ceux qui n'ont pas rencontré ces pages bénies, je n'ai qu'un mot à dire. Elles trouveront dans ce livre : *le cœur d'une enfant révélé par sa mère*. Le cœur d'une enfant, je veux dire sa candeur, sa naïveté, son innocence, sa ferveur, et pour lire dans cette âme limpide et transparente, le regard doux et profond d'une mère au cœur bien pur et bien aimant.

Et maintenant, vierges du cloître et vierges du monde, mères de famille et vous tous qui aimez la sainteté et voulez l'acquérir : *Tolle et lege*. Prenez et lisez. Et les vertus révélées dans ces pages, enchâssez-les dans votre cœur comme en un reliquaire ou plutôt comme dans un ostensoir d'où par vos regards, vos paroles, vos actes, elles resplendissent comme par autant de rayons. *Hoc fac et vives*. Faites cela et vous vivrez.

Pour vous, chère Envolée,

> «  ...... Oh ! laissez-nous un peu
> » Vous suivre pas à pas dans ce paisible lieu ;
> » Laissez-nous soulever un petit coin du voile
> » Qui recouvrait vos jours... Rayonnez, belle étoile,
> » Dans le ciel pur et doux du pays de l'amour...
> » Montrez-vous à vos sœurs pour qu'elles, à leur tour,
> » Sachent comment on peut, dans le vallon d'Absinthe,
> » Cheminer comme un ange... aimer comme une sainte. [1]

D. S. B.

Ab. MAGNIN,<br>
*Curé de Delley  Suisse*,

19 novembre 1897, fête de sainte Élisabeth de Hongrie, du Tiers-Ordre de Saint-François d'Assise.

---

1. Rév. Mère Séraphine : *Hist. poétique d'Isabelle de France*

# FLEUR DU CLOÎTRE

## ou

## Sœur MARIE-CÉLINE DE LA PRÉSENTATION

# Chapitre Premier.

## JEANNE-GERMAINE CASTANG

*Je suis la fleur des champs et le lis
des vallées.*      Cant., ch. II, v. I.

ARMI les nombreux et charmants villages dont s'émaillent les campagnes de la Dordogne, celui de Nojals peut revendiquer l'honneur d'avoir été souvent comparé à un petit Éden. Situé sur une belle route départementale, à égale distance de Beaumont, chef-lieu de canton, et de Sainte-Sabine, bourg populeux et industriel, cet humble paradis terrestre semble illuminé de tous les sourires de la nature et comblé des bénédictions du Créateur...

Sur un côteau, dominant au sud le village, se trouve le hameau pittoresque de Clottes qui possède une antique chapelle dédiée à sainte Anne. Simple dans son style, vénérable jusque dans son pignon en ruines, le modeste sanctuaire demeure toujours un lieu de pèlerinage très fréquenté. En tout temps, des pèlerins fervents viennent y implorer la puissante médiation de la Mère de la Très Sainte Vierge. Les ex-voto nombreux qui tapissent les murs du pauvre édifice prouvent que sainte Anne se plaît à exaucer les prières qui lui sont adressées dans son petit Sanctuaire de Clottes. Ce hameau, autrefois chef-lieu de commune, fut annexé après la Révolution au village de Nojals : depuis lors, Clottes a été desservi par M. le curé de Nojals qui y célèbre le Saint-Sacrifice chaque dimanche.

Les rares touristes qui traversent Nojals pendant la belle saison rendent hommage à son site enchanteur. Encadré de collines boisées et de petites forêts, qu'égayent de perpétuels concerts d'oiseaux et que hantent d'innombrables écureuils, entourés de beaux vignobles et de riches moissons qu'on voit onduler au moindre souffle des vents comme une mouvante mer d'or, fertilisé par un limpide et clair ruisseau qui serpente comme un ruban d'argent dans ses prairies embaumées, ce joli village ne manque ni de grâce, ni d'une certaine poésie. Ce qui vaut mieux encore, il ne manque ni de foi, ni de ces grandes et solides vertus morales et religieuses qui sont la vraie gloire d'un peuple. La bonne réputation des habitants de Nojals est connue de tous les alentours, et les Nojalsais sont fiers d'une renommée à si bon droit acquise. Ils aiment leur pays ; ils chérissent leur berceau et lorsque Dieu leur dit comme au père des croyants : « Sors de ton pays... *egredere*... et viens dans la terre que je te montrerai, » ils suivent leur vocation sainte, mais ils gardent au cœur le souvenir de cette terre natale, où — leur semble-t-il — le ciel est plus doux, la fleur plus suave, l'oiseau plus gai, les ruisseaux plus limpides... Écoutons une enfant de Nojals chanter naïvement les pures gloires de son beau pays : « Nojals ! Nojals !... Je me souviens d'avoir presque tiré vanité d'y avoir vu le jour... » et, dans un épanchement intime, elle nous narre les charmes pittoresques de ce nid de verdure : elle vante les bois touffus de ce petit coin privilégié de la Dordogne, elle parle avec complaisance de ses moissons jaunissantes, de ses eaux de cristal, de ses prairies émaillées, puis elle ajoute avec amour : « La foi est encore vive parmi la population presque exclusivement composée d'agriculteurs, bien plus occupés de leurs sillons que des nouvelles politiques ou antireligieuses. La dignité du prêtre et de la religieuse y est encore respectée, grâce à Dieu ! le repos du dimanche observé, les pratiques saintes de la Religion honorées. Je me souviens d'avoir été grandement édifiée dans mon enfance par un jeune homme de vingt-cinq ans environ, qui ne rougissait pas de se mettre à genoux en plein champ, s'il s'y trouvait lorsque la cloche annonçait l'Angélus, avouant ainsi sa foi en présence de tous ! Ce fait se renouvelait souvent au son de la cloche annonçant l'Élévation. Ce peuple, simple dans ses mœurs, ne manque pas cependant d'une certaine culture intellectuelle, grâce peut-être au dévouement de saintes Religieuses de notre Institut de Saint-Joseph d'Aubenas qui ont élevé depuis près de vingt ans la jeunesse de Nojals-Clottes. C'est peut-être à leurs leçons pleines de piété et de zèle, et surtout à leurs prières et à leurs exemples de vertu ,que ce pays doit d'avoir conservé, avec la foi, l'innocence des mœurs.

« Au centre du bourg est la nouvelle église [1] bâtie sur les ruines de l'ancienne [2], au prix des sacrifices et des sueurs de la chrétienne et vaillante population de Nojals. Le charmant édifice à lignes correctes, à proportions étudiées, apparaît à l'ombre d'un bouquet d'arbres. Ses formes sveltes et dégagées, ses voûtes gracieusement entrecoupées par les murs percés de neuf fenêtres en ogives, les chapitaux de ses colonnettes, l'ordre et le bon goût de son humble décoration, tout, dans le sanctuaire, charme l'âme chrétienne et sourit au cœur pieux.

» Quatre gigantesques tilleuls aux branches élancées, ombragent le modeste édifice et forment, en entre-croisant leurs rameaux, des ogives multiples, des arcades nombreuses. Je vois encore l'effet ravissant que produisait sous ce berceau de verdure le Reposoir de la Fête-Dieu : la fraîcheur des guirlandes, le feuillage vert, les fleurs éblouissantes, le chant des oiseaux, les tentures blanches de l'autel, la flamme vacillante des grands cierges, le parfum de l'encens joint à celui des roses, les jeunes filles sous les chastes plis de leur long voile blanc, les enfants de chœur, le prêtre revêtu des ornements

1. L'église de Nojals est dédiée à sainte Quiterie, vierge et martyre. Son nom et son culte oubliés ont été remis en honneur.

2. La vieille église du village était un tout petit édifice en forme de croix latine, se rapprochant de la Croix grecque, tant était courte la petite nef... : sept mètres au plus. Deux petites voûtes surbaissées, à nervures à peine dégrossies, reposaient sur des supports dont les figures grimaçantes avaient été à moitié détruites par le marteau révolutionnaire. Une chapelle et la nef étaient simplement plafonnées. Un petit pignon, ouvert de deux baies, soutenait une petite cloche qui date de quatre cents ans. Un cimetière entourait le vieil édifice. La toiture basse à tuiles creuses, souvent dérangées ou emportées par le vent, reposait sur ces vieux murs qui menaçaient ruine.

A l'intérieur, les plafonds s'en allaient de toutes parts. Là, le bon Dieu n'était pas mieux logé que les laboureurs du lieu.

Les paroissiens de Nojals rêvaient une église neuve. Après bien des essais infructueux et six ans d'attente, cette petite population de trois cents âmes finit par se créer une douzaine de mille francs de ressources. L'adjudication fut donnée. Le fer du maçon renversa la charpente, la pioche acheva de jeter à terre les vieux murs. Le bon Dieu délogé reçut l'hospitalité tout près de là, dans un hangar à sécher le tabac que le propriétaire, oncle paternel de Germaine, mit à la disposition de M. le Curé. Il y demeura trois ans au vent, à l'humidité et au froid. Qu'importait à Jésus-Hostie le provisoire et la pauvreté de cette nouvelle demeure ? Sous le toit de chaume de l'église des missions, aussi bien que sous la voûte des plus splendides basiliques, c'est toujours le même Dieu-Amour qui nous dit : « Mes délices sont d'habiter parmi les enfants des hommes. » Nul doute qu'en quittant le toit hospitalier de M. Castang, le Dieu de l'Eucharistie n'ait comblé de divines bénédictions ce généreux chrétien et sa pieuse famille L'Hôte divin paie toujours en Dieu l'hospitalité qu'on lui donne, si pauvre soit-elle.

(D'après les Notes de M. l'abbé Theillet).

sacrés, le nimbe d'or en main, la foule pieuse et recueillie s'inclinant au passage de la blanche Hostie, les chants que l'Église met en ce jour sur les lèvres des fidèles, tout se confondant en une suave et céleste harmonie, quel inoubliable spectacle !... pour un peintre, le magnifique sujet ! pour celui que les Muses inspirent, le délicieux poème !... pour le chrétien, la divine fête ! !     .   .   .   .   .   .   .   .

.   .   .   .   .   .   .   .   .   .   .   .   .   .   .   .   .   .   .   .   .   .   .

» Et c'est en face de l'humble palais où repose Jésus-Hostie, à vingt mètres du Saint-Lieu, que s'élève la maison paternelle aux vastes proportions, avec ses contrevents à persiennes, ses grandes portes à vitres, dénotant, dans son ensemble, une certaine aisance, trop tôt perdue, hélas !...

» C'est là, à quelques mètres du Tabernacle, et presque à l'ombre protectrice de la maison du bon Dieu, que vint au monde la chère enfant que nous pleurons... C'était vers le minuit du 24 mai, en la fête de Notre-Dame Auxiliatrice, dans une nuit calme et sereine comme sa dernière heure... et, coïncidence frappante, le mois qui vit la chère petite fille ouvrir les yeux à la lumière de ce monde l'a vue aussi, dix-neuf ans plus tard, s'endormir du sommeil éternel... Y aurait-il présomption à voir en ceci une faveur spéciale de la Reine du Ciel ? »...

Celle que nous entendons ainsi chanter et pleurer à la fois est la sœur aînée de l'ange terrestre dont nous entreprenons d'esquisser la vie. Dans le monde, elle se nommait Mlle Lucie Castang ; aujourd'hui, sous le nom de Sœur Marie de Saint-Germain [1], elle appartient à la radieuse phalange des âmes vouées au Christ-Époux. Par un sentiment de respectueuse délicatesse, c'est à elle que nous avons voulu laisser le doux honneur de parler la première de la naissance de Germaine, sa sœur bien-aimée devenue la nôtre. Plusieurs fois encore dans le cours de ce chapitre, nous emprunterons aux notes intimes de la sœur aînée quelques détails sur l'enfance de notre jeune héroïne et, grâce à elle, nous pénétrerons discrètement dans le sanctuaire privé de sa sainte famille.

Cette famille bénie était donc en joie à l'aurore du 24 mai 1878. Dieu venait de lui donner une cinquième enfant et Notre-Dame Auxiliatrice, dont l'Église célébrait en ce jour la fête pleine d'espérance, abrita sous le manteau de sa miséricorde et de son amour cette nouvelle-née. La protection de la Vierge Auxiliatrice ne quitta plus son enfant privilégiée, et du berceau à la tombe, du temps à l'éternité, cette fille de Marie fut comblée de ses faveurs.

---

1. De l'Institut des Religieuses de Saint-Joseph d'Aubenas.

Quelques heures après sa naissance, la fille de Germain Castang et de Marie Lafage était portée à la petite église de Nojals et y était régénérée dans les eaux saintes du Baptême. Elle reçut les doux noms de Jeanne-Germaine. La Vierge de Domrémy et la vierge de Pibrac durent sourire à la nouvelle baptisée. Dès lors, ces célestes bergères de Lorraine et de Languedoc protégèrent sans doute de leurs houlettes entre-croisées l'existence de cette petite « brebis du bon Dieu. » Ne serait-ce pas à ces saintes patronnes. Jeanne d'Arc et Germaine Cousin, que Jeanne-Germaine de Nojals devra d'être introduite dans le bercail de la vie monastique et de suivre le divin Pasteur dans les Séraphiques pâturages de l'Alvernia ?... *In loco pascuæ ibi me collocavit*[1], dira plus tard la Vierge de l'Agneau, et, s'étonnant de son immense bonheur, nous l'entendrons redire sur le seuil de l'Éternité : « Qu'Il est bon, Jésus !... Qu'Il est bon !... »

Effectivement, notre bon Dieu, si bon pour tous, le fut tout particulièrement pour cette enfant de ses divines prédilections. Un des premiers bienfaits que son infinie Bonté accorda à Germaine fut de placer son berceau au sein d'une famille patriarcale où les magnifiques vertus de la Religion, du devoir et de l'honneur étaient comme un héritage familial que s'y transmettaient les générations. Quelques jours avant sa mort, Germaine me racontait un trait admirable de la grande piété de son grand-père. — Et votre père lui dis-je, est-il aussi généreusement pieux ? — Oh ! oui, répondit-elle avec une simplicité charmante., et elle ajouta : *C'est de famille !*

A lui seul, ce mot nous révèle les traditions de cette honorable famille. Recueilli sur les lèvres mourantes de notre prédestinée, nous l'avons pieusement conservé et nous léguons aux frères et aux sœurs de Germaine Castang cette phrase mémorable. Lorsque la Religion leur demandera un acte de générosité et d'héroïsme, ils sauront toujours répondre à la voix de Dieu et à celle de leur conscience, et s'ils avaient besoin de reprendre force et courage dans la pratique du devoir héroïquement accompli, ils se rappelleraient les traditions qui leur ont été laissées, et, accomplissant la Loi du Seigneur. suivant ses commandements et ceux de son Église, ils se diront ces mots de profondeur sublime dont ils feront leur cri de ralliement : religion, honneur, devoir : *C'est de famille !*

Germaine. la future pauvre Clarisse, ne connut jamais les énervantes douceurs du luxe ou les charmes d'une riche et paisible aisance. Loin de là ! Son berceau fut le simple berceau d'osier des enfants de la campagne : point de fines dentelles sur la couchette

1. Ps. XXII.

de cette belle petite créature d'un jour, point de rideaux légers de soie bleue ou rose pour abriter cette fleur des champs, point de layette brodée pour ce lis de la vallée, mais, ce qui est infiniment plus doux que ces luxueuses bagatelles, des sourires d'amour et de chaudes caresses, des soins d'une tendresse exquise et des vœux charmants fleurirent le berceau de cette nouvelle enfant que sa mère voulut allaiter elle-même, comme elle avait déjà nourri ses quatre aînés... Avec le lait, elle inocula à cette petite bien-aimée quelque chose de ces vertus extraordinaires qui faisaient d'elle la vraie femme forte louée par les Saintes Écritures. Encore aujourd'hui, ceux qui ont connu cette épouse modèle, cette mère incomparable, cette chrétienne « sans peur et sans reproches, » n'en parlent qu'avec une respectueuse admiration et s'accordent à dire : « Madame Castang! c'était une sainte !! »... La fille devait hériter de la sainteté de sa mère...

Chrétiens, et grands chrétiens, les époux Castang regardaient chaque naissance comme une bénédiction du Ciel, leurs enfants comme des dons de Dieu. Malgré l'état de gêne et de détresse dans lequel ils devaient se trouver si souvent, ils savaient se réjouir chrétiennement à la venue de ces chers petits êtres qui devenaient leur couronne vivante. Ils paraissaient ne pas vouloir s'apercevoir qu'un enfant de plus était une charge à ce foyer, que visitèrent si cruellement l'infortune et le dénuement. M. et Mme Castang eurent douze enfants : ces douze naissances furent douze joies et douze honneurs ! Le Ciel réclama sa part et, avant de descendre dans la tombe, jeune encore, Mme Castang eut l'affreuse douleur de voir mourir cinq de ses charmants petits enfants : deux lui furent ravis en moins de quinze jours par une rougeole compliquée de bronchite aiguë. La pauvre mère en crut mourir de douleur. Son chagrin fut navrant et on l'entendit répéter avec un accent de tendresse et de désolation impossible à rendre : « Plutôt avoir cent enfants, que d'en perdre un seul !... »

Ce cri doit ressembler à un de ceux que poussait Rachel l'inconsolable...

Oh! les mères, les mères dépossédées par la cruelle mort de leurs vivants trésors, les mères pleurant les enfants de leur amour, dans quels abîmes de douleurs ne descendent-elles pas ? Vraiment, il n'y a que la main d'un Dieu qui puisse les retirer des sombres profondeurs de leur tristesse amère, comme il n'y a que le cœur d'un Dieu qui puisse comprendre et consoler le cœur blessé des mères en deuil ! Mme Castang connut ces immenses tristesses ; elle connut aussi les célestes encouragements du Dieu Consolateur. Au pied de son Crucifix son âme se rasérénait... le *fiat* descendait du Cœur de son Dieu dans le sien... puis il remontait de son cœur à ses lèvres, et elle avait la force de bénir son Dieu qui ne lui avait enlevé  ses enfants  chéris que pour les faire monter au pays des anges ; ne faut-il pas au bon Dieu des fleurs pour son beau Paradis ? La famille Castang lui fournit sa gerbe et là-haut, où tout refleurit dans l'éternel amour, l'heureuse mère doit se voir aujourd'hui entourée de sept de ses enfants : Au Ciel les familles se reforment !

Il aurait presque suffi d'une seule visite faite à la famille Castang pour sentir et pour voir que Dieu était bien l'unique et divin Maître de cet intérieur chrétien. Le crucifix y avait une place d'honneur, la petite statue de Notre-Dame y avait aussi la sienne. On aimait à parler du bon Dieu, on Le bénissait, on Le priait : on ne s'en cachait point ! Les premiers noms que les enfants au berceau apprenaient à bégayer étaient ceux de Jésus, Marie, Joseph... et, à peine sortis des langes, le premier usage qu'on leur apprenait à faire de leurs bras et de leurs mains était de se signer du divin signe de la Croix... Heureux enfants ! n'était-ce pas les vouer, dès le berceau, à l'éternel honneur d'être les soldats du Christ ?

Souvent Mme Castang s'approchant du berceau de ses enfants les contemplait en silence, et, comme saisie de respect devant ces anges de la terre, radieuse image des Anges du Ciel, près de ce berceau où dormait l'innocence, elle priait, elle méditait : « Que de fois alors, nous dit sa fille aînée, je l'ai vue tracer un long signe de Croix sur le berceau de l'enfant chéri ! » O ravissante et sainte bénédiction des mères, combien vous devez attirer celle de Dieu sur ces berceaux d'espérance et d'amour ! !...

Germaine en fut comblée, et, à peine commençait-elle à vivre, qu'elle étonna et charma son entourage ! Douée d'une précoce intelligence, d'un naturel doux et facile, jolie déjà à ravir, cette petite fille était le légitime orgueil de son père et de sa mère, et la petite sœur chérie de ses aînés.

Vraiment Germaine était bien la cinquième bénédiction du foyer ! Sur les genoux de sa tendre mère ou dans les bras de son père, la petite enfant semblait déjà répondre à la tendresse et aux soins dont elle était l'objet ; elle donnait ses petits sourires enfantins avant de donner son sublime dévouement et son filial amour. Sept autres enfants devaient la suivre, mais il semble que dans cette délicieuse douzaine d'enfants Germaine garde une place à part : c'est comme un grain plus vermeil de la grappe de famille, comme une fleur plus parfumée du vivant bouquet. Écoutons Sœur Marie de Saint-Germain constater elle-même la suprématie de cette petite

reine de son cœur, à laquelle elle ne songea jamais à contester sa
merveilleuse puissance d'attraction, en subissant la première les
charmes vainqueurs : « Elle était si gentille, si aimable, ma petite
sœur chérie, avec sa blonde chevelure bouclée, ses grands yeux bleus
où brillaient à la fois l'intelligence et le cœur ! Chacun la caressait,
était heureux de lui faire quelque petit cadeau. Ma mère elle-même,
qui nous aimait tous d'une égale tendresse, avait pour celle-ci une
certaine prédilection dont nous nous rendions parfaitement compte,
mais la chère enfant la méritait si bien, que nous n'en étions pas
jaloux. Ses gentillesses, son gracieux babil nous la faisaient tant
chérir ! »

M. Castang, lui aussi, subissait l'attraction générale : il ne s'en
défendait pas. Lorsqu'il rentrait le soir en son paisible logis, après
ses rudes journées du travail des champs, le robuste cultivateur se
sentait ému et attendri à la vue de cette couronne d'anges qui se
formait autour de lui. Il était fier de sa belle famille d'enfants, il
caressait chaque oiseau de ce doux nid, mais c'était dans une sorte
de contemplation qu'il baisait Germaine, Germaine au front éblouis-
sant, au sourire de chérubin, et, dans l'intime de son cœur, il se
disait : « Que sera cette enfant ? » puis, comme effrayé de tant de
beauté et d'innocence, il se prenait à trembler en pensant que le
Ciel jaloux d'un tel trésor, ne le laisserait pas longtemps à la terre...
Au lendemain de la mort de cette fille très aimée, son père navré
nous écrira les lignes suivantes : « Je ne sais à qui je dois le plus de
reconnaissance dans le Monastère... j'ai eu tant de preuves que
toutes ces Dames aiment mon enfant... Cette enfant a toujours été
d'une candeur, d'une simplicité extraordinaire : voilà bien longtemps
que je disais qu'elle ne vivrait pas, et je ne me suis pas trompé... »
Et ensuite, pour soulager son immense douleur, le pauvre père nous
dira longuement combien lui était chère cette incomparable enfant
à la pureté d'ange et à la douceur d'agneau. Large était la part de
tendresse faite à cette brebis de l'aimable troupeau, et M. Castang
lui-même, dans ses lignes émues, semble nous dire que cette part
était à part... Le Seigneur Jésus en pensait de même et c'est pourquoi, voulant lui faire une part toute particulière de tendresse divine,
Il l'appellera un jour du monde au cloître, et, peu après, du cloître
au Ciel...

# Chapitre Deuxième.

## UNE FAMILLE CHRÉTIENNE
## ENFANCE DE GERMAINE

> Chaque jour nous aimons davantage
> l'idée du Ciel ; nous parlons de nous y
> réunir pour jamais.　　HERVÉ-BAZIN.

L n'y a pas de fin à l'amour de deux époux chrétiens, ils s'aiment en Dieu au Paradis et il dépend d'eux de n'être jamais séparés... » Ainsi parlait un grand chrétien de notre siècle, Hervé-Bazin, « l'homme d'œuvres » si digne de louanges, l'époux, le père de famille modèle. Et il ajoutait aux pages de son journal ces lignes intimes, qui font à la fois son éloge et celui de sa noble compagne : « Mon Dieu, que la vie est difficile, mais qu'il est beau et bon de la franchir comme nous le faisons, appuyés chrétiennement l'un sur l'autre, et marchant la main dans la main, les regards en haut ! De cette façon on peut chanceler, mais jamais on ne tombe. Élevons de notre mieux nos enfants, leur inspirant surtout l'amour de Dieu. »

Ainsi pensait, écrivait et vivait ce grand catholique tout vivant de vie surnaturelle : au foyer des Castang, dans une sphère plus modeste et d'une façon solitaire et ignorée, on pensait et on vivait de même, appuyés chrétiennement l'un sur l'autre, la main dans la main, les regards en haut... Les deux époux élevaient de leur mieux leurs enfants, leur inspirant surtout l'amour de Dieu... L'éloquence manquait peut-être pour le dire ; la foi ne manquait pas pour le faire. Cette foi robuste du paysan de la Dordogne ressemble à celle du paysan breton : elle opère des merveilles, car « le juste vit de la foi » et cette vie est de vigueur éternelle... Avant tout, la famille Castang était une famille de croyants et telles étaient ses croyances de foi, d'espérance, et d'amour, qu'aucune épreuve ne la détachera du Crucifix, qu'aucune tribulation ne la séparera de Dieu. Elle donnera au Seigneur Jésus tout ce qu'Il lui demandera : des anges à son Ciel, des vierges à son cœur... et ces sacrifices déchirants se feront chrétiennement ; la nature éprouvera de douloureux tressaillements et répandra ses pleurs, mais la foi placera l'*Amen* sur toutes les lèvres et dans tous les cœurs. Il est si fort celui qui croit, qui espère et qui aime ! ! Nous verrons dans la suite combien cette famille bénie possédait cette triple force.

Chargés de nombreux enfants, M. et Mme Castang virent bientôt diminuer leur modeste aisance; avec les enfants se multiplièrent les soucis, et parfois les angoisses du lendemain, car ce lendemain n'était pas assuré... mais le père et la mère ne cessèrent point pour cela de pratiquer les actes de la charité chrétienne et d'en laisser à leurs enfants de magnifiques exemples. Écoutons la fille aînée célébrer en quelques lignes la piété éclairée de ses excellents parents et nous révéler quelque chose de leur douce charité : « Ma mère, écrit-elle, était une femme d'un rare bon sens et d'un cœur si bon qu'il ne pouvait voir la souffrance sans la soulager. Sa piété n'avait rien d'amer, rien de petit : c'était une vraie chrétienne, non une bigote ! Elle était d'ailleurs bien secondée dans sa tâche pénible de former les enfants à la vertu par mon cher papa, lui aussi, bon chrétien s'il en est. Un jour, c'était midi, il entre précipitamment, le visage radieux : « Mes enfants, nous dit-il, à genoux, nous allons réciter ensemble trois *Ave Maria* pour remercier la Très Sainte Vierge ! » Il venait de conclure heureusement une affaire importante.

» A une piété vraie, mes chers parents joignaient une tendre compassion pour les malheureux : notre maison était pour ainsi dire leur rendez-vous ; à table et au coin du feu, ils avaient leur place. Je n'ai jamais vu l'un d'eux frapper en vain à la porte du logis paternel. Le lendemain d'une fête, il s'en était déjà présenté plusieurs ; à tous on avait fait une petite aumône. Tout à coup il en arrive un autre. Une de nos parentes, en visite chez nous, s'avisa de le renvoyer sans l'avoir secouru. Mon père l'ayant appris, m'envoya à sa recherche pour lui remettre une petite obole, disant qu'un sou donné au pauvre n'appauvrit jamais. Une autre fois c'est une pauvre femme : elle porte au bras un enfant demi-nu, par une pluie battante et un froid assez vif... elle demande du secours, c'est une vraie miséreuse ! Ma chère maman tend les bras à cette infortunée, lui ouvre la porte de sa maison et les trésors de son bon cœur, elle habille de son mieux les deux êtres souffreteux, les réconforte et les renvoie heureux et contents.

Dans un pareil milieu, comment ne pas prendre goût à la vertu que nos chers parents avaient appris à aimer eux-mêmes sur les genoux de pieuses et saintes mères ! Cet héritage qu'ils avaient reçu de leurs aïeux, ils cherchaient toutes les occasions de nous en faire comprendre l'inestimable valeur. A cette école, ma chère petite Germaine contracta de bonne heure des habitudes de piété, et, encore en bas âge, son cœur battait déjà d'amour pour le Dieu Charité et s'ouvrait tout grand à la compassion des misères d'autrui.

Toute jeune encore, la chère enfant se faisait déjà remarquer par un fonds de piété qui réjouissait ma pauvre maman. Son recueillement pendant la prière était remarquable ; à la voir les mains jointes, les yeux bien fermés, on ne doutait pas que cette chère petite créature ne comprît déjà qu'elle parlait au bon Dieu... Ma mère excellait d'ailleurs dans l'art difficile de nous former à la piété ! »

Voilà donc Germaine, à peine sortie des langes, qui nous apparaît en prière, les mains jointes et les yeux bien fermés. Telle elle restera toute sa vie ! Toujours maîtresse d'elle-même, âme de prière et d'oraison, aspirant dès ses plus jeunes années à cette vie contemplative qui était son élément, les mains levées vers ce Jésus qu'elle appelait dans tous les élans de son amour virginal, les yeux fermés aux choses de la terre qui ne lui parurent jamais dignes d'un seul de ses regards.

« En avançant en âge, nous dit Marie de Saint-Germain la chère fillette croissait aussi en amour pour nos parents chéris ; c'était presque de la vénération qu'elle avait pour eux ; pour rien au monde elle n'aurait voulu leur causer délibérément du chagrin ». De bonne heure, elle leur rendit amour pour amour, dévouement pour dévouement. Comprenant très bien de quels soins et de quelle tendresse elle était l'objet, elle voulut à son tour aimer et se dévouer. Dieu lui donna l'occasion de se former toute jeune aux austères pratiques du dévouement familial. Après Germaine. sept autres enfants furent tour à tour déposés dans le petit berceau, où cinq fois déjà Mme Castang avait bercé de tendres nouveau-nés. Germaine, petite sœur chérie de ses aînés, voulut être à son tour la *grande sœur* des frères et sœurs qui la suivirent. Un tel dévouement fut précieux pour Mme Castang... Elle accepta avec ravissement et d'autant plus

volontiers que souvent privée de sa fille aînée, qui habitait presque
continuellement chez son oncle, elle retrouvait en Germaine une
seconde Lucie : même cœur, même raison, même dévouement.
M. Castang nous racontait un jour avec admiration que Germaine,
si petite encore qu'elle ne pouvait porter ses petits frères et sœurs,
se constituait déjà leur gardienne vigilante, les levait et les couchait
pour éviter toute fatigue à sa mère, et s'y prenait si bien pour soigner ces chers petits enfants, en l'absence de leur maman, que celle-
ci déclarait être fort tranquille et rassurée lorsque les bébés étaient
laissés à la garde de Germaine. La douce Lucie, ainsi que nous venons
de le dire, avait dû laisser à Germaine son rôle de sœur aînée. — Les
charges de notre nombreuse famille et l'insuccès des affaires, nous
dit Marie de Saint-Germain, inspirèrent à mon oncle Castang qui
demeurait non loin de chez nous, de me prendre fort jeune avec lui.
N'ayant sous les yeux que des exemples de vertus, le germe de la
vocation religieuse qui était en moi se développa rapidement. Le
moment de répondre à l'appel de Dieu étant venu, ce fut encore
ce cher oncle qui m'en fournit les moyens.

» J'avais treize ans lorsqu'il fallut m'arracher des bras de ma
pauvre mère que je ne devais plus revoir, me séparer de mon père
ému, mais si chrétiennement résigné, dire adieu à mes frères et
sœurs en larmes. Il m'en coûta énormément de briser les liens que
la nature avait créés si forts... Mes sanglots redoublèrent en disant
adieu à ma petite Germaine, alors enfant de huit ans environ ; je
la pressai longtemps sur mon cœur, des larmes plein les yeux et le
cœur brisé. A grand'peine on put nous séparer. Avions-nous le pressentiment de ne pas nous revoir ici-bas ? Je ne sais... mais ce que
je puis assurer, c'est que j'eus une peine incroyable à me faire à
l'absence de ma petite Germaine. »

On le voit, le Seigneur commençait à puiser de main divine dans
le vivant trésor de cette famille patriarcale. Seule, la main puissante
d'un Dieu pouvait rompre des liens si doux et si forts ; seul, son
Cœur divin pouvait réclamer de si précoces sacrifices. A treize ans,
renoncer aux baisers d'un père et d'une mère, se séparer de petites
sœurs et de petits frères charmants, s'arracher violemment à tout
ce qu'on aime pour s'en aller loin, bien loin de la terre natale, se
clouer à la Croix de Jésus et dire un oui d'amour à tous ses divins
vouloirs, oh ! vraiment le doigt de Dieu était là, traçant devant la
future religieuse le lumineux sillon de la voie royale de la Croix.

Dieu réclamait un vierge : on la lui donna généreusement et
saintement et nous ne savons ce qui est le plus admirable, de l'élan
sublime de cette enfant de treize ans qui déclare nettement que le

Christ l'appelle et qu'il faut qu'elle le suive, ou de la générosité parfaite de ce père et de cette mère qui n'entravent en rien la vocation sainte de cette fille chérie, ou encore du magnifique dévouement de cet oncle bienfaiteur qui, loin de détourner sa nièce de cette belle vie religieuse à laquelle elle aspire, se fait au contraire, son guide et son protecteur et la fait passer de sa maison au noviciat des Sœurs de Saint-Joseph.

La vocation de Lucie ne rencontra donc aucun obstacle, mais, ainsi que nous l'avons déjà dit, elle ne fut pas exempte des cruelles douleurs de la séparation. Les scènes touchantes du « *Relicto patre* » de l'Évangile se renouvelèrent à Nojals ; comme les Apôtres, Lucie sacrifia ceux qu'elle aimait à l'amour du Christ-Roi, et, *laissant tout, elle le suivit* [1]...

Après elle, d'autres petites sœurs charmantes *seront présentées au Roi*, mais Lucie ne les attend pas... Le Maître l'appelle : elle court, elle vole, elle ouvre à ses sœurs la voie qui mène au cœur du Roi des Vierges ; elle prend la part de Marthe, vouée à tous les dévouements ; plus tard, Germaine choisira celle de *Marie*, vouée à tous les sacrifices de la solitude et à toutes les mystérieuses beautés de la contemplation...

L'Institut qui ouvrait ses portes et son cœur à la fille aînée de M. Castang était celui des religieuses de Saint-Joseph d'Aubenas (Ardèche). L'éloge de cette Congrégation n'est pas à faire. Depuis longtemps déjà le nom de ses religieuses est mille fois béni, leurs œuvres louées, leur dévouement reconnu et honoré. A nous aussi, il est infiniment doux de rendre hommage à la sainteté et à l'héroïsme de ces *Marthes de Jésus*, nos sœurs germaines en la foi ! Nos deux familles religieuses, unies en l'Amour de leur commun Maître et Seigneur, s'aiment, se comprennent et prient l'une pour l'autre...

L'intérêt dévoué que les Religieuses de Saint-Joseph accordèrent toujours à la famille Castang nous porte à faire connaître à nos lecteurs les origines et le but de leur sainte Congrégation. Premières institutrices de Germaine et bienfaitrices de ses sœurs, elles ont un droit particulier à notre respectueuse attention. La Congrégation des Sœurs de Saint-Joseph d'Aubenas est l'œuvre de M. l'abbé Mazard. Appelé, en 1804, à réorganiser la paroisse de Vesseaux, il avait d'abord été douloureusement frappé de l'état d'ignorance où se trouvaient les enfants : il résolut donc d'apporter un remède à ce mal bien regrettable. Dans ce but, le saint prêtre jeta les yeux

1. Matth., IV, 22.

sur deux filles vertueuses de sa paroisse. Après s'être assuré de leur dévouement aux œuvres de bien, il les engagea à ouvrir une école et s'imposa pour cette fondation de pénibles sacrifices. Les premiers essais dépassèrent les espérances du pieux fondateur. Son âme sacerdotale conçut alors le dessein de pousser plus avant une œuvre qui lui sembla providentielle et d'assurer, non seulement à sa paroisse, mais encore à un grand nombre d'autres qui en étaient dépourvues, le bienfait de l'instruction chrétienne. Pour atteindre cette fin, M. Mazard, encouragé par ses supérieurs, donna de nouvelles compagnes aux premières filles qu'il avait réunies. Les dévouements ne firent pas défaut, et la petite Communauté reçut en 1822 une première approbation de Monseigneur de Mons, alors évêque de Viviers : elle adopta les statuts et les règles des Sœurs de Saint-Joseph, établies au Puy en 1650 par Monseigneur de Maupas et approuvées en 1651 par le roi Louis XIV. La Communauté de Vesseaux fut successivement dirigée, dans son berceau, par deux supérieures de la maison de Lyon où la Congrégation de Saint-Joseph avait été rétablie, après la Révolution de 93, par le cardinal Fesch. Depuis lors, la Congrégation de Vesseaux, dont le siège a été transféré à Aubenas, s'est rapidement développée. Elle compte aujourd'hui 400 religieuses réparties dans les départements de l'Ardèche, du Gard, de la Dordogne, de l'Isère, des Bouches-du-Rhône, de Vaucluse et du Var.

Tandis que le noviciat des chères Sœurs de Saint-Joseph reçoit dans son sein la jeune Lucie Castang et la forme à toutes les vertus et à tous les sacrifices, revenons de quelques années en arrière, et retrouvons Germaine dans la joie et l'épanouissement de ses quatre ans, sur les bords de ce petit ruisseau enchanteur qui a toujours charmé Lucie et Germaine.

Après la mort de cette dernière, Marie de Saint-Germain demandera à tous les échos de lui parler de sa bien-aimée... elle interrogera même les eaux limpides du ruisseau de Nojals !... L'enfant chérie avait jeté tant de frais éclats de rire à travers ses roseaux chanteurs... elle avait effeuillé tant de marguerites sur ses bords pour savoir si, *oui ou non*, la fleurette mystérieuse et capricieuse voulait faire d'elle une religieuse ... elle avait tant semé d'*Ave Maria* sur les rives de ce petit fleuve de son village, alors qu'assise dans les hautes herbes, elle tressait pour la Vierge des guirlandes de pâquerettes et de bluets... elle avait surtout payé si cruellement la joie enfantine qu'elle goûta un jour à se baigner dans ses eaux glacées, qu'en vérité le petit ruisseau de Nojals pouvait être pris à témoin des premières joies et des premières douleurs de l'enfance de Germaine.

« Petit ruisseau — s'écrie en pleurs, Marie de Saint-Germain [1] — petit ruisseau qui baignes de tes eaux limpides le village natal, petit ruisseau calme et tranquille comme la petite fleur que tu vis éclore, parle-nous à ton tour de ses jeux enfantins dont tu as été le témoin familier et toujours trop discret... parle-nous des innocentes conversations que ton eau fuyante recueillait des lèvres candides de ma petite sœur... dis-nous les délicieux moments qu'elle a passés sur tes bords tout semés de primevères et de violettes, alors qu'elle y faisait sa moisson fleurie... Gracieux bouquets, fraîches guirlandes que nous tressions ensemble, parlez-moi, vous aussi, des sentiments pieux qui animaient ma sœur chérie, lorsqu'elle vous déposait sur l'autel de Marie... » Petit ruisseau — ajouterons-nous — parle-nous aussi des larmes et des premières souffrances de Germaine... »

Ici arrêtons-nous... et, sur les bords du fameux ruisseau, assistons à la scène aussi champêtre que néfaste qui ouvrit pour Germaine l'ère de mille douleurs...

C'était un jour de printemps « tout de parfums et de soleil, » mais la brise était froide et le ciel n'avait pas encore l'azur des beaux jours. Cependant, comme pour s'en consoler et sécher les larmes de ses giboulées de la veille, mars envoyait aux prés et aux bois ses sourires de renouveau, auxquels répondait le sourire des pâles primevères, le parfum des modestes violettes et le gazouillis des oiseaux. L'abeille avait ouvert ses ailes d'or, et, disant bonjour aux premières pâquerettes, glissait légère et bourdonnante sur le doux vert satiné des premières feuilles des haies... Oh ! qu'il était joli ce printemps à Nojals !... et que de suaves harmonies chantaient par les brins d'herbe et par les nids de mousse : « Créatures du Seigneur, louez toutes le Seigneur, louez-le et exaltez-le à jamais !... »

Mais chut ! taisez-vous, petits oiseaux, arrêtez-vous, abeilles, inclinez-vous, fleurettes, laissez l'enfance exulter à son tour : *laudate pueri Dominum*... Voici que vient en folâtrant un essaim gracieux de petits enfants de Nojals... jetant à tous les échos les notes fraîches et gaies de leurs voix rossignolantes, saluant chaque fleur d'un regard étonné et ravi : la troupe des bambins arrive sur les bords du ruisselet d'argent et répond au timide glou-glou de ses eaux serpentantes par ses longs cris de joie... Ils sortaient tous de l'école, ces délicieux innocents, et, soit le bonheur d'avoir quitté la classe et son grand tableau noir, soit le plaisir de voir du soleil et des fleurs, ils battaient des mains, sautaient, chantaient, criaient

1. Notes intimes.

et se demandaient quoi dire et quoi faire pour mieux célébrer leur joie et leur liberté...Germaine, la blondinette, et ses frères faisaient partie de la bande joyeuse, prenant leur part de gai plaisir. Or, tout ce petit peuple de lutins, ayant bien ri, causé et couru, allait se reposer haletant sur l'humide tapis de naissant gazon, tout étoilé de blanches pâquerettes, lorsque l'un des petits écoliers, âgé de six ou sept ans, fit cette audacieuse proposition : « Voulez-vous bien vous amuser ?... — Oui ! oui, répondirent en chœur les enfants. — Eh bien, dit l'imprudent, traversons le ruisseau !... »

Aussitôt fait que dit ! chacun se déchausse et se prépare à la... traversée. Petite Germaine était courageuse ; elle ne voulut pas être en retard... elle n'avait que quatre ans, mais songea-t-elle à se faire de son âge une dispense pour ne pas suivre la bande ? les petits papillons volent aussi bien que les grands et la baby n'était ni la moins agile, ni la moins décidée de la troupe enfantine. Vite, elle quitte ses petits souliers et ses gros bas de laine, puis, entraînée par la bande des petits baigneurs, elle entre dans le ruisseau glacé. Tous les enfants s'y tiennent par la main ; ils rient, ils sautent, arpentent le ruisseau, s'y promènent de long en large, et, au lieu de le traverser rapidement, ils y restent et y prennent leurs ébats... C'est à qui barbotera et se mouillera le plus... Ils sont si contents et si fiers d'avoir découvert pareil jeu qu'ils ne songent point à en finir... Tout à coup passe une femme de Nojals. Elle est stupéfaite en voyant ces enfants courir dans l'eau froide du ruisseau. Elle les apostrophe rudement : « Voulez-vous bien sortir de là, *petits gamins, tas de polissons !!*» puis, tout en les grondant, elle les fait immédiatement sortir du ruisseau, leur intime l'ordre de se chausser promptement et de rentrer chez eux. Comme elle était très liée avec la famille Castang, elle se chargea de reconduire elle-même Germaine et ses frères chez leurs parents. Elle prit la petite fille par la main, fit marcher les garçons devant elle, et, chemin faisant, les gourmanda sans se gêner. La brave femme avait grandement raison de blâmer telle imprudence. Si les autres enfants ne s'en ressentirent pas, peut-être parce que la prudente villageoise les avait fait sortir à temps de ce bain glacé, Germaine, probablement d'une complexion plus délicate, en subit bientôt les terribles conséquences. Elle raconta elle-même qu'en quittant l'école elle avait excessivement chaud, parce qu'il y avait un poêle dans la classe, « puis, dit-elle, j'avais de gros bas de laine que je quittai pour entrer dans l'eau où j'eus bien froid ! » Il est facile de concevoir qu'elle éprouva une transition terrible et qui eût pu être mortelle. Hélas ! elle le fut dans ses suites. La belle petite Germaine de quatre ans laissa dans

le ruisseau de Nojals sa magnifique santé, et lorsque, quatorze ans
plus tard, la science découvrira la terrible maladie dont Germaine
devra mourir, on pourra assurer que ce fut en cette journée néfaste
que la chère petite fille prit le germe de ce mal qui ne pardonne pas !

En effet, peu après la promenade dans le ruisseau, Germaine
tomba dans une sorte d'assoupissement qui devint bientôt inquiétant. Durant trois jours, elle ne fit que dormir. En arrivant à l'école,
l'enfant se couchait par terre et s'endormait presque subitement.
Les bonnes Sœurs s'alarmaient et disaient entre elles : Cette enfant
est malade ! On la soigna au mieux et l'intérêt et la sympathie
redoublèrent à l'égard de la fillette déjà si aimée. Quant à M. et
à Mme Castang, ils étaient désolés de voir leur belle petite fille
faible et assoupie. Si on lui demandait de quoi elle souffrait, elle
répondait simplement que les jambes lui faisaient bien mal, puis,
peu à peu, la jambe gauche fut tout à fait paralysée : la paralysie
monta jusqu'au genou ; ce n'était que le commencement de bien
des maux. A partir de ce moment, Germaine boita et souffrit beaucoup de la pauvre jambe infirme. Mais cela n'altéra en rien sa sérénité ; elle conserva sa joyeuse humeur, et, si elle souffrit beaucoup,
elle ne se plaignit jamais.

Cependant, M. et Mme Castang étaient navrés de l'état de Germaine ; ils demandèrent à la médecine la guérison de cette cruelle
infirmité ; elle n'y put rien et se déclara impuissante. Mme Castang
ne pouvait se résigner à voir sa fille infirme ; elle supplia le Ciel de
prendre compassion de son enfant, et répandant ses larmes et ses
prières aux pieds de sainte Anne, la patronne des familles chrétiennes, elle lui demanda la guérison miraculeuse de son enfant.
Tous les habitants de Nojals se considèrent comme les enfants de
sainte Anne et recourent filialement à elle dans tous leurs besoins.
Les religieuses de Saint-Joseph d'Aubenas, qui, depuis vingt ans,
dirigent l'école mixte de Nojals ne commencent pas une classe sans
invoquer avec la Très Sainte Vierge et saint Joseph : *la bonne Dame
sainte Anne !*

Laissons Marie de Saint-Germain nous parler elle-même de sainte
Anne de Clottes et de la confiance de sa mère envers l'épouse de
Joachim : « Fréquenté en tous temps, l'humble sanctuaire de sainte
Anne, à Clottes, le devient surtout pendant le mois de juillet, que
la piété des fidèles consacre à honorer d'un culte spécial la Sainte
Mère de la Vierge Marie. Non seulement s'y rencontrent des pèlerins de tous les villages d'alentour, mais encore de vrais pèlerinages,
parfaitement organisés, et qui viennent de pays éloignés. C'est un
courant perpétuel de prières qui s'accentue encore le 26 juillet. La

fête de la sainte y est célébrée en grande pompe. La chapelle est, ce jour-là, ornée de son plus beau décor. Guirlandes, fleurs, cierges, chants, rien n'est épargné pour honorer la Sainte Mère de Marie. Une procession va de l'église paroissiale à l'antique chapelle de Clottes... Alors, là-haut, à 1500 mètres sur le coteau, retentissent des chants en l'honneur de la *bonne Dame sainte Anne...* son nom est sur toutes les lèvres, sa louange dans tous les cœurs. C'est qu'on ne l'invoque pas en vain, et les modestes mais nombreux ex-voto qui tapissent les murs de la pauvre chapelle au pignon démantelé sont une double preuve de sa bonté pour ses enfants et de son puissant crédit auprès du bon Dieu [1].

» Notre chère maman, plus confiante dans le secours du Ciel qu'en l'art des médecins, résolut, sur le conseil d'un saint prêtre, de demander solennellement la guérison de la chère petite Germaine à sainte Anne, le jour de sa fête. Le bruit s'en répandit à Nojals et aux alentours, et, le 26 juillet de cette année, la foule se pressait dans l'humble chapelle, plus compacte et plus recueillie que jamais. Chacun compatissait à l'épreuve d'une mère désolée et se sentait pressé de demander la guérison de son enfant, que l'on voyait toujours aimable et souriante.

» Bien des larmes coulèrent lorsque, en présence du Très Saint Sacrement exposé, le prêtre officiant demanda à haute voix la guérison de la pauvre petite fille... Mais, hélas ! sainte Anne n'entendit pas nos suppliques, et plus tard Notre-Dame de Lourdes n'exauça pas davantage nos prières.

» Dieu avait décidé que ma chère petite sœur porterait la Croix toute sa vie... Ç'a été pour son bien et sa sanctification, n'en doutons pas !... »

1. Le sanctuaire de sainte Anne est très cher aux habitants de Nojals ; ils ne craignent pas de s'imposer des sacrifices pour entretenir le Sanctuaire « de la bonne Dame sainte Anne ! » C'est ainsi que M. le maire de Nojals a fait élever un petit chevet de forme ogivale sur des piliers et des nervures de bois.

# Chapitre Troisième.



Jésus, le Dieu mille fois bon,
J'étais toute petite encore,
Me fit entendre le doux son
De sa voix que le monde ignore.

Mathilde de NÉDONCHEL.

OMME à la fille du comte de Nédonchel et de Marie de Choiseul, Dieu parla dès l'aurore de sa vie à la fille de Germain Castang et de Marie Lafage. *Toute petite encore* elle semblait entendre une *voix que le monde ignore*, et cette voix lui révélait déjà les beautés de la vertu, les secrets du Ciel et les divins désirs du Cœur de Jésus. C'était sans doute pour répondre à cette voix que l'enfant courait souvent à l'église se prosterner devant la petite porte du Tabernacle, fixant de ses grands yeux la petite serrure du pavillon d'amour et murmurant de petites prières qui allaient droit au Cœur sacré du Sauveur... Que répondait donc Notre-Seigneur à cette petite enfant ? Ah ! sans doute, Jésus-Hostie disait déjà à cette âme innocente : « Enfant, donne-moi ton cœur et je te donnerai le mien ! » L'avenir devait prouver que toujours Germaine avait été à Jésus, et que toujours Jésus avait été à Germaine. De l'aurore du baptistère au dernier jour de sa vie, la bien-aimée du Seigneur pourra dire : *Voilà mon Bien-Aimé qui parle... Vox dilecti... Vox dilecti...* Germaine l'entendra toujours des deux oreilles de la pureté et de l'amour. Elle était une fleur d'innocence : le Tabernacle du sanctuaire de Nojals la vit en bouton...

le Tabernacle du Monastère la verra épanouie... les Tabernacles éternels la gardent aujourd'hui dans les épanouissements de l'Immortalité... « Parce qu'elle était agréable à mes yeux, — nous dira le Créateur — je l'ai enlevée de la terre où l'on meurt, pour la transplanter dans la terre où l'on vit.. »

Ceux qui ont connu Germaine ont toujours été hantés par la pensée qu'elle passerait rapidement au travers des ombres de l'exil. « C'est une enfant extraordinaire, » disaient ceux qui la voyaient dans l'intimité, et l'on se demandait avec émotion : « Vivra-t-elle ? » Le fait est que cette charmante petite créature tenait plus du ciel que de la terre : c'était comme une fleur du Paradis égarée sous de sombres climats : nulle marguerite de Nojals n'égalait l'éblouissante fraîcheur de cette petite âme toute blanche, nulle violette n'aura jamais son parfum d'humilité... Nous qui avons vu de près la beauté virginale de cette vierge en fleur, nous l'appellerions volontiers : « *Le lis de Nojals !* »

Elle n'avait point encore atteint l'âge de raison qu'elle était déjà toute à Dieu par l'amour de son cœur d'ange et toute au prochain par les élans de la charité. On peut dire de Germaine qu'elle ne s'est jamais appartenue. Sa vie était de se donner et de se prodiguer dans l'exercice du plus pur dévouement. Son premier champ d'héroïsme fut le foyer familial : penchée sur le berceau des anges qui la suivent, elle les berce, leur sourit et leur passe le biberon... ne résistant pas quelquefois au plaisir d'y goûter avant le cher nourrisson... innocente gourmandise, qu'elle se reprochera plus tard comme *vol à ses petits frères !!* Un saint prêtre, ami de la famille, nous dit que Germaine « venait souvent à l'église, assistait à tous les offices, y conduisait ou y portait les benjamins de la famille dont elle était la *bonne accoutumée*, dans les intervalles des heures de classe et souvent pendant la classe même... » Elle ouvrait tout grands ses petits bras au dernier bébé, les lui offrait pour berceau vivant, et cela, elle le faisait avec tant de cœur et de grâces que Mme Castang en était émue jusqu'aux larmes.

Tout était si bien équilibré dans cette petite tête d'enfant, tout s'harmonisait si admirablement dans son cœur et son intelligence que, dès sa plus tendre enfance, ses parents comprirent le trésor qu'ils possédaient et ils en bénirent l'Auteur de tout don.

Les premières années de la pieuse enfant s'écoulèrent — nous l'avons déjà dit — dans une atmosphère toute particulière de piété et de charité. Sur les genoux de sa mère si intelligente, si pieuse, si chrétienne, la fillette apprit à aimer son Dieu par-dessus toutes choses et son prochain comme elle-même... plus qu'elle-même.

Mme Castang forma la conscience de sa fille, comme si elle eût eu le pressentiment des pieuses destinées de cette enfant de bénédiction... et Germaine, comme si elle eût eu l'intuition de la brièveté des jours que lui compterait le Seigneur, se hâtait, pour ainsi di e, de devenir bonne, pieuse et sainte...

Consommée en peu de temps, elle devait remplir un grand nombre de jours[1]. Il lui semblait qu'elle n'aurait jamais assez de temps pour aimer et chérir de tout son cœur la Croix de Jésus que sa mère lui apprenait à voir et à baiser dans toutes les épreuves de la vie. Ces épreuves furent grandes et terribles pour Germaine et sa famille, mais jamais elle ne s'en plai.nit. Sa mère lui avait appris de bonne heure à dire l'*Amen* perpétuel... et tous les chagrins, toutes les douleurs de cette sainte famille furent toujours renfermés entre un *fiat* de résignation et un *Amen* d'amour. La jambe malade de Germaine lui occasionna de grandes souffrances et un traitement douloureux. Jamais l'enfant ne se plaignit de son état d'infirmité et de ses pénibles conséquences. C'est que sa mère lui avait dit tant de choses consolantes sur la souffrance chrétiennement supportée, qu'elle était douce envers le mal et presque radieuse sur la Croix. Qui dira ce qui se passait dans l'âme de la mère chrétienne lorsque, tenant sur ses genoux cette petite fille déjà marquée du signe de la souffrance, elle lui parlait de Dieu si infiniment bon, du Crucifix et de l'amour du Dieu crucifié ; de Marie, la Mère admirable... des anges... des saints... des épreuves passagères de ce monde et des joies sans fin de l'Éternité !... Germaine aux yeux bleus, aux longues et soyeuses boucles d'or se pressait contre le cœur de sa mère, et comprenait si bien toutes ces divines choses que la mère ne cessait pas de les lui répéter. Ce fut sûrement dans les bras de sa mère que Germaine fit son premier acte d'amour de Dieu !... Oh ! ravissante théologie du cœur des mères ! comme elle nous révèle de célestes choses !... et comme elles nous font aimer le bon Dieu, nos mères chrétiennes, avec le catéchisme à la main, le sourire sur les lèvres et leur amour plein le cœur... Oh ! les mères ! elles sont des docteurs à part ! Demandons à saint Augustin, à saint Symphorien, à d'héroïques Frères martyrs, à Eustochium, à saint Bernard, à saint Louis, quelles notions, quels principes, quels exemples, quelles leçons de vertus chrétiennes et quelles énergies d'amour céleste ils reçurent de ces femmes admirables qu'on nomme avec autant de piété que de vénération : Monique, Augusta, Symphorose, Félicité, Paula, Aleth et Blanche de Castille !... Interrogeons tant d'autres saints

---

1. *Consummatus in brevi, explevit tempora multa.* Sap., IV, 13.

et saintes et demandons-leur ce qu'ils durent à leurs mères... « In-
terrogez-vous vous-même, disais-je souvent à Marie-Céline, et
rappelez-vous ce que vous devez à celle qui vous donna le jour »
Et Céline me répondait : « Ma chère maman était si parfaite qu'on
» la considérait comme une sainte ! !... » *Generatio rectorum bene-
dicetur !* Les justes engendreront des enfants dignes d'être bénis
par Dieu. M. et Mme Castang devaient voir se vérifier cet oracle
de la Sainte Écriture : leurs enfants étaient bénis du Seigneur...

Ennemie du luxe et de l'oisiveté, forte et douce dans l'adversité,
calme dans ses joies, hélas ! si rares, modeste dans ses œuvres de
charité, grande dans sa dignité douze fois maternelle, Mme Castang
était bien la *femme forte* qui avait accumulé en son cœur de vrais
trésors de sagesse surnaturelle... Ces trésors, elle les communiquait
aux siens par ses exemples de vertus et ses conseils pleins de jus-
tesse et d'à-propos. Rude pour elle-même, elle voulait que ses enfants sussent faire face à la douleur aussi joyeusement et saintement que possible. Germaine entendit souvent sa mère lui répéter
cette phrase austère : « Il faut s'habituer à tout, ma fille... on ne
sait pas ce que l'avenir réserve... » et la chère maman, remplie de
prudence et de sagesse, exigeait que la petite fille sût faire généreusement tous les petits sacrifices. A table, elle devait manger courageusement de tout... à l'école, en famille, être le modèle des benjamins ; dans les contestations qui pouvaient s'élever parmi tant
d'enfants, être le bon ange de paix et de conciliation... à l'église,
être pieuse, modeste, recueillie. De bonne heure, Germaine fut formée à l'ordre et à l'économie ; de bonne heure aussi, elle apprit à
faire des sacrifices et à vaincre les saillies de son caractère, naturellement vif, pétulant, impétueux. Pour ceux qui ont connu Germaine
à dix-huit ans, ils se feront bien difficilement une idée de ce qu'elle
était à six ou sept ans. La modestie et la douceur de cette jeune
fille, son calme imperturbable, sa patience incomparable auraient
pu faire croire qu'elle n'avait jamais eu à lutter et qu'elle était née
avec une nature, sinon froide et morte, du moins avec cette nature
paisible et silencieuse qu'aucun évènement ne semblait troubler
ni émouvoir. Loin de là, Germaine était d'une sensibilité extraordinaire et d'une vivacité qui, toute voilée de douceur qu'elle était,
ne l'en faisait pas moins souffrir dans les luttes intimes qu'elle se
livrait. A la fois fière et humble, énergique et douce, vive, enjouée,
rieuse, et tout ensemble calme, paisible et sérieuse, cette nature
d'élite était exposée aux combats à outrance. Elle en eut : c'était
l'éternelle lutte entre la terrestre nature et la céleste grâce ! Germaine fut puissamment aidée dans le travail de sa perfection par

l'éducation qu'elle reçut de sa mère. Mme Castang aimait beaucoup
sa fille, mais elle ne lui passait aucun caprice ; la fillette apprit de
bonne heure à plier sa volonté ; sa mère n'était pas femme à laisser
ses enfants suivre à leur gré leurs petites passions naissantes et à
s'entêter dans leurs mutineries du premier âge. Les enfants savaient de plus se soumettre sans murmure aux petites pénitences
que leur valait chaque sottise. Germaine connaissait la fermeté de
sa mère, elle acceptait de bon cœur les punitions qu'elle lui infligeait;
cependant, malgré sa confiance et sa soumission filiales, il lui arriva
plus d'une fois de trembler à la pensée de se trouver devant sa mère
après quelque espièglerie. Cela nous remet en mémoire une aven-
ture de sa petite enfance... c'est elle-même qui nous l'a racontée.
Citons cette page des « malheurs de Germaine ! ! »

Un jour de grande fête — c'était, je crois, la Fête-Dieu — sa
chère maman l'envoya à la procession, vêtue d'une jolie robe blanche. Dans sa fraîche parure, elle suivit, joyeuse, tous les exercices
de ce beau jour et elle pria bien Jésus-Hostie pour tous ceux qu'elle
aimait ... Elle se croyait en Paradis, à la procession des anges...
Hélas ! elle était bien encore sur la terre, la pauvrette !... Or voilà
qu'en revenant de chez une petite amie avec laquelle elle avait
effeuillé des roses devant le bon Dieu, elle aperçut dans un petit
bois une jeune bergère qui gardait un troupeau de vaches. « Je connaissais la petite vachère, dit Germaine, l'occasion me parut belle
de prendre la clé des champs... Je courus à elle et lui racontai toutes
les beautés de la procession. Nous causâmes longtemps sous les
grands arbres, et, dans ce lieu plein de fraîcheur, j'oubliai les
heures qui passaient et ma mère qui m'attendait... » Des massifs
de framboisiers se trouvaient proche des causeuses. La bergerette
proposa à Germaine de cueillir leurs fruits parfumés pour se rafraîchir, car elle mourait de soif. La fillette fut ravie de la proposition
et, ramassant toute une profusion de belles framboises, elle les mit...
devinez où ?... dans sa jolie petite robe blanche tout immaculée,
dont elle osa bien se servir en guise de tablier... Puis elle revint
s'asseoir sur le tapis de fougères et elle s'apprêta à savourer les
exquises framboises ; elle était si contente de sa cueillette ! Mais,
en ouvrant les plis de sa petite robe, elle la vit teinte — et teinte à
merveille — d'un beau jus de framboises... Elle fut consternée...
elle pleura amèrement. Comment rentrer à la maison dans cet état
lamentable ? Elle n'aurait plus voulu sortir du bois et elle retarda
indéfiniment son retour. La crainte de faire de la peine à sa mère
et la pensée d'être bien grondée semblaient la clouer au tapis de
fougères, à l'ombre des framboisiers, cause de son malheur. La

bergère partagea ses ennuis, mais qu'y pouvait-elle ? C'était tard...
elle lui conseilla de rentrer... Enfin, elle s'y décida, mais pour retar-
der l'instant fatal qui la mettrait en présence de sa mère, elle entra
à la maison par une porte détournée, et, leste comme un oiseau,
elle monta dans sa chambre, puis, tout habillée, toute chaussée,
elle se glissa dans son lit et se tint coi... faisant un triste examen
de cette journée si bien commencée, si tragiquement finie... Pendant
ce temps, la désolation régnait dans la maison où l'on ignorait le
retour de la retardataire. On se demandait ce qu'était devenue
Germaine... Son père et ses frères couraient par les rues du village
et la réclamaient à tous les échos... Tout à coup, Mme Castang entra
dans la chambre où la fillette se cachait sous ses draps... Elle y
venait chercher un objet dont elle avait un pressant besoin. Ses
yeux tombèrent sur le lit de la fillette... il avait un aspect étrange...
la maman eut le pressentiment que le lit était transformé en cachette
« Mais, dit-elle en fixant le lit, mais... qu'est-ce que je vois ?...
Serais-tu là, Germaine ?... » — Point de réponse ! La maman s'approcha, tira vivement draps et couvertures, et elle vit sa coupable
à la robe blanche... toute framboisée... On devine que Germaine
dut sortir de son lit aussi rapidement qu'elle y était entrée et avouer
sans détour ses sottises. « Ma mère ne me ménagea point les reproches, dit Germaine, et pour pénitence, elle m'ordonna de me recou-
cher sans souper... tout le monde paraissait fâché contre moi...
Oh ! la triste soirée... oh ! les malheureux framboisiers !... Cependant, un de mes grands frères vint furtivement me glisser un joli
petit morceau de pain... je le mangeai, séchai mes larmes, et m'en-
dormis ! ! »

C'est à cette époque de la vie de Germaine qu'il faut rattacher
une autre de ses petites aventures d'enfance, odyssée ravissante,
et qui nous dépeint bien Germaine à six ans.

Un beau dimanche, un roulement de tambour rassembla tous
les curieux sur la petite place de Nojals... Ce bruyant tambourinage
charma d'autant plus les enfants du pays qu'il annonçait pour le
soir une représentation de *Guignol* à « l'Assemblée »[1] de Beaumont.
Voir Guignol !... entendre Guignol !... Germaine rêve ce doux
plaisir... elle en fait part à l'un de ses frères, agé de huit ans... Celui-
ci, depuis longtemps, s'en mourait d'envie : « Viens, dit-il à sa sœur,
et allons voir Guignol... » Mais il fallait la permission de partir
pour Beaumont... Rien de plus naturel que de condescendre à ce
désir. M. et Mme Castang, pensant qu'il s'agissait, selon le langage

_______________

1. Nom donné dans le pays aux fêtes patronales.

du pays : d'aller faire un tour à « l'Assemblée » et de rentrer de bonne heure, laissèrent partir les enfants en compagnie de bon nombre de villageois qui s'y rendaient de leur côté. Germaine et son frère sortirent ravis de la maison, mais désireux de s'affranchir de toute sorte de tutelle ; ils se séparèrent des groupes qui sillonnaient la route et, la main dans la main, coururent à travers champs pour arriver plus tôt à Beaumont... Suivons-les... Les voilà donc, respirant à pleins poumons l'air de la liberté et n'en pouvant croire à leur joie de voir bientôt Maître Guignol... Ils arrivent haletants au milieu de « l'Assemblée » et demandent... Guignol. O désappointement ! on leur apprend que la représentation n'aura lieu qu'à neuf heures... et il n'est que quatre heures du soir. Les enfants se consultent : « *Il faut rester*, dit Germaine, *car moi je veux voir Guignol !* » Le petit garçon était moins décidé, mais pour ne pas contrarier sa petite sœur, il lui tint fidèle compagnie... Le jour baisse, la nuit tombe et devient toute noire. Germaine ne bronche pas : « *Il faut voir Guignol !* » répète-t-elle à son frère anxieux...

Enfin le théâtre s'ouvre, la comédie commence... et Guignol bat sa femme... et sa femme le lui rend... et les deux enfants restent là, debout devant le théâtre enchanteur, bouche béante, palpitants d'émotion à chaque soubresaut des magiques polichinelles...

Que de joie, que d'enthousiasme, que de bravos d'enfants répondent à Guignol !... Mais voilà qu'à minuit tout spectacle cesse... Guignol rentre chez lui et chacun s'en va chez soi... Les derniers lampions s'éteignent, les enfants demeurent seuls sur la place... ils sont tout effrayés... Que faire ?... Il n'y a pas à hésiter, cependant : il faut rentrer à Nojals. Le frère saisit la petite sœur par la main et l'entraîne à travers routes et bois... Tous deux se meurent de frayeur dans le trajet nocturne ; les grands arbres, en allongeant leurs ombres noires, ressemblent à d'affreux croquemitaines qui les attendent au passage. Et les deux innocents courent toujours se tenant par la main. Le retour n'est certes pas aussi gai que le départ... Enfin, ils atteignent Nojals et, précipitant leur course, ils arrivent au logis.. D'abord, ils frappent à coups timides : on ne les entend pas. M. et Mme Castang, ne les voyant pas rentrer le soir, s'étaient néanmoins couchés bien tranquilles sur le sort de leurs chers petits enfants, car ils les croyaient chez une de leurs tantes qui les hébergeait presque chaque dimanche et leur offrait souvent l'hospitalité jusqu'au lundi matin. Ils avaient, de plus, plusieurs motifs de croire que cette bonne tante avait conduit elle-même ses neveux à la fête de Beaumont et qu'elle les ramènerait le lendemain de bonne heure à la maison paternelle. Nous savons qu'il n'en avait pas été ainsi et avec quel plaisir les deux bambins s'étaient perdus dans la foule...

Cependant, Germaine et son frère sont toujours à la porte... ils s'enhardissent à frapper plus fort... et bientôt c'est un véritable tintamarre à la porte de M. Castang. Ce dernier se réveille, et fort surpris de ce bruit insolite, il se met à la fenêtre et crie aux tapageurs : « Ah çà ! qui êtes-vous ? et que faites-vous ? — *C'est nous autres !* répondent les bambins d'un air piteux... — *Comment, vous autres ?* dit M. Castang, ahuri de voir ses enfants dehors à une heure du matin... — *Oui, c'est nous autres et nous revenons !... Et d'où revenez-vous ? — De voir Guignol !...* » Mme Castang, de son lit, entendait le colloque, elle n'en pouvait croire ses oreilles, et tandis que son mari ouvrait la porte aux deux chers petits vagabonds, elle criait d'un ton qu'elle s'efforçait de rendre courroucé : « Je n'y tiens plus : il faut que je me lève pour aller les tancer comme ils le méritent ». Entendant cela, le frère de Germaine s'empresse de lui dire : « Sauve-toi vite dans ton lit et dors, ce sera plus tôt fini... » Et lui-même, preste comme un écureuil, gagne sa couchette et se cache sous ses couvertures...

Mme Castang ne se leva point cependant ; elle laissa dormir les deux petits excursionnistes, mais, le lendemain, ils n'échappèrent pas à un interrogatoire en règle : « C'est *la petite* qui a voulu rester, disait le frère de Germaine... — C'est *lui* qui a voulu partir, répondait la sœurette... » Chacun s'excusa comme il put, et tous deux, bien grondés, déjeunèrent au pain sec : Guignol ne laissa pas que de doux souvenirs !...

On le voit, les anecdotes précédentes nous ont prouvé que Germaine n'était pas peureuse : qu'il s'agisse de traverser un ruisseau ou de partir seule avec un frère de huit ans, à travers bois, pour aller voir Guignol, elle n'hésitait pas ! Ajoutons que lorsque ses frères voulaient jeter l'émoi dans un nid de frelons, c'était Germaine qui, la première, avait le courage de commencer l'assaut. Armée d'un roseau, elle tapait dans l'essaim. Tant pis ! si elle était piquée par les mouches-guêpes : du courage avant tout !

Caractère résolu, et quelquefois mâle et audacieux, Germaine, à sept ans, ne craignit pas de s'armer du fusil de son père pour *intimider* un de ses frères aînés qui refusait d'être de son avis. Racontons cette petite histoire, elle ne manque pas d'intérêt. Nous la tenons de Germaine elle-même, qui nous en fit un jour le récit « pour nous prouver combien jadis elle était méchante. » Ce devait être le grand péché de sa vie, *le plus gros*, croyons-nous.

Voilà donc ce qui se passa, il y a quelque douze ans, dans le paisible intérieur de M. Castang : Germaine s'amusait avec l'un de ses frères, lorsqu'une discussion survint ... D'abord, ce fut en s'amusant qu'on se disputa, puis cela devint sérieux et, finalement, cela devint grave... On ne s'entendit plus du tout. Germaine qui avait sans doute les meilleures raisons à faire prévaloir, chercha premièrement à convaincre son frère et voulut lui faire entendre raison... mais le petit garçon, s'entêtant dans ses idées, refusa de céder... Germaine ne le voulut pas davantage : ses grands yeux bleus se courroucèrent et cherchèrent en vain à intimider le rebelle. Celui-ci, plus fier et plus résolu que jamais, ne capitula point. La dispute continua : le petit bonhomme, bien cambré en face de sa petite sœur, criait, tempêtait et promettait de ne pas se rendre... « *Et je te dis que si,* » disait Germaine... « *Et je te dis que non ,*» répondait son frère... C'était trop d'aplomb. Germaine voulut pour elle la victoire, mais comment ?... Puisqu'il ne suffisait pas de crier bien haut son indignation, il fallait user d'un autre moyen pour intimider son adversaire, et franchement, la chose n'était pas facile !... Tout à coup, une idée vint à Germaine : elle sait où est accroché le fusil de son père, Ce fusil est bien grand et elle est bien petite... Qu'importe !... elle saura bien s'en emparer et quand elle reviendra, si bien armée, son frère effrayé prendra la fuite... ainsi, sans plus de combat, elle aura sûrement la victoire ! Elle quitta donc brusquement son frère et courut décrocher le fusil. Ce ne fut pas facile, mais enfin elle prit son temps ; se hissant sur un meuble proche de l'arme, elle la saisit à deux mains, la tira d'en haut, la tira d'en bas et finit par s'en rendre complètement maîtresse.

On frémit en pensant à l'épouvantable malheur qui eût pu arriver si le fusil eût été chargé ! Heureusement il ne l'était pas et Germaine, sans danger, pouvait manier l'arme paternelle... La voilà donc qui revient vers son frère, portant difficilement, mais bravement, le terrifiant fusil. Il ne s'agissait pas de le blesser, ce cher petit frère, mais de bien l'effrayer et de lui faire prendre piteusement la fuite. On devine la terreur du garçonnet, lorsque, sur le seuil de la porte, il vit apparaître la fière Germaine si terriblement armée... Terrifié, il poussait des cris lamentables, appelait sa chère maman à son secours et, se sauvant à toutes jambes, renversait tout sur son passage. Mme Castang, attirée par ce tumulte, sortit de l'appartement où elle travaillait et aperçut son fils qui courait affolé, se croyant déjà sur le point d'être fusillé ! Germaine le poursuivait, traînant son gros fusil sous le bras et jouissant de l'effet qu'elle produisait. Son triomphe fut de courte durée. Mme Castang se précipita vers Germaine et dépouilla la petite guerrière de son arme d'emprunt.

Puis, dans une sévère réprimande, elle fit comprendre à la fillette le danger auquel elle eût exposé son frère et elle si l'arme eût été chargée... quel remords pour la petite sœur, si, croyant intimider son frère, elle l'eût tué !... Germaine, effrayée de sa propre audace, pleura à chaudes larmes et demanda pardon à son frère... celui-ci, pris de remords à son tour, comprit ses torts et les deux adversaires voulurent clore leur querelle d'un baiser fraternel.

Cependant, les choses ne s'arrêtèrent pas là et Germaine n'était pas au bout de ses humiliations. Inquiète et émue des audacieuses énergies de sa fille, Mme Castang résolut de lui infliger une humiliation publique, pensant qu'elle serait d'un salutaire effet sur l'esprit de la coupable. Le lendemain donc, elle prit sa fille par la main, la conduisit elle-même à l'école et, entrant avec elle dans la classe pleine d'écolières, elle fit à haute voix devant la maîtresse et les compagnes de Germaine le récit de son incartade de la veille... Lorsque Mme Castang eut fini de parler, la bonne Sœur de la classe joignit les mains et s'écria : « Eh bien ! voilà maintenant que les sœurs se mêlent de vouloir tuer leurs frères ! » A cette exclamation, Germaine crut s'évanouir de honte... Confuse, humiliée, et si bien réprimandée en présence de ses compagnes, elle témoignait de sa parfaite contrition par d'amers sanglots. Pauvre Germaine ! que de larmes coulèrent ce jour-là de ses grands beaux yeux, et que d'humiliations elle dévora en silence ! La leçon fut bonne et plus jamais la petite fille n'eut envie de décrocher le fusil de son père.

On le voit, Mme Castang savait élever ses enfants et prendre les moyens nécessaires à la répression de leurs petits défauts. Citons encore un trait de sa noble fermeté : Un jour, Germaine et ses frères rentrèrent à la maison en sautant de joie ; ils revenaient d'une course dans les bois, et, passant près d'une propriété, ils ne s'étaient pas fait scrupule de faire incliner vers eux quelques branches d'un arbre qui ombrageait la route. Ces branches chargées de fruits avaient été rapidement dépouillées par ces charmants et innocents maraudeurs qui se croyaient presque en droit d'en agir ainsi et ne savaient qu'à demi encore le septième commandement du bon Dieu : Les biens d'autrui tu ne prendras... ni retiendras en le sachant... Or, ils ne savaient pas que c'était si mal faire que de cueillir de jolis fruits !... Ils coururent donc à leur mère, et tout fiers de leur cueillette, la lui firent admirer. — Qui vous a donné ces fruits, mes enfants ? demanda la maman étonnée. — Personne, mère, répondit Germaine interloquée. — Nous les avons pris, ajouta un de ses frères. — Comment ! petits voleurs, reprit Mme Castang en rougissant, comment ! vous avez pris le bien d'autrui ?... Et tout indi-

gnée, elle ajouta : « Allez immédiatement trouver le propriétaire de
l'arbre, vous vous mettrez à genoux devant lui, vous lui avouerez
votre vol, vous lui demanderez pardon et vous lui restituerez tout
ce fruit volé. » L'ordre était dur, mais les enfants n'hésitèrent pas
à l'accomplir ; cette démarche et cet aveu humiliants leur gravèrent
à jamais dans le cœur et dans la mémoire le respect dû au bien d'autrui !

C'est ainsi que Mme Castang instruisait pratiquement ses enfants. La bonne et franche nature de Germaine acceptait joyeusement une telle formation... elle aimait le beau, le vrai, le bien ;
elle était reconnaissante à ses parents de lui montrer le sentier du
devoir... « Que pensiez-vous de votre mère lorsqu'elle vous grondait
et vous punissait ? » lui dit un jour une compagne du noviciat. —
« Je pensais qu'elle avait bien raison », répondit simplement la
jeune novice ; et cette belle âme, si vigoureusement trempée, conserva toute sa vie une immense gratitude pour quiconque l'avait
humiliée en la reprenant de ses défauts : « L'humilité marche en
tête des vertus [1]. »

1. Saint Jean Chrysostome.

# Chapítre Quatrième.

## MARIE, REINE ET MÈRE D'UNE FAMILLE CHRÉTIENNE

> Tes rejetons sont un jardin de délices avec toutes sortes de fruits. Là, sont les cyprès avec le nard, Le nard et le safran, la canne et le cinnamome, avec tous les bois du Liban, la myrrhe et l'aloès avec tous les premiers parfums.
>
> CANT., chap. IV, v. 13 et 14.

ADAME Castang fut aidée puissamment dans sa tâche maternelle par les bonnes religieuses de Nojals. Ces intelligentes maîtresses reconnurent bien vite en Germaine une enfant d'élite et elles lui donnèrent tous leurs soins et toute leur pieuse tendresse. De très bonne heure, Germaine fréquenta leur école, distante seulement d'une centaine de mètres de la maison paternelle. « Jamais, dit Marie de Saint-Germain, la charmante fillette n'éprouva cette frayeur, cette timidité qu'inspire d'ordinaire aux jeunes enfants l'aspect de nos guimpes blanches. Elle était au contraire très familière avec nos bonnes Sœurs, causant et se récréant avec elles comme elle l'eût fait avec l'un de nous. Les bonnes religieuses avaient à leur service un aimant tout-puissant avec leur bonbonnière d'ivoire! les plus timides mêmes se laissaient prendre au piège. Mais pour captiver ma sœurette, tel engin ne fut jamais nécessaire. Volontiers, elle passait ses journées en la compagnie de ses chères institutrices, partageant toujours leurs promenades, souvent leur repas qu'elle égayait par son charme enfantin. Le soir venu, il lui était presque pénible de rentrer au foyer paternel où l'atten-

daient, cependant, les plus tendres caresses. » Ici nous nous plaisons
à citer le témoignage même de ces chères religieuses de Nojals
qui connurent Germaine, la virent croître, se développer et
apprécièrent toujours son caractère et ses vertus. Voici un
fragment de la lettre qu'elles écrivirent à Marie de Saint-Germain
quelques jours après la mort de sa chère Clarisse :

MA CHÈRE SŒUR,                              « Nojals, juin 1897.

Vous êtes bien affligée de la perte de votre chère sœur Céline,
c'est tout naturel : vous l'aimiez tant !... A son tour, elle vous aimait beaucoup et, sans doute, elle eût été bien heureuse de vous
revoir avant de mourir... Hélas ! le sacrifice a été la part de l'une
et de l'autre ! Nous prenons une large part à votre affliction et nous
regrettons sincèrement cette aimable et candide enfant ; elle avait
une physionomie si naïve, si attirante, qu'il faisait bon être à côté
d'elle et lui parler. Le thème préféré de ses conversations était
celui-ci : « *Je veux mourir religieuse !*... Si je n'ai pas le bonheur
d'entrer dans votre Institut, j'irai dans une communauté cloîtrée. »
Son désir s'est accompli et, quoique chérie de ses vénérées Supérieures qui fondaient sur elle de grandes espérances, elle leur a été
ravie... Sa couronne était prête. Que son bonheur est grand ! Elle
a quitté cette terrre où abondent les contrariétés et les douleurs
de toutes sortes, n'ayant guère connu le monde et ne l'ayant jamais
aimé, jamais regretté...

Toute jeune, votre sœur avait un penchant très prononcé pour
la vie de communauté ; aussi, quand elle le pouvait, elle s'échappait de la maison paternelle et venait chez nous. Là, sa joie était
complète et son cœur était en repos. Partie de Nojals encore enfant,
elle a été cultivée par des mains habiles et avec un tact parfait.
Elle aimait ses maîtresses et était largement payée de retour..

Bien que maternellement caressée par les religieuses de la Crèche, elle n'a jamais eu d'attrait pour se faire à leurs habitudes, ni
pour être un jour une des leurs..

Cette chère enfant a souffert longtemps et en silence les épreuves
qui lui ont été envoyées, elle attendait patiemment « les délais du
Seigneur » et tout s'est arrangé à son avantage, tant il est vrai que
tout contribue au bien de celui qui aime Dieu.

Nous n'oublierons jamais cette chère âme, car nous aimions
cette ardente enfant...

Agréez, ma bien chère Sœur, etc.      » SŒUR N...,

« *Religieuse de Saint-Joseph.* »

La petite chérie des Sœurs de Nojals l'était de tout le monde ! La grâce était répandue sur le visage de Germaine comme la tendre rosée sur la fleur du matin.

L'enfant charmait tous les amis de la famille par ses grâces enfantines, ses petites gentillesses... quelquefois même ses câlineries. Elle était si aimable cette fillette de six ans, que les personnes en visite chez ses parents demandaient à l'emmener chez eux passer un ou deux jours et souvent Germaine s'en allait ainsi... *en partie de plaisir !*

Mme Castang, qui était le type accompli de la réserve parfaite et de la discrétion la plus exquise, craignit que son enfant ne se répandît trop au dehors ; aussi n'attendit-elle pas que sa fille eût atteint l'âge de raison pour lui prêcher les règles de la plus sévère retenue... Quelquefois, la mère s'adressait directement à l'enfant... quelquefois aussi, elle se contentait de s'adresser à son mari dans des réflexions comme celle-ci, en présence de Germaine : « *Quel toupet a cette enfant ! Elle serait capable de faire descendre six cavaliers de cheval !!...* » La petite fille baissait les yeux, demeurant interdite et confuse... et la maman continuait, d'une voix dolente, à se lamenter doucement sur le malheur des mères qui ont des petites filles à l'air non timide et au langage hardi...

Germaine devait profiter de telles leçons : la modestie parfaite et une réserve que nous nommerons *angélique* seront une des plus splendides beautés morales de « *l'ange du Noviciat.* » Aussi, les novices de l'*Ave Maria* riront-elles de bon cœur lorsque, de son air tranquille et doux, sœur Céline de la Présentation leur racontera les *hardiesses de Germaine* à six ans... « Et que faisiez-vous donc, lui demandai-je un jour, pour que votre mère vous dît que vous étiez capable alors de faire descendre six cavaliers de cheval ?...

« Je disais facilement bonjour à tout le monde ! me répondit naïvement Marie-Céline !. . . . . . . . . . . . . . . .

. . . . . . . . . . . . . . . . . . . . . . .

Heureuses les mères qui élèvent ainsi leurs enfants : elles sèment des fleurs de modestie ; elles recueillent des âmes de saintes et des couronnes d'anges !

Nous croyons que c'est particulièrement dans sa dévotion à la Très Sainte Vierge que Mme Castang puisait le secret de l'éducation parfaite qu'elle donnait à ses enfants. Elle aimait tant cette divine Mère, à laquelle elle consacrait amoureusement chacun de ses nouveau-nés !... Elle voulait que tous fussent de vrais enfants de Marie, et elle ne négligeait rien pour faire croître sa petite famille dans le filial amour dû à notre Mère du Ciel ! On aurait dit que cette pauvre mère pressentait que, de bonne heure, elle serait ravie aux siens, et c'est pourquoi il fallait laisser à ceux qu'elle aimait la dévotion à Marie, l'amour de Marie, la confiance en Marie, le recours à Marie ! Presque tous les soirs le chapelet était récité en famille et il faut le dire — ajoute humblement Marie de Saint-Germain — pas toujours à notre satisfaction quand nous étions petits enfants, car souvent le sommeil nous fermait les yeux et les lèvres, mais le père et la mère, eux, ne dormaient point et qui dira le nombre d'*Ave Maria* qu'ils récitèrent ensemble au milieu de leur couronne d'enfants ! L'*Ave Maria !* cette prière est un emprunt fait à la langue des anges, le génie de l'homme n'y est pour rien ! L'*Ave Maria !* en le redisant, l'homme se reconnaît incapable de varier selon ses besoins l'expression de ses désirs. Il soupire, il crie, il salue et il appelle sa Mère [1]. L'*Ave Maria !* l'homme se reprend à espérer lorsqu'il le mêle à ses *Fiat* de résignation dans les dures épreuves de la vie... L'*Ave Maria !* il y a des chrétiens qui vivent et qui meurent avec l'*Ave Maria* sur les lèvres... *Ave Maria !* ces deux mots d'amour sont un de nos derniers cris dans la vallée des larmes... ce doit être, je me l'imagine délicieusement, une des éternelles exclamations de l'âme dans l'Immortalité...

Oui, l'*Ave Maria* est une consolation, nous aimons à le redire... et qu'elle serait triste la vie sans *Ave Maria !!*

Lorsque la mort aura ravi à M. Castang sa sainte compagne, il fera de la récitation du chapelet sa consolation quotidienne ... et Germaine, la petite privilégiée de Marie, vivra et mourra en odeur de sainteté au Monastère de l'*Ave Maria !* Oh ! qu'ils sont nombreux et consolants les fruits de la dévotion à Marie !...

Si l'*Ave Maria* est une prière qui ne lasse jamais, ajoutons que jamais non plus la Vierge Marie ne se lasse de répondre à la salutation angélique ... Les *Ave Maria* du chapelet récité en famille sont les anneaux d'or d'une chaîne qui relie les cœurs au foyer, en attendant de les réunir au Ciel... O la douce et consolante pensée !...

La Très Sainte Vierge Marie était particulièrement honorée dans la famille Castang sous le titre de Notre-Dame du Perpétuel Secours, depuis le jour où cette secourable Mère avait sauvé Mme Castang d'une mort qui paraissait imminente. La malheureuse femme, sur le point de devenir mère, était en proie à d'horribles souffrances, son état fut bientôt déclaré désespéré. C'était la mort à bref délai pour la mère et l'enfant. On invoqua Marie, l'espoir des désespérés,

---

1. Mgr Besson

et une personne amie eut l'heureuse inspiration d'envoyer à la malade une image de Notre-Dame du Perpétuel Secours. Aussitôt que
Mme Castang eut mis sur elle la Sainte Image elle se sentit miraculeusement soulagée et, peu après, elle remerciait la Vierge Marie de
son heureuse délivrance... Ainsi Notre-Dame vint au secours de
la pieuse femme qui l'avait toujours invoquée avec tant de confiance.
Depuis ce temps, Notre-Dame du Perpétuel Secours fut tous les
jours bénie et invoquée dans la famille. Mme Castang faisait journellement une prière à la Vierge du Perpétuel Secours et une autre
à Notre-Dame des Sept-Douleurs ; elle les faisait dire aussi à sa fille
Germaine. Bonté ineffable de Marie : Germaine sera plus tard la
protégée de Notre-Dame des Sept-Douleurs de Talence... Elle
vivra presque à l'ombre de son sanctuaire, elle rendra le dernier
soupir sur le territoire de la Vierge des Sept-Douleurs et en face
d'un immense tableau de Notre-Dame du Perpétuel-Secours,
laquelle, nous le croyons pieusement, se montra à elle à la dernière
heure sous la figure « d'une belle Dame ! »

O Sainte Marie, Mère de Dieu, qu'il est donc bien vrai qu'on ne
vous invoque jamais en vain... et qu'il est doux d'espérer qu'à
nous, vos enfants, vous montrerez Jésus à la fin de notre exil. *Et
Jesum benedictum fructum ventris tui nobis post hoc exilium ostende.*

.   .   .   .   .   .   .   .   .   .   .   .   .   .   .   .   .   .   .   .   .   .

C'est à Marie Immaculée que Mme Castang confia la pureté de
ses enfants ; elle abritait leur berceau, leur enfance, leur adoles-
cence et toute leur vie sous le manteau de la Reine des Vierges :
c'était comme une brassée de lis offerte à la Vierge Marie... mais
comme « l'homme lui-même ne laisse pas à une fleur parfaite le
temps de s'ouvrir, » de même le Ciel réclama pour lui plus de la
moitié de ces boutons d'espérance. Cinq petits enfants moururent
dans l'éclat radieux de leur pure innocence ; la mère les vit monter
au Ciel avant elle... elle inonda de ses larmes leurs blancs cercueils
mais dans l'amertume de sa douleur elle eut la consolation de se
dire : ils sont purs pour une Éternité... Lorsque Mme Castang ira
les rejoindre dans l'Immortalité, elle laissera encore sept enfants
ici-bas... mais à peine sa tombe sera-t-elle fermée que son fils Louis
ira, âgé de vingt-trois ans, rejoindre sa mère dans les joies éternelles :
il mourra pur comme un ange et tout embrasé de l'amour de son
Dieu. Quelques années plus tard, Germaine s'envolera à son tour
vers le beau Paradis en chantant le cantique des vierges... Sa sœur
aînée restera ici-bas la vierge de Jésus, et ses deux charmantes

petites sœurs aspireront déjà aux angéliques honneurs de la Consécration des Vierges...

Oh ! vraiment le divin Fils de la Vierge Marie « était descendu
dans son jardin, dans le parterre des aromates, afin de se repaître
dans les jardins et de cueillir des lis [1] ! »

O lis vivants, fleurs de virginité et d'amour, réjouissez-vous...
C'est à la suite de votre Reine, ô vierges, que *vous serez présentées
au milieu de l'allégresse et de l'exultation, et que vous serez conduites
dans le temple du Roi* [2]...

1. Cantique des cantiques, ch. VI, v. 1.
2. Ps. XLIV.

# Chapitre Cinquième.

## CHARITÉ DE LA MÈRE.
## HÉROISME DE LA FILLE.
## GERMAINE S'OFFRE EN VICTIME.

> Une famille vraiment chrétienne, chrétienne non seulement par l'observance de quelques pratiques, mais par l'accomplissement généreux de tous les préceptes, fait rayonner parfois sur un village entier une influence salutaire.
>
> *Petit messager du Cœur de Marie, août 1897.*

LES amis de la famille Castang ont toujours été unanimes à dire que Germaine était au moral le vivant portrait de sa mère : même rectitude de jugement, même tact, même caractère et surtout même cœur, même charité... Parler des vertus de Mme Castang, c'est parler de celles de sa fille chérie, c'est dire à quelles sources l'enfant puisa des exemples qui ne s'effacèrent jamais de sa mémoire. Quelques jours avant sa mort, sœur Céline nous raconta un trait admirable du dévouement de sa mère. Nous nous reprocherions de ne pas le citer ici.

« Il me semble — nous dit notre chère Céline — que le bon Dieu a dû récompenser ma chère maman d'un acte héroïque dont je fus témoin... et elle nous raconta le fait suivant : Non loin de l'habitation de ses parents demeurait une famille, d'abord amie de la sienne, mais « pour des raisons que j'ai oubliées, dit Céline, les relations avaient cessé entre les deux familles ; on ne se voyait pas... on ne se parlait plus... Or, un jour, Mme *** mit au monde un enfant qu'elle ne put allaiter elle-même ; on essaya alors de nourrir

le bébé au biberon. Cela réussit très mal et, au bout de deux mois,
le nouveau-né dépérissait à vue d'œil. Un mal affreux lui couvrit
le visage et l'aspect de cette pauvre petite créature inspirait autant
de pitié que de dégoût. Le médecin déclara qu'il n'y avait qu'un
moyen à tenter pour arracher l'enfant à une mort certaine, c'était
de lui donner une bonne nourrice... mais où la trouver dans  le
hameau [1] ? La pauvre mère pensa à Mme Castang ; elle réunissait
toutes les qualités voulues pour rendre la vie à ce pauvre petit être...
mais voudra-t-elle sevrer son propre enfant qu'elle nourrissait alors,
pour prendre celui d'une famille étrangère ?... Et sur quoi s'appuyer
pour demander un tel service ? On ne pouvait alléguer l'amitié :
la brouille lui avait succédé et avait élevé comme un mur de séparation entre les deux familles... Mais y-a-t-il des obstacles pour
une mère qui veut sauver la vie de son enfant ?...

Mme*** prit le sien dans ses bras et arriva, humblement suppliante, chez sa voisine... Germaine était présente... elle vit cette
femme entrer au logis de ses parents avec ce pauvre bébé « au visage
couvert de croûtes horribles »... elle dut frémir lorsqu'elle entendit
parler de substituer un tel nourrisson au beau baby blanc et rose
qu'elle appelait son cher petit frère... Mme Castang elle-même dut
tressaillir devant l'acte d'héroïsme qui s'offrait à elle...

Elle regarda l'enfant malade avec une immense compassion ;
et voyant sans doute l'image de l'Homme des douleurs « semblable
à un lépreux [2] » sous les traits du pauvre petit souffrant couvert
d'un mal horrible, elle ne refusa pas de lui ouvrir ses bras et de lui
offrir son sein... elle sèvrera un peu plus tôt son bel enfant à elle et
celui de sa pauvre voisine reviendra à la vie... Voilà ce que se dit
la vaillante chrétienne : c'était plus que le verre d'eau offert au
nom du Christ, c'était le lait de son sein, douce figure de la suavité
chrétienne, qu'elle donnait au nom de la divine charité...

Cependant, il fallait l'autorisation de M. Castang pour accepter
et garder dans de telles conditions l'enfant de l'étrangère...

Germaine, qui, retirée à l'écart, surveillait tout de son intelligent
regard, vit sa mère passer dans la pièce voisine et s'entretenir quelques instants avec son père.

Au bout de quelques minutes, elle revint vers la pauvre femme
anxieuse qui pleurait en silence. Elle prit son enfant, et, sans rien
faire paraître du dégoût qu'elle devait éprouver, sans trahir la

---

1. À cette époque, nous croyons que la famille Castang n'habitait plus Nojals, mais un hameau voisin.

2. Isaïe.

violence qu'elle avait à se faire, elle annonça à la voisine qu'elle se chargeait de nourrir son enfant et de le soigner comme son propre fils. Effectivement, le baby fut si bien soigné, nourri et dorloté qu'il devint superbe... Mais qui dira le dévouement et les soins que la charitable nourrice prodigua à ce petit nourrisson ?... Qui racontera ses merveilles de patience près de cet enfant malade, dont le seul aspect aurait rebuté toute autre femme moins héroïquement charitable et dévouée ?... Elle ne s'était point souvenue de la brouille qui avait désuni les deux familles, mais elle avait pensé à aimer le cher prochain comme elle-même pour l'amour de Dieu !

De tels faits se passent de commentaires ! Rappelons seulement que « nous sommes sûrs d'être prédestinés au Ciel, si nous pratiquons de tout notre cœur la miséricorde envers le prochain[1]. »

La bonté, la générosité, la reconnaissance étaient des fleurs épanouies en toute saison au foyer des Castang. « Mon père et ma mère étaient très bons pour tout le monde, disait Germaine, et ils se privaient parfois de bien des choses, et de choses même nécessaires, afin d'en faire don à des personnes auxquelles ils devaient quelque reconnaissance. » Leur bonté charmante s'étendait jusqu'aux petits oiseaux. Un carreau manquant à une fenêtre de la maison, les hirondelles en profitèrent pour s'accorder droit d'entrée dans le paisible logis ; elles construisirent leur plus beau nid au milieu de l'appartement inhabité qu'éclairait la fenêtre au carreau cassé. S'en étant aperçus, M. et Mme Castang ne chassèrent point les aimables intruses, et, pour mieux leur accorder, sinon droit de cité, du moins droit de nichée, les braves propriétaires renoncèrent à faire remplacer le carreau cassé... Chaque printemps nouveau ramenait les charmantes hirondelles ; les enfants saluaient leur arrivée de leurs cris de joie et auraient presque pleuré à leur départ... Comme pour reconnaître la gracieuse hospitalité qui leur était offerte, les hirondelles faisaient entendre par toute la maison leur délicieux ramage et à ce gazouillis d'oiseaux répondait tout un gazouillement d'enfants...

Tout semblait joie et bonheur dans l'avenir réservé à cette sainte famille... Hélas ! elle touchait à l'heure de cruelles épreuves... Que chantaient donc les petites hirondelles sous les toits de leurs hôtes ?. ne les dit-on pas messagères de la paix et du bonheur ?... Mais cessons d'écouter leur ramage aux fantaisistes légendes, écoutons plutôt Fénelon : « La paix de l'âme, dit-il, consiste dans une entière résignation à la volonté de Dieu ! » et, bien avant lui, saint Jérôme

---

1. Mgr de Ségur.

avait dit : « Rien ne doit paraître ni dur ni long quand on travaille à gagner le Ciel. »

* *<br>*

Nous entrons maintenant dans une nouvelle phase de la vie de Germaine. Elle n'a pas dix ans et déjà elle pleure près des croix nombreuses que Dieu plante au milieu des siens. Pendant plusieurs années, la fillette assistera au martyre de ceux qu'elle aime... elle connaîtra des heures de mortelle angoisse et elle recevra le contre-coup de toutes les peines qui atteindront ses parents bien-aimés. Des raisons de délicatesse et d'absolue discrétion ne nous permet-tent pas de soulever le voile de douleur qui abrita la famille Castang pendant ces années de désolation. Le moment n'est pas venu de divulguer les trésors de souffrances et d'héroïsme accumulés dans ce foyer chrétien visité par l'épreuve ! Nous le regrettons en un sens, car c'est supprimer une des plus belles pages — pour ne pas dire la plus magnifique — de l'histoire de Germaine et des siens. Confidente de notre jeune héroïne, nous nous rappelons avoir versé des larmes abondantes à la révélation de tant d'infortunes et de courage... Oui, nous regrettons de ne pouvoir tout révéler, mais pour le moment, ces intimes confidences doivent demeurer le secret des cœurs qui les ont reçus... Qu'il nous suffise de dire qu'à dix ans Germaine avait déjà fait alliance avec d'incroyables douleurs et pleuré d'inconsolables larmes... elle avait aussi donné à sa famille une preuve d'héroïsme filial qui, seul, servirait à l'immortaliser. Elle était une héroïne, elle n'était plus une enfant ! Sérieuse, réflé-chie, Germaine fut vite mûrie aux rayons de la Croix et s'enracina de bonne heure dans la voie royale de la douleur au souffle de l'orage. Dès lors, il semble qu'elle ait rompu avec toutes les joies enfantines de son âge... Elle perdit sa gaîté... l'épreuve répandit sur ses traits ce je ne sais quoi de doux, de triste, de mélancolique qui ajoutait aux charmes candides de sa délicieuse physionomie. Sa patience crût avec l'épreuve, à tel point qu'elle devint d'un calme céleste et Marie de Saint-Germain nous apprend que sa bien-aimée petite sœur devint l'*ange consolateur* de la famille. Bien plus, elle *s'offrit en victime* afin de détourner les cruelles épreuves qui s'abattaient alors si furieusement sur ceux qu'elle aimait.

La sœur aînée recevait dans de petites lettres intimes les confi-dences de sa chère cadette. « Oui — dit-elle — c'est surtout par les lettres de ma petite sœur que j'ai appris à bien connaître la bonté et la générosité de son cœur, sa grandeur d'âme dans les épreuves, fruit, sans doute, de sa tendre piété et de son ardent amour pour

Jésus-Hostie. Quand l'épreuve vint fondre sur la famille et plus
poignante et plus cruelle, c'est cette enfant jeune et faible qui sou-
tint les siens par de bonnes paroles, releva bien des fois les courages
abattus, fit entrevoir dans un avenir lointain quelque lueur d'espérance et montra une énergie dont j'eusse été incapable. Au plus
fort de l'épreuve, elle *s'offrit même en victime à la divine Providence.*
Si Dieu n'agréa point *alors* son sacrifice, ce fut peut-être pour nous
le rendre à cette heure et plus douloureux et plus amer ! Mais l'é-
preuve n'a qu'un temps, et si Dieu se plaît à épurer par l'adversité
l'âme qu'Il veut toute à Lui, il sait aussi répandre le baume de la
consolation sur la blessure faite de sa main [1]. »

Avant de venir s'installer à Bordeaux, la famille Castang passa
deux ans environ dans un petit hameau des environs de Nojals.
Nous savons que ce changement de résidence fut d'autant plus
pénible pour Germaine qu'il l'éloignait de la chère petite église de
son Baptême et de la maison des bonnes Sœurs... Elle avait un
immense désir de s'instruire ; renoncer aux leçons de ses pieuses
institutrices lui fut une rude épreuve. « J'avais beaucoup d'attraits
pour l'étude et j'employais très bien mon temps en classe », nous
avouera-t-elle naïvement au cours de son noviciat. Mais en ce temps-
là il ne s'agissait pas d'aller à l'école de Nojals : Dieu appelait Germaine à l'École du Calvaire et Germaine le comprenait si bien qu'elle
s'offrait *en victime* sur les collines de myrrhe : la douleur et l'amour
l'instruisaient divinement et lui révélaient les grandeurs des éternelles récompenses : « La peine ! on la boit goutte à goutte, tandis
qu'elle sera récompensée par un torrent de délices et de joie [2]. »

Germaine avait onze ans lorsque ses parents résolurent de venir
se fixer à Bordeaux ; ils espéraient s'y trouver plus à couvert des
coups de l'adversité et y gagner plus facilement la vie de leurs nombreux enfants. Ils se décidèrent donc à venir dans la Gironde...
Mais avant de les voir quitter la Dordogne, racontons une petite
anecdote qui nous prouvera la patience et l'énergie de Germaine.
La petite fille se possédait déjà parfaitement et savait souffrir en
silence : prouvons-le. Un bon propriétaire, voisin des Castang, culti-
vait avec un soin tout particulier un carré de fraisiers qui promettait une récolte superbe. Le cultivateur allait chaque jour visiter
le carré aux savoureux produits, mais il paraît qu'un avisé marau-
deur y allait comme lui, et un beau jour, le malheureux villageois
trouva carrés et plates-bandes dévastés : la cueillette avait été faite :

1. Lettre particulière, juin 1897.
2. Saint Bernard.

LA PETITE GERMAINE AU BERCEAU

les fraises avaient été volées... Comme Germaine allait souvent
promener ses petits frères dans le jardin de ce bon voisin, celui-ci
tout courroucé, osa porter ses premiers soupçons sur la chère petite
fille, à laquelle du reste, il avait souvent donné toute latitude de
cueillir fleurs et fruits. Mais la douce Germaine n'avait jamais
abusé de la permission ; peut-être même n'en avait-elle jamais usé ! !
Elle était si délicate. Ce qu'il y a de certain, c'est qu'elle n'avait
pas pris une seule fraise du carré dévasté... Elle était avec sa mère
lorsque le bon voisin se présenta. Celui-ci, bien aise de rencontrer
Germaine et sa mère, fit part à cette dernière de ses soupçons et de
sa désolation. Fort étonnée d'une pareille accusation, Mme Castang
se tourna vers sa fille et lui demanda si vraiment c'était elle qui
avait commis ce larcin... L'accusateur ne laissa pas à l'accusée le
temps de répondre un seul mot, et, toujours courroucé, il dit à
Mme Castang : « Vous croyez qu'elle le dira ?... Elle aurait un rat
dans la bouche, et on en verrait pendre toute la queue, qu'elle dirait
que ce n'est pas vrai ! »

Germaine n'avait jamais dit un mensonge de sa vie... S'entendre
tout à la fois traiter de voleuse et de menteuse fut pour sa noble et
fière nature une terrible humiliation, et humiliation d'autant plus
douloureuse à supporter qu'elle était imméritée... Germaine était
innocente. Cependant, elle baissa la tête et ne répondit rien, mais,
raconta-t-elle plus tard, « *je souffris beaucoup intérieurement.* » Ah !
sans doute, elle devait sentir l'indignation bouillonner en elle : « Si
je ne répliquai pas, — ajouta-t-elle — ce fut par respect pour ma
mère présente ! » Tel était le respect de cette enfant pour sa mère
qu'elle n'osait en sa présence donner libre cours à son émotion et
à son indignation : elle préférait souffrir en silence et laisser la parole à sa chère maman, persuadée qu'elle était que sa mère ne doutait pas de son innocence... Oh ! combien cette scène, si simple et
si touchante qu'elle soit, nous rappelle le silence admirable du divin
Accusé au jour de sa sainte Passion... « *Jésus se taisait et Il ne répondit rien... Ille autem tacebat et nihil respondit* [1]... » O divin silence ! !
O patience d'un Dieu ! !

1. Saint Marc, cap. XIV.

# Chapitre Sixième.

## L'ADIEU AU PAYS. — CRUELLES MORTS. TRISTES SÉPARATIONS

*Vox in Rama percrebuit,*
*Lamenta luctus maximi,*
*Rachel suos, cum lacrymis*
*Perfusa, flevit filios.*

Une voix retentit dans Rama, des lamentations,
un deuil immense : Rachel, baignée dans ses larmes, a pleuré ses fils.                    Hymne.

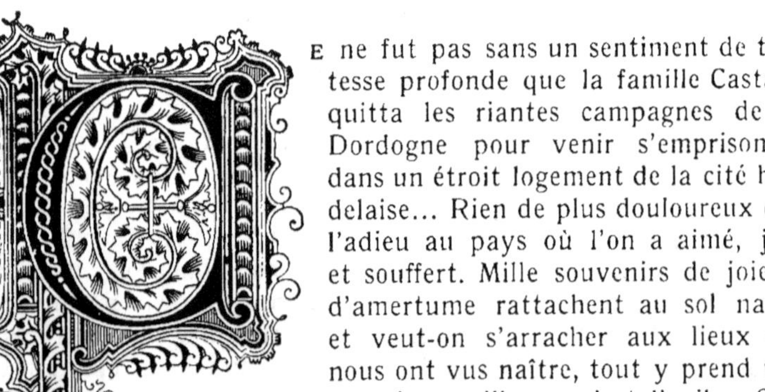

CE ne fut pas sans un sentiment de tristesse profonde que la famille Castang quitta les riantes campagnes de la Dordogne pour venir s'emprisonner dans un étroit logement de la cité bordelaise... Rien de plus douloureux que l'adieu au pays où l'on a aimé, joui et souffert. Mille souvenirs de joie et d'amertume rattachent au sol natal, et veut-on s'arracher aux lieux qui nous ont vus naître, tout y prend une voix pour nous crier : ailleurs, c'est l'exil... S'en éloigner, pour beaucoup, *c'est souffrir*, pour plusieurs, c'est presque *mourir un peu...*

Mme Castang dut sentir cette souffrance intime : elle quittait le pays où elle avait connu de grandes joies et de grandes douleurs, le pays où elle avait mis tant d'enfants au monde, où elle en avait perdu plusieurs ; elle y laissait des parents, des amis et ces chères religieuses de Nojals, ses confidentes et ses intimes... et elle arrivait inconnue et dépaysée dans cette grande ville de Bordeaux où se côtoient tant de plaisir et tant de douleurs, tant de luxe et tant de misère, tant de bien et tant de mal... Elle en était comme effrayée... C'est qu'elle n'ignorait pas que, parfois, malgré tout le dévouement de ses anges de charité, la grande ville est

cruelle aux familles en détresse... Nous le savons : que de fois,
hélas ! on danse au premier étage des maisons de nos grandes cités,
tandis que dans les mansardes de ces mêmes demeures se déroule,
dans ses navrantes réalités, le drame de la misère... En bas, les
éclats de rires bruyants, les fêtes, l'opulence... en haut, les sanglots
du miséreux... ses angoisses, son dénuement... mais encore plus
haut, bien plus haut, au-dessus des scènes de joie et de douleur de
ce monde, le Ciel, le Ciel des divines récompenses, le royaume
des pauvres de Jésus : « Bienheureux les pauvres parce que le
royaume des Cieux est à eux ».     .    .    .    .    .    .    .    .    .

.    .    .    .    .    .    .    .    .    .    .    .    .    .    .    .    .    .

M. et Mme Castang sentaient le poids d'une nombreuse famille,
poids béni, il est vrai, mais bien lourd à certains moments... Il
s'agissait donc de trouver au plus tôt une nouvelle situation et
d'assurer l'existence de nombreux enfants ; de plus, il fallait faire
soigner Germaine d'une façon très sérieuse. La pauvre enfant souffrait d'une plaie à la jambe ; l'accident de sa petite enfance continuait à faire sentir ses terribles conséquences ; la fillette avait le
pied horriblement contrefait et marchait sur sa cheville. Il était
temps de se résigner à une opération... et c'est sous le coup de ces
grandes préoccupations que M. et Mme Castang arrivèrent à Bordeaux. Ils louèrent un bien modeste appartement du quartier
Saint-Genès... Lorsque le propriétaire vit arriver la famille Castang
il fut aussi ravi que surpris de ce groupe délicieux d'enfants de
toute taille qui suivait le père et la mère : « Monsieur Castang, dit-il,
je vous félicite ; vous avez la plus charmante famille de Bordeaux. »
Un jour que sœur Céline nous racontait cet accueil enthousiaste
et nous parlait de la beauté ravissante de ses frères et sœurs, on lui
demanda en souriant si elle était plus ou moins jolie que ses frères
et sœurs. Elle répondit simplement : « Je ne sais, car je ne me suis
jamais vue ! »
Cette phrase prononcée sur son lit de douleurs, aux derniers
jours de sa vie, révèle jusqu'à quel point la modestie et l'humilité
furent les inséparables compagnes de cette jeune vierge : *Elle ne
s'était jamais vue! !...*
Mais l'Époux des Cantiques pouvait déjà lui dire : « Vois que tu es
belle, mon amie, vois que tu es belle, tes yeux sont ceux des colombes [1]. »
Oui, c'était bien la douce simplicité des colombes qui était répan-

1. Cant., cap. I, v. 14.

due sur le candide et beau visage de Germaine : elle était ravissante et la pureté de son âme semblait se refléter dans ses grands yeux, au regard si limpide, si doux, si modeste, qu'on ne pouvait voir Germaine une fois, sans être attiré vers elle par les charmes de l'innocence.

La chère fillette fut présentée aux médecins de l'Hôpital des enfants — route de Bayonne — et, vu son état, elle dut être soignée à l'hôpital même. Ce fut le 7 février 1891 qu'elle entra à la salle de chirurgie ; elle en sortit le 30 juillet de la même année. La bonne sœur Adélaïde, religieuse de Saint-Vincent de Paul, accueillit maternellement la douce souffrante et devint immédiatement l'amie et la consolatrice d'une famille si éprouvée.

Qui ne connaît l'héroïque dévouement des Filles de la Charité, leurs attentions délicates, leur tact à deviner les plus secrètes misères, leur empressement à les soulager ?... Tout parle si bien de Dieu et de son infinie charité dans la sainte maison de la route de Bayonne ; si bonnes, si douces, si angéliques sont les sœurs aux ailes blanches, au visage souriant, au cœur compatissant, qu'en entrant dans la salle où elle allait habiter et souffrir, Germaine s'écria en joignant ses petites mains : « Ma sœur, c'est le Paradis ici ! ! »

Non, chère enfant, mais c'est la maison de la Charité et le vestibule de ce Paradis où déjà vous rêvez d'aller, et c'est de cette enceinte que s'envoleront bientôt vers les rives éternelles deux de vos petits frères chéris .       .       .       .       .       .       .       .       .       .       .       .

.   .   .   .   .   .   .   .   .   .   .   .   .   .   .   .   .   .

Cependant, il était urgent de faire subir à Germaine l'opération du pied-bot. Elle reçut cette annonce avec un calme extraordinaire. On endormit la patiente ; l'opération réussit à merveille, le pied fut redressé, ce qui devait permettre à la chère infirme de marcher avec facilité et relativement droit, tandis qu'avant l'opération, nous l'avons déjà dit, la pauvre fillette marchait péniblement sur sa cheville qu'elle écrasait.

Germaine s'était livrée avec un courage étonnant entre les mains des chirurgiens et, joyeusement, sans trembler, elle s'était laissé endormir, mais lorsqu'elle se réveilla, elle eut presque une déception d'être encore de ce monde : ses premières paroles furent celles-ci : « J'aurais bien voulu ne pas me réveiller et aller au Ciel ! »

La petite malade fut soignée avec un dévouement au-dessus de tout éloge : traitement à l'électricité, régime fortifiant, sollicitude de tous les instants, tout fut généreusement prodigué à cette fillette à laquelle s'intéressaient docteurs et religieuses. Dès qu'elle fut à peu près guérie, elle supplia les sœurs d'agréer qu'elle les aidât à soigner les autres petites filles de la salle de chirurgie. Sa reconnaissance envers la maison hospitalière était si grande qu'elle ne savait comment la témoigner, et, pour traduire sa gratitude, elle ne trouva rien de mieux que de se dévouer. Elle devint donc petite infirmière et elle avouait très franchement qu'elle aurait désiré ne jamais plus sortir de cette salle où elle aimait à se dépenser auprès de ses jeunes compagnes, leur rendant de petits services, comme elle en rendait jadis à ses frères et sœurs. Nous avons entendu la sœur Adélaïde faire l'éloge de sa charmante pensionnaire : « Elle était très courageuse, nous a-t-elle dit, et d'une sagesse, d'un bon sens, d'une délicatesse, d'une patience bien au-dessus de son âge ; c'était la copie vivante du cœur et des vertus de sa mère que j'ai toujours considérée comme une sainte femme. Elle lui ressemblait encore par la solide piété dont elle était douée. Elle priait si bien, récitait si pieusement son chapelet que les autres enfants se disaient entre elles : « Voyez Germaine, comme elle prie bien. » Alors, instinctivement, les nombreuses petites malades joignaient les mains et baissaient les yeux « *pour faire comme elle !* » C'était pour la chère sœur Adélaïde une vraie jouissance de voir quel pieux ascendant avait Germaine sur ses compagnes de souffrance. C'était presque un petit apostolat que la fillette exerçait autour d'elle et ses exemples portaient des fruits.

Mais, tandis que Germaine charmait et édifiait la salle de chirurgie, la désolation éclatait dans la triste demeure de ses parents chéris. La rougeole s'abattait terrible sur le groupe enfantin, et M. et Mme Castang virent quatre de leurs enfants presque simultanément atteints de ce mal contagieux. Lorsque le médecin arriva dans cet intérieur désolé, il défendit à Mme Castang de soigner elle-même ses enfants. La pauvre femme nourrissait une petite fille et il était de toute prudence de ne pas la laisser s'épuiser auprès de quatre enfants malades. En conséquence, le docteur fit porter ces derniers à l'hôpital de la route de Bayonne. Là, aucun soin ne leur manqua, mais, hélas ! une complication de bronchite aiguë survint chez deux des chers petits malades et, dans l'espace de dix à douze jours, ils étaient tous deux ravis à la tendresse d'un père et d'une mère inconsolables. Une Sœur de charité ferma les yeux des deux innocents et ensevelit leurs petits corps dans de blancs linceuls, tandis que sur l'aile des anges leurs âmes sœurs allaient rejoindre dans l'immortalité les premiers envolés de leur gracieux essaim   .   .   .   .   .   .   .   .   .   .   .   .   .   .   .   .   .

« Enfants, éclatez en bruyantes mélodies,
« Célébrez les saints et joyeux triomphes des innocents.

. . . . . . . .

« Ils tombent et leur âge si tendre n'avait point encore développé leurs forces.

« Heureux ces petits corps des Innocents immolés !

« Heureuses les mères qui enfantent de tels gages !

« O aimable légion des Innocents !

. . . . . . . . . . . . . . . . . .

« Les anges, citoyens du Ciel, viennent à leur rencontre.

« La petite troupe vêtue de blanc saisit la couronne de vie par une merveilleuse victoire [1]. »

. . . . . . . . . . . . . . . . . . . . .

Mais, tandis que là-haut les deux petits frères s'élançaient au sein de l'infini bonheur, la main dans la main et leurs ailes s'entre-croisant, ici-bas les infortunés parents étaient en proie à la plus amère désolation... Germaine était présente lorsque, dans un couloir de l'hôpital, une des bonnes Sœurs annonça, deux fois en dix jours, à son père et à sa mère que Dieu avait repris un de leurs enfants chéris... C'est alors qu'elle entendit sa mère s'écrier : « Plutôt *avoir cent enfants que d'en perdre un seul !* » puis, cette mère inconsolable retomba dans une crise de larmes que rien ne pouvait calmer... M. Castang sanglotait de son côté, appuyé contre un mur, la tête dans les mains, et refusant toute consolation... Tous deux appelaient leurs enfants... La scène était navrante !... Germaine, elle aussi, donnait libre cours à sa douleur... Ils étaient morts presque à côté d'elle, ces petits frères charmants qu'elle avait tant chéris, tant soignés, tant caressés... Ils étaient morts... mais non, ils avaient trouvé l'éternelle vie et ils l'attendaient au pays de l'âme où tout refleurit dans l'immortalité.

Parents désolés, écoutez la voix de l'Église, elle vous ranimera : « Ceux qui sèment dans les larmes moissonneront une joie immense ; le Créateur les consolera, et sur les joues de ceux qui pleurent, Il essuiera toutes les larmes [2]. »

Ces larmes, que Dieu seul peut essuyer, n'avaient pas fini de couler au sein de la famille de Germaine ! ! Les malheureux parents

1. Séquence. Composition du XI<sup>e</sup> siècle. Anciens Missels.
2. Liturgie.

étaient encore penchés sur la tombe à peine fermée de leurs deux
petits enfants, qu'ils tremblèrent pour la vie de leur fils Louis,
âgé de vingt-deux ans.

Un jour, au cours de son service militaire, ce jeune homme avait
commis l'imprudence de coucher sur de la paille mouillée. Lorsqu'il se leva, il fut saisi d'un mal étrange : une bronchite se déclara.
Peu habitué à vouloir se soigner, et ne s'inquiétant point alors de
ce qu'il appelait un simple rhume, Louis s'aperçut trop tard que
le mal dégénérait en maladie de poitrine : il était mortellement
atteint !... Mme Castang en eut l'affreux pressentiment... Essaye-
rons-nous de sonder la profondeur des abîmes de désolation dans
lesquels dut descendre le cœur brisé de cette mère en deuil ?... Ce
serait impossible !... Il nous serait tout aussi impossible de traduire
l'acuité de sa souffrance que son admirable énergie, sa chrétienne
résignation et la tendresse des soins qu'elle prodigua à son bien-
aimé Louis.

Ce jeune homme était la joie et le légitime orgueil de la famille.
Cœur d'or, nature franche et loyale, d'une délicatesse exquise, d'un
incomparable amour filial, Louis était aussi un vaillant travailleur
tout dévoué aux intérêts de sa famille, et un chrétien de forte
trempe tout dévoué à sa religion. C'était un jeune homme modèle,
un digne fils de « *la sainte Mme Castang* » et aussi le digne frère aîné
de « *l'angélique Germaine.* »

« Mon frère Louis — dit Marie de Saint-Germain — était, comme
Germaine, la copie vivante de ma mère : même énergie et douceur
de caractère, même foi, même piété, même bon sens, même esprit
d'ordre et d'économie, même amour du travail, même dévouement
aux siens. »

Tel était le jeune homme accompli qui, parti fort et courageux
des champs de Nojals pour répondre à l'appel militaire, revint de
la caserne tomber pâle et languissant entre les bras de sa mère
navrée... La pauvre femme supplia Dieu de lui conserver son fils
chéri... mais Dieu, dans ses insondables desseins d'amour, ne voulant pas séparer la mère du fils, allait bientôt les appeler tous deux
de l'exil où l'on passe à la patrie où l'on demeure !...

Ce n'est qu'en tremblant qu'on pense au double sacrifice qui se
préparait pour M. Castang et ses enfants !... Parfois le cœur s'effare
en songeant au sommet de douleur où nous pouvons atteindre ici-
bas... mais l'âme toute nourrie de foi, d'espérance et d'amour,
rassure le cœur angoissé et lui dit : Dieu ne t'éprouvera jamais au-
dessus de tes forces et lorsque sur les épaules, il fait abonder les
croix, dans le cœur il fait surabonder ses grâces...

Ce fut en s'inspirant des grandes pensées de la résignation chrétienne, et en se jetant corps et âme dans les bras de la Croix : notre unique espérance : *Spes unica*, que M. et Mme Castang supportèrent le présent et envisagèrent l'avenir.

Ce ne fut pas une de leurs moindres souffrances de cette époque douloureuse que de se séparer de leur chère Germaine. Il le fallait cependant. Ses premières classes, brusquement interrompues par les épreuves des dernières années et son état d'infirmité, devaient être reprises sans tarder, mais le plus important était de la disposer à l'acte solennel de sa première communion. Sa mère souhaitait qu'elle y fût tranquillement et saintement préparée dans une maison religieuse : ses vœux furent exaucés. Une dame bienfaitrice s'intéressa à l'avenir de Germaine et prépara son entrée au pensionnat de Nazareth. Tout en se réjouissant de cette décision, la mère et la fille sentirent la sacrifice de la séparation. Germaine s'était toujours reposée sur le cœur de sa mère, comme la fleur sur sa tige : l'en détacher n'était-ce pas briser et couper ?... De son côté, Mme Castang ne se résignait qu'avec larmes au départ de « l'ange de la famille. » Germaine s'en allant, il lui semblait que c'était un des derniers rayons de joie et d'espérance qui disparaissait de son foyer, mais Dieu semblait réclamer ce sacrifice par la voix même de sa divine Providence ; Mme Castang n'eut pas l'ingratitude de le lui refuser et l'entrée de Germaine à « Nazareth » fut résolue quelques semaines après son retour de l'hôpital.

Il semble que l'enfer ait commencé de frémir à la vue de cette colombe prête à prendre son vol vers l'asile où l'attendait le Dieu de sa première communion... Gêner son essor eût été trop peu : il tenta de la capturer.

Racontons cette tentative étrange où la malice humaine ne fut sans doute qu'un auxiliaire de la malice infernale :

Peu avant l'entrée de sa fille à « Nazareth, » M. Castang, voulant lui procurer une petite distraction, l'emmena un soir d'été, se promener à Talence, où se célébrait une fête populaire, pour l'y faire jouir des illuminations et du feu d'artifice. Ce feu d'artifice devant avoir lieu très tard, M. Castang résolut d'attendre afin de ne pas en priver Germaine, et, au milieu d'une foule énorme, il stationna devant l'église, regardant je ne sais quel spectacle forain qui intéressait beaucoup le public.

Or, pendant qu'il était là avec sa jolie fillette de treize ans, un monsieur d'allure distinguée et de mise élégante vint lier conversation avec lui. La causette dura longtemps : l'inconnu paraissait avoir un talent particulier pour la rendre intéressante ; elle le devint d'autant plus que quelques amis de M. Castang étant venus le rejoindre, on continua à parler et à deviser, ce qui n'intéressait pas beaucoup Germaine. Elle regardait de côté et d'autre ; les sujets de distraction ne manquaient pas à l'entour... mais surtout la pieuse enfant regardait la célèbre église de Talence, et, du fond de son cœur, elle implorait le secours de la Madone miraculeuse [1] pour elle et pour ceux qu'elle aimait.

Tout à coup, profitant de ce que M. Castang causait avec ses amis dans une conversation très animée, l'élégant monsieur se sépara doucement de lui et s'approcha de sa fille. Celle-ci, croyant qu'elle avait affaire à une connaissance de son père, ne s'étonna guère de cette liberté, mais voilà que tout en causant il entraîna la fillette loin de son père. Germaine croyait M. Castang derrière elle... Tout à coup, se retournant pour s'en assurer, elle ne l'aperçut plus et se vit seule dans la foule avec l'étrange personnage ; lui l'entraînait toujours. En vain se débattait-elle : cet homme l'entraîna à l'écart « et lui offrit de l'argent si elle consentait à le suivre ! » C'était la tentation du séducteur maudit :*Hæc omnia tibi dabo si cadens adoraveris me... Je te donnerai tout cela si tu veux te prosterner devant moi et m'adorer* [2].

Insulte honteusement satanique !! Suggestion infernale ! *Je vous donnerai tout cela si vous voulez me suivre*, et, sous ses yeux indignés, Germaine vit briller l'or dont Satan paie le crime. « Au mot d'argent, raconta plus tard Germaine, je compris que cet homme était un fourbe et qu'il avait un mauvais dessein... » Le mot de Jésus

1. Une pieuse tradition nous apprend que, dans la forêt qui entourait jadis les murs de Bordeaux, au lieu qui porte aujourd'hui le nom de Notre-Dame de Talence, la Très Sainte Vierge Marie apparut miraculeusement en un jour de grandes calamités. Elle apparut sous la forme de la Mère des Douleurs, c'est-à-dire tenant sur ses genoux le corps inanimé de son divin Fils descendu de la croix, telle qu'elle est représentée par la statue que l'on vénère encore aujourd'hui dans le Sanctuaire.

Sur le théâtre même du prodige, et pour en conserver la mémoire, l'on construisit en l'année 1132, une petite chapelle sous le nom de Notre-Dame de Rama, changé aujourd'hui en celui de Notre-Dame de Talence. La chapelle fut renversée et pillée plusieurs fois, notamment pendant les guerres des Anglais et puis pendant la Révolution de 1793. La statue miraculeuse fut cachée par de pieux fidèles. La chapelle fut rebâtie plusieurs fois ; la statue remise à sa place... Et de tout temps une grande affluence de peuple se rendit à ce pieux Sanctuaire pour y honorer, y prier la divine *Consolatrice des affligés*. Souvent, des grâces privilégiées et même de nombreux miracles sont venus confirmer et encourager la confiance des pèlerins fervents. Depuis donc plus de huit siècles, le pèlerinage de Notre-Dame de Talence est le pèlerinage des chrétiens de Bordeaux : pèlerinage de dévotion et de piété que l'on accomplit avec la plus grande facilité pèlerinage de tous les jours et de toutes les circonstances imprévues de la vie ; pèlerinage de toutes les joies et de toutes les tristesses.

De très précieuses et très nombreuses indulgences sont accordées à ceux qui visitent le Sanctuaire de Notre-Dame de Talence.

(Extrait de la brochure · *Dévotion à Notre-Dame des Sept-Douleurs à Talence*).

2. Matth., cap. IV.

fut le sien et le « *Vade* » de l'indignation du Christ monta de son cœur à ses lèvres, puis, se confiant uniquement en la Très Sainte Vierge, « elle planta là » le tentateur et s'enfuit à toutes jambes. En vain l'homme perfide s'élança-t-il à la poursuite de son innocente proie ; elle lui échappa comme par miracle : « Oui, dit Germaine, Notre-Dame de Talence me secourut alors *miraculeusement* car, marchant encore avec *beaucoup de difficulté* à cause de mon pied opéré, n'est-il pas étonnant que j'aie pu courir plus vite que cet homme et lui échapper si heureusement ?... »

...Cependant la fillette ne retrouvait plus son père ; saisie d'épouvante, elle passait et repassait devant lui sans le voir ; il était pourtant au même endroit où elle l'avait quitté. Encore une fois la Très Sainte Vierge vint au secours de sa petite fille chérie. Un ami de la famille aperçut par hasard Germaine Castang, qui courait éperdue dans la foule ; il fut droit à elle : « Qui cherchez-vous, mon enfant ? lui dit-il. — J'ai perdu mon père, répondit Germaine en sanglotant. —Oh ! nous allons bien le retrouver, » s'écria le bienveillant protecteur, et, en effet, après avoir fait quelques pas, il découvrit M. Castang toujours au même endroit, et Germaine s'empressa de saisir le bras de son père pour ne plus le quitter. A tout instant, il lui semblait qu'allait réapparaître le sinistre personnage; mais non, elle ne le revit plus : il avait disparu, selon les paroles du Roi-Prophète, « comme la poussière à la face du vent... comme la boue des rues [1]. »

M. Castang ne s'était pas douté de l'affreux danger qu'avait couru sa fille bien-aimée. La scène que nous venons de décrire s'était passée en quelques courtes minutes, en bien moins de temps qu'il n'en faut pour la raconter. Ces minutes avaient été un siècle d'angoisses pour la blanche colombe qui, dans la nuit obscure, avait vu de si près les serres du vautour... Mais les anges semblaient lui avoir prêté leurs ailes, et, dans sa fuite merveilleuse, elle pouvait chanter sur la harpe de David :

« Notre âme, comme un passereau, a été arrachée du filet des chasseurs : le filet a été rompu, et nous, nous avons été délivrés.

» Notre secours est dans le nom du Seigneur qui a fait le Ciel et la terre [2]. »

---

1. « Et je les briserai comme la poussière à la face du vent : et je les ferai disparaitre comme la boue des rues. » Ps. XVII, v. 42.

2. Ps. CXXIII, v. 7 et 8.

# Chapitre Septième.

## LE BAISER DE LA JOIE
## ET LE BAISER DE LA DOULEUR

> Il a placé la paix sur tes frontières.
> Il te nourrit de la fleur du froment.
> Alleluia !                    LITURGIE.
> Les douleurs de la mort m'ont environné..., j'ai
> trouvé l'affliction et la douleur.    Ps. CXIV.
> Ma harpe s'est changée en plainte lugubre.
>                            JOB, cap. XXX.

GERMAINE avait treize ans et quelques mois lorsqu'elle franchit le seuil de la Maison de Nazareth ; la tristesse et la joie se partageaient son cœur... la pensée de ses parents tristes et malheureux lui arrachait des larmes... mais au travers de ses larmes elle voyait enfin le Tabernacle d'où bientôt viendrait à elle le Dieu de la Première Communion et il lui semblait que, nourrie du *Pain de vie*, elle serait ensuite plus forte pour lutter contre la douleur... Depuis si longtemps elle aspirait aux joies de l'union eucharistique : elle allait enfin en connaître les douceurs. « Nazareth » serait bien pour elle la cité des fleurs... puisque, dans son enceinte, elle y rencontrerait Jésus voilé sous la fleur du froment... O délicieuse perspective, bientôt serait dressée la Table de l'Eucharistie en face de son cœur affamé, et elle y recevrait le Pain du Ciel, le Pain des Anges...

Ravie d'amour en cette Hostie qu'elle espérait, Germaine humble, candide et recueillie, charma maîtresses et élèves à la solitude de Nazareth ; mais ici laissons la parole à l'une des saintes religieuses qui l'ont le plus connue : « Dès son arrivée à « Nazareth, » Germaine se montra une enfant exemplaire : elle était pour ses compagnes d'une très grande charité. Si quelques-unes avaient besoin d'un service, elles savaient que, pour faire plaisir à Germaine, il fallait le lui demander ; pour toute récompense, elle réclamait « une petite prière afin de bien apprendre à travailler. »

« La piété était entrée de bonne heure dans cette jeune âme et nous remarquâmes que l'esprit de foi animait déjà tous ses actes. Arrivait-il à la fillette de ne pas comprendre de suite la leçon de travail manuel qu'on lui donnait, cela lui valait parfois une vive observation de la part de la compagne désignée pour être sa petite maîtresse de couture ; alors Germaine acceptait la remontrance sans mot dire ; peu après on la voyait pleurer, « à cause de la peine involontaire qu'elle donnait ; » puis, sachant que la prière peut tout, elle s'adressait à saint Joseph, afin d'apprendre bien vite tout ce qu'on lui enseignerait, et cela en vue de dédommager de la peine qu'elle donnait, et aussi pour venir en aide, par son travail manuel, à notre bonne Mère Saint-Pierre qui l'avait reçue, disait-elle, avec tant de bienveillance... Ainsi, elle s'attira l'estime et l'affection de tout le monde.

» Germaine fut nommée « l'*Ange de l'atelier* » et le témoignage de ses compagnes, tout flatteur qu'il paraisse, ne fut pas contredit. Dans les ateliers, où chacune est examinée et connue de près par ses compagnes, cette jeune fille à l'humeur si égale, au cœur si aimant et si pur, s'entendit plus d'une fois appelée : l'*Ange de la douceur !*

» Il n'était pas d'occupation, si attrayante fût-elle, que la petite pensionnaire ne quittât sur-le-champ au moindre signe d'appel, pour courir, le sourire sur les lèvres, où la réclamait son devoir ou un service à rendre.

» Il lui arriva souvent de se faire l'avocate de ses compagnes auprès de ses maîtresses ; elle allait même jusqu'à s'offrir à faire la pénitence à la place de la coupable.

» Germaine était encore plus empressée à plaire à Dieu. Son occupation favorite était d'orner de fleurs une petite statue de saint Joseph ou une image de la Très Sainte Vierge qu'elle avait constamment sous les yeux... On avait comme une révélation des richesses de cette âme d'enfant par l'air d'innocence et de candeur qui rayonnait au dehors et dont tout le monde était frappé.

» Sur le désir qu'elle témoigna d'être toute à Marie, notre Bonne Mère, témoin de sa grande piété, consentit à l'admettre au nombre des aspirantes des Enfants de Marie, privilège tout spécial qui lui fut accordé même avant sa Première Communion.

» Germaine avait plus de treize ans ; il fallut la préparer à sa

Première Communion qu'une infirmité avait fait ajourner jusqu'à cette époque. Ce retard avait été accepté avec calme et résignation par la chère enfant qui le voyait dans la volonté de Dieu... mais avec quelle ardeur se prépara-t-elle à recevoir Jésus-Hostie ! L'étude de son catéchisme devint sa grande préoccupation et elle vit arriver le jour de l'examen sans aucune crainte, confiant à saint Joseph, dont elle tint constamment serrée la statue dans sa main pendant qu'on l'interrogeait, le succès qui devait décider de son céleste bonheur.

Sa retraite de Première Communion fut très édifiante, elle voulut se priver de ses récréations pour mieux se préparer à cette grande action. Enfin, le jour si ardemment attendu arriva et Germaine, toujours calme et heureuse, s'approcha de la divine Eucharistie, pleine de l'intelligence de ce grand mystère, pénétrée de respect et brûlant d'amour pour son Jésus.

« Au soir de cette grande et belle journée, Germaine se consacra d'une manière toute particulière à Marie et mit sous la garde de cette Bonne Mère ses ferventes résolutions [1]. » C'était le 12 juin 1892, en la fête d'amour que l'Église appelle la Fête du Très Saint-Sacrement, que nos pères ont nommée la Fête-Dieu, et en laquelle « Sion chante son Sauveur par des hymnes et des cantiques. » Nous avons su de Germaine qu'en ce beau jour, le plus beau de sa vie, elle avait versé « beaucoup de larmes de joie, de bonheur et d'émotion... » Quelques personnes firent à la première communiante le reproche « qu'elle était trop sérieuse en cette belle journée, » mais elle ne s'émut guère de cette observation et elle en fut bien vengée lorsque, au soir de ce beau jour, son père, en embrassant sa fille chérie, lui dit qu'il était très satisfait et très fier de sa petite Germaine, « parce qu'elle avait été toute la journée la plus modeste, la plus sérieuse et la plus recueillie en Dieu de toutes les premières communiantes. »

Après les émotions de la Première Communion vinrent celles de la Confirmation. Germaîne Castang fut confirmée à la cathédrale de Bordeaux et reçut à la Confirmation le nom de *Claire* ; c'était comme un présage de sa vocation de Clarisse et il est permis de croire qu'à partir de cette époque, sainte Claire d'Assise entoura d'une sollicitude et d'une protection spéciales celle qui devait bientôt revêtir les livrées séraphiques et mourir Professe de son Ordre !

Nourrie du « pain vivant descendu du Ciel » et illuminée des dons du Saint-Esprit, la jeune vierge chrétienne supplia le Seigneur Jésus

---

1. Note des religieuses de « Nazareth. »

d'agréer l'offrande de son cœur virginal et depuis cette époque bénie, elle aspira ardemment à la vie religieuse. Son âme qu'avait effleurée le baiser de l'Hostie voulait s'élancer sur les pas de l'Époux sacré et le suivre dans les mystères d'une vie toute de virginité et d'amour... Son front, encore humide du sceau de la Confirmation, voulait pour couronne des roses et des épines... Jésus devait exaucer cette demande d'une âme pure et ce sera dans le cloître que Germaine chantera le *Magnificat* de sa reconnaissance : au quatrième anniversaire de sa Première Communion, elle franchira le seuil de l'« *Ave Maria* » :Dieu peut-il refuser ce qu'on lui demande un jour de Première Communion ?...

Mais, avant de combler les vœux de sa petite servante, le Seigneur la soumit à une cruelle épreuve : aux joies enivrantes du premier baiser de l'Eucharistie se mêla le baiser sanglant de la douleur, et ce fut dans le plus sombre des deuils que se termina cette année 1892. Tout d'abord, Germaine vit ses parents s'éloigner d'elle; des amis prudents leur avaient conseillé de quitter Bordeaux où ils continuaient à être fort malheureux. On offrit à M. Castang un emploi de confiance dans un grand domaine des environs de la Réole. Il se hâta d'accepter cette offre et il alla s'installer avec sa famille à l'ombre d'un beau château, dans une magnifique propriété qui devint pour lui un nouveau Calvaire. C'est là, hélas ! qu'il devait fermer les yeux à sa femme et à son fils, et pleurer d'inconsolables larmes. Cependant, dans le courant de cette année 1892 personne n'eût pu soupçonner le douloureux événement de ses derniers jours de décembre. Mme Castang paraissait forte et vaillante... En la voyant se dépenser au chevet de son fils mourant, on ne se serait point douté que la pauvre femme souffrait d'une hernie dont elle cachait courageusement l'existence, ne voulant point inquiéter son cher entourage et ayant l'incroyable énergie de dissimuler ses souffrances pour ne s'occuper que de celles des autres.

Mais Dieu voulut lui épargner l'affreuse douleur d'assister à l'agonie de son cher Louis et de pleurer près de la dépouille mortelle de ce fils de vingt-trois ans. La pauvre mère avait assez souffert ici-bas... Cinq enfants l'appelaient au Ciel, un sixième allait quitter la terre : de par décret divin, c'était l'heure de fuir l'exil et de monter vers l'Immortalité !...

Ce départ fut soudain et d'autant plus cruellement douloureux qu'il était absolument imprévu. Le 29 décembre, Mme Castang se sentit frappée à mort, en descendant de voiture. « Je meurs — s'écria-t-elle — c'est fini ! » On entoura la malade, on lui prodigua les meilleurs soins, rien n'y fit : la crise était mortelle. La mourante

réclama l'image de Notre-Dame du Perpétuel Secours qui l'avait
miraculeusement sauvée quelques années auparavant... on courut
à sa recherche, mais on ne put trouver cette précieuse gravure :
la Très Sainte Vierge voulait se montrer à sa servante, non plus
en image, au travers des ombres terrestres, mais dans la délicieuse
réalité des visions du Ciel.. Soins, remèdes, prières, tout fut inutile !
Mme Castang succomba... Elle avait quarante et un ans et mourait
des suites de cette cruelle hernie dont elle avait longtemps caché
l'existence par tendresse pour les autres, et qu'elle avait dû si peu
soigner par oubli d'elle-même...

Autour de la défunte, la douleur éclata immense... inconsolable.
M. Castang fut comme écrasé sous le poids d'un tel malheur. Entre
sa femme morte et son fils mourant, il crut qu'il allait succomber
lui-même. La pensée de ses enfants le rattachait à la vie tout en
redoublant sa douleur... La vue de ses deux benjamines, Lubine
et Lucia, petites filles de huit ans et demi et de sept ans, qui sanglotaient près du corps glacé de leur pauvre mère, et celle de leur frère
aîné qui se mourait dans une pièce voisine, achevait de navrer ce
père désolé... Après avoir appelé Dieu à son aide, il appela Germaine
à son secours ; l'apparition de cette douce jeune fille serait comme
une vision d'espérance, dans cette scène de mort, de douleur, de
larmes et de deuil... Elle réconforterait son père, soignerait son frère
et essuyerait les larmes de ses deux petites sœurs... on prierait et
on pleurerait ensemble ! mêler ses larmes et ses prières, c'est une
des grandes consolations de ceux qui souffrent !

Un télégramme arriva à « Nazareth » apportant la fatale nouvelle.
C'était dans la soirée ; on crut devoir remettre au lendemain l'annonce à Germaine d'un si terrible malheur. Au matin du 30 décembre, une religieuse aborda tristement Germaine : « Mon enfant, lui
dit-elle, j'ai une bien douloureuse nouvelle à vous annoncer. — Oh !
s'écria la pauvre Germaine, c'est mon frère Louis qui est mort ?...
— Non reprit la Sœur, c'est... » et elle n'osa achever... Germaine
la supplia de s'expliquer, et il fallut bien, sans autres préambules,
finir la phrase douloureuse... Germaine éclata en sanglots ; sa douleur était déchirante : elle n'avait plus de mère... et cette mère
chérie était morte sans que sa fille aimante eût pu lui donner un
dernier baiser et lui dire un dernier adieu... Oh ! qu'elle frappait
cruellement, l'impitoyable mort !

Cependant, Germaine, malgré son chagrin et son abattement,
sollicita la permission de partir immédiatement. Elle espérait arriver à temps pour contempler une dernière fois le doux visage de
sa vénérée mère et assister à ses funérailles. Il fallut céder aux ins-

tances de Germaine en pleurs. Du reste, le trajet était si court et si simple par le bateau, qu'on laissa partir la fillette toute seule à la garde de son bon ange. Le cœur brisé et des larmes plein les yeux, la douce Germaine s'embarqua à deux heures de l'après-midi.

Toute à son immense chagrin, elle paraissait comme insensible à tout ce qui se passait autour d'elle. Cet état de douleur concentrée, qui se trahissait par des larmes et une tristesse extraordinaire, toucha et émut profondément une dame qui voyageait par le même bateau. Elle s'approcha de cette jeune fille si charmante, si triste et si seule ; elle l'interrogea affectueusement ; elle voulut savoir son chagrin et le but de son voyage. Elle chercha à consoler l'orpheline et s'intéressa si maternellement à elle qu'elle voulut lui offrir l'hospitalité dans sa propre demeure à sa descente du bateau. Tout d'abord Germaine refusa ; elle avait hâte d'arriver à la maison mortuaire, elle voulait passer la nuit près du cercueil de sa mère. Mais le bateau eut du retard ; le village où Germaine et sa protectrice descendirent, à sept heures du soir, était encore assez loin de l'habitation de M. Castang. C'eût été imprudence de laisser une jeune fille partir seule, à pied, pour faire une heure de chemin en pleine soirée de décembre. La charitable dame s'opposa aux desseins de sa nouvelle petite amie et l'emmena chez elle. Sous ce toit hospitalier, Germaine fut comblée de touchantes prévenances. Les deux filles de sa bienfaitrice l'accueillirent avec une grande compassion. Elles firent sécher ses vêtements tout mouillés de pluie et de neige... de plus, la petite voyageuse dut accepter la place d'honneur devant l'âtre où brillait un bon feu et, malgré ses protestations elle dut s'asseoir à la table de famille où pour faire plaisir à ses bienfaiteurs, elle consentit à accepter quelque peu de nourriture.

Après le souper, une des filles de la charitable hôtesse de Germaine la conduisit dans la chambre qui lui avait été préparée ; elle causa longtemps avec elle et ne la quitta qu'après l'avoir comblée de caresses, de prévenances fraternelles et avoir essuyé ses larmes qui coulaient toujours.

Germaine était bien émue d'une telle réception faite à une étrangère. Elle ne savait que dire et que faire pour en témoigner sa reconnaissance. Elle répétait de doux mercis au milieu d'intarissables larmes... Pauvre Germaine ! elle faisait pitié à voir... et, cependant, elle était si calme, si résignée à la volonté de Dieu, qu'elle était admirable dans sa sereine et immense douleur...

Épuisée de larmes, brisée d'émotions et accablée de fatigue, Germaine s'endormit enfin sous l'aile de son bon ange... Ainsi se termina cette lugubre journée.

ÉGLISE DE NOËL ... ... SŒUR MARIE-CÉLINE
MAISON PATERNELLE DANS LAQUELLE NAQUIT LA SERVANTE DE DIEU.

La petite Germaine ... ... cueillir ... des fleurs dans la prairie.

Le lendemain matin, la même jeune fille qui s'était montrée si sympathique pour Germaine vint lui apporter à déjeuner dans son lit, et la prévint qu'aussitôt levée elle pourrait partir : son beau-frère l'attendait avec une voiture pour l'accompagner au plus tôt chez ses parents. Germaine se confondit en excuses et en remerciements... Sur le point de quitter ses généreuses hôtesses, elle leur renouvela en termes émus le sentiment de sa profonde gratitude, et, déliant les cordons de sa petite bourse, elle voulut payer les frais de cette parfaite hospitalité. Mais les trois dames se récrièrent et, refusant tout salaire, elles demandèrent simplement à Germaine la permission de l'embrasser une dernière fois.

Nous regrettons vivement de ne pas connaître le nom de cette charitable famille. Germaine, elle-même, ne put le savoir, mais jamais elle ne perdit le souvenir de l'hospitalité reçue au jour le plus triste de sa vie, et, jusque sur son lit de mort, elle en parla avec émotion et reconnaissance.

La voiture particulière qui conduisait Germaine chez son père, s'arrêta à une faible distance de la maison qu'habitait M. Castang. On eût dit que le gendre de la charitable hôtesse de Germaine voulait se soustraire aux remerciements de sa famille et garder l'incognito le plus absolu.

Tandis que la voiture repartait à toute vitesse, Germaine arrivait tremblante en face de la maison mortuaire. Mais au moment où elle allait en franchir le seuil, un voisin la prévint qu'elle arrivait trop tard ; la levée du corps avait eu lieu ; la morte chérie n'était plus là : c'était l'heure des funérailles à l'église.

On se figure la cruelle déception de Germaine. La voilà donc qui repart à l'instant... elle court en pleurant à la recherche du cercueil de sa mère... Cette mère aimée, elle ne la reverra plus ! ! ! Pourra-t-elle du moins s'approcher de son étroite bière avant qu'elle ne soit descendue dans la fosse profonde ?... Pourra-t-elle l'arroser de ses larmes avant qu'on l'ait recouverte de terre ?

Telles étaient les pensées navrantes du cœur angoissé de Germaine, et elle courait toujours dans les sentiers déserts... Elle ne s'arrêta qu'à la porte de l'église. Là, elle prêta l'oreille : c'était un lugubre silence. Elle rassembla tout son courage, toutes ses énergies et elle entra dans la maison du bon Dieu... O déchirant spectacle ! elle aperçut le cercueil de sa mère chérie au milieu de l'église, et, à l'entour, le père et les enfants sanglotaient à fendre l'âme... ; à l'autel, le prêtre disait la messe des funérailles... à laquelle assistaient des amis sympathiques et émus.

Germaine, comme pétrifiée par la douleur, s'arrêta au bas de

l'église... « C'est donc fini, se dit-elle, je ne verrai plus ma mère... »
et tombant sur un prie-Dieu, les yeux fixés sur le drap mortuaire
qui recouvrait les restes de cette incomparable mère, elle sentit
s'amonceler en son âme des flots de douleur et laissa redoubler le
torrent de ses larmes. Tout à coup, se retournant, agitée je ne sais
par quel pressentiment de la venue de sa grande sœur, une des
petites sœurs de Germaine l'aperçut au bas de l'église ; la fillette,
ne pouvant maîtriser son émotion, s'écria à haute voix : « Papa,
voilà Germaine ! » M. Castang, se retournant à son tour, vit sa fille
chérie ; ses sanglots redoublèrent ; il lui fit signe de venir le rejoindre. Germaine s'avança pâle, inondée de larmes, et, s'agenouillant
au milieu des siens, elle mêla ses prières aux leurs pour le repos de
cette âme bien-aimée, dont la dépouille mortelle était cachée à ses
regards navrés par une mince planche de sapin... L'âme de Germaine était à l'agonie, mais la courageuse enfant eut l'énergie de
commander impérieusement à sa douleur, afin de ne pas redoubler
celle des êtres chéris dont elle devait être l'ange consolateur. Elle
demanda à Dieu de soutenir son père et à Marie de lui servir de
mère... elle consacra ses frères et ses sœurs à Celle qu'on nomme
si justement l'Espérance des désespérés et, l'âme retrempée dans
la prière fervente, elle eut le courage de suivre jusqu'au cimetière
les restes vénérés de celle « qui était aimée de tous parce qu'elle
savait s'oublier pour tous [1]. » Ce fut un moment déchirant que
celui où l'on descendit le cercueil dans l'horrible trou de terre...
Penchés sur les bords de cette fosse béante, le père et les enfants
l'arrosèrent de leurs larmes... le prêtre murmura encore quelques
prières et jeta quelques gouttes d'eau bénite... il y eut un redoublement de sanglots : c'était le dernier adieu à la dépouille mortelle
de cette femme vénérée... c'était le sacrifice consommé...

« Mon Dieu, vous nous l'avez donnée, vous nous l'avez ôtée,
que votre saint nom soit béni [2] !... » tel était à cette heure le cri
des âmes angoissées ! Ainsi fut conduite au repos de sa dernière
demeure cette épouse modèle, cette mère de douze enfants, cette
chrétienne aux grandes et fortes vertus...

« C'était une mère au-dessus de l'admiration, unissant à la tendresse d'une femme l'énergie d'une âme virile [3]. »

« Ses enfants se sont levés et ont proclamé qu'elle était très heureuse. Son mari s'est levé et l'a comblée de louanges [4]. »

1. Bossuet.
2. Job.
3. Mach.
4. Prov.

« Dieu l'a éprouvée par de longues tribulations pour la rendre plus digne de Lui, aussi sa mort est-elle pleine d'espérance [1]. »

« Bienheureux ceux qui meurent dans le Seigneur [2] ! » . . . .

. . . . . . . . . . . . . . . . . . . . . . . . .

« Nous avons perdu la mère qui nous avait été donnée, mais nous n'avons pas perdu Celui qui nous l'avait donnée [3]. » Ainsi pouvaient dire et soupirer les enfants de la douce envolée, au douloureux retour du cimetière. Dieu leur restait ! C'est l'Ami qui ne passe pas... C'est l'Ami qui demeure...

Oh ! combien cette famille éprouvée avait besoin du Dieu Consolateur ! !... En rentrant à la maison en deuil que venait de quitter sa mère, Germaine y trouva son frère chéri cloué sur un lit de douleur et arrivé à la dernière phase de la maladie qui allait l'emporter. En apercevant sa sœur bien-aimée, le malade lui tendit ses bras défaillants : « Ah ! te voilà, ma pauvre Germaine » ! dit-il simplement. et ses larmes coulèrent abondantes... Germaine se précipita dans les bras de son frère : « C'est moi qui te soignerai — lui dit-elle — nous n'avons plus de mère !... » et le frère et la sœur mêlèrent eurs larmes amères... Les deux petites filles Lubine et Lucia poussaient des cris déchirants ; la scène était navrante ! Germaine y mit fin avec ce tact et cette calme raison qui furent toujours un des côtés saillants de son grand caractère.

Lucie, la chère fille aînée, n'était point là pour remplacer sa mère. Dans l'ombre de son cher couvent, elle disait son *fiat* douloureux et restait rivée à la croix de la vie religieuse. A Germaine de remplacer la mère et la sœur. Elle le fit avec cette sagesse et ce cœur qui la caractérisaient : consolatrice de son père, garde-malade de son frère, petite mère de ses sœurs, ange gardien de ses frères, Germaine fut tout cela à la fois ; elle avait quatorze ans et sept mois... mais déjà « Dieu lui avait donné en partage la douceur, l'abnégation, et le dévouement [4]. »

Les funérailles de Mme Castang avaient eu lieu le dernier jour de l'année. Le lendemain fut un triste jour de l'an. C'était la Croix, la Croix toute nue que Jésus-Enfant offrait en étrennes à la future Clarisse... Pour mieux la porter, elle redoubla de ferveur et d'amour envers le Dieu bon d'où vient toute force. Elle commença l'année dans la prière et de bonne heure, le 1er janvier 1893, elle était pros-

1. Saint Jérôme.
2. Apocalypse.
3. Saint Augustin.
4. Prov.

ternée devant le Tabernacle, demandant courage et secours au Dieu
de l'Eucharistie... Ce 1er janvier tombait un dimanche, mais, tout
à sa douleur, M. Castang avait perdu la notion du temps et des
jours. Voyant rentrer sa fille, le père, étonné de sa sortie matinale,
lui dit :« Tu es allée à la messe ? » — « Oui, père, c'est dimanche ! »
— « Ah ! répondit M. Castang, pourquoi ne me le disais-tu pas ?
Je t'aurais bien accompagnée... Je ne croyais pas que ce fût dimanche... et voilà que j'ai manqué la messe un dimanche... et que je
ne pourrai pas réparer mon oubli puisqu'il n'y en a pas une seconde.»
Et le pauvre homme se désolait... Germaine fut bien mortifiée,
mais, ignorant les usages de l'église du lieu, elle ne s'était pas doutée
qu'il ne s'y célébrait qu'une messe chaque matin.

Elle consola son père et dut rassurer le fervent chrétien en lui
disant que l'excès de sa douleur expliquait son oubli involontaire
et l'excusait aux yeux de Dieu...

*<br>* *

Cependant, le jeune poitrinaire s'en allait rapidement... la mort
de sa mère avait brisé ses dernières forces. En vain Germaine mul-
tipliait ses soins et ses délicates attentions, la maladie du frère fut
plus forte que la tendresse de la sœur... Louis était parfaitement
résigné et admirablement préparé à la venue de la mort ; l'angélique jeune homme, comme saint Louis de Gonzague son patron,
souriait presque au trépas. Il avait la nostalgie du Ciel et peut-être
sa sainte mère vint-elle, elle-même, chercher le fils de sa prédilection...

Huit jours après la mort de Mme Castang, Germaine et son père,
étant dans une chambre voisine de celle du malade, l'entendirent
pousser un grand cri. Tous deux se précipitèrent vers Louis. Un
flot de sang s'échappait de sa poitrine brisée... Quel spectacle !
Des jets de sang rejaillissaient jusqu'au milieu de l'appartement ;
\e lit, le plancher en étaient inondés. C'était la crise suprême. Épuisé
par ce dernier effort, Louis, agé de vingt-trois ans, rendit son âme
à Dieu, entre les bras de son père et de sa sœur qui lui suggéraient
de pieuses invocations et lui montraient le Ciel...

« Sa mort fut celle d'un saint ! » dit Marie de Saint-Germain à
qui on envoya tous les détails des derniers moments de son frère.

Il était tard, lorsque mourut Louis. On ne pouvait appeler les
voisins, Germaine et son père rendirent au mort les derniers devoirs
et veillèrent près du lit funèbre...

C'était la seconde fois en huit jours que la mort fauchait ses victimes en ce logis de douleurs, et quelles victimes ! une mère de famille dans la force de l'âge et un fils dans sa radieuse et angélique jeunesse...

.   .   .   .   .   .   .   .   .   .   .   .   .   .   .   .   .   .   .

Comme toujours, Germaine fut admirable de sang-froid et de dévouement en ces douloureuses circonstances. Elle avait compris quelle mission elle avait à remplir au sein de sa famille éprouvée ; elle ne faillit point à son devoir, et fut simplement héroïque ! Refoulant sa propre douleur, elle en retenait le cri ému pour ne s'occuper que de celle des autres, mais Dieu seul sut jusqu'où son âme fut brisée et son cœur déchiré. Or, la moitié de ce cœur était monté au Ciel avec ceux qu'elle aimait... l'autre moitié restait sur la terre avec ceux qu'il fallait consoler... car il était bien vrai — navrante réalité !— que la moitié de la famille avait disparu : Mme Castang et six de ses enfants avaient abordé aux rives éternelles... M. Castang et six autres enfants demeuraient dans cette vallée amère : *In hac lccrymarum valle...* O mon Dieu ! daignez réunir tous, un jour, là-haut, ceux qui se sont tant aimés ici-bas ! !...

# Chapitre Huitième.

## DIEU SEUL



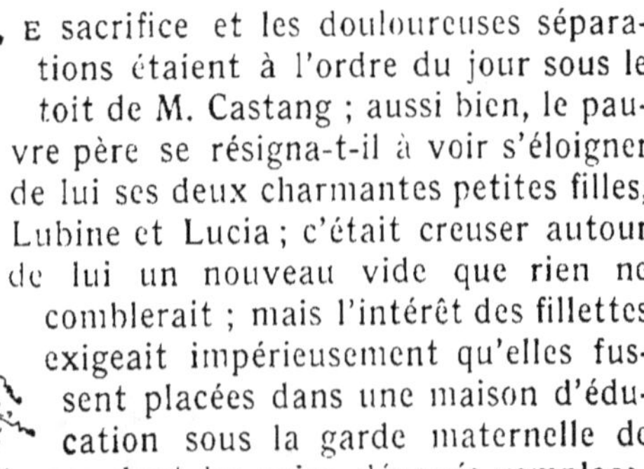

E sacrifice et les douloureuses séparations étaient à l'ordre du jour sous le toit de M. Castang ; aussi bien, le pauvre père se résigna-t-il à voir s'éloigner de lui ses deux charmantes petites filles, Lubine et Lucia ; c'était creuser autour de lui un nouveau vide que rien ne comblerait ; mais l'intérêt des fillettes exigeait impérieusement qu'elles fussent placées dans une maison d'éducation sous la garde maternelle de saintes religieuses dont les soins dévoués remplaceraient ceux de la mère disparue.

De leur côté, les bonnes religieuses de « Nazareth, » émues des épreuves extraordinaires qui fondaient sur la famille de Germaine, comprirent que Dieu leur demandait de faire une œuvre de généreuse charité, et, sans hésiter, la Révérende Mère Saint-Pierre ouvrit ses bras et son cœur aux deux nouvelles orphelines que la Providence lui envoyait. Germaine prépara donc son retour à Bordeaux en compagnie de sa petite filleule Lucia, âgée de sept ans et de Lubine qui n'avait que dix-huit mois de plus. Après le dernier baiser d'adieu donné à leur père, et une dernière visite à la tombe de leur mère et de leur frère, les trois sœurs prirent le chemin de « Nazareth. » Nous nous représentons avec attendrissement la douce Germaine, dans sa quinzième année, frappant à la porte de la solitude de Nazareth, tenant d'une main sa petite filleule chérie et de l'autre sa chère « Lubinette. »

De ces deux charmantes petites créatures, suivant comme deux petits agneaux leur grande sœur, nous disons, osant emprunter les termes du Saint Évangile : « Ensuite, elles descendirent avec elle, et elles vinrent à Nazareth, et elles lui étaient soumises... » En effet, ces petites filles étaient de vraies « soumises, » d'une si parfaite soumission, d'un si bon naturel, d'une si profonde reconnaissance, qu'elles eurent vite gagné les tendres sympathies des religieuses et des élèves « qui les choyaient et caressaient à qui mieux mieux, » écrit Marie de Saint-Germain.

C'était pour Germaine une immense consolation de posséder ses sœurettes chéries, de les voir croître à ses côtés, comme deux tiges de lis' qui donneraient en leur temps fleurs et parfums, et de leur prodiguer les avis, les caresses et les sourires qui leur rappelaient ceux de la tendre mère si prématurément ravie à leur amour filial... Oui, c'était du bonheur et même c'en était trop ! Déjà le Seigneur avait attaché sur Germaine le regard de sa divine jalousie : il la voulait *séparée* de tous ceux qu'elle aimait, *sevrée* de toute consolation *et uniquement abandonnée* au bon plaisir de ses vouloirs divins. Son père, il fallait se résigner à vivre loin de lui... ; sa mère et son grand frère : elle devait les chercher au Ciel... ; sa sœur aînée : elle ne la reverrait jamais... ; ses deux frères Guilbert et Lévy : elle en était séparée... ; et ses petites sœurs chéries qu'elle avait si souvent bercées, dont elle avait guidé les premiers pas, et dont elle était presque devenue la petite mère après la mort de celle qui leur avait donné le jour, ses petites sœurs dont la présence et les sourires étaient la moitié de sa vie et ses seuls rayons de joie humaine, Germaine se les vit ravir tout à coup et elle resta seule au pied de son crucifix... Insensiblement, Dieu l'amenait à pousser ce cri de séraphique amour : *Dieu seul !*

. . . . . . . . . . . . . . . . . . . . . . . .

Ce fut dans le courant de l'été 1893 que Lubine et Lucia Castang quittèrent le toit hospitalier de « Nazareth, » pour aller retrouver leur sœur aînée au sein de la pieuse congrégation des religieuses de Saint-Joseph d'Aubenas.

Deux mots expliqueront leur départ de Bordeaux et leur arrivée dans l'Ardèche. Les chères sœurs de Nojals, au milieu des larmes et des regrets qu'elles donnèrent à la « sainte Mme Castang, » se souvinrent qu'autrefois la mère de Lubine et de Lucia les avait suppliées d'adopter ses deux petites filles, si la mort venait à la frapper avant qu'elle eût pu les élever et assurer leur avenir.

Les tristes pressentiments de la jeune mère s'étaient réalisés ; les bonnes religieuses se rappelèrent leur promesse et voulurent la tenir ; elles firent des démarches actives auprès de leur Très Révérende Mère Générale : « Au mois d'août 1893 — écrit Marie de Saint-Germain — à la prière de nos bonnes sœurs de Nojals si dévouées à la famille, peut-être aussi en mon humble considération, notre Très Révérende Mère voulut bien offrir asile à Lubine et à Lucia parmi les orphelines recueillies par la Communauté. Sous la direction de bonnes et ferventes religieuses, mes chères petites sœurs se forment à la vertu, au travail, à l'instruction... Elles n'ont passé dans le monde que les années de leur première enfance ; elles n'en connaissent ni les peines, ni les joies toujours détrempées d'amertumes ; rien ne les y attire, tout, au contraire, semble les convier à suivre l'Époux divin dans le céleste sentier de la vie religieuse. Cependant, on ne peut juger encore de leur vocation, elle reste le secret de Dieu [1]. »

Tandis que Marie de Saint-Germain saluait l'arrivée de ses petites sœurs dans les belles montagnes de l'Ardèche, Germaine offrait à Dieu le sacrifice de la séparation : il lui coûta énormément ! Ce fut comme une phase d'agonie qu'elle traversa, à cette époque où tout semblait concourir à attrister son âme et à faire saigner son cœur. Ajoutons que le martyre de Germaine se prolongea jusqu'à son entrée au monastère de l'*Ave-Maria*, car son cœur blessé d'amour divin souffrait surtout de ne pouvoir répondre à sa vocation. Toujours Germaine avait aspiré au Cloître, mais depuis sa Première Communion, ses désirs s'étaient changés en tourments : il lui fallait l'ombre et le silence du cloître, la vie austère des moniales de Sainte-Claire. Presque au lendemain de sa Première Communion, elle avait demandé à un religieux franciscain, le R. Père Firmin, gardien du couvent de Bordeaux, de la faire admettre au noviciat des Clarisses de Talence. Sa grande jeunesse et la faiblesse de sa jambe firent alors échouer sa demande. Germaine en fut désolée. Croyant que le cloître lui était fermé à tout jamais, elle tenta du moins de se consacrer à Dieu dans l'Institut qui avait si charitablement accueilli ses trois sœurs... Là, ses démarches ne furent pas plus heureuses, et Marie de Saint-Germain, qu'elle avait prise pour sa tendre avocate, se trouva bientôt à son sujet dans une situation des plus délicates et des plus difficiles. N'osant insister auprès de

---

1. Lettre particulière, Juin 1897.

ses Supérieures et plus peinée que Germaine des déceptions que
lui apportaient ses missives, la jeune novice de Saint-Joseph osait
à peine écrire à sa sœur chérie. Ses lettres devinrent rares et le cœur
de Germaine, sans vouloir croire à de l'indifférence de la part de
sa sœur, souffrit beaucoup de son silence. Son émotion et sa souffrance se trahissent dans une des rares lettres échappées à la des-
truction de sa correspondance. Citons-en quelques fragments :

« Bordeaux, le 3 juin 1894.

» CHÈRE ET BIEN-AIMÉE SŒUR,

» Voilà bientôt la moitié d'une année que je n'ai reçu aucune
» nouvelle de vous toutes. Ne pouvant attendre plus longtemps,
» je viens te donner des nouvelles de mon cher papa et de Lévy...
» Nous nous portons tous très bien, mais nous sommes inquiets de
» savoir si tu n'es pas malade, ainsi que Lubine et Lucia. A quoi
» attribuer le long retard de ta lettre ? Il faut ou que tu sois malade,
» ou que tu aies beaucoup de travail. S'il en est autrement, je te
» trouve un petit peu indifférente, car depuis Pâques que je t'ai écrit
» tu aurais eu le temps de répondre à ma lettre...
» Si tu savais, chère sœur, comme c'est triste d'avoir loin de soi
» tous ceux à qui on est uni par les liens du sang... pourtant tu
» devrais bien le comprendre, toi qui as été séparée comme moi de
» ceux que tu aimais... Et, cependant, à présent que tu m'as pris
» mes petites sœurs, l'on dirait que je suis au rebut...»

.   .   .   .   .   .   .   .   .   .   .   .   .   .   .   .   .   .   .   .   .

» Il n'y a que mon cher papa qui semble m'aimer toujours. Il
est venu vers les fêtes de Pâques, et il est resté deux jours à Bordeaux ; il était, comme moi, très étonné que tu ne m'aies pas écrit...»
Après ces lignes de tendres reproches au travers desquels on voit
saigner le cœur de la douce jeune fille, Germaine parle de Lévy et
de Guilbert et entre dans le détail intime de certaines affaires de
famille, puis, répondant au refus formel qu'on a dû lui faire par un
admirable *fiat* de résignation, elle ajoute gracieusement :
« Mais tu dois t'étonner que je ne parle plus d'aller te rejoindre...
» c'est que dans ta dernière lettre tu m'as demandé d'être plus sou-
» mise à la volonté de Dieu. Eh bien, chère sœur, je suis toute résolue
» à la faire cette volonté du bon Dieu ; je me suis jetée entre ses
» bras ; aussi à présent, quoi qu'il m'arrive, je redirai avec Jésus :
» *Fiat !*

» Tu dois te demander, chère sœur, où je trouve ce courage. Veux-
» tu que je te dise où je vais le puiser ? c'est dans l'Aliment divin
» dont je me nourris chaque dimanche.

» Oh ! oui, ma sœur, tu ne pourrais croire ni comprendre la joie
» qui m'enivre quand je dois recevoir mon Jésus : c'est qu'Il me
» préserve de beaucoup de petites misères : aussi je suis bien heu-
» reuse ! »

» Toutes mes maîtresses sont pour moi de plus en plus dévouées.
» Aide-moi à leur exprimer ma gratitude, en priant Celui qui pos-
» sède des trésors intarissables de leur rendre au centuple les bien-
» faits dont elles me comblent...

» Embrasse bien fort pour moi mes petites sœurs ; leurs anciennes
» maîtresses et leurs petites compagnes leur envoient un grand bon-
» jour. Mes plus profonds respects à sœur Saint-Hermann et à
» bonne sœur Anna.

» Reçois, chère et bien-aimée sœur, l'assurance de mon affection
» et les meilleurs baisers de

» Ta sœur qui t'aime

» Germaine CASTANG,
» *Enfant de Marie.* »


Hâtons-nous de le dire, Marie de Saint-Germain était loin d'être
indifférente pour sa chère petite sœur... au contraire, elle souffrait
de sa souffrance et s'associait à son martyre. Citons ici le fragment
d'une lettre écrite à notre Très Révérende Mère Abbesse :

... « Depuis la Première Communion de Germaine, ses lettres
» ne me parlaient que de son désir du cloître, mais Dieu qui sem-
» blait si bien l'appeler à la vocation religieuse lui ferma longtemps
» la porte du monastère... Longtemps elle gémit à la solitude de
» Nazareth où, cependant, elle était aimée et estimée, mais où elle
» n'était pas dans son centre. Cette épreuve ne fut pas la moindre
» de sa vie. Ses lettres me fendaient le cœur. Ne pouvant entrer au
» monastère des Clarisses au lendemain de sa Première Communion,
» la chère petite aurait voulu alors entrer au noviciat des Sœurs
» de Saint-Joseph. A cause de son infirmité, nos Supérieurs, cepen-
» dant si bons, se refusaient à l'admettre et elle s'imaginait, la pau-
» vre enfant, que je ne faisais aucune démarche pour faciliter son
» admission. Dieu sait s'il m'en coûtait de ne pouvoir laisser son
» cœur s'ouvrir à l'espérance ! Que de larmes j'ai versées à son
» sujet ! Dans cette longue et pénible épreuve, sa résignation fut
» toujours admirable... elle souffrit silencieusement et saintement
» jusqu'au jour où vous-même, ma Très Révérende Mère Abbesse,

» mîtes un terme aux délais du Seigneur en lui ouvrant les portes
» du pieux et saint monastère de l'*Ave-Maria*, où elle vient de ter-
» miner les trop courtes années de son pèlerinage ici-bas [1]. »

Ainsi donc, Marie de Saint-Germain pleurait de son côté et Germaine pleurait du sien : la Croix les séparait... le *Fiat* les réunissait,
Jésus-Hostie les consolait... Germaine ne le cachait pas : l'Eucharistie « la préservait de beaucoup de petites misères, aussi elle était
bien heureuse ! » Elle souffrait beaucoup, c'est vrai, mais la Communion de chaque dimanche la consolait divinement et la préservait de tant de faiblesses que ses maîtresses ont pu écrire d'elle ce
magnifique et surprenant éloge : « Elle était un modèle d'édification pour ses compagnes : *toutes n'ont qu'une voix pour dire qu'elle
était sans défauts...* » A ce témoignage des saintes religieuses de
« Marie-Joseph » s'ajoute celui des religieuses du cloître : elles peuvent affirmer n'avoir jamais vu leur douce petite sœur commettre
une seule imperfection volontaire : sa vie au monastère de l'*Ave-
Maria* fut plus angélique qu'humaine. Mais avant de parler de la
postulante et de la novice, laissons encore la parole aux maîtresses
de la chère pensionnaire de la rue Saint-Genès. « Tout en menant
une vie commune, Germaine imitait la vie humble, silencieuse,
obéissante et cachée de la Très Sainte Vierge dans le Temple. Son
esprit de foi, qui se fortifiait de plus en plus, lui faisait accepter,
de la main de Dieu, les difficultés et les petits ennuis journaliers.
Elle était d'un caractère très gai ; aux récréations et aux promenades l'élan était toujours donné par elle.

» Lorsqu'elle raisonnait ses compagnes, ce qu'elle faisait toujours
en quelques mots (par humilité elle n'aurait jamais voulu affecter
de faire un sermon,) elle leur disait : *C'est le bon Dieu qui l'a permis
ainsi ; il ne faut donc pas murmurer.*

» Par esprit de reconnaissance envers la maison qui l'avait
accueillie, elle employait scrupuleusement son temps, ne perdant
point pour cela la présence de Dieu.

» Le recueillement avec lequel elle récitait chaque jour le petit
office de la Sainte Vierge édifiait beaucoup ses compagnes, et,
témoins oculaires de sa piété fervente, il leur était facile de comprendre et de lire sur sa physionomie combien elle était heureuse de
s'entretenir avec Dieu.

» Déjà elle s'efforçait de commencer cette vie religieuse qu'elle
désirait ardemment. Un jour, une de ses compagnes ayant remarqué qu'elle souriait en travaillant lui en demanda la raison ; elle

---

1. Lettre particulière. Juin 1897.

soupira et dit tout simplement : « J'imaginais être déjà dans ma petite cellule de Clarisse !... »

» Elle était humblement reconnaissante envers les personnes qui lui faisaient du bien et protégeaient sa famille. Mais c'était surtout envers notre bonne Mère Saint-Pierre qu'elle eût voulu se fondre en remerciements. Le seul souvenir de la bonté, avec laquelle cette chère Supérieure avait accueilli ses deux petites sœurs à la mort de leur mère, remplissait son âme d'une immense gratitude. »

Les religieuses de « Nazareth » ajoutent : « La mort de cette mère chérie fut la plus cruelle épreuve que Dieu ait pu envoyer à Germaine. Pour juger de sa douleur, il faut avoir connu l'affection si vive et si tendre qu'elle avait pour sa famille... Dans cette pieuse famille, elle n'avait puisé que de bons principes : sa mère était une sainte et — sur le point d'entrer en religion — elle était heureuse de dire que c'était aux prières de sa mère qu'elle devait le bonheur d'entrer en Communauté, malgré les difficultés qui semblaient y mettre obstacle [1]. »

Comme le disent ses maîtresses, la vie de Germaine était humble et cachée, mais elle n'en était pas moins aimée et elle jouissait de la confiance générale. Elle avait un grand ascendant sur ses compagnes de l'Ouvroir où on l'avait nommée surveillante du travail [2]. Elle s'acquittait à merveille de ses fonctions et les remplissait avec tant de sang-froid, de fermeté, de douceur, et d'impartialité qu'elle s'attira toujours le respect des élèves et l'admiration des maîtresses.

Germaine devait rester à la maison de « Nazareth » jusqu'en juin 1896. Depuis le départ de ses petites sœurs jusqu'à son entrée à « l'Ave-Maria, » rien de bien saillant à relater dans cette paisible phase de sa vie. Cependant, sa correspondance d'alors trahit le rôle pacificateur qu'elle voulut remplir auprès des siens dans une circonstance des plus délicates. Nous nous reprocherions d'en omettre le récit.

C'était dans le courant de l'année 1895 : un nuage s'était élevé entre M. Castang et l'un de ses fils. Germaine apprend que ce dernier, qui n'habitait pas avec son père, hésite à venir à Nojals où se trouvait alors M. Castang. Elle sort de Nazareth, et, ange de paix et de douceur, elle veut à tout prix servir de trait d'union. Elle va chercher son frère aux environs de la Réole et lui glisse à l'oreille de si touchantes choses qu'elle le décide à revenir vers son

---

1. Notes des sœurs de Marie-Joseph.

2. Il avait été question de mettre Germaine sous-maîtresse à l'ouvroir. Ce projet, nou a-t-on dit, se serait sans doute réalisé si elle ne fût entrée au cloître de l'*Ave-Maria*.

père. Elle-même se rend dans la Dordogne pour préparer les voies. Tout se passe à merveille et, le 22 septembre 1895, elle écrit à Marie de Saint-Germain sa douce victoire :

« ... J'ai enfin fait consentir notre frère à venir faire sa visite à mon cher papa... il craignait... mais le Seigneur ne reçoit-il pas le pécheur comme le juste ?... Si mon père me reçoit, pourquoi ne recevrait-il pas celui qu'il nomme son enfant ?... Je l'ai donc préparé à cette visite inattendue, puis est arrivé le moment où mon frère devait se présenter ; un serrement de main est venu rendre la paix à ce dernier qui est resté une semaine avec nous ! »

Tels étaient les grands triomphes de Germaine : procurer la paix, rétablir la paix, donner du bonheur dans la petite mesure où il lui était permis d'être la messagère de la paix et de la joie ! Oui, c'étaient là ses triomphes et, pour y arriver, que lui importaient la peine, la fatigue, les ennuyeuses démarches ? Dieu la payait de tout cela, car : « Bienheureux ceux qui sont doux... »

Cependant, Dieu continuait à éprouver sa petite servante : le voile qui lui cachait les joies de l'avenir ne tombait pas encore. Il était alors plus tendu et plus épais que jamais. Dans ce voyage à Nojals où elle avait si bien réussi à donner du bonheur aux autres, elle, la pauvre enfant, ne recueillit que des déceptions et elle passa trois jours dans les larmes : on lui avait enlevé son dernier espoir d'être religieuse... et à cela s'étaient ajoutées d'autres peines intimes que la discrétion nous défend de trahir. Disons seulement qu'elles atteignirent Germaine en plein cœur : « J'ai cruellement souffert, dit-elle à Marie de Saint-Germain, mais n'en parle à personne. »

Quant à l'épreuve relative à sa vocation, quelque adoucie qu'elle fût par la tendresse des bonnes religieuses de Nojals, elle n'en fut pas moins sensible : citons encore un fragment de la lettre de Germaine :

« Mes bonnes maîtresses m'ont reçue à bras ouverts ; je m'y suis jetée comme dans ceux de la mère chérie qui elle aussi me les ouvrait autrefois...

» Mais si jusqu'ici j'ai vécu d'espérance, je viens de la perdre complètement. J'avais l'intention d'écrire à votre Révérende Mère, je possédais ce secret à moi seule, lorsque mes chères maîtresses m'ont dit que nulle part l'on ne me recevrait avant que je sois complètement guérie. J'ai donc rejeté tout espoir... et, pendant deux ou trois jours, mes larmes ont coulé en l'absence de mon cher papa... Il m'est dur de prononcer le *Fiat* de la résignation... Prie pour moi, chère sœur ; de mon côté j'ai prié pour

» toi, et pour toi j'ai offert de petites mortifications que je faisais
» pendant la journée...

» Mes meilleurs remerciements à notre... à ta bonne Révérende
» Mère. Je me suis trompée ; je disais *notre* et comme je ne crois
» jamais pouvoir le dire, je me suis reprise, veuille lui offrir cette
» image de ma part.

» Je t'embrasse bien fort ainsi que mes chers petits anges, dont
» je ne me serais pas séparée si j'avais prévu que je demeurerais
» seule.

» Germaine CASTANG »

On le sent : Germaine a le cœur gros de chagrin, l'âme débor-
dante de tristesse... A qui donc donnera-t-elle le nom de *Mère* dans
la vie religieuse ? et où la trouver cette vie qui est si près et si loin
de son âme en détresse ?... Partout elle est éconduite, partout
c'est le refus écrit sur le seuil des maisons où elle frappe... Pauvre
enfant ! Marie lui reste... et elle lui ouvrira les portes de son *Ave-
Maria*. Mais cette joie prochaine, Germaine l'ignorait... L'année
1895 s'acheva pour elle dans une prolongation d'agonie morale...
Rien à l'extérieur ne trahissait sa douleur ; elle restait calme, souriante, joyeuse même, mais une lettre à sa sœur laisse percer sa
désolation... Dieu permettait que l'isolement se fît alors durement
sentir au cœur de Germaine. Écoutons son gémissement que précèdent d'abord des souhaits pleins d'affection à sa grande sœur.

« Bordeaux, le 8 décembre 1895.

» CHÈRE ET BIEN-AIMÉE SŒUR,

» Il est enfin arrivé ce jour où il m'est donné de t'écrire ; avec
» impatience je l'attendais pour t'offrir mes souhaits de fête, aux-
» quels je joins mes vœux de bonne année. C'est donc de grand
» cœur que je te dis : bonne fête ! Pour cadeau je te donne une
» large part à mes prières ; telle est l'offrande que je te présente
» en ce jour.

» Tu vas me dire que je devance l'époque du jour de l'an, tant
» mieux ! je serai du moins la première arrivée auprès de ma sœur
» aînée. Ils sont toujours les mêmes, sœur bien-aimée, les vœux
» que je forme à ton égard, c'est toujours du fond du cœur que je
» dirai au divin enfant de la Crèche : « Vous connaissez les besoins
» d'une grande sœur, vous savez qu'elle est la gardienne de mes
» deux petites sœurs chéries... Vous avez une petite main, cepen-

» dant elle est grande en grâces : donnez, s'il vous plaît, pour étren-
» nes à ma chère sœur tout ce dont vous connaissez qu'elle a besoin...
» Mon bon petit Jésus, daignez suppléer à ce que je ne puis faire,
» moi qui suis si éloignée et qui désirerais tant lui donner **pour**
» étrennes un gros baiser. »

» J'ai bien des choses à te dire, chère sœur, mais en un jour de
» fête [1] dois-je t'attrister ? Certainement non. Je me contenterai
» seulement de te dire combien ma peine est grande en songeant
» à notre cher papa... Il doit être sans doute fâché avec moi. Je lui
» ai écrit : pas de réponse ! Que vais-je **donc** devenir si je n'ai plus
» personne ? Plus de père, plus de sœurs, plus de frères, c'est trop,
» tout à la fois ... Tu es bien encore la plus heureuse, va, en possé-
» dant nos chères petites sœurs. »

Ici on devine que Germaine a versé des larmes... mais vite elle
les essuie et finit affectueusement sa lettre à Marie de Saint-Germain ; puis, pour se consoler de n'avoir plus ces « chères petites
sœurs » qu'elle pleure toujours, elle leur écrit quelques lignes
d'affection :

« Mes chères petites sœurs,

» Croyez-vous, mes petites chéries, que je vous oublie ? Non,
» certainement non... Chassez cette pensée, car chaque fois que
» j'écris à notre grande sœur, je m'informe de ce que vous devenez.

» Comme vous devez avoir grandi depuis votre départ ! pourvu
» surtout que vous ayez grandi en sagesse, tel est mon désir !

» Ma chère petite Lucia, c'est aussi ta fête. Je t'embrasse bien
» fort ; c'est tout ce que je puis faire pour le moment... mais voici
» le jour de l'an et il faut bien prier le petit Jésus qu'il remplisse
» ma bourse afin de pouvoir envoyer une petite étrenne à mes sœurs
» chéries... Et ma petite Lubine, est-elle en bonne santé ? ne s'en-
» nuie-t-elle pas ? prie-t-elle bien le petit Jésus ? Je demande pour
» elle qu'elle ne fasse jamais fâcher ses maîtresses. Vous savez que
» le bon Dieu nous a enlevé notre maman bien vite ; eh bien ! ce
» sont vos maîtresses qui vous la remplacent. N'oubliez donc pas
» de leur faire plaisir par votre conduite...

...» Une petite lettre de votre part me ferait bien plaisir. Tout en
» offrant à ma sœur Saint-Didier mes vœux de bonne année, deman-
» dez-lui donc pour étrennes, qu'elle vous permette de m'écrire...

» Tâchez de faire toujours plaisir à notre sœur aînée... elle doit
» être bien bonne pour vous.

---

1. Germaine souhaitait à sa sœur la fête de sainte Lucie.

» Tout en priant pour que vous soyez des petites filles bien gen-
» tilles, priez toujours pour moi qui en ai bien besoin.
» Mes chères petites sœurs, je vous embrasse bien fort.

» Germaine CASTANG,
» *Enfant de Marie.* »


On le voit, l'isolement et le chagrin ne desséchaient pas le cœur
de Germaine... il semblait au contraire que l'expérience de la douleur la lui faisait plus que jamais redouter pour les autres... et elle
se consolait de souffrir en faisant des vœux de bonheur pour les
âmes qui lui étaient chères.

Cette tempête d'inquiétudes, de larmes, d'angoisses secrètes et
d'apparent abandon était le dernier coup de vent qui la poussait
au port !... Encore quelques mois, et Germaine allait trouver à
l'*Ave-Maria* la famille religieuse qu'elle cherchait depuis tant d'années... Dieu l'y conduisait par le mystérieux chemin de l'épreuve ;
elle marchait au travers des épines et des croix, mais que craignait-
elle ! d'un rayon de son amour le Christ illuminait ses pas et cette
année 1896, qui s'ouvrait si tristement, devait être l'année bénie
de ses divines Fiançailles avec le Christ-Roi !... Une fois de plus,
Germaine Castang allait expérimenter que « les heures désespérées
sont les heures de Dieu » et que « ce qu'Il garde est bien gardé !... »

# Chapitre Neuvième.



> Frappez et il vous sera ouvert.
> MATTH. chap.. VII, v. 7.

AIS quel était cet Alvernia nouveau au sommet duquel Germaine allait, comme le « divin François, » se jeter dans la fournaise du céleste amour ?... Quel était ce nouvel *Ave-Maria* qui, dans cette fin du XIX<sup>e</sup> siècle, ressuscitait sur les rives de la Gironde la vie séraphique des premières Clarisses de Bordeaux, vie éteinte depuis 1521[1] ?...

Ici, laissons la parole au poétique écrivain qui indiquait aux Bordelais la route du nouveau monastère, au lendemain de la consécration de son église et de la bénédiction de

---

1. *Les pauvres Clarisses de Bordeaux.* — Les archivistes de la ville font remonter l'établissement de leur premier monastère vers 1235 ou 1239. Il est à présumer, bien qu'on n'en retrouve aucune preuve, que les fondatrices furent des religieuses venues d'Assise. Wading, l'annaliste des Frères Mineurs, ne mentionne pas cette fondation, mais il note, en l'année 1260, que le Pape Alexandre IV écrivit au maire et aux Jurats de Bordeaux pour leur recommander les Damianistes du monastère de saint François, qu'elles avaient établi dans leur ville. Le même auteur nous apprend qu'en 1290, le Pape Nicolas IV, ayant concédé des indulgences à plusieurs monastères de Sainte-Claire, accorda la même faveur à celui de Bordeaux, « qui a été, dit-il, uni à celui des Annonciades. » Cette réunion ne put avoir lieu qu'après l'année 1521, date de l'établissement des religieuses Annonciades dans cette ville. Avant cette époque, c'est-à-dire en 1344, le Monastère des Clarisses, peu en sûreté hors des remparts, à cause des guerres des Anglais, fut transféré dans la cité. Les ruines de cet antique monastère ont été relevées tout récemment. Sept religieuses de la communauté des Pauvres Clarisses de Grenoble, auxquelles s'est unie ensuite une de leurs sœurs de Paray-le-Monial, ont pris possession du nouvel *Ave-Maria* de Bordeaux, le 2 août 1893.

ses cloîtres. C'est comme le son d'une lyre qui conduit au sentier de l'Alverne :

## LE MONASTÈRE DE L'*AVE-MARIA*

### A BORDEAUX

« Traversez le boulevard de Talence, prenez par un sentier, qui répond au joli nom de « chemin des montagnes, » et bientôt toute blanche, avec une toiture de briques roses, apparaîtra à vos yeux la chapelle du nouveau monastère de l'*Ave-Maria*. Les bâtisses du couvent, blanches aussi, sont blotties autour.

» Par cette belle matinée d'août, monastère et chapelle se détachent sur l'azur intense, sur l'azur sans limite avec quelque chose d'assuré, de vivant. On dirait un immense bateau dont l'ancre serait venue mouiller en des eaux éternellement sereines. Eh ! mon Dieu ! n'est-ce point dans le grand océan de la paix, de l'amour sans fin que ces couvents, où divinement passent les âmes, ont aussi jeté leur ancre, à l'abri de l'o.age, à l'abri des autans, qui, sur la scène du monde, soufflent en tempête ? C'était le 2 août, jour de fête suprême pour les habitantes du monastère de l'*Ave-Maria*.

» Et d'abord qu'est ce monastère dont le nom résonne avec un beau son de Moyen-Age, comme on n'en entend guère plus l'écho que dans les murs de Rome ou des antiques cités italiennes ?

» Le monastère de l'*Ave-Maria* est d'institution très récente à Bordeaux. C'est un couvent de Clarisses, « de pauvres Clarisses, » ainsi que les dénommait dès le XIII<sup>e</sup> siècle leur fondatrice, sainte Claire elle-même.

» Une superbe physionomie de ces temps héroïques du Moyen-Age, celle de Claire de Scefi, que vit naître la petite cité italienne d'Assise, en l'an 1194. Déjà Assise avait donné le jour en 1182 au grand et doux triomphateur du renoncement et de la pauvreté, François, au sujet de la naissance duquel Dante écrivait :

« Ici est né, pour le monde, un soleil comme l'autre sort du Gange. Que celui qui voudrait nommer ce lieu ne dise point Assise. Il dirait trop peu, mais qu'il dise Orient, s'il veut bien parler... »

» François avait atteint l'âge d'homme, et déjà « il avait si bien vaincu le péché, si bien rétabli son âme dans la pureté de son origine, qu'aucune hostilité n'existait plus contre lui dans le monde, » suivant ce qu'affirme un éloquent commentateur de sa vie.

» Une splendeur divine, au dire des contemporains, entourait son front comme d'une auréole. « Les prodiges sortaient de lui, comme les rayons sortent du foyer. »

» Il jouissait du plein amour des êtres et des choses. La peinture a immortalisé cette charmante scène du chemin de Bévagno, où, ravis par le regard du doux saint, on vit des oiseaux de toute espèce le suivre, voletant autour de ses épaules et le caressant de leurs ailes. Alors, celui-ci ému, en une sorte d'extase, se mit à leur faire un discours.

« Mes frères ailé, leur disait-il, vous devez toujours aimer votre Créateu, et le louer, lui qui vous a revêtus de plumes, qui vous a donné des ailes, qui pourvoit à tous vos besoins ! »

« Et les petits oiseaux écoutaient, attentifs, agitant leur jolie tête, répondant par de petits pépiements, très doux, aux exhortations du saint ! ! » « Et plus ne voulurent bouger qu'il ne leur eût donné sa bénédiction, » ajoute l'historien.

» Sur les fleurs, sur les plantes, sur les moissons, sur les vignes, sur les eaux, sur les bois, sur tout ce qui était pur, François avait même puissance. Mais s'il aima toutes choses, et si toutes choses l'aimèrent, combien durent l'attacher et s'attacher à lui les âmes pieuses ! Les âmes ! ces fleurs impérissables, ces miroirs du Christ, ces lyres vivantes où chaque harmonie participe de la lumière. S'il parlait avec tant de douceur aux créatures sans raison, imaginez ce que devaient être ses entretiens avec les pléiades de petits enfants, d'hommes faits, de vierges et de jeunes femmes, que sa sainteté attirait d'un pouvoir fascinant !

» Claire, toute jeune, de noble famille, très belle, pure comme un lis que vient d'entr'ouvrir la rosée de la première aube, fut une des âmes privilégiées sur lesquelles, de bonne heure, par le bon vouloir de Dieu, l'âme du saint régna en maître.

» Qui nous dira la haute tendresse, la puissance de ces colloques d'une âme supérieure avec une autre âme qui tend à monter à sa suite ? Les œuvres résultant de ces communications peuvent, seules nous en révéler la divine saveur.

» Et voici quelles furent les œuvres de Claire, conformes à celles de François.

» Il avait épousé la pauvreté. Comme lui, Claire voulut être pauvre. Comme lui, elle devint austère et douce. Il venait de fonder un ordre d'hommes pour convertir les âmes et réjouir le Ciel. Sur ses traces, Claire fonda un ordre de femmes.

» Poussant au sublime l'exemple des Franciscains, elle ne voulut point que ses maisons possédassent des revenus assurés. C'est

à l'aumône quotidienne que la Clarisse demande l'austère aliment
de sa vie, vouée au jeûne, à l'oraison, aux macérations de toutes
sortes, auxquelles viennent s'adjoindre les travaux de l'esprit et
des mains, le chant de l'office, les veillées de nuit, passées à prier
pour ceux qui dorment, pour ceux qui souffrent, pour ceux qui
fautent dans les ténèbres...

» Le peu de repos qu'elle prend, c'est sur la dure. Ses pieds délicats foulent à nu les dalles du cloître ou de la cellule, même les sentiers du jardin. La clôture est absolue, à moins que, pour cause de
fondation, on n'ait obtenu momentanément dispense.

» C'est ainsi que l'essaim de Clarisses qui vient de se fixer à
Bordeaux dans le Monastère de l'*Ave-Maria*, est resté quelque
temps sans être cloîtré. On a pu voir les fronts aux pâleurs nacrées
par l'oraison et le jeûne, se profiler au grand jour, sous le bandeau
de fin lin, et de la longue robe de bure sombre, émerger des pieds
émaciés, tout blancs aussi.

» La plupart, de grande naissance au point de vue humain, toutes
de grandes âmes, les Clarisses ! Ce n'est point une vocation ordinaire qui les a conduites au cloître. Par joie ou par douleur, d'avance
elles étaient sacrées pour une mission dont l'entier mystère ne nous
sera révélé qu'au Ciel. Ici-bas, à peine une lueur étrange, qui con-
fond les sens et presque le raisonnement. Et cependant, feuilletons
les annales sublimes des cloîtrées, et nous verrons quels prodiges
leurs prières ont réalisés ! Leurs prières trempées de larmes et de
sang ! Et si nous pouvions pénétrer plus avant, frôler de nos mains
débiles, la mystérieuse chaîne qui, dans le cloître, relie le visible
à l'invisible, chaîne de révélations, chaîne de visions, chaîne d'im-
matérielles amours, torrents de douceur, pluie de parfums ! Je ne
parle point au figuré. Mais les Clarisses, pas plus que leurs sœurs
des autres ordres, ne confient oralement les chastes délices dont
il plaît à Dieu de leur donner, dès ce monde, la surnaturelle possession... Ne cherchons point à pénétrer leurs célestes secrets !

» Le 2 août a marqué pour elles, à Bordeaux, ainsi que je le
disais tout à l'heure, une date suprême. Son Éminence Mgr Lecot
est venu, en ce jour, prononcer la clôture. Les grilles de fer aux
pointes acérées, les épais rideaux de serge noire ont été rivés pour
jamais à toutes les ouvertures. Encore une minute, on a pu contempler les saintes recluses, et se jeter une dernière fois dans les
bras de celles dont on était la parente ou l'amie... Puis, tout s'est
refermé avec un bruit de tombe qu'on clôt. Mais derrière cette
tombe le *Magnificat* retentissait.

» La chapelle avait été précédemment consacrée. Une jolie chapelle aux gothiques ogives. Toute blanche encore, avec un aute dédié à saint Antoine de Padoue et un chemin de croix qui fait rêver de pauvreté franciscaine et d'élévation mystique.

» Et maintenant, elles sont là, seules, les « pauvres Clarisses ». Quand on les demande au parloir, elles descendent et vous saluent d'un *Ave-Maria*. Elles causent amicalement, mais elles ne voient nos visages, ni nous ne voyons le leur. Sur le seuil, les sœurs tourières se montrent, vont et viennent accortes. Ce sont les abeilles de la ruche, ce sont elles qui vont quêter par la ville, les dons en nature, et les reçoivent à la porte.

» Espérons que la cloche d'alarme ne tintera jamais au monastère de l'*Ave-Maria !* La charité bordelaise saura assurément suffire à l'entretien des anges terrestres, que le ciel lui a confiés [1] ! »

*<br>* *

Situé en dehors des boulevards, le couvent des Clarisses, qu'on a appelé gracieusement l'*Ave-Maria hors les murs*, jouit presque des avantages de la campagne ; le bon air, le calme et la solitude de ses parages y attirent, le dimanche surtout, de nombreux promeneurs et des pensionnats en font le but d'une pieuse sortie... Souvent, les pensionnaires de « Nazareth » sont venues se promener aux alentours du monastère, et ce n'était pas un des moindres bonheurs de Germaine de pouvoir passer et repasser sous les fenêtres grillées et mi-closes des Clarisses de ces doux lieux... Alors, elle s'arrêtait, et, fixant les murailles bénies de la clôture, elle disait à ses compagnes : « Oh ! si je pouvais avoir là ma petite cellule, que je serais heureuse ! »

Sans se laisser décourager par les obstacles et les refus, l'ardente postulante continuait à supplier le ciel d'exaucer ses désirs, et un jour, n'y tenant plus, elle vint elle-même s'offrir au cloître dans tout l'élan d'un généreux *Ecce venio*. C'était un lundi de Pâques, un jour tout d'allégresses, d'alleluia, une de ces journées de printemps si belle dans nos régions... Germaine n'avait pas dix-huit ans lorsqu'elle frappa à nouveau, tout timidement, à la grille du parloir et sollicita son entrée dans la clôture.

Nous fûmes profondément émues de sa candeur, de son humilité, de sa ravissante simplicité... Rien qu'à l'entendre au travers de nos grilles et rideaux, nous étions charmées et touchées ; en la voyant nous fûmes conquises : sa cause était gagnée. Vraiment le

_____
1. Marie d'Hautecaze.

doigt de Dieu était là, nous désignant cette jeune fille comme une âme privilégiée qu'Il voulait s'unir dans le cloître séraphique... Peut-on lutter contre Dieu même ? Passant par-dessus les considérations qui nous avaient fait refuser Germaine deux ans et demi auparavant, nous fûmes toutes inspirées de la recevoir et, en admettant cette chère postulante, nous sentions délicieusement faire la volonté de Dieu...

Personne, cependant, n'avait plaidé la cause de cette douce enfant, mais son extraordinaire humilité et sa grande simplicité avaient parlé pour elle : c'était la vertu qui forçait en quelque sorte les remparts de notre clôture et emportait d'assaut cette petite cellule si longtemps rêvée, si ardemment désirée... Tant il est vrai, ô mon Dieu, que vous faites toujours la volonté de ceux qui vous aiment.

Avant de quitter le parloir, Germaine fit un acte de charmante simplicité : « Mes Révérendes Mères, dit-elle, je vous ai bien parlé de ma jambe, mais il faut maintenant que je vous fasse voir comment je boite ! » Et, mettant l'amour-propre sous les pieds, Germaine fit lentement, *et en boitant de son mieux*, le tour du parloir extérieur...

Cette action, et l'humilité sereine avec laquelle elle fut accomplie, nous en dirent plus long que tous les éloges qu'on aurait pu nous faire de notre nouvelle petite sœur.

Sa reconnaissance égalait son humilité. En un langage plein de tact et de délicatesse, elle nous assura, dès cette première visite, de son immense gratitude pour l'espoir que nous lui donnions d'être bientôt des nôtres. Lorsque la chère postulante partit, on eût dit que son âme et son cœur avaient passé au travers des noirs barreaux : en réalité, elle appartenait déjà à sa nouvelle famille et au Dieu de notre Tabernacle.

Cependant, un dernier obstacle restait à surmonter : Germaine n'avait pas dix-huit ans. Nous ne pouvions l'admettre sans le parfait consentement de M. Castang. A elle de l'obtenir et de décider son père à ce nouveau sacrifice. Elle ne perdit pas de temps. Mais M. Castang, fort ému à la réception de la missive de sa fille, tint à prendre du temps pour réfléchir et déclara vouloir consulter sa fille aînée. Notre pauvre Germaine, apprenant cela, écrivit aussitôt à Marie de Saint-Germain pour la supplier de plaider sa cause et d'être bonne avocate. Nous ne résistons pas au plaisir de citer cette longue lettre ; elle trahit les palpitations du cœur de celle qui l'écrit :

« Bordeaux, 12 avril 1896

» Très chère et bien-aimée Sœur,

» Attends-tu ma lettre ? je n'en sais rien... M'aura-t-on devancée ?
» peut-être bien ! Mais pour te raconter la chose telle qu'elle s'est
» vraiment passée, personne n'en est plus capable que moi ; aussi
» vais-je bien te l'expliquer. Le lundi de Pâques, mes compagnes
» étant en vacances, sœur Noémie, étant toujours disposée à me
» faire plaisir, me permit de sortir en promenade avec une sous-
» maîtresse. Vers la fin de la promenade, nous nous rendîmes chez
» les Clarisses pour y voir une religieuse tourière de notre connais-
» sance. Dans le vestibule je m'écriai : Oh ! qu'elles sont donc heu-
» reuses ces bonnes religieuses... jamais n'aurai-je ce bonheur !
» oh ! si je pouvais entrer ! ! La religieuse avec qui nous causions
» me demanda si je voulais parler à la T. R. Mère Abbesse et lui
» expliquer ma situation... Je ne comptais pas du tout sur moi pour
» le succès d'une telle démarche... les obstacles me paraissaient
» insurmontables. Mais c'était le Seigneur qui me guidait ; Il m'a-
» vait donc préparé les voies...
» Les rideaux des grilles du cloître se sont abaissés pour moi et
» m'ont laissé apercevoir quatre bonnes Mères, ayant toutes la
» bonté peinte sur le visage. En toute autre circonstance je me
» serais sentie rougir, mais non, l'on aurait dit que j'avais passé
» ma vie avec elles.
» Elles m'ont beaucoup questionnée sur toi et sur toute la fa-
» mille ; la R. Mère Vicaire plaidait ma cause auprès de la Très
» Révérende Mère Abbesse... Enfin, les Mères Clarisses m'ont quittée
» en disant : Priez et espérez !
» N'est-ce pas pour moi la réalisation de tous mes rêves ? C'en
» était trop ! la joie m'étouffait... mais il y a bien encore autre chose.
» Mercredi matin on envoie à bonne Mère Saint-Pierre un billet
» pour lui annoncer que je suis reçue et qu'on me demande dimanche,
» à ma grande stupéfaction ! Notre bonne Mère a vu une fois de
» plus en cela comment Dieu appelle les âmes et comme il se sert
» de tout pour les amener à Lui... Elle est venue m'annoncer cette
» bonne nouvelle, en me disant d'écrire à papa ; ce que j'ai fait
» immédiatement. En attendant sa réponse, je me suis rendue
» dimanche au monastère des Clarisses où l'on a ouvert de nouveau
» les volets de la grille ; mais cette fois il y avait toute la commu-
» nauté. Parmi ces chères religieuses on m'en a montré une qui
» était entrée au noviciat à quinze ans ; elle en a maintenant dix-

» huit et elle sera mon bon ange. Les Révérendes Mères m'ont parlé
» longtemps et elles ont décidé que, s'il n'y avait pas d'empêche-
» ment, elles me recevraient le jour de la fête de Notre-Dame du
» Bon Conseil. Lorsqu'on est infirme, on devrait payer double dot,
» mais pour moi, il y aura exception de tout!! Il n'y a plus qu'à
» obtenir la permission de papa. Il vient de m'écrire me disant qu'il
» n'agirait que d'après tes avis... Très chère sœur, si tu m'aimes,
» et si tu as compris les souffrances de mon cœur par le passé, exa-
» mine les choses et regarde l'admirable Providence. Mon premier
» désir était la vie contemplative, la vie des Sœurs de Sainte-Claire...
» A la vue du monastère, j'ai eu une impression que je ne pourrais
» dépeindre... Ma demande d'admission eut un refus : je n'avais
» alors que quinze ans !...

» Je me résignai à aller n'importe où : l'année dernière, à l'épo-
» que de la retraite, j'ai demandé de nouveau à entrer dans quelque
» communauté que ce fût : j'ai eu un second refus... Dieu m'atten-
» dait à cette heure et sûrement c'est Clarisse qu'il me veut : *Je*
» *m'en réjouis* et toutes mes maîtresses avec moi ; mon confesseur
» lui-même admire les desseins de Dieu sur moi...

» Voyons, très chère sœur, il ne faut pas être égoïste, il ne faut
» pas surtout être dans la peine, mais il faut te réjouir avec moi :
» Comprends bien la chose : tu ne veux pas que j'aille dans ma
» famille : cela n'entre pas dans mes projets ; voudrais-tu que je
» reste longtemps ici ? ce n'est pas mon goût ! Tu sais que depuis
» longtemps je nourrissais dans mon cœur le désir d'être Clarisse.
» Je n'entre donc pas au monastère par un coup de tête, sans ré-
» flexion ! Et puis si tu savais combien on y est heureuse en ce mo-
» nastère ! Ensuite il y a un apprentissage à tout : je demande qu'on
» me laisse essayer. Ma chère sœur, fais-toi donc suppliante pour
» moi auprès de papa. Je quitte tout, mais je trouverai tout ! Je
» connais les misères de la vie... Puisque nous allons à Dieu, autant
» vaut se donner tout entière.

» Il ne faut pas s'effrayer à mon sujet : j'aurai six mois de pos-
» tulat... et puis je ne jeûnerai pas jusqu'à vingt et un ans ! On
» marche nu-pieds : belle affaire ! j'ai aussi froid avec de gros bas
» de laine que quand je n'en ai pas... Mes engelures n'ont percé
» que lorsque j'ai fait de grandes courses à l'époque de la mort de
» ma pauvre maman... elles ne se sont pas ouvertes depuis... et
» enfin, si c'est la volonté du bon Dieu, je réussirai...

» Tu sais que l'on écrit de temps en temps et que l'on peut voir
» ses parents plusieurs fois l'année...

» Ma chère sœur, ai-je mis obstacle à ton départ ?... non, eh

» bien, n'en mets pas au  mien... J'ai bien du regret de  quitter
» tout ce que j'ai de cher ici-bas, mais ce sacrifice n'en sera que plus
» agréable à Dieu. Fais donc bien envisager les choses à papa et
» montre-lui que le vrai bonheur n'est pas ici-bas, mais qu'on le
» possède lorsqu'on est à Jésus sans retour. Ne m'as-tu pas dit
» bien des fois que ce n'était pas nous qui nous choisissions ?... Et
» j'ai été choisie : réjouis-toi avec moi !

» Deux mots sur mon pauvre Guilbert, de retour de Madagascar,
» il est ici à Bordeaux depuis vendredi soir, bien malade : la fièvre
» ne le quitte pas : il a beaucoup souffert de la faim, de la soif et  de
» beaucoup d'autres privations ; il a encore à faire sept mois de
» service. Il est parti aujourd'hui pour Rochefort. Dans ma pro-
» chaine lettre, je t'en dirai plus long à son sujet.

» Avant de te quitter, je veux te dire d'embrasser tendrement
» pour moi mes petites sœurs et de les remercier de leurs gentilles
» lettres.

» Ta sœur qui t'aime et t'aimera jusqu'au dernier jour.

» Germaine CASTANG,<br>
» Enfant de Marie. »

Marie de Saint-Germain était trop bonne sœur et trop parfaite
religieuse pour nuire d'un seul mot aux projets de sa petite Germaine. Nous n'avons pas eu connaissance de la lettre qu'elle écrivit
à son père, mais nous n'en sommes pas moins convaincue de l'appui
qu'elle prêta à sa sœur en cette circonstance décisive, et M. Castang,
vaincu par les instances de ses deux filles, acquiesça aux désirs de
Dieu et à ceux de Germaine. Le généreux père donna par écrit son
consentement formel : c'était le passe-port de Germaine !... En
écrivant ces lignes, nous avons sous les yeux la feuille de papier
timbré sur laquelle M. Castang a écrit et signé de sa main l'acte
de la donation de son enfant chérie à cet Époux divin qu'a choisi
son cœur... On se sent ému jusqu'aux larmes en considérant cette
feuille manuscrite qu'ont peut-être mouillée les pleurs du sacrifice...
les pleurs d'un père... De tels actes sont enregistrés au Ciel dans le
Livre des éternelles récompenses... Oui, les anges écrivent dans
l'Éternité ce que l'homme lui sacrifie dans le temps... Oh ! bienheureux les pères et les mères qui n'ont pas refusé à Dieu les enfants
qu'Il leur réclamait ! Dieu les récompensera toute une Éternité
de l'offrande de leurs vivants trésors...

Cependant, M. Castang avait mis deux conditions à l'entrée de Germaine au monastère : la première fut qu'elle se ferait photographier, la seconde qu'elle irait passer quelques jours à Bouchou, près Nojals. C'est là qu'habitait son père et là que sa fille allait le revoir pour la dernière fois...

M. Castang reçut sa fille avec une particulière tendresse... et une vive émotion... Son enfant n'était pas une fillette quelconque ; elle était déjà la propriété sacrée du Seigneur et tels étaient les droits du Christ-Époux sur cette belle âme que le généreux père se serait reproché de songer seulement à les lui contester... Dieu n'avait-il pas toujours été appelé le Maître, le divin Maître, au sein de la famille Castang ?...

Le soir de son arrivée à Bouchou, Germaine causa si longuement avec son père de la grande question de sa vocation à la vie de Clarisse, que minuit les surprit causant encore du monastère de l'*Ave-Maria* et du bonheur de ceux qui quittent tout pour trouver tout ! S'apercevant de l'heure avancée, Germaine invita son père à aller prendre du repos ; elle-même, fatiguée par le voyage, en éprouvait le besoin : « Ma fille — répondit M. Castang — je ne me coucherai pas avant d'avoir dit mon chapelet : ce serait la première fois que je le manquerais depuis la mort de ta pauvre mère... Ainsi donc, je vais le réciter : veux-tu le dire avec moi ?... » Germaine, très émue, se mit aussitôt à genoux. « J'y restai longtemps — nous disait-elle plus tard en souriant — car mon bon père ajoutait tant et tant de prières et d'invocations à ce chapelet qu'il n'en finissait plus... et je tombais de sommeil... »

« A l'époque des vacances — ajoute Germaine — j'allais ordinairement passer quelque temps chez mon père... Je trouvais sa piété toujours grandissante. Je l'entendais souvent soutenir en public les intérêts de Dieu, les droits de la religion, et un jour je fus très émue lorsque je l'entendis terminer ses recommandations à un de mes frères, qui quittait la maison paternelle, par cette belle pensée : « Mon fils, rappelle-toi qu'on ne peut jamais rien faire sans Dieu ! »

M. Castang demeurait seul à Bouchou... Après avoir eu tant d'enfants autour de lui, le pauvre père se trouvait dans la plus complète solitude ; ses fils étaient loin ; le monastère allait lui ravir sa dernière fille... mais avec lui restait la paix de l'abandon à Dieu. « Acquiesce à Dieu, dit Éliphaz à Job, et tu auras la paix : *Acquiesce ei et habeto pacem...* [1] » La grande satisfaction du devoir rempli, la

Job, XXII, 21.

paix du cœur au milieu des sacrifices, voilà ce qui restait à M. Castang : c'était beaucoup !

Germaine constata que son père avait encore d'autres richesses à *lui*. Une mystérieuse armoire gardait ces trésors : Qu'étaient-ils ? On ne le devinerait pas... C'étaient simplement les derniers souvenirs de sa sainte épouse : son Crucifix, ses médailles, son alliance et ses cheveux...

En quittant son père, Germaine se hasarda à lui demander une de ces médailles qui avait appartenu à sa chère maman ; mais M. Castang la lui refusa très carrément, disant : « qu'il ne la donnerait pas pour un million. »

...Aujourd'hui se joignent à ces précieux souvenirs : le Crucifix et le chapelet de Germaine... La famille de M. Castang a diminué sur la terre : elle a augmenté au Ciel.

*
* *

Germaine fit ses adieux à son père et ce généreux chrétien consentit au sacrifice de sa fille avec une admirable résignation... mais qu'il dut lui être cruel de serrer pour la dernière fois dans ses bras cette charmante créature, sa consolation dans ses deuils, sa confidente dans ses peines... Son cœur saignait... mais Dieu réclamait son enfant : il la lui donna !

Nous croyons que ce fut dans ce voyage que Germaine alla faire sa visite d'adieu à son grand-père et à sa grand-mère.

Ce que Germaine nous a assuré, c'est que sa dernière entrevue avec ses chers grands-parents fut cruelle pour son cœur. De leur côté, le grand-père et la grand-mère ressentirent une vive émotion en se séparant de cette chère petite-fille... Tout disait à ces vénérables vieillards qu'ils ne la reverraient plus ici-bas...

Il était un autre sacrifice qui coûta beaucoup à la chère enfant : ce fut celui de ne plus revoir cet oncle bien-aimé, qui avait été le second père de sa sœur et se faisait encore à cette heure le bienfaiteur de la future Clarisse. En effet, cet oncle généreux fit précéder l'entrée de sa nièce au monastère d'un envoi d'argent qui trahissait son bon cœur et lui donna un droit particulier aux prières de la Communauté...

Enfin, comme Germaine avait embrassé une dernière fois son père, ses grands-parents et son oncle, elle salua une dernière fois aussi les champs de Nojals, témoins de sa petite enfance et elle fit une dernière prière dans l'église du village natal. Tout prenait une voix pour lui crier : Adieu, Germaine... adieu... demain, tu nous auras quittés pour toujours... demain tu ne nous verras plus. Et Germaine s'éloigna... envoyant un dernier salut au clocher de Nojals et un dernier baiser au pignon démantelé de la chapelle de « Madame sainte Anne. » Les petites fleurs de mai la saluaient au passage, et les glous-glous des petits ruisseaux disaient aussi : Adieu, Germaine !... adieu... adieu... Germaine entendait toutes ces voix de la nature et elle y répondait, mais, plus forte que les voix de la terre, la voix divine lui disait : « Hâte-toi, mon amie, ma colombe, ma toute belle, et viens...

» Car déjà l'hiver est passé, la pluie est partie, elle s'est retirée.

» Les fleurs ont paru sur notre terre, le temps de tailler la vigne est venu : la voix de la tourterelle a été entendue dans notre terre.

» Le figuier a poussé ses figues vertes ; les vignes en fleurs ont répandu leur odeur. Lève-toi, mon amie, mon éclatante beauté, et viens... [1] »

Et Germaine répondait à ces mystérieuses paroles en précipitant sa course vers l'Époux sacré et en redisant après Lui : *Ecce venio ! Me voici !...*

A son retour de Nojals, elle écrivit à Marie de Saint-Germain une longue lettre que certains passages intimes nous empêchent de citer entièrement ; du moins extrayons-en quelques fragments.

Tout d'abord la future Clarisse annonce à sa sœur sa photographie : « Enfin, voici mon portrait... en me regardant tu peux dire : » c'est bien ma sœur... En effet, c'est bien moi, telle que je suis... » voilà mon costume de pensionnaire ; mon cordon d'Enfant de » Marie paraît blanc, mais il est bleu... »

Puis comme il lui a semblé comprendre qu'une croix douloureuse pèse sur sa sœur chérie, elle la supplie de ne rien lui cacher, elle veut tout savoir. Déjà toute à Dieu seul, elle lui fait cependant comprendre que son cœur tout à Jésus souffre des souffrances des siens. « Ne fais pas de mystère avec moi ; dévoile-moi enfin ce qui t'ar- » rive. Combien de fois m'as-tu dit : raconte-moi tes peines qui sont » les miennes ! Eh bien, si moi je t'ai tout dit, pourquoi, toi, me » dissimulerais-tu quelque chose ? Suis-je une étrangère pour toi? » t'en ai-je donné des preuves ? Oh non ! chère sœur ! Parle donc, » je t'en supplie ! Je n'ai pas un cœur bien grand pour la créature, » mais tu es ma sœur, et, à ce titre, il s'élargit pour toi. Rien ne » m'étonne. J'ai déjà appris bien des choses : elles n'ont fait que » me détacher davantage de la terre... »

Ensuite Germaine annonce l'heureuse date de son entrée dans

---

1. Cant., cap. II, v. 10, 11, 12, 13.

le cloître : « Mon entrée est fixée au 12 juin, fête du Sacré-Cœur de
» Jésus... Aie pour ta sœur une intention particulière dans tes
» prières. Pour moi je me place toute dans le divin Cœur...

» Tous mes désirs sont donc satisfaits : Dieu rend un frère [1] à
» ma tendresse et me donne cette vie religieuse après laquelle je
» soupirais si ardemment : me voilà donc au comble de la joie...
» Papa m'a donné son consentement et mon cher oncle a été très
» bon pour moi; il enverra le paiement de ce qu'il me faudra pour le
» costume religieux... J'ai été passer une huitaine de jours dans
» notre cher pays de la Dordogne. Il m'a été impossible d'aller sur
» la tombe de notre regrettée maman : un sacrifice de plus qui me
» coûte beaucoup. »

Sur le point de finir sa lettre, Germaine ajoute : « Il faut cependant
» que j'adresse une petite lettre à mes chères petites sœurs... Oh !
» qu'il m'en coûte, sœurs chéries, de vous quitter sans savoir quand
» j'aurai le bonheur de vous revoir...

» Si ce n'est pas ici-bas, ce sera là-haut... Voilà le sacrifice que je
» fais à Jésus en me donnant à Lui.

» Reçois, sœur mille fois chérie, les baisers d'une sœur qui t'aime de tout son cœur et qui pense souvent à toi.

» Adieu, ma chère Lucie.

» Germaine CASTANG. »

« P.-S. — Les Sœurs de Nojals ont mon chapelet et mes médailles
» de Première Communion : elles te les remettront... »

A cette lettre, Germaine joint quelques lignes à Lucia et à Lubine
c'est un tendre adieu, un rendez-vous au Ciel...

« MA CHÈRE PETITE FILLEULE,

» Tu vas bien pleurer en apprenant que ta marraine va entrer
» au couvent et que tu ne la reverras peut-être plus... Tu avais bien
» raison en me disant que nous ne nous reverrions sans doute ja-
» mais... Cela est bien vrai, mais, ma chère petite Lucia, j'ai l'espé-
» rance que si tu ne peux venir me voir, nous nous verrons un jour
» au Ciel. N'est-ce pas là le rendez-vous ? En attendant, je vais
» prier pour toi, ma chérie, afin que tu grandisses en sagesse et que
» tu te rendes vraiment digne des faveurs que l'on t'a accordées.

» Adieu, ma petite Lucia, je t'embrasse bien fort.

«Germaine. »

---

1. Il s'agissait du retour de son frère, de Madagascar.

« Ma chère petite Lubine,

» C'est donc toi qui es la dernière ; tu n'en seras que mieux servie.
» Je ne t'oublie pas, va, et je t'oublierai encore moins lorsque je
» serai entrée au monastère des Clarisses. Je prierai pour que tu sois
» l'exemple de ta petite sœur Lucia et pour que tu sois toujours
» la joie de tes maîtresses. C'est toi qui vas être ma commissionnaire
» auprès d'elles ; offre-leur un respectueux bonjour de ma part.

» Je n'ai rien à te donner, mais notre grande sœur Saint-Germain
» t'apportera ma photographie.

» Adieu, ma petite Lubinette, quoique loin de corps, je suis près
» de toi par la pensée et t'embrasse mille fois.

» Germaine CASTANG. »

Tels furent les adieux de Germaine à ses sœurs... Moins paisible
fut son entrevue avec son frère. Le jeune militaire fit retentir le
parloir de Nazareth de ses lamentations... Perdre sa sœur au retour
de la périlleuse campagne de Madagascar lui semblait bien dur et
il exprimait haut son mécontentement... Une telle vocation lui
paraissait incompréhensible et il fit tout ce qu'il put pour en détourner
Germaine. Celle-ci supporta bravement l'assaut et répondit aux
fâcheries fraternelles par ces simples mots : « Mon ami, de même
que je ne t'ai pas empêché de partir pour Madagascar, de même
tu ne m'empêcheras pas d'aller au couvent... Libre à toi de suivre
la carrière que tu voudras et libre à moi de suivre ma vocation ! »
Ces paroles furent dites d'un ton qui ne souffrait pas de réplique...
mais le frère, tout à sa douleur de voir sa sœur se cloîtrer, ne pouvait
se résigner à son départ... Il revint à la charge : « Je t'en supplie,
lui disait-il, ne te cloître pas... » « Tu auras beau dire et beau faire,
répondait Germaine, je me cloîtrerai parce que c'est ma vocation!...»
Et le frère et la sœur se séparèrent le cœur brisé... Après cette nouvelle victoire, Germaine dut entendre la voix même du Seigneur
Jésus lui murmurer au fond de l'âme : « Toi qui as quitté tes frères,
tes sœurs, ton père, ta maison et tes champs à cause de mon nom,
tu recevras le centuple et possèderas la vie éternelle [1]. »

1. Matth., ch. XIX.

# Chapitre Dixième.

## LA MEILLEURE PART

> Le cordeau du partage est tombé pour moi sur une part merveilleuse. Splendide est, en effet, mon héritage, car, c'est Dieu même qui m'est échu en possession. Béni soit le Seigneur qui m'a donné de le comprendre !  PSALM., XV, 5-7.

U quatrième anniversaire de sa Première Communion, le 12 juin 1896, en la solennité de la fête du Sacré-Cœur de Jésus, Jeanne-Germaine Castang fit ses adieux à la Révérende Mère Supérieure de Nazareth, lui redit à nouveau sa reconnaissance pour ses longs bienfaits et embrassa une dernière fois ses compagnes en larmes ; puis, accompagnée de la Révérende Mère Assistante, de Sœur N., sa maîtresse, et de Claire sa confidente [1], elle arriva au Monastère de l'*Ave-Maria*. Le Cœur de Jésus guidait sa fuite vers la solitude et inondait l'âme de sa petite servante d'une joie extraordinaire. Quoique bien émue du sacrifice de la séparation qu'elle venait de consommer par ses adieux à Nazareth, Germaine s'arrêta souriante devant la porte de clôture... Une inscription austère se lit au-dessus de cette porte du cloître, et indique en cinq mots ce que font par delà ces sombres murailles les mortes-vivantes qui se renferment dans le tombeau de la clôture :

## ICI ON APPREND A MOURIR !

C'était donc à cet apprentissage de mort qu'allait se vouer Germaine. Quelques amies qui étaient venues assister à son entrée

---

1. Claire était la personne dévouée qui l'avait accompagnée au Monastère le lundi de Pâques.

tremblaient pour elles, mais l'heureuse aspirante les réconfortait et les suppliait de ne pas pleurer sur son sort...

Tandis que, dans le vestibule, Germaine hâtait de ses désirs le moment où s'ouvriraient nos lourdes portes de clôture, les bonnes religieuses qui l'accompagnaient nous parlaient confidemment à la grille du parloir : « Nous vous amenons — nous dirent-elles — une belle petite âme. Nous sommes convaincues qu'elle vous arrive avec toute la radieuse beauté de son innocence baptismale... » et leurs éloges sur Germaine ne tarissaient pas. Ce n'était point sans peine qu'elles se séparaient de « l'ange de l'atelier. » Plus tard, faisant allusion à cette séparation qui leur coûta des larmes, les mêmes religieuses écrivirent : « Tout en nous réjouissant avec elle de son bonheur, nous ne pûmes nous empêcher d'éprouver une certaine tristesse en nous séparant de cette chère enfant qui était pour notre maison un véritable paratonnerre ; nous en fîmes le sacrifice au bon Dieu, mais ce ne fut pas sans verser des larmes et son souvenir vivra longtemps parmi nous... »

Cependant, au son de la cloche capitulaire, les religieuses s'étaient réunies sous les cloîtres : l'instant était venu de faire entrer Germaine au silencieux désert de l'*Ave-Maria* : *Attollite portas vestras...* Ouvrez-vous, portes mystérieuses, laissez passer « l'ange de Nazareth...» les vierges Clarisses l'attendent dans leur solitude séraphique... Et les portes s'ouvrirent... Germaine aperçut la grande croix de bois qui venait à sa rencontre : c'était un appel divin, le signal du dernier sacrifice. Elle s'arracha des bras de ses maîtresses chéries et vint se prosterner sur le seuil du cloître, aux pieds de la Très Révérende Mère Abbesse qui lui donna sa bénédiction et, la relevant avec tendresse, l'introduisit dans les rangs des cloîtrées... Un instant, les religieuses de Marie-Joseph purent apercevoir les moniales de Sainte-Claire aux pieds nus et toutes voilées de noir... puis la porte de clôture se referma « avec ce bruit de tombe qu'on clôt » et tandis que, dans le vestibule extérieur, les maîtresses et amies de Germaine pleuraient ce départ qui ressemblait tant à une mort, à l'intérieur retentissait le chant du « *Magnificat,* » une procession 'organisait et nous conduisions la nouvelle petite sœur que Jésus nous donnait, au pied de l'humble Tabernacle de bois, devant lequel, comme une lampe ardente, elle allait se consumer avec tant d'amour et en si peu de temps.

Quelques heures après, Germaine prenait le costume des postulantes : une guimpe blanche, un bandeau et un voile noirs. Ce fut sous ces nouvelles livrées qu'elle fut présentée à ses compagnes de Noviciat et qu'elle reçut leur baiser de paix. Elle produisit une déli-

SŒUR MARIE-CÉLINE AU JOUR DE SA PREMIÈRE COMMUNION
(12 Juin 1892).

cieuse impression, non seulement dans le groupe des novices, mais aussi chez les sœurs de Communauté qui l'accueillirent à bras ouverts. Si les Sœurs jeunes et anciennes souhaitèrent ainsi la bienvenue à la nouvelle arrivée, que faut-il dire de l'accueil que lui firent son Abbesse et sa maîtresse de Noviciat ? Il fut vraiment maternel : Dieu nous inspirait pour cette jeune fille une immense sollicitude jointe à cette compatissante tendresse et à cette sorte de prédilection que les mères donnent à ceux de leurs enfants qui ont pleuré dans l'épreuve et souffert dans l'infirmité.

Germaine se jeta filialement dans nos bras, et elle y fut maternellement reçue. Bientôt, à la vue de son éclatante sainteté, il allait se mêler comme un élément de respect et de vénération dans tout ce que nous donnions à notre enfant de religieuse affection.

Cependant, quelque régulière et exemplaire qu'elle fût dès son entrée au Monastère, Germaine ne parut tout d'abord qu'une postulante ordinaire. On vantait en secret son exactitude, on admirait son silence, sa charmante politesse : on ne se doutait pas des prodiges qu'elle allait accomplir dans la lutte contre elle-même. Dès le début de sa vie religieuse, Germaine examina la voie de renoncement qui s'ouvrait devant elle. On eût dit que les premiers jours lui servirent à dresser ses batteries, et de sa place de postulante, comme d'un poste d'observation, elle examinait en silence les combats mystiques qui se livraient sous ses yeux étonnés et ravis. Quelquefois, sortant de son silence, elle manifestait sa surprise et son saisissement à la vue de certains actes de vertu pratiqués par ses sœurs. Tout était nouveau pour elle dans cette grande vie monastique, si différente de la vie et des maximes du monde.

Un jour, je citai l'exemple d'une sainte religieuse qui, pour s'humilier, s'était accusée publiquement d'avoir menti. Je n'eus pas le temps d'achever ce que l'humble religieuse appelait mentir, qu'un soubresaut de Germaine attira mon attention : « Qu'avez-vous, mon enfant ? » lui dis-je en souriant, et pressentant d'avance la réponse de ma chère postulante. — « Ma Mère, me répondit-elle, il n'est pas possible qu'une religieuse mente ; pourquoi donc dit-elle qu'elle a menti ? En tout cas, je ne dirai jamais ce que je n'ai pas fait ; si je n'ai jamais menti, je n'irai pas publier que je suis une menteuse, je ne comprends pas qu'on dise ce qu'on n'a pas fait... »

Les novices rirent beaucoup de l'indignation de Germaine et je repris : « Vous raisonnez ainsi parce que vous n'avez pas encore compris ce qu'est l'humilité des saints, mais en moins d'un an vous parlerez différemment ! » — « C'est égal, répondit Germaine, je ne dirai jamais ce que je n'ai pas fait... » et comme elle demeurait étonnée qu'une sainte religieuse ait pu parler de mensonge, j'expliquai à la naïve enfant que les saints en arrivaient à si bien se connaître et à se mépriser si parfaitement que leurs moindres imperfections leur paraissaient de vrais outrages au céleste amour. « Mais, ajoutai-je, voici un exemple qui vous fera comprendre les saintes exagérations des humbles, et ce que veulent dire quelques-uns quand ils se traitent de menteurs. Une religieuse dit à Dieu : « Mon Dieu, je vous aime de tout mon cœur et par-dessus toute chose... » Et puis, tout en redisant souvent dans la journée ses actes d'amour de Dieu, cette religieuse constate qu'elle s'est oubliée et qu'à tel moment elle a peut-être accordé à la nature quelques satisfactions aux dépens du pur amour qu'elle promet à son Dieu dans ses oraisons jaculatoires... Dans la contrition de son tendre amour, elle se dit : « J'ai menti à Dieu, car dans telle occasion, c'est moi que j'ai aimée plus que Lui, c'est *l'amour-propre* qui l'a emporté sur *l'amour divin*... O douleur ! j'ai trompé mon Dieu, car, entre deux actes d'amour qui lui disaient que je l'aimais par-dessus toute chose, je me suis aimée et recherchée moi-même par-dessus tout... » De là les saintes désolations de l'âme fervente et les pieuses exagérations de son langage. Si elle dit tout haut ce qu'elle pense tout bas, Germaine croira peut-être qu'elle a fait un gros mensonge et tout simplement elle déplore quelques faiblesses de l'humaine nature qui contredisent les paroles de son acte d'amour. Et puis, dis-je en souriant, vous pouvez en croire David ; c'est lui qui a dit cette parole étrange mais vraie : « *Omnis homo mendax ! Tout homme est menteur*... » Je continuai la petite conférence du Noviciat en commentant ce verset du Psalmiste, et en terminant je dis à Germaine : « Vous paraissez redouter beaucoup les humiliations, me tromperais-je ? » « — Non, ma Mère, répondit franchement la chère postulante ; vous avez bien deviné que je n'aime pas l'humiliation. » « — Et moi, répliquai-je, je ne vous donne pas un an pour changer d'avis, mais je vous assure que dans moins de trois mois, vous viendrez à deux genoux demander d'être humiliée. »

Germaine écoutait telle prophétie d'un air fort surpris, et, n'en revenant pas de son étonnement, elle s'écria avec une admirable candeur : « Oh ! ma Mère, pour que je vous demande cela, il faudrait bien que je change... » Là-dessus, la grande cloche de l'église nous appela au chœur et, prosternée devant le Tabernacle, Germaine demanda à Jésus d'éclairer son âme et de fortifier son cœur.

Que se passa-t-il entre cette âme si droite, si pleine de bonne

volonté et Jésus doux et humble de cœur ? Ah ! sans doute, son
Dieu dut lui découvrir des horizons nouveaux... l'humilité lui parut divinement belle : l'humiliation absolument nécessaire ; elle
comprit *qu'il fallait passer par cette folie pour arriver à la sagesse,*
et ce fut alors comme un merveilleux changement qui commença
de s'opérer en elle. « Croître en vertu — dit saint Basile — c'est
croître en humilité. » Le Dieu *qui donne sa grâce aux humbles* le
lui fit si bien comprendre que, pendant trois jours, la chère petite
postulante fut absorbée par tout ce que le Seigneur révélait à son
âme. Elle était pensive, et quiconque l'eût observée aurait pu
deviner que de sérieuses pensées l'occupaient et la préoccupaient...
« Un matin, raconte une professe du Noviciat, je rencontrai Germaine sous le cloître. Elle me fit signe qu'elle avait quelque chose
à me dire et, comme le cloître est un lieu de grand silence, nous
entrâmes dans un corridor voisin. Alors libre de parler, elle me dit :
« Je crains de ne pas voir ma Mère Maîtresse avant le dîner ; puisque
vous montez chez elle à dix heures, veuillez lui faire ma commission :
je lui demande la permission de dire tout haut à la porte du réfectoire, lorsque la Communauté en sortira, *que je suis une menteuse,*
et de répéter cela autant de temps que les Religieuses en mettront
à défiler, *parce que j'ai menti,* » ajouta-t-elle...
» Comme je connaissais la grande sincérité de ma petite sœur et
que je la savais incapable de mentir, je lui dis : « Vous avez menti,
vous ?... C'est impossible. — Oh ! si, reprit-elle, j'ai menti ; » —
et comme je souriais avec incrédulité, elle me dit : « Puisque vous
ne voulez pas me croire, je vais vous le prouver, écoutez-moi.
Avant d'entrer au Monastère, je suis allée dans mon pays pour
faire mes adieux à mon père et les personnes qui me voyaient
disaient : Germaine va entrer au couvent ; comme elle a l'air pieux...
c'est une petite sainte, etc... Et maintenant que je suis ici, je vois
que je suis pleine de défauts... Non certes, je ne suis pas une sainte
comme on l'a cru chez nous... Donc, j'ai *trompé* le monde ; j'ai
*menti* par ma conduite et je veux le dire tout haut à la porte du
réfectoire... car je suis pleine de défauts, il faut qu'on le sache ! ! »
» Elle me dit cela avec une telle expression d'humilité, de simplicité et d'ingénuité que j'en restai dans l'admiration. « Mon Dieu,
me dis-je en moi-même, comme cette chère petite Sœur progresse
rapidement en vertu !... Il n'y a que quatre jours, elle raisonnait
tout différemment. Comme elle doit bien correspondre à la grâce
pour courir si vite dans la voie de la perfection ! Si elle continue,
elle ne tardera pas à acquérir une haute sainteté... A partir de ce
moment, j'eus pour cette angélique compagne une sorte de respect

et de vénération que je ne saurais rendre. Chaque fois que je la rencontrais, son air modeste et recueilli me ravissait et, lorsque je ne composais pas assez religieusement ma démarche et mon maintien, la seule vue de cet ange terrestre suffisait pour me rappeler au devoir et me faire rougir de confusion en pensant que Germaine, en quelques mois, avait acquis un degré de perfection que je n'atteindrai peut-être jamais. »

Cette victoire de Germaine sur elle-même fut décisive ; à partir de ce jour, une lumière extraordinaire se fit en son âme ; les beautés et les grandeurs de l'humilité lui apparurent sous un jour nouveau. Non seulement elle ne redouta plus de s'humilier, mais elle se précipita d'elle-même dans toutes les humiliations. C'était presque journellement qu'au Noviciat elle se jetait à genoux, se prosternait la face contre terre et criait bien haut sa misère, son néant, son indignité... « — Je vous avais donné trois mois, lui dis-je un jour, pour devenir l'amie des humiliations... et quelques semaines ont suffi pour vous lier d'amitié avec elles !... — Oh ! ma Mère, me répondit-elle, je me suis vue dans l'oraison et j'y ai découvert ma misère... *Les autres font tout bien et moi je fais tout mal... Laissez-moi m'humilier...* » Comment résister à de telles supplications ?... Il faut avoir vu Germaine pleurant à chaudes larmes *de peur d'être trop estimée et pas assez humiliée*, pour se faire une idée de son désir de l'humiliation... Elle nous forçait, pour ainsi dire, à la seconder dans ce travail d'anéantissement et d'édification... « *Si notre petite sœur l'humilité est un mur*, pouvions-nous dire, *bâtissons dessus des tours d'argent ; si elle est une porte, revêtons-la de bois de cèdre* [1] ! »

Nous sentions que le Seigneur se hâtait de perfectionner cette âme. Un jour, en l'absence de Germaine, je dis à ses compagnes : » Profitez bien de tels exemples, car cette enfant est trop parfaite, nous ne la conserverons pas ! » Ce pressentiment n'était que trop réel, hélas !

Nous ne craignons pas de le répéter, ce qui fut toujours le plus magnifique à contempler dans Germaine, ce fut son humilité *à toute épreuve*... On n'en finirait pas assurément, si on voulait citer les paroles et les actes par lesquels elle se jugeait digne de tous les mépris et réclamait toutes les humiliations. Elle était devenue, en quelques mois, une chercheuse d'opprobres, une passionnée d'humilité et c'est pourquoi elle atteignait si facilement le Cœur de Jésus, car vers qui s'incline le plus volontiers le cœur doux et humble si

---

1. V. Louis du Pont, S. J., cant. VIII, 8

ce n'est vers l'âme la plus éprise d'humilité ? Oui, nous savons que c'est à l'humilité que le cœur de notre Dieu réserve ses prédilections.. « Les autres font tout bien et moi je fais tout mal... » redisait l'humble Germaine... Peut-être nos lecteurs s'étonneront-ils de l'étrange conviction où se trouvait cette humble si parfaite, et, peut-être aussi, comme elle, aux premiers jours de son Noviciat, ils seront tentés de crier à l'exagération. Nous leur répondrons : « Saint Paul se disait le premier entre les pécheurs, le plus petit entre tous les Saints et le dernier des Apôtres. Il ne pouvait ignorer que d'autres avaient plus de défauts et moins de vertus que lui et il avouait même qu'il avait travaillé plus que les autres Apôtres. L'humilité serait-elle contraire à la vérité ? Non, puisque deux vertus ne se contredisent jamais l'une l'autre. Comment donc l'humilité a-t-elle des sentiments qui paraissent si éloignés de la vérité ? Ce que la raison n'entend pas, la lumière divine le révèle aux Saints. Ils ont d'eux-mêmes des sentiments humbles et véritables tout ensemble, sans savoir d'où ils viennent, comme le remarque un ancien solitaire [1]. » Le vénérable Louis du Pont dit encore : « Mais qu'est-il besoin d'un si long discours ? Cette humilité héroïque est le fruit de la contemplation et un effet de la lumière divine. Nous pourrions comparer cette lumière à une lunette excellente qui grossirait beaucoup les objets. Celui qui a la vue faible les jugerait fort grands, et les grands même lui paraîtraient petits s'il les regardait sans instrument. Lors donc qu'avec cette lumière on considère ses péchés et non ceux d'autrui, on trouve les uns très grands et les autres petits [2]. »

Cette lumière inondait Germaine ; elle lui venait du Tabernacle auprès duquel on la voyait passer des heures entières, immobile et dans un recueillement dont rien ne la tirait... Sa physionomie prenait alors quelque chose de si céleste qu'en la voyant on se sentait ému, et plusieurs de nos sœurs affirment que rien qu'à la regarder elles éprouvaient des sentiments de ferveur qui les rapprochaient de Dieu et les inondaient de joie... « Lorsque je ne pouvais pas faire oraison, raconte naïvement une novice, je regardais Germaine : sa vue seule jetait mon âme dans les flammes du divin Amour et je ne perdais pas le temps de l'oraison. » Germaine était loin de se douter de l'effet qu'elle produisait et de l'admiration qu'elle provoquait. On le lui cachait soigneusement et d'autant plus que le moindre éloge lui eût fait verser des larmes... Le plus grand plaisir qu'on pût lui faire était d'avoir l'air de ne la compter

---

1. V. Louis du Pont, cant. VIII, 8.
2. *Le Guide spirituel*, chap. V.

pour rien... Toute prévenance contristait son humilité. Un jour, la chère enfant sort navrée d'une dépense où, chaque après-midi, elle allait éplucher des légumes avec ses compagnes de noviciat ; elle me cherche et, m'ayant trouvée, elle me dit, les larmes aux yeux : « Ma chère Mère, de grâce venez mettre le holà à la dépense... Si vous saviez ce qui s'y passe : mes sœurs ont pris l'habitude, depuis quelque temps, de me faire asseoir sur une petite caisse de bois... ce sont à mon égard des prévenances à n'en plus finir... Est-ce que je ne puis pas m'asseoir par terre comme les autres ?... Cela ne peut plus durer... Que suis-je pour qu'on s'occupe ainsi de moi ?... » — «Si vous étiez bien charitable, lui répondis-je, vous vous réjouiriez des mérites qu'acquièrent les autres à exercer la charité envers vous. C'est à cause de la faiblesse de votre jambe qu'on veut vous faire asseoir ainsi et on a raison. Offrez à Dieu la contrariété que vous éprouvez et expérimentez qu'il y a quelquefois plus d'humilité à accepter certaines prévenances qu'à les éviter.» — « Ma Mère, je ferai tout ce que vous voudrez », répondit Germaine Et, redescendant à la dépense, elle ne répondit que par un acquiescement parfait et un charmant sourire aux volontés de ses Sœurs !

A l'arrivée de Germaine au Noviciat, nous lisions la vie de Sylvie et Blanche de Sainte-Colombe, Religieuses de Marie-Réparatrice. Un mot énergique de l'aînée des deux sœurs, Marie de Saint-Rodolphe, souleva tous les enthousiasmes, et, après elle, chacune de nos novices voulait « tuer son moi, saccager sa nature. » Nulle ne devait le faire plus rapidement que Germaine. Onze mois après son entrée, nous l'entendrons redire sur un lit d'agonie : « Qu'il meure, qu'il meure, ce petit bout de moi ! » Si elle souhaitera alors avec tant d'assurance la dissolution de son pauvre corps, brisé et sanctifié par la douleur, c'est que, chaque jour, depuis son entrée au Noviciat, elle avait fait agoniser et mourir en elle le pauvre moi humain : oui, elle avait su admirablement *tuer son Moi et saccager sa nature !*

Tout ce qui parlait le langage de la mortification et du renoncement allait droit à son âme et réjouissait son cœur.

Nos chères Novices nous ayant demandé un jour en récréation le secret de l'Immolation vraie, nous leur répondîmes le soir même par ces lignes austères :

## S'IMMOLER PLEINEMENT

*S'immoler pleinement,* qu'est-ce ? me direz-vous...
Est-ce quitter les siens et leur foyer si doux,

Disant l'adieu suprême aux choses de ce monde ?
Est-ce laisser tomber sa chevelure blonde
Sur les dalles du cloître... et se voiler de noir ?
Est-ce ne plus rien dire ; est-ce ne plus rien voir ?...
Est-ce chercher l'amour de Jésus plein de charmes,
Priant dans les soupirs et veillant dans les larmes ?
Est-ce donner au Christ, au Dieu qu'on aime tant,
Des perles de sueur et des gouttes de sang ?...
Vivre aux pieds de chacun comme une humble servante
Que nul travail ne lasse et que rien n'épouvante ?...
Est-ce là le martyre imposé par la Loi ?
Non ! *s'immoler vraiment* : C'EST SE RENONCER SOI ! ! !

Ce mot étrange de renoncement à soi-même avait séduit Germaine...

Elle demanda la poésie des Immolées volontaires, l'inscrivit sur son cahier de notes intimes et, se faisant un plaisir de la relire souvent, elle se faisait un véritable bonheur de la mettre en pratique bien plus souvent encore.

En la voyant se vouer de si bon cœur à toutes les petites immolations du Noviciat, nous nous rappelions un mot sublime de sa petite enfance : « Père, avait-elle dit un jour à M. Castang, ce n'est pas si difficile que cela d'aller au Ciel, *puisqu'il n'y a qu'à souffrir !* » Heureuse enfant ! elle avait compris le secret et le bonheur de la grande loi de la souffrance ; elle cueillait chaque jour son bouquet de myrrhe, gerbes de ses silencieux renoncements, et, le soir venu, elle offrait à Jésus ce tribut du véritable amour. « Le Noviciat est une fabrique de Crucifix », a dit un pieux auteur. Germaine, au lendemain de ses dix-huit ans, ne comprenait pas autrement sa vie de formation religieuse. Cette fabrique de crucifix ne l'effrayait nullement, et, dans le paisible atelier de son intérieur, elle forgeait son âme aux solides vertus par le marteau de la mortification et le feu du céleste amour... Cet amour divin la dévorait... elle était dans la fournaise et déjà elle appelait de tous ses vœux le jour béni de la prise d'habit... Une de ses compagnes de postulat prit le voile dans le courant de l'été. Germaine lui porta une sainte envie... Il lui tardait tant de déposer le costume des postulantes et de revêtir la bure séraphique... Choisie pour être demoiselle d'honneur de la nouvelle novice, Germaine ne la quitta pas en cette journée toute remplie d'émotions, et apparut comme un ange aux côtés de sa compagne... Écoutons une jeune professe raconter ses impressions personnelles ; elles furent celles de la Communauté.

« Le jour de la vêture de sœur Éléonore, Germaine était demoiselle d'honneur. Avec sa robe de mousseline blanche, son voile de Première Communiante et sa couronne de roses, elle était ravissante. Je me souviens qu'en me rendant à la messe, je marchais derrière elle, le long des cloîtres qui aboutissent au chœur. Je la considérai avec une sorte de respect mêlé d'attendrissement. Elle avait quelque chose de céleste. Ses mouvements étaient si bien réglés, sa démarche si modeste, son visage si beau, ses yeux si angéliquement baissés... tout son être était si délicieusement drapé dans les chastes plis de son long voile blanc, que je ne pus m'empêcher de penser aux vierges qui, dans le Ciel, suivent l'Agneau divin... Germaine me faisait encore rêver à Marie adolescente, ravissant Dieu et les anges dans le secret du Temple... Enfin, dans le cours de la journée, comme toujours du reste, je ne pouvais jamais la rencontrer, la regarder, lui parler sans penser au Ciel et, comme involontairement, je me disais avec admiration : Notre angélique Mère sainte Claire devait être ainsi modeste et recueillie... elle devait prier, travailler, marcher comme Germaine... mais cette enfant est trop céleste... elle ne pourra pas vivre longtemps... Elle est mûre pour le Ciel ! ! Et bien d'autres sentiments que j'éprouvais à sa vue me faisaient verser des larmes, dans la reconnaissance de ce que Dieu faisait pour elle et dans l'admiration de ce qu'elle faisait pour Dieu... Mais, tout cela, je ne puis l'exprimer ! J'essaie de le résumer en deux mots : Elle me ravissait et m'édifiait toujours : tout était céleste en elle [1] ! »

Il n'y avait pas que les jeunes professes qui se sentaient émues et ravies au passage de Germaine... Les anciennes religieuses éprouvaient la même émotion, le même ravissement et toutes, empruntant un mot de saint François de Sales parlant à la Mère de Chantal d'une des premières religieuses de la Visitation, nous pouvions dire : « Voilà une boiteuse qui marche joliment droit ! »

1. Notes intimes.

# Chapitre Onzième.

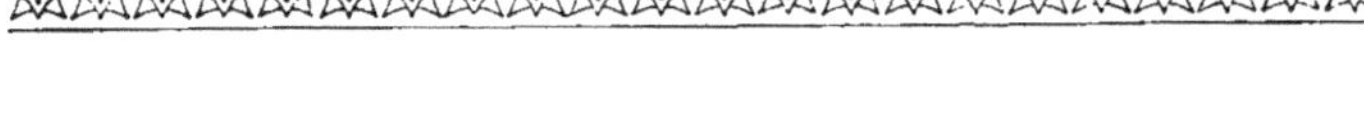

## AMOUR ET SACRIFICE
## MERVEILLEUSE RÉCOMPENSE



PRÈS avoir tant souffert et tant pleuré avant d'aborder au port de la vie religieuse, Germaine trouva, dès son arrivée dans le cloître des éléments de bonheur bien capables de ravir son âme et de consoler son cœur. La douleur sembla alors vouloir s'éloigner d'elle, mais elle la rappela comme une amie dont la présence est devenue indispensable et avec laquelle on veut traverser la vie, la main dans la main. Avide de sacrifices, Germaine était ingénieuse à faire souffrir son cœur, et de ce cœur si bon, si tendre, si délicat, elle se fit l'osé bourreau avec un calme et un apparent sang-froid qui ne laissaient point soupçonner la violence de ses souffrances intimes. Entre bien des traits de l'immolation de son cœur, citons-en un qui en laissera deviner bien d'autres.

Quelque trois mois après l'entrée de Germaine au Monastère, nous reçûmes au Noviciat une jeune personne qui avait passé quelques semaines en la sainte compagnie des sœurs de Marie-Joseph, dans leur pensionnat de la rue Saint-Genès.

On se rappelle ce qu'avait été Nazareth pour Germaine et ce que Germaine restait pour Nazareth. La jeune personne qui venait la rejoindre arrivait chargée de petites nouvelles et de grandes tendresses pour l'ancienne pensionnaire ; celle-ci, on pouvait le présumer, serait ravie d'interroger M$^{lle}$ *** sur chacune de ses maîtresses et sur chacune de ses compagnes... Le fait est que Germaine tenait encore par tant de fibres à la maison de Nazareth, que son premier mouvement fut de se réjouir à la pensée qu'elle pourrait causer, avec la nouvelle venue, de Nazareth et de ses habitantes. Ce premier mouvement fut celui de la nature ; le second fut celui de la grâce et il écrasa la nature.

« Mlle Castang va être bien contente de pouvoir causer de Nazareth avec la nouvelle postulante, » me dit au parloir une personne du monde, la veille du jour où nous devions recevoir Mlle ***. Pour moi, qui savais déjà comment Germaine maltraitait son cœur, je me contentai de sourire et, sans répondre, je changeai le sujet de la conversation. J'avais deviné l'héroïsme de notre chère enfant.

Dès l'arrivée de Mlle *** au Noviciat, Germaine comprit qu'elle désirait l'entretenir de la maison d'où toutes deux avaient pris leur vol vers l'*Ave-Maria*. Mais, fort adroitement, elle détourna le cours des causeries de récréations qui semblaient devoir aboutir à en parler. Cela dura une huitaine de jours, au bout desquels Germaine déclara très carrément ce que Notre-Seigneur réclamait d'elle... Un matin, me trouvant au Noviciat avec les deux postulantes, Germaine me dit tout haut : « Ma chère Mère, veuillez permettre que ma nouvelle compagne ne me parle jamais de « Nazareth... » Notre-Seigneur m'a demandé ce matin ce sacrifice dans mon oraison et je désire ne pas le lui refuser ! » Fort étonnée d'une semblable demande, Mlle *** protesta doucement : « J'ai cependant beaucoup de commissions à vous faire de la part de plusieurs personnes de « Nazareth », vous me permettrez bien au moins de vous les transmettre avec les amitiés de chacune. — Non, répondit Germaine, il vaut mieux *ne rien me dire. Je ne veux rien savoir !* Cela ne m'empêchera pas de prier pour mes Maîtresses et mes compagnes, mais je le ferai d'autant mieux que je serai une religieuse mortifiée et détachée. Ce que vous me diriez pourrait me donner des distractions, et, une fois ici, on ne doit s'occuper que des grands devoirs de sa vocation... »

Puis, se retournant vers moi : — « *C'est convenu, ma Mère, Mlle*** ne me parlera jamais de Nazareth, car j'ai promis à Dieu ce sacrifice.* » — « Eh bien ! soit, lui répondis-je, obéissez aux inspirations de la grâce ! Dieu ne se laissera pas vaincre en générosité ! »

Profondément émue d'un tel exemple, Mlle *** respecta le désir de son angélique compagne et, comprenant qu'elle avait déjà fait des progrès admirables dans cette science du pur amour qui nous mène à Dieu seul, elle garda un prudent silence et commença à comprendre les ineffables et divines jalousies de l'Époux des âmes.

Si Germaine savait si bien faire les sacrifices du cœur, que dire du dépouillement matériel dans lequel elle se plaisait à vivre ?... Pour elle, être pauvre, dénuée de tout, était une sorte de volupté. Oh ! comme elle était bien la fille de l'Amant de la pauvreté... Nous aurons l'occasion de revenir sur l'amour passionné de Germaine pour « *Dame Pauvreté* ». Citons seulement ici un exemple gracieux de ses pieux dépouillements. Les bonnes religieuses de Marie-Joseph, en préparant la malle qu'elle devait apporter au Monastère, avaient glissé au milieu du reste une jolie provision de papier à lettres, d'enveloppes et de plumes. Au cours de son postulat, notre chère enfant s'aperçut que ses compagnes se servaient d'un papier à lettre de qualité très inférieure au sien. Cette constatation faite, elle courut à sa cellule et, en rapportant toute sa belle provision de papier, de plumes et de timbres, elle déposa le tout sur mon bureau en disant : « Comment, ma Mère, j'aurais du papier différent de celui de mes chères compagnes ?... je vous en prie, prenez-moi tout cela ! !... »

Et, comme je faisais certaines difficultés, elle ajouta : « Si j'étais restée dans le monde avec mes sœurs, je n'aurais pas eu à mon usage du papier plus riche que celui qu'elles auraient employé... Et ici, c'est moi qui aurais le plus beau papier ?... Oh ! je vous en prie, laissez-moi être pauvre comme les autres ! ! »

Force me fut d'accéder au désir de Germaine. Son plaisir de se déposséder était immense. Non moins grande était la joie qu'elle éprouvait à venir demander humblement une feuille de « *mauvais papier* », lorsqu'elle avait à écrire une lettre quelconque. On ne put jamais lui en faire prendre plus de deux feuilles à la fois, et jamais non plus elle ne s'accorda le luxe d'avoir deux plumes. C'était bien le cas de répéter cette parole de pauvreté parfaite : « *Si une chose suffit, pourquoi en avoir deux ? pourquoi en avoir trois ?* »

Selon les termes de la sainte règle : « libre des soins et de la sollicitude de ce siècle », Germaine courait dans les voies de la perfection évangélique, car Dieu avait dilaté son cœur : *Viam mandatorum tuorum cucurri cum dilatasti cor meum !...* [1]. Dans cette course rapide, elle ne faisait halte que pour admirer les exemples et recueillir les paroles qui servaient à lui donner un nouvel élan vers le but éternel qu'elle devait si vite atteindre. On était toujours bien reçu et on ne perdait jamais son temps en lui parlant des moyens à prendre pour croître dans les grandes vertus religieuses.

« Un des premiers jours du mois d'octobre, écrit une jeune novice [2],

1. Ps. 118.
2. Journal du noviciat, 1896.

toutes les religieuses de la Communauté et du Noviciat étaient réunies au jardin pour prendre leur part d'un humble et très pénible travail. Seules, Germaine et moi avions été désignées par notre Mère Maîtresse pour éplucher des légumes, ce que nous faisions en échangeant quelques mots de piété ainsi que cela nous avait été permis. Pensant intéresser ma chère petite compagne, je lui fis le récit suivant, glané dans une des conférences du Noviciat :

## UNE PETITE AME

« On vit arriver un jour dans le Ciel une petite âme inconnue
» qui entra tout droit sans avoir éprouvé aucune fatigue, ni versé
» une larme, ni subi un malheur, ni rien fait d'éclatant. Le bon
» Dieu lui assigna une place très glorieuse et il y eut dans toute
» l'assemblée des Saints une espèce de murmure étonné. Les regards
» se tournèrent vers l'ange gardien qui avait amené cette petite
» âme... L'Ange gardien s'inclina devant Dieu ; il obtint la permis-
» sion de parler à la cour céleste... et de ses lèvres tombèrent, avec
» un bruit plus léger que celui des ailes du papillon, ces paroles que
» tout le Ciel entendit : Cette âme a toujours pris de bonne grâce sa
» part » de SOLEIL, d'OMBRE et de POUSSIÈRE et n'a jamais rien con-
» testé dans tout ce qui n'offensait pas Dieu [1]. »

» Je n'oublierai jamais le ravissant sourire qui paya ma narration, écho du Noviciat, ni l'accent inspiré de la réponse. — *« Ce
sera moi la petite âme »*, me dit alors mon angélique sœur, et sa voix avait quelque chose de solennel, et dans ses grands yeux brillait une douce et mystérieuse flamme.

» Je compris qu'un pacte venait de se faire dans ce cœur de sainte, qu'une héroïque résolution venait d'être prise et, pénétrée d'admiration et de respect, je priai Jésus de me donner quelques-uns des mérites de celle que déjà nous appelions toutes : la petite sainte du Noviciat. »

A celle qui promettait d'accepter toujours de bonne grâce de la main de la divine Providence la part qu'elle lui ferait de soleil, d'ombre et de poussière, Dieu répondit par des faveurs de choix. Ce mois d'octobre en fut rempli... il parut même illuminé d'un rayon miraculeux et nous ne résistons pas au plaisir de raconter comment le miracle traversa la cellule de Germaine.

C'était le 19 octobre, notre chère postulante avait demandé à me voir en particulier depuis le matin. Très occupée dans le cou-

---

1. Extrait d'une revue religieuse.

rant de la journée, je ne fus libre que vers les cinq heures du  soir.
J'envoyai chercher Germaine ; celle-ci travaillait avec ardeur à
des travaux de lingerie très pressés et qui devaient être rendus au-
dehors le plus tôt possible ; de grandes pièces de toile jonchaient
sa cellule ; fidèle à répondre sur-le-champ à l'appel de sa Mère
Maîtresse, elle laissa tout son ouvrage inachevé et vint me rejoindre au Noviciat. Là, dans un entretien intime, elle me parla de son
âme, et de ses grands désirs de perfection, me demandant de lui
indiquer une pratique particulière pour  se préparer au grand jour
de la prise d'habit. Je lui conseillai la fidélité aux petites choses,
l'observance exacte des moindres règlements. « Les petites prévenances, lui dis-je, sont la marque d'un grand amour. » Rappelez-
vous que rien n'est petit au service de notre Dieu et sacrifiez tout
à cette fidélité religieuse, qui n'est pas un des moindres mérites
de la vie d'obéissance. Nous parlâmes longtemps des grandeurs de
la fidélité aux petites choses ; c'était comme un commentaire de
l' « *Euge, serve bone, in modico fidelis, intra in gaudium Domini
tui* [1] »

Germaine buvait les divines paroles que Dieu adresse au *bon
serviteur...* elle voulut être la *bonne servante* et ne se lassait pas de
me demander comment elle pourrait prouver à Dieu beaucoup
d'amour... Et moi je ne me lassais pas de lui redire : « Soyez fidèle
dans les petites choses ! » Dans la matinée, Germaine, m'ayant
entendu parler de quelques religieuses qui avaient l'habitude, pendant le mois du rosaire, d'offrir journellement à la Très Sainte
Vierge Marie un rosaire de petits actes de vertu, me demanda
d'essayer d'en faire autant et de lui signaler quelques-uns de ces
actes les plus faciles à rencontrer dans le courant du jour. Je lui
parlai surtout de l'exactitude monastique qui donne lieu à tant de
grands et petits renoncements. La cloche capitulaire termina notre
pieux entretien. Elle nous appelait au réfectoire. Nous nous y rendîmes aussitôt. Après la collation, il est d'usage que les novices
aillent faire leur visite au Saint-Sacrement. Cette visite précède
immédiatement Complies. Ce soir-là, Germaine s'y rendait comme
les autres jours, lorsqu'elle se rappela qu'elle oubliait de déposer
dans sa cellule un objet que je lui avais recommandé d'y porter
immédiatement après la collation. Elle monta chez elle, et, en ouvrant sa porte, elle fut péniblement choquée de l'état de désordre
dans lequel elle avait laissé sa chère cellule, transformée en atelier
pendant la journée. Il y avait de la toile sur son lit, il y en avait,

1. Courage, bon serviteur, parce que vous avez été fidèle dans les petites choses, entrez
dans la joie de votre Maître. (Liturgie).

sur la malle, tout paraissait sens dessus dessous et, pour Germaine
qui avait un ordre parfait, le spectacle était lamentable... Sa première pensée fut de remettre tout en place ; de plier les grandes
chemises qu'elle venait de couper et de faufiler, et de rendre promptement à sa cellule l'ordre qu'elle avait toujours. Mais, au moment
de se donner cette innocente satisfaction, la chère enfant s'arrêta
soudain. Le souvenir de ce que je lui avais dit une demi-heure
auparavant la porta à réfléchir... Debout au milieu de son travail
épars, Germaine se fit ces réflexions qu'elle me raconta plus tard
dans les termes suivants : « Ma Mère Maîtresse vient de me recommander de saisir toutes les occasions de me renoncer. Si je veux
arriver à faire cent cinquante pratiques de renoncement par jour,
il ne faut négliger aucune occasion de contrarier mes goûts. Maintenant, je n'ai que la permission de monter et de descendre. Si je
demeure dans ma cellule pour la ranger, je diminuerai le temps
de ma visite au Saint-Sacrement. Ma chère Mère me croira au pied
du Tabernacle avec mes compagnes, selon qu'il est ordonné par
le Directoire, et je serai ici à faire ma volonté... Je serai en contra-
vention ; le temps que je passerai ici sera dérobé au temps que je
dois à Jésus-Hostie... Il n'y a pas à hésiter : je vais faire une pratique de plus : je vais où l'obéissance m'appelle ; tant pis pour mon
ouvrage ; ce n'est pas le moment de le mettre en ordre ! » Et, se
disant cela, la chère petite sœur sortit de sa cellule, non sans avoir
jeté un dernier coup d'œil navré sur cette chambre en désordre et,
sans doute, après avoir offert à Dieu l'humiliation qui lui en reviendrait si la Révérende Mère Abbesse venait visiter sa cellule en son
absence, ignorant que deux fois l'obéissance l'avait fait sortir de
chez elle sans lui permettre d'y remettre tout en ordre. Germaine
descendit donc au chœur sans avoir fait un seul mouvement pour
satisfaire son goût de l'ordre. Ce goût paraissait cependant bien
légitime en telle circonstance, mais, captive de l'obéissance, Germaine était enchaînée à tous ses vouloirs, elle s'y livrait pieds et
mains liés.

Notre-Seigneur fut content de sa petite servante, et il nous est
doux de supposer qu'Il dut alors commander à ses anges de s'approcher de Germaine et de la servir. Ce qu'il y a de certain, c'est que,
pendant l'office des Complies, il se passa dans la cellule de Germaine
quelque chose de fort extraordinaire. Lorsque la chère postulante
remonta chez elle après les exercices du soir, elle trouva la cellule
admirablement en ordre... tout y était rangé de main... inconnue, et
si bien même que Germaine se demanda où étaient passées les pièces
de lingerie qu'elle avait laissées tout éparpillées de côté et d'autre.

Trop humble pour se douter du prodige qui venait de s'opérer, Germaine rougit de confusion et se dit en elle-même : « Mes Révérendes Mères sont venues, elles ont trouvé tout en désordre, et pour me faire la leçon, elles ont tout rangé dans ma cellule et peut-être même ont-elles emporté les chemises. »

Elle ouvrit sa petite armoire : mais rien de ce qu'elle cherchait ne s'y trouvait... elle allait se coucher lorsqu'elle se sentit inspirée d'ouvrir sa malle. Elle y vit les chemises pliées et rangées dans un ordre parfait ; tout était arrangé à l'avenant, et l'aiguille même de la douce ouvrière, qu'elle était sûre d'avoir laissée piquée dans son travail inachevé, en avait été retirée et avait dû retourner à la pelote avec les autres aiguilles.

Germaine, confondue, ne dormit pas de la moitié de la nuit : « Mon Dieu, se disait-elle, mes bonnes Mères ne vont pas être contentes... que vais-je leur dire ?... » L'idée d'avoir peiné ses Supérieures, n'était-ce que par un manque d'ordre, désolait la chère enfant... Le lendemain, dans la matinée, j'entrai chez elle pour lui faire une commission pressante. A peine eus-je fini d'expliquer le motif de ma visite, que Germaine se jeta à genoux, s'accusa de désordre et se fondit en excuses au sujet de la peine que j'avais dû me donner pour ranger sa cellule, etc.

Je ne savais pas seulement de quoi il s'agissait et j'assurai Germaine que je n'avais pas mis les pieds chez elle de deux jours. Je la questionnai, je voulus éclaircir l'affaire, je me rendis parfaitement compte que personne n'avait pénétré chez l'humble Germaine dans la soirée de la veille. Tout le monde avait assisté aux Complies et depuis la collation jusqu'à huit heures, moment auquel Germaine était remontée chez elle, les cellules et leur long corridor avaient été complètement déserts. Je le savais pertinemment, et je me vis en face d'un fait inexplicable récompensant l'obéissance de ma chère enfant. Connaissant sa candeur et sa simplicité extraordinaire, je lui dis simplement : « Croyez-vous aux saintes Écritures—? — Oui, ma Mère. — Eh bien ! il y est dit que l'obéissant racontera des victoires ! Il n'y a rien de bien extraordinaire », ajoutai-je comme pour cacher mon émotion, et, après lui avoir recommandé de raconter à notre Très Révérende Mère Abbesse ce qui s'était passé, je sortis brusquement et allai la première avertir Notre Très Révérende Mère de ce que Germaine avait à lui dire. Toutes deux nous constatâmes parfaitement que personne n'avait pu s'introduire chez Germaine entre six et huit heures de la soirée de la veille, et, du reste, n'eussions-nous pu le constater d'une façon incontestable, nous n'en n'aurions pas moins gardé la certitude morale, car

un ancien usage, que nous n'avons jamais vu enfreindre, défend
*absolument* aux religieuses d'entrer dans les cellules les unes des
autres. Seules, les  Mères Abbesse et Maîtresse ont la latitude d'y
entrer en tout temps. Or, en ce soir du 19 octobre, la Très Révérende
Mère et moi ne nous étions pas quittées ; appelées ensemble au parloir, nous en étions sorties pour aller assister aux exercices du
chœur où toute la Communauté avait été réunie jusqu'au signal de
la retraite dans les cellules.

Cependant Germaine vint trouver notre Très Révérende Mère,
et, lui exposant ses alarmes de la nuit précédente, elle lui rendit
compte de tout. Notre Révérende Mère lui demanda en souriant
si elle avait un ange gardien. « — Oui, ma Très Révérende Mère »,
répondit naïvement Germaine. « — Alors ne vous étonnez pas,
reprit notre bonne Mère, c'est votre ange qui vous a rendu ce charitable office ; ce n'est pas pour rien que Dieu vous a confiée à sa
garde ! ! »

Germaine ne s'émut point de cet événement extraordinaire et
continua paisiblement son héroïque petit train de vie, gardant bien
pour elle son secret.

Lorsque Germaine eut disparu d'au milieu de ses sœurs, je leur
racontai de quelle façon mystérieuse Dieu s'était plu à récompenser
sa fidélité et son exactitude. Depuis ce temps, les novices appellent
la cellule de l'angélique enfant :

*La cellule rangée par les anges ! !*

Vers la fin d'octobre, la Communauté fut appelée à statuer sur
l'admission de Germaine aux saintes joie de la vêture. Il n'y eut
qu'une voix dans l'assemblée capitulaire pour faire l'éloge de cette
incomparable postulante, à laquelle il était impossible de reconnaître non pas un défaut, mais seulement une imperfection. Dans
son humilité profonde, Germaine n'en pensait pas ainsi et tandis
que Mères et Sœurs la recevaient à l'unanimité des votes, la douce
élue se fondait en prières aux pieds de Notre-Dame du Saint-Rosaire,
la suppliant de jeter le manteau de sa miséricorde sur son indignité
et de lui accorder la grâce du saint Habit... Ce fut donc devant la
statue de la Très Sainte Vierge que nous fûmes trouver sa chère
enfant pour lui apprendre l'heureuse nouvelle de son admission...
Introduite dans la salle capitulaire, Germaine émue et radieuse
remercia la Très Révérende Mère Abbesse et la Communauté en des
termes si humbles et si reconnaissants que nous en fûmes toutes
fort émues... Si elle était ravie d'entrer dans nos rangs, nous étions
encore plus ravies de l'y admettre ; aussi fût-ce de tout cœur que

LES ADIEUX DE GERMAINE A NOJALS

nous entonnâmes le chant joyeux du *Laudate* en nous rendant au chœur en procession... Tout était joie au Monastère à la réception de cette jeune vierge... Hélas ! neuf mois après, nous devions suivre processionnellement encore le même parcours des cloîtres à la suite du cercueil de Germaine, versant autant de larmes à son départ que nous avions donné de sourires à son entrée... Neuf mois devaient suffire à cette jeune fille pour devenir une des plus parfaites religieuses que le cloître ait jamais possédées.

Dans la conférence du soir, comme on félicitait Germaine de son admission à la vêture et du grand pas qu'elle allait faire dans la voie royale de la croix, elle répondit à l'affection de toutes nos âmes par un de ces mots charmants dont elle avait le secret : « Ma chère Mère, me dit-elle en désignant d'un tendre geste la Communauté réunie, voilà ma famille maintenant ; ma famille, ma vraie famille... » et, une main posée sur son cœur, l'autre étendue vers ces compagnes vierges qu'elle devait tant chérir, tant édifier, j'oserais dire tant honorer, elle répétait comme en extase d'amour et de reconnaissance : *Ma famille ! ! voilà ma famille... C'est trop de bonheur...* et des larmes silencieuses coulaient de ses yeux, larmes de joie, de joie inénarrable, qui, mieux encore que des paroles, nous disaient : Je suis l'enfant du Monastère : vous êtes à moi... je suis à vous, nous sommes toutes à Jésus ! !... La chère admise voulut me voir longuement au soir de ce beau jour : elle m'entretint en particulier une heure entière... Ce fut une heure d'amour céleste. Elle se fondait de reconnaissance envers le Dieu bon qui l'appelait à l'honneur de l'union divine ; elle voulait être à Lui sans partage ; rien ne l'effrayait dans cette nouvelle voie que lui ouvrait la vocation séraphique... Être à Jésus, porter les livrées de l'Ordre de Sainte-Claire, être une vraie, parfaite religieuse, quel bonheur pour son âme ravie ! Et tout cela, elle le pensait, elle le disait avec ce calme extraordinaire qui était une de ses plus grandes beautés morales et elle y mêlait une telle simplicité, une telle candeur, qu'en pénétrant dans cette âme, qui s'ouvrait à nous si ingénument, nous nous disions dans le secret de notre cœur : Telle est bien la vierge sage et prudente à laquelle le divin Époux fait entendre l'appel du sacré Cantique, *veni, sponsa Christi... veni...veni...* . . . . . . .

. . . . . . . . . . . . . . . . . . .

Redoublant d'énergie dans la lutte contre elle-même, Germaine sembla entrer alors dans une nouvelle phase ; de jour en jour elle se transformait. Ce n'était plus la petite pensionnaire de Nazareth, ni même la postulante des premiers jours ; c'était déjà une religieuse à laquelle quelques mois avaient suffi, pour comprendre les grandes lois de l'*Agendo contra* ; et ces lois austères qui avaient tant étonné sa douce nature dans les débuts, aujourd'hui elle les observait, non pas seulement énergiquement, mais presque cruellement contre elle-même...

Elle n'accordait plus rien à la nature... J'étais souvent émue de pitié à la vue de ces sacrifices qui s'accomplissaient à l'intime de son cœur, ce cœur qu'elle déchirait à coups de croix... et ces combats mystérieux n'échappaient pas à l'œil observateur de ses Mères. « Assez ! » lui dis-je, un jour qu'en ma présence, je lui voyais accomplir un acte héroïque et que je souffrais pour elle de la violence qu'elle devait imposer à son cœur... — « Je vous en prie, ma Mère, laissez-moi continuer, » reprit-elle énergiquement. — « C'est trop » lui dis-je. — « Ce n'est pas trop, répondit-elle, car c'est tout simplement notre sainte Règle que je suis. » Et elle me cita le passage de nos saints règlements qu'elle suivait à la lettre, puis elle ajouta : « Ne dois-je pas commencer à suivre pleinement ma Règle ?... » — « Si, lui répondis-je, mais laissez-vous guider par l'obéissance, et faites pour elle le sacrifice de vos sacrifices. » A ce mot d'obéissance, Germaine rendit les armes et je lui fis doucement comprendre que la prudence imposait parfois aux Supérieures d'apporter quelques adoucissements aux lois de l'*Agendo contra*, en faveur des petites postulantes qu'on habitue petit à petit aux rigoureuses exigences de la sainte Règle...

Cependant, je le sentais intérieurement, les demi-mesures n'étaient pas faites pour notre généreuse enfant et ce n'était pas *petit à petit* qu'elle brisait son cœur aux pieds de l'adorable Maître !... C'était par bonds d'amour qu'elle montait au Calvaire... et, contrainte par l'obéissance à renoncer à certaines austérités de la Règle que ne lui permettait pas son âge, il allait devenir nécessaire à son amour de donner libre cours à sa générosité dans la pratique du renoncement intérieur et dans le mystérieux anéantissement de la vie d'immolation... Son style même se ressent de sa mâle énergie... elle, autrefois si longue, si tendre dans ses lettres à sa famille, elle brise presque sa plume et, comme retenue par la jalousie du divin Époux, elle ne s'accorde plus que rarement le doux bonheur de correspondre avec ceux qu'elle aime. Et encore ses lettres espacées sont frappées au coin de je ne sais quelle austérité de langage qui les rend délicieusement étranges... Elle écrit à son père et à son oncle pour leur apprendre que « bientôt Germaine n'existera plus et qu'à sa place, la fiancée du Christ ne vivra que pour son Dieu : aussi, qu'on ne compte plus avoir de ses nouvelles de longtemps... elle s'enterre dans son cloître aimé ; cependant, elle aime toujours plus son père, ses frères et ses sœurs... » mais, on le sent, ces grandes affections s'affinent et s'élèvent : Germaine n'aime pas moins : elle aime mieux et peut-être un secret pressentiment lui dit qu'il faut habituer les siens à la  voir disparaître maintenant dans la solitude du cloître et bientôt dans le mystère de l'Éternité...

Cependant, Marie de Saint-Germain, la tendre sœur aînée, ne tarde pas à s'apercevoir du silence de sa petite sœur chérie... Quelque habituée qu'elle soit aux exigences de la perfection religieuse qu'elle « conçoit », elle laisse percer son désappointement de ne plus voir arriver de longues missives à la douce signature de : *Germaine*... Écoutons un de ses gémissements fraternels :

. . . . . . . . . . . . . . . . . . . . . . . . . . . .

« ... Ma chère petite sœur, permets-moi de te dire que tes lettres
» se font rares ; et moi qui aime tant à te lire ! mais je conçois ton
» silence, je l'excuse par conséquent ; c'est un sacrifice que  j'offre
» volontiers au Ciel pour toi, oui, pour toi, ma chérie : je voudrais
» tant avoir une sœur Clarisse. Cependant, je ne suis pas sans inquié-
» tude à ton sujet : le froid est précoce cette année, rigoureux déjà,
» et je me demande avec anxiété si la pauvre jambe de ma chérie
» ne se ressent pas trop de la rigide observance de Sainte-Claire.
» Hier, fête de tous les Saints, nombreuses et ferventes ont été mes
» prières pour toi. Confiante en la protection de tant d'intercesseurs,
» je me suis senti le cœur plein d'espérance. Parmi les phalanges
» d'élus, j'aimais à me représenter notre chère maman ; ah ! dis-le
» moi, n'a-t-elle pas assez souffert pour mériter une couronne? Et
» si elle a la puissance, elle a aussi l'amour ; elle a donc prié pour
» nous. Et notre cher Louis, et nos petits frères qui depuis long-
» temps déjà grossissent la milice des anges, en faveur de qui au-
» raient-ils employé leur crédit, sinon à plaider notre cause ? Ah !
» je t'assure, ma chère Germaine, que je compte sur eux pour bien
» des choses, car il me semble que le bon Dieu ne refusera rien à
» leurs demandes. Je compte aussi sur tes prières, ma chère sœur,
» tu sais si j'en ai besoin et de plus en plus... »

Ici, Marie de Saint-Germain, qui déjà « conçoit le silence » de sa Clarisse et a deviné quelque chose de sa grande vertu, choisit sa petite sœur pour confidente et verse son cœur dans le sien ; cet épanchement intime dont nous ne pouvons trahir le secret fait couler les larmes de Germaine et nous, qui savons jusqu'où elle a aimé les siens, nous pouvons affirmer que toutes leurs peines étaient les siennes et qu'elles l'atteignaient en plein cœur. Germaine répond donc par des paroles de douce sympathie à la lettre de sa chère sœur, mais elle semble lui faire comprendre que c'est surtout dans la prière qu'elle lui sera utile et, à part quelques tendres effusions que traduit sa plume, elle se renferme dans ce profond silence qui est devenu son élément. C'est ainsi que le 17 novembre, elle écrit à sa bien-aimée sœur Marie de Saint-Germain et lui annonce brièvement que le 21 elle sera présentée à l'Époux des âmes à la suite de Marie enfant. Elle dit simplement à sa sœur « qu'elle ne peut pas dire sa joie, qu'elle se recommande bien à ses prières et lui demande sa Communion du jour de la Présentation. »

Elle traite quelques questions intimes et après avoir assuré Marie de Saint-Germain qu'elle l'aime toujours dans les saints Cœurs de Jésus et de Marie, elle termine sa lettre par ce post-scriptum qui témoigne de son grand amour pour la sainte pauvreté :

P.-S. — « Tu chercheras sans doute une image pour me l'envoyer, » ce n'est pas la peine ; cela ne ferait que m'embarrasser : une Cla-» risse *ne doit rien posséder*. Accepte celle que je t'envoie, les deux » autres sont pour nos petites sœurs. »

Quant aux amis de la famille qui se plaignaient de ne rien recevoir de la jeune postulante, Germaine ne se troublait nullement de leurs récriminations. On l'accusait d'indifférence et d'ingratitude, on réclamait une lettre. Germaine souriait, et, ne se sentant ni indifférente, ni ingrate, elle demeurait paisible au pied de son Crucifix et elle y redisait la devise de son séraphique Père : *Mon Dieu et mon Tout ! Dieu seul ! Dieu tout seul !*

Parfois je lui disais qu'elle pouvait user de la permission d'écrire, qu'il le faudrait presque... mais Germaine s'obstinait respectueusement à nous dire qu'elle voulait vivre en religieuse complètement séparée du monde, faisant à Dieu tous les sacrifices qu'Il lui demandait et renonçant aux joies les plus légitimes. Si l'obéissance ne fût intervenue, elle se serait peut-être affranchie de toute correspondance avec sa famille : le besoin de s'effacer et de disparaître lui devenait une seconde nature, et, cependant, que les siens se rassurent : jamais, peut-être, elle ne les avait tant aimés : mais c'était en Dieu qu'elle les comblait d'amour filial et fraternel.

N'est-ce pas le cas de rappeler ici la parole de Lacordaire : « Plus les âmes s'aiment, plus leur langage est court ! !... »

# Chapitre Douzième.

## LA PRISE D'HABIT

> Que n'ai-je l'amour des anges !
> O Jésus ! j'ai soif de l'amour
>
> GERMAINE.

A prise d'habit de Germaine étant fixée au 21 novembre, elle s'y prépara par une retraite de trois jours. Il nous serait bien difficile de rendre la joie de l'heureuse retraitante et de traduire les élans de son âme pendant ces journées de récollection qui la préparèrent à la cérémonie de la vêture... Cependant, à l'aide de quelques notes écrites de la main de Germaine, nous essaierons de la suivre dans la délicieuse solitude où l'Époux des âmes devait lui parler au cœur et inonder son âme de célestes consolations.

Après s'être affectueusement recommandée aux prières de ses sœurs, Germaine se sépara d'elles, et, ne conservant plus de rapports qu'avec ses Mères Abbesse et Maîtresse, elle commença son *Triduum* de silence et d'oraison. Suivons cette âme dans son vol...

La première journée, elle la passe à chanter au Seigneur le cantique de la joie et de la reconnaissance, à combattre toute pensée inutile, à constater *qu'elle n'est rien, mille fois rien...* elle se reproche ce qu'elle appelle ses ingratitudes... il lui semble qu'elle n'a pas de cœur pour son Dieu... et cependant, elle est obligée de crier à Jésus *d'apaiser sa soif ardente,* car elle est avide d'amour. Notons ici quelques passages du Journal de Germaine :

Dieu seul                    †              *Retraite de ma prise d'habit.*

## PREMIER JOUR

### 18 novembre 1896

« Je chanterai dans la joie un Cantique au Seigneur parce qu'Il m'a revêtue des vêtements de salut et parée comme une fiancée de tous ses joyaux. » . . . . . . . . . . . . . .

« Depuis hier soir me voilà dans le silence et le recueillement... Dans ma Communion le bon Jésus m'a dit : « Viens avec moi dans » la solitude, c'est là que je te parlerai... » J'étais heureuse d'entendre cette douce invitation : j'aime tant à entendre mon Jésus ! Aller à la solitude ! Certainement j'accepte de bon cœur, et cependant ma pauvre nature n'était pas trop contente de sacrifier toute pensée inutile : c'était pour elle un vrai supplice. Néanmoins, je m'y suis mise avec courage. Il y a eu une *petite guerre*, mais avec votre aide, ô mon Jésus, il y a toujours quelques victoires... Cependant, je suis tout effrayée de voir que ce matin dans mon oraison j'ai eu au moins quinze distractions... »

A midi, Germaine reprend la plume :

« Voilà une demi-journée de passée et comment l'ai-je passée ? Aussi bien qu'il m'est possible à moi ! ! — J'ai fait mes oraisons et en plongeant le regard dans mon passé je vois ce que je suis : *rien*, mille fois rien, ou si je suis quelque chose : une petite créature qui n'est capable que de vous offenser, ô mon Dieu !...

» Je souffre, ô mon doux Sauveur, de voir vos bontés sans nombre à mon égard et mes ingratitudes luttant contre cette bonté si généreuse...

» Je vois que je n'ai pas de cœur : si j'en avais un, pourrais-je vous offenser ?... Cependant mon cœur est avide d'amour et je vous demande, ô mon divin Maître, pendant cette retraite, de m'en donner seulement « l'ombre d'une étincelle. » Vous seul, ô mon divin Jésus, pouvez apaiser ma soif ardente. »

. . . . . . . . . . . . . .

Voyant Germaine si bien disposée à se livrer à l'amour envahissant de Notre-Seigneur, exemplaire de toute obéissance, j'en profitai pour lui demander, au soir de cette journée, d'accepter un sacrifice. En conséquence, je lui dis que j'avais pensé à la nommer seconde surveillante au Noviciat et que je comptais sur elle pour remplir cette petite mission avec beaucoup de vigilance. Germaine

fut comme atterrée par cette révélation et fut désolée de ce choix...
Elle avait dit si souvent — et nous citons ses propres paroles —
« qu'elle ne voulait s'occuper que d'elle et de son devoir, que ce
que disaient et faisaient les autres ne la regardait pas, que ce n'était
pas à elle de contrôler et de juger leurs actes... qu'elle avait bien
assez à faire de s'occuper d'elle-même pour se sanctifier, sans se
mêler de ce qui ne la regardait pas... » Elle pensait si sincèrement
cela, surtout, qu'elle fut effrayée à l'idée de surveiller ses jeunes
compagnes et, tout d'abord, elle se récusa, alléguant son indignité
personnelle... Je tins bon, et Germaine, confuse, fut confier à
Jésus d'abord, à son Journal ensuite, les *misères* que lui faisait sa
Mère Maîtresse : mon grand tort à ses yeux était de lui témoigner
trop de confiance ! La moindre marque d'estime pesait à l'humilité de son âme ; c'était le trouble jeté dans ce cœur doux et humble :
écoutons sa plainte.

« Ce soir, mon recueillement a été un peu troublé, mais aussi
ma chère Mère Maîtresse me demande quelque chose qui me semble
impossible. Je viens de faire ma méditation de cinq heures et dans
mon oraison j'ai dit à Jésus les misères que l'on me fait... Je lui
ai ensuite montré ce que je suis et Il m'a répondu : Que toujours
je lui demande de petites croix, mais que lorsqu'il s'agissait de les
porter je ne les voulais plus...

» Ma première journée finit par une visite à la Sainte Face... Je
me laisse aller à des sentiments de contrition, et je termine en demandant la grâce de perdre tout souvenir du passé... et de ne
garder que celui de mes fautes... »

. . . . . . . . . . . . . . . . . . . . . . .

Comme épouvantée par ce que Notre-Seigneur lui a dit la veille :
qu'elle demandait toujours des *Croix* mais que lorsqu'il s'agissait
de les porter elle ne les voulait plus, Germaine passe son second
jour de retraite dans les bras de l'obéissance et, malgré tout ce
qu'il lui en coûte d'accepter ce que je lui demande, elle promet à
Jésus de s'y résigner... Mais, on le sent, Germaine ne se lasse pas
de représenter à Notre-Seigneur *ce qu'elle est*... ou du moins ce
qu'elle se croyait : *un rien, un mille fois rien.*

## DEUXIÈME JOUR

« Ce matin, je viens de faire mon oraison sur l'obéissance, et malgré tout ce qu'il m'en a coûté, j'ai promis à Jésus de la pratiqur.
... Dans ma Communion je lui ai recommandé tout le monde...

je l'ai remercié de ce qu'Il m'accorde tant de faveurs, en échange
Il m'a demandé d'obéir à mes Supérieures ; je lui ai représenté ce
que je suis et lui ai demandé les grâces nécessaires pour être bien
obéissante. »

Après la méditation de dix heures, Germaine ouvre à nouveau
son petit cahier :

« Je viens de faire ma seconde oraison sur *l'humilité*. Jésus, pour
me faire bien comprendre que je n'avais rien fait à son service
depuis que je suis ici, m'a inspiré de faire une petite comparaison.
Je me suis représenté la Religion comme le champ de Booz, et
toutes les moissonneuses c'étaient mes sœurs qui récoltent en grande
abondance dans ce champ si fertile... Moi j'étais la pauvre Ruth qui
glane bien après tout le monde... mais j'ai travaillé bien inutilement. Je me suis amusée à ramasser les épis qui paraissaient les
plus beaux, et je m'aperçois, en les regardant de près, qu'ils sont
presque vides : Combien de pensées inutiles ! combien peu de pensées bonnes !... Combien de fois ai-je pratiqué l'humilité extérieure
sans l'accompagner de l'humilité intérieure... O divin Jésus, ai-je
dit, ma gerbe est bien petite, bien petite : je n'ai rien fait à votre
service... Mais je vais me mettre à l'œuvre avec ferveur et dans
un an, à la fin de mon Noviciat, je tâcherai bien de vous apporter
plus qu'à la fin de ce postulat ! »

Chère enfant ! comme elle devait tenir sa promesse : à la fin de
son Noviciat, elle veut, elle s'engage à *beaucoup apporter* à Jésus...
et, en effet, si riche de vertus fut-elle au bout de quelques mois,
que l'œuvre de sa sanctification fut achevée... Maintenant, c'est
au Ciel qu'elle termine cette année bénie... Vraiment, elle avait
bien glané, la petite glaneuse ! !...

Au début de sa retraite, notre chère Germaine s'était imposé
un sacrifice immense pour son cœur... « Jésus — dit-elle — m'a
inspiré de renoncer à cette joie si légitime de... et Il veut s'assurer
si je tiendrai ma promesse en me donnant ce soir beaucoup d'occasions d'y manquer si je n'y avais bien pris garde... Soyez loué,
mon Dieu, j'ai remporté la victoire, mais comme il m'en a coûté !...
Il fallait que ce soit pour Vous, ô mon bien-Aimé qui reposez dans
le Tabernacle, pour faire un pareil sacrifice, mais je peux dire, à la
louange de mon Jésus, les paroles de l'apôtre saint Paul : Je puis
tout en Celui qui me fortifie... »

. . . . . . . . . . . . . . . . . . . . . . . . .

Le soir ayant deviné la cruauté de Germaine envers elle-même,

je crus de mon devoir d'y mettre un terme... D'abord l'héroïque
enfant lutta pour garder sa trop austère résolution ; mais bientôt elle
se reprocha ce débat avec l'obéissance et dans la soirée, avant de
se coucher, elle confia à « son cher petit cahier noir » le soupir de
sa contrition :

« Je suis honteuse de moi aujourd'hui : ma résolution était l'obéissance... comment l'ai-je pratiquée ? Hélas ! je me suis entêtée
dans mon intérieur : j'ai fait un acte de grand renoncement en
obéissant... mais je suis tout de même contente, car j'ai appris
qu'obéir valait mieux que faire des choses extraordinaires... »

.   .   .   .   .   .   .   .   .   .   .   .   .   .   .   .   .   .   .   .   .

Le troisième jour, Germaine le passe dans une sorte d'adoration
de la Croix, et elle *s'offre en victime*... On se sent ému jusqu'aux
larmes lorsqu'on entend cette ravissante petite créature de
dix-huit ans qui s'écrie en face du Tabernacle : « *Coupez, brûlez,
tranchez*, faites de moi, ô Jésus, ce qu'il vous plaira... »

O mon Dieu, nous serions-nous doutées alors que vous exauceriez
si vite la demande de cette angélique victime !! Quelques mois devaient suffire à l'immolation complète de cette épouse de l'Agneau...
Ouvrons encore le petit cahier tout embaumé des parfums du
sacrifice :

## TROISIÈME JOUR

« Me voici au dernier jour de ma retraite ... et il me semble que
» je viens juste de la commencer... Il me tarde tout de même beau-
» coup d'être à demain.

.   .   .   .   .   .   .   .   .   .   .   .   .   .   .   .   .   .   .   .   .

» Quelle belle méditation j'aurais pu faire ce matin... le sujet
était si beau, mais moi qui suis si ignorante je n'ai certainement
pas approfondi les choses comme j'aurais dû le faire : « Les victimes
et les holocaustes ne vous ont pas plu : me voici moi-même. »

» En y réfléchissant bien, j'ai compris que cette phrase me disait
bien des choses...

» D'abord, appartenir à Jésus, c'est appartenir à ses Supérieurs...
et lorsqu'on est dirigé par quelqu'un, c'est ne plus faire sa volonté...
Ce renoncement me semblait un peu grand, cependant, je suis
venue pour prendre la Croix ! Je me suis donc offerte en victime
à Jésus et je lui ai dit : Jusqu'à présent je vous ai tout sacrifié :
affections, pensées... aujourd'hui serais-je moins généreuse ? Oh !
non, *Me voici* ; coupez, brûlez, tranchez, faites de moi ce qu'il vous

plaira : pourvu que mon amour pour vous croisse de plus en plus,
c'est tout ce que je vous demande ! »

. . . . . . . . . . . . . . . . . . . . . . . . .

Ainsi, Germaine le déclare, elle se livre au fer et au feu, à tout
ce que son Dieu voudra, mais à l'amoureuse condition que son amour
pour ce bon Dieu croîtra de plus en plus... « C'est tout ce que je
demande », — ajoute-t-elle avec cette simplicité sublime qui la
faisait atteindre les plus hauts sommets... — Et que pouvait-elle
demander de plus, l'amante de Jésus ? Croître en amour, c'est
aller tout saintement de la terre au Ciel... et Germaine crût si bien,
qu'elle atteignit bientôt l'éternité d'amour...

Mais revenons au troisième jour de sa retraite :

« Le sujet de la seconde méditation est bien beau — écrit-elle.
— J'ai choisi d'être la dernière dans la maison de mon Dieu...

» *J'ai choisi !* Cette parole n'est pas pour moi... Assurément
ma préférence était pour ce cloître béni... mais vous savez, Jésus,
comme j'étais désespérée depuis le jour de ma Première Communion,
où pour la première fois je vous ai demandé d'être à vous, jusqu'au
jour béni où vous m'avez ouvert les portes de cette Communauté...
Je n'ai pas cessé de vous importuner, soit dans mes Communions,
soit dans mes petits entretiens, et je ne sais pas, bon Jésus, si je
ne vous ai pas ennuyé bien des fois ! !...

» Pour moi, je m'étais résignée à aller où l'on voudrait m'ouvrir
la porte... encore étais-je toute découragée... et c'est à ce moment-
là que vous avez fait luire pour moi le jour de la délivrance...
Non, ce n'est pas moi qui ai choisi ce Monastère, mais c'est mon
Jésus qui m'a choisie entre mille... Bonté souveraine, ma reconnaissance est éternelle envers vous et envers vos épouses qui, malgré
mon infirmité et mon peu de vertu, m'ont acceptée au milieu d'elles...

» Me voici à la veille du grand jour... Je l'appelle le *grand Jour*,
car je le compare presque à celui de ma Première Communion.
Avec impatience, ô divin Jésus, j'avais attendu l'heureux moment
où vous reposeriez dans mon cœur... Est-ce que je n'ai pas *attendu*
aussi l'heureux instant où je deviendrais votre petite fiancée ?...

» O Jésus ! depuis longtemps j'y songeais, mais aujourd'hui,
plus que jamais, je donne libre cours à ma joie...

» Demain ! !... me dis-je dans le secret de mon cœur, et mon
Bien-aimé me répond : Demain je comblerai tes désirs...

» Ma journée se termine par le grand bienfait de l'Absolution
générale... Je suis toute dans la joie et je ne sais, ô bon Jésus, comment vous témoigner ma gratitude : ô mon Dieu, mille fois merci ! »

. . . . . . . . . . . . . . . . . . . . . . . . .

Germaine inscrit ensuite ses résolutions, résolutions généreuses qu'elle tiendra héroïquement jusqu'à son dernier jour... elle les fait suivre de pensées pieuses que lui inspire la vêture du lendemain :

## RÉSOLUTIONS DE MA RETRAITE DE PRISE D'HABIT

Tout à Jésus par Marie !

*Silence intérieur :* fuite des pensées inutiles.
*Obéissance :* prompte, aveugle.
*Humilité :* profonde.

« En quittant les habits du monde, je prierai Jésus de bannir
» toute pensée inutile de mon cœur et de me donner l'esprit reli-
» gieux. En prenant l'habit de Clarisse, je le prierai de me revêtir
» de l'esprit de mortification, de renoncement et de pénitence...
» En ceignant la corde, je lui demanderai de me délivrer de ma
» fausse liberté et de me livrer à Lui par les chaînes de son saint
» Amour... En prenant le saint voile, je Le supplierai de me dérober
» à la vue des créatures... Je veux vivre cachée en Dieu... »

« Et aux résolutions citées plus haut, Germaine ajoute celles de
« prier toujours saint Louis de Gonzague et de méditer chaque
» jour quelques minutes sur l'enfer. »

Enfin, avec une exactitude admirable et une humilité plus magnifique encore, Germaine clôt ses notes de retraite par le total
des fautes qu'elle a commises pendant son postulat : ce sont ses
dettes passives et, pour que le livre de compte soit en règle, elle
ajoute à son actif le gain de ses actes de renoncement. Voici l'exposé
de ce bilan spirituel où l'actif dépasse le passif.

« Examen de conscience fait pendant mon postulat sur le sujet
de l'examen particulier [1] et sur toutes les autres fautes... avec le
total de mes petites pratiques de mortification :

| | | |
|---|---|---|
| *Juin :* | 52 fautes et | 86 pratiques, |
| *Juillet :* | 28 fautes et | 453 pratiques. |
| *Août :* | 21 fautes et | 928 pratiques. |
| *Septembre :* | 9 fautes et | 658 pratiques. |
| *Du 1ᵉʳ Octobre au 21 Novembre :* | 42 fautes et | 3.507 pratiques. |

---

1. L'examen particulier de Germaine avait pour sujet : Ne pas lever les yeux au chœur, au réfectoire et sous les cloîtres.

Avec un abandon tout filial et spontané, Germaine se plaisait à nous faire la confidence de ses plus intimes secrets de conscience. Nous croyons pouvoir assurer que ce qu'elle enregistre comme « *toutes ses fautes* » était à peine des imperfections. — Nous nous plaisons à répéter ici le témoignage de toutes les religieuses de la Communauté : depuis l'Abbesse jusqu'à la dernière postulante, toutes sont unanimes à déclarer qu'on ne lui a jamais vu commettre, non pas seulement ce qui aurait paru constituer un péché véniel, mais même ce qui aurait eu apparence d'imperfection volontaire. De Germaine, comme du séraphique Bonaventure, nous étions tentées de dire qu'Adam n'avait pas péché en elle...

Enfin se leva l'aurore du 21 novembre : c'était un samedi. Tous les cœurs étaient dans l'allégresse : nous célébrions la fête de la Présentation au Temple de la Bienheureuse Vierge Marie et, à sa suite, une de nos chères novices allait prononcer ses vœux éternels, tandis que notre angélique Germaine allait se revêtir des livrées séraphiques... Ce jour était bien pour le Monastère une journée de bénédictions ! Nos deux élues avaient demandé que les cérémonies de profession et de vêture se fissent en famille, sans solennité apparente... On fit donc une fête intime que présida notre Révérend Père confesseur assisté de M. l'aumônier, et seuls quelques amis du monastère se joignirent aux religieuses et aux pensionnaires de Nazareth, pour être, avec nous, témoins de la présentation de Germaine au temple séraphique... Elle était ravissante la fiancée du Christ, dans sa blanche et virginale parure ; je l'en revêtis avec cette émotion respectueuse que l'on éprouve au contact de l'innocence... Couronnée de roses blanches et sous les plis de son grand voile, elle avait une ressemblance frappante avec la vierge sainte Agnès, telle que la représente l'iconographie chrétienne ... et, en déposant sur son front de lis le plus tendre baiser qu'une mère puisse donner à son enfant, je rappelai à mon cœur attendri quelques lignes d'une séquence d'Adam de Saint-Victor :

« En touchant la fleur sacrée, respirons les parfums de suavité qu'elle  exhale...

> *Contrectantes sacrum florem,*
> *Respiremus ad odorem*
> *Respersæ dulcedinis* [1].

Et n'était-ce pas aussi le cas de répéter les belles paroles de saint Ambroise faisant l'éloge de la vierge romaine :

---

1. Séquence en l'honneur de sainte Agnès.

« C'est aujourd'hui la fête d'une vierge : recherchons la pureté... »

Le Révérend Père Thadée, vicaire du couvent des Franciscains de Bordeaux, charma son religieux auditoire par des paroles pleines de grâce, de poésie et de pratiques allusions. S'inspirant de la fête du jour, il félicita novice et postulante d'être présentées à l'Époux sacré en la solennité de la Présentation de la Très Sainte Vierge : « Vous, ma chère fille — dit le Révérend Père — en s'adressant à la future Professe, vous êtes une présentation en fruits... et vous, mon enfant, dit-il à la blanche Germaine, vous êtes une présentation en fleurs... »

Développant ces deux charmantes pensées, l'éloquent prédicateur nous tint vingt minutes sous le charme des grandeurs et des obligations de la Présentation religieuse... Le pieux orateur termina en disant à Germaine « qu'étant sortie de « Nazareth » elle était venue à Jérusalem, la cité sainte, représentée par le Monastère, et que dans cette enceinte bénie elle devait, comme sa compagne, imiter Marie dans le Temple... » Nul alors ne se doutait que Germaine était si près de la Jérusalem céleste... et de tous les cœurs s'échappaient des vœux et des prières, pour que cette jeune fille de dix-huit ans fournît dans le cloître une longue et sainte carrière... Rien ne manqua à cette fête pour en faire la fête de l'allégresse ! Les petites compagnes de l'ancienne pensionnaire de Nazareth chantèrent leurs plus beaux cantiques, et nous, entonnant le chant sacré du *Quam dilecta tabernacula tua Domine*, nous emmenâmes notre angélique enfant à la salle capitulaire pour qu'elle y reçut solennellement l'habit de notre saint Ordre des mains de notre Très Révérende Mère Abbesse Claire-Isabelle de Saint-François... Ce fut pour Germaine un instant délicieux que celui où elle sentit tomber sa magnifique chevelure sous les ciseaux de fer... plus doux encore fut celui où elle sentit la lourde bure peser sur ses faibles épaules... Ce fut alors qu'intérieurement elle fit son admirable petite prière à l'Époux sacré, afin d'être revêtue en même temps que de l'habit religieux de *l'esprit de mortification, de renoncement* et *de pénitence*... Puis elle reçut le grand voile blanc, qui devait la *dérober à la vue des créatures*... On la ceignit de la corde franciscaine [1] qui *devait l'enchaîner à l'amour céleste*... enfin elle reçut la couronne d'épines et nul front n'était mieux disposé que le sien à la recevoir... Pendant ce temps, le chœur des Moniales chantait : *Veni, sponsa Christi, accipe coronam quam tibi Dominus*

---

1. Détail touchant : plusieurs petites filles de Nazareth s'étaient cotisées et quelques-unes avaient fait le *sacrifice de leurs bonbons* pour offrir à Germaine sa corde de prise d'habit. Son voile blanc fut aussi le don d'une main amie.

*præparavit in eternum...* Venez, épouse du Christ, recevoir la couronne que le Seigneur vous a préparée de toute éternité... *Regnum mundi et omnem ornatum sœculi contempsi..., etc.* J'ai dédaigné le royaume du monde et tous les ajustements du siècle, pour l'amour de Notre-Seigneur Jésus-Christ, que j'ai vu, que j'ai aimé, en qui j'ai cru et que j'ai chéri de tout mon cœur... *Eructavit cor meum verbum bonum...,* etc. Mon cœur a produit une excellente parole, et c'est au Roi que s'adressent mes chants... *Elegi abjecta esse in domo Domini mei Jesu Christi...* J'ai voulu être abjecte et cachée dans la maison de mon Seigneur Jésus-Christ...

. . . . . . . . . . . . . . . . . . . . . . . .

Lorsque Germaine fut revêtue des livrées séraphiques, elle fut conduite processionnellement au chœur portant dans ses bras un grand Crucifix... Accompagnée de ses Mères Abbesse et Maîtresse, elle se présenta ainsi à la grille où l'officiant vint lui adresser ces émouvantes paroles :

« Vous vous appeliez dans le siècle : mademoiselle Jeanne-Germaine Castang ; devenue aujourd'hui la fiancée de Jésus crucifié, vous vous appellerez en religion : *Sœur Marie-Céline de la Présentation !* »

La nouvelle novice, se relevant avec une ravissante modestie, répondit en chantant :

« *Gaudens gaudebo in Domino, quia induit me vestimentis salutis, sicut sponsam ornatam monilibus suis* [1] *!* »

C'en était fait, Germaine n'existait plus, mais Sœur Marie-Céline de la Présentation, solennellement introduite parmi les novices de Sainte-Claire, chantait les grandeurs et la magnificence de sa nouvelle vie... et nous, nous lui répondîmes par ce chant délicieux : « *Ecce quam bonum et quam jucundum habitare fratres in unum.* » Oh ! oui, vraiment, il est doux et agréable d'habiter en Communauté... et, redisant ce refrain d'amour fraternel, nous rendions à Marie-Céline le baiser de paix qu'elle nous donnait avec une douce et sainte émotion.

Le parrain de la nouvelle novice fut M. le comte de Saint-Marsault ; la marraine Mme Lebaudy. Tous deux comblèrent leur filleule des témoignages de leur sollicitude et de leur affectueux intérêt... Ajoutons que Marie-Céline les paya d'une reconnaissance touchante et, jusqu'au dernier jour de sa trop courte existence, elle pria pour ces nobles bienfaiteurs de notre Monastère...

---

1. Je chanterai dans la joie un cantique au Seigneur parce qu'il m'a revêtue des vêtements de salut et parée comme une fiancée de tous ses joyaux.                    (*Rituel de l'Ordre*).

Avant de sortir du chœur, la nouvelle novice signa l'acte heureux de sa prise d'habit... Cela nous rappelle les paroles d'un illustre abbé bénédictin à ses religieux : « Mes amis — leur disait-il — c'est une charte en blanc que Dieu vous fait signer au jour de la sainte Profession... Il se charge ensuite de la remplir selon ses desseins adorables... » Céline avait signé généreusement l'acte de sa vêture, et même avant d'apposer sa signature sur la charte de sa donation, elle s'était offerte en victime ; nous allons voir comment Dieu se hâta d'accepter l'offrande... Non, ce n'était pas une vaine parole que le cœur de cette vierge Clarisse avait proférée lorsqu'elle avait dit à son Dieu : « Me voici, faites de moi ce qu'il vous plaira... » Il y a de ces cris qui trouvent toujours écho dans le cœur de notre Dieu... Il y a de ces offrandes qu'il agrée toujours... Heureuses les âmes qui savent ainsi crier l'Amour et s'offrir en esprit et en vérité...

Avant de laisser retomber les grands rideaux noirs de la grille du chœur, notre Très Révérende Mère Abbesse procura à Marie-Céline la consolation de dire un touchant adieu à ses bienfaiteurs et à ses compagnes... Elle reçut la bénédiction de son ancien Directeur, embrassa la Révérende Mère Supérieure de Nazareth ainsi que les religieuses et les pensionnaires qui l'accompagnaient... Marie-Céline ne devait plus les revoir ici-bas... cet adieu solennel était le dernier : on ne se trompa point en se donnant rendez-vous au Ciel...

. . . . . . . . . . . . . . . . . . . .

Marie-Céline passa ce jour de la prise d'habit comme elle avait passé celui de sa Première Communion : elle versa des larmes d'amour et de reconnaissance et parut inondée d'une joie céleste. Comment n'eût-elle pas été heureuse : ce jour était celui où elle s'était offerte au Dieu qui réjouissait sa jeunesse... ce fut aussi celui où Jésus crucifié lui offrit sa croix... comme joyau des divines fiançailles. C'était le matin que, couronnée d'épines, elle avait redit à Jésus : *Me voici ! je suis votre Victime !* A deux heures de l'après-midi, Dieu sembla montrer qu'il commençait à agréer telle offrande... Prise d'un malaise étrange, Sœur Céline dut quitter la salle de Communauté où Mères et Sœurs la fêtaient à l'envi... elle se sentait défaillir... Elle alla respirer le grand air sous les cloîtres ; on lui fit prendre un cordial qui parut ranimer ses forces. Énergique comme elle l'était, la nouvelle novice s'empressa de nous rassurer, et, dès qu'elle se trouva mieux, elle vint rejoindre la Communauté.

A la récréation du soir, Céline se montra très joyeuse ; notre Très Révérende Mère l'avait à sa droite ; à sa gauche se trouvait une jeune professe de dix-neuf ans... On faisait à nos deux *mineures* les honneurs de la récréation. C'était un spectacle ravissant de voir notre vénérée Abbesse au milieu de nos deux benjamines. Comme on parlait de religieuses très âgées qui, dans deux de nos Monastères, allaient célébrer leurs noces d'or, on plaisanta aimablement Marie-Céline et Marie-Pia : « Vous n'en êtes pas là, mes chères enfants, leur dis-je en souriant, et votre âge n'a encore rien de... vénérable... » Le fait est, reprit Marie-Céline, en parlant de sa compagne et d'elle, que nous n'avons pas un cheveu blanc et qu'il ne nous manque pas une dent ! ! » Et elle accompagna cette assertion d'un frais éclat de rire. On applaudit à telle déclaration et on célébra le triomphe de la jeunesse... Hélas ! cette délicieuse jeune fille de dix-huit ans, qui nous apparaissait si radieuse dans son printemps et si éblouissante de fraîcheur et de grâce, était déjà frappée à mort : nous allions en acquérir bientôt la douloureuse certitude...

Marie-Céline avait passé au pied du Tabernacle la plus grande partie de cette journée bénie... longues avaient été ses oraisons... Cependant, elle avait tenté de faire trêve à ses stations auprès de Jésus-Hostie pour essayer de confier quelques secrets à son journal.. mais, trop émue, elle n'avait pu écrire que ces courtes lignes, lesquelles nous disent que la joie la paralysait et que son cœur gardait pour lui seul le meilleur des émotions de sa prise d'habit.

*Dieu seul !*　　　　　　　　　　　　　　　　　21 novembre 1896.

« Qu'elle m'a paru longue, ô le Dieu de mon cœur, cette nuit, loin de Vous tristement écoulée ! ! »

. . . . . . . . . . . . . . . . .

« Quand viendra donc cet heureux moment où quittant ma couchette je pourrai dire : « Plus que quelques heures ! » tels étaient les sentiments de mon pauvre cœur dans le silence de la nuit : le sommeil avait fui de mes yeux et je veillais près de mon Jésus...

» On a donné le signal du lever... oh ! alors comme j'ai été heureuse, j'ai pu enfin dire : Le beau jour est arrivé !... On m'a revêtue de blanc... et l'on m'a conduite au pied du Tabernacle... Que se passa-t-il alors ?... l'heure était proche ! C'était le divin Jésus qui allait venir Lui-même. O moment délicieux ! ô joie, ô bonheur ineffable !... Mon cœur est pour ainsi dire enivré de ce bonheur...

tout mon être est paralysé et je ne saurais dépeindre ma joie...
Cependant, je suis tellement agitée que ma pauvre plume ne peut
marcher entre mes doigts... Demain, lorsque mes premières émotions seront passées, j'essaierai de voir ce qui s'est produit en moi
pendant cette délicieuse journée. »

Cette étrange « paralysie » dont parle Céline était l'anéantissement de tout son être à la vue des bienfaits de Dieu... C'était
encore ce silence dont il est dit qu'il est la meilleure louange offerte
à Dieu !... « O Dieu ! le silence est votre louange ! » Elle était comme écrasée sous le poids des divines faveurs... et elle en tremblait
d'émotion et de reconnaissance. Le lendemain, elle reprenait la
plume, mais avec le même insuccès, car, ainsi qu'elle l'affirmait,
Dieu seul avait le secret de la joie des battements de son cœur.

22 novembre.

« Aujourd'hui, aussi bien qu'hier, je me sens incapable d'exprimer ce que j'ai ressenti de joie et de bonheur. Qui pourrait dire
comment tu as battu, ô mon pauvre cœur !... Jésus seul en a le
secret... J'essaie cependant de me rappeler ce qui s'est passé pendant cette heureuse matinée où je suis devenue votre petite fiancée,
ô Jésus... Lorsque vous fûtes dans mon cœur, ô mon bien-Aimé,
je m'offris d'abord à vous tout entière... ou du moins c'est Marie
qui me *présenta* à Vous... Et alors que se passa-t-il ? Oubliant
toutes mes fautes et mes égarements sans nombre, Vous me fîtes
reposer sur votre cœur... O bonheur ineffable... douces émotions :
elles ne sont connues que de Vous, ô le Bien-Aimé de mon cœur...
Je profitai de ce moment pour vous demander les grâces que l'on
sollicite de Vous, bon Jésus... Je vous ai prié pour ceux qui me
sont le plus chers ici-bas... ensuite pour notre Très Révérende
Mère Abbesse et notre chère Mère Maîtresse... pour que vous les
laissiez longtemps parmi nous... enfin j'ai prié pour toutes mes
sœurs et les intentions que l'on m'a recommandées. Il me semble n'avoir oublié personne. S'il en était autrement, bon Jésus,
Vous qui vous souvenez de tout, bénissez encore ceux dont j'aurais pu oublier les intentions. Les instants de mon action de grâces ont été trop courts ce jour-là, mais je me suis bien promis de
profiter, le lendemain, du temps qui me serait donné d'être en votre compagnie, ô Jésus-Hostie...
» La journée a continué... J'étais tellement heureuse que je ne
pouvais dire mon bonheur... J'étais muette, même devant votre

Tabernacle, ô mon divin Jésus, et dans mon impuissance, je vous ai dit : Me voici, privée d'exprimer tout sentiment... Je sens ma grande joie et ne puis vous la dire : que mon silence parle pour moi... ou bien supportez-moi en votre présence comme une petite fleur artificielle, et je serai l'ornement de votre autel... »

L'idée est délicieuse : artificiel veut dire : ce qui est le produit de l'art... ce qui est opposé au naturel... Marie-Céline devait sentir que sa vocation était l'œuvre de l'art divin... que la nature, cette nature qu'elle avait pour ainsi dire écrasée, n'était pour rien dans ce qu'elle ressentait alors de joie et d'amour... elle était la fleur façonnée par les mains de la grâce, appartenant toute à l'autel et n'ayant plus de racines à laisser plonger dans la terre aride et sans eau : *in terra deserta et inaquosa*... Une autre pensée se dégage de la comparaison, c'est celle de l'humilité... La fleur naturelle parle par sa vie, quelque éphémère qu'elle soit... et Céline ne pouvant rien dire dans le saisissement de son bonheur, et ne se croyant pas capable d'embaumer l'autel, demande simplement à Jésus de l'y supporter comme *ornement*...

O belle fleur du cloître, aujourd'hui épanouie dans le Ciel, vous avez si bien embaumé le Monastère qu'aujourd'hui encore un parfum mystérieux s'y fait sentir et réjouit nos âmes...

Mais citons encore quelques lignes écrites à la date du 22 novembre :

« Vous m'avez supportée, ô bon Jésus... Merci... Le soleil du jour de ma prise d'habit a disparu  trop tôt, la journée s'est écoulée trop vite, mais il m'en reste le souvenir si doux, souvenir qui me remplit de joie... En y songeant, mon cœur s'élève vers Vous, ô le Roi de mon âme, pour vous aimer davantage.

» Que n'ai-je l'amour des anges ! l'amour de ces vierges qui vous aiment tant ! J'ai soif de l'amour ! Quand on vous aime, mon Dieu, peut-on vous offenser ? ô bon Jésus, embrasez mon cœur !... »

Ainsi chantait Céline au lendemain de sa vêture. Le même jour, peut-être à la même heure, Marie de Saint-Germain écrivait à sa chère Clarisse une longue lettre dont nous extrayons le passage suivant :

J. M. J.Privas, 22 novembre 1896.

« MA TRÈS CHÈRE ET BIEN-AIMÉE GERMAINE,

» Comment te dépeindre ma joie, mon bonheur ! Certes j'étais » loin de m'attendre à l'heureuse nouvelle de ta prise d'habit. Oh !

» ma sœur, bénissons ensemble à cette heure le Seigneur plein de
» bonté, pour la faveur insigne dont tu viens d'être l'objet de sa
» part, faveur qui me comble de joie et remplit le vœu le plus cher
» à ton cœur. Loin de moi, ma chère sœur, toute pensée affligeante
» sur ton sort que j'envie ; cependant, la nature réclame ses droits :
» c'est ainsi que, revenue de mon étonnement, j'ai senti je ne sais
» quelle émotion indicible me serrer le cœur, émotion que j'ai cher-
» ché à surmonter, mais qui, malgré moi, m'a fait verser des larmes.
» Tu m'as demandé ma sainte communion de samedi, elle a été
» pour toi tout entière ; dans mon émotion, je n'ai presque rien
» pu dire à Jésus, mais il comprenait, je l'espère, mon langage muet,
» il se plaira, ma sœur, à te continuer ses faveurs, je l'en prierai
» souvent encore. A ton souvenir s'est mêlé celui des nôtres, celui
» surtout de notre bien-aimée maman qui n'a servi qu'à me rendre
» le tien plus douloureux encore. Si au moins, me disais-je, ma
» chère Germaine avait quelqu'un des nôtres pour témoin de son
» sacrifice ! ma mère qui nous aimait tant ! mon père, d'autant
» plus cher à mon cœur que de plus rudes épreuves ont pesé sur
» lui et l'ont rendu si digne de nos douloureux respects ! au moins
» sa sœur, si heureuse de l'embrasser une dernière fois ! Et je te
» voyais, ma sœur, monter seule à l'autel, seule offrir à Dieu, sous
» le regard des anges et des vierges, les plus belles années de ta
» jeunesse, foulant aux pieds ce que le monde appelle plaisir, hon-
» neurs. Ah ! la pensée de ne plus te revoir, ma chère Germaine,
» m'a été bien pénible. C'est donc bien vrai, lorsqu'il y a onze ans
» je t'embrassai c'était pour la dernière fois ! Mon Dieu, que c'est donc
» crucifiant, de se séparer de ceux qui nous sont unis par les liens
» les plus forts qui soient au monde ! mais que votre sainte volonté
» soit faite !

» Pardonne-moi, ma chérie, de te faire pleurer peut-être ; par-
» donne, si dans ton cœur, je répands le trop plein du mien, ce
» n'est point pour affaiblir ton courage, moins encore pour te faire
» regretter ta démarche, puisque je t'ai moi-même encouragée dans
» ta résolution, mais sais-tu bien ce qu'il m'en coûte de te dire un
» perpétuel adieu ? Je ne pourrai plus t'appeler de ton doux nom,
» mais si, tu seras toujours pour moi Germaine, quel que soit le
» nouveau nom dont la religion puisse te baptiser, et tout en inter-
» cédant pour toi auprès de ta nouvelle protectrice, j'aimerai à te
» redire ton nom enfantin, le nom que te donnait notre bonne
» maman : *ma Maine*. Mais je t'en supplie, ma chère et bien-aimée
» sœur, dans le silence de ta cellule, derrière les grilles du cloître,
» ah ! n'oublie pas ta sœur... »

A Nojals aussi on avait beaucoup pensé à la nouvelle novice dans la journée du 21 novembre. Se faisant comme l'interprète de la famille, l'oncle de Marie-Céline lui écrivit une touchante lettre. Nous ne résistons pas au plaisir de citer quelques lignes du chrétien plein de foi qui comprenait si bien qu'entrer dans le sentier des conseils évangéliques, c'était être *dans le vrai chemin du Ciel.*

Nojals, 24 novembre 1896.

« MA CHÈRE GERMAINE,

» C'est avec plaisir que nous avons reçu la lettre par laquelle tu
» nous annonces ta prise d'habit. C'est un bonheur pour nous de
» savoir que tu ne seras plus exposée aux grandes misères de la
» vie du monde, que tu es dans le vrai chemin du Ciel, et qu'avec
» le secours de Dieu et de la bonne Vierge, tu ne dévieras pas. Je
» crois aussi que tu n'oublieras pas la famille dans tes prières, car
» tu dois comprendre combien ses besoins sont grands. »

Ensuite l'oncle dévoué entre dans le détail de quelques affaires de famille et annonce à sa nièce qu'il envoie à Mme l'Abbesse une somme promise. « Nos charges sont grandes, dit-il, mais nous fai-
» sons ce sacrifice loyalement, comptant toujours sur la protection
« de Dieu. Encore une fois, ma chère Germaine, reçois nos compli-
» ments et félicitations au sujet de ta prise d'habit...
» Courage et confiance en Dieu et en la bonne Vierge.

» Ton  oncle dévoué,

CASTANG, *aîné.* »

On le voit, la famille de Marie-Céline était digne d'elle. Parmi les siens, Dieu était reconnu le Maître divin et ses vouloirs sacrés y étaient saintement respectés. Heureuses, oui, bien heureuses les familles qui servent ainsi le Seigneur : ses bénédictions et ses récompenses ne leur manqueront pas...

# Chapitre Treizième.

## LE DÉSERT A FLEURI.
## DIEU A MOISSONNÉ.

> Le désert a fleuri comme un beau lis.
> Toute chair est de l'herbe et toute sa gloire est comme la fleur du champ.
> L'herbe s'est desséchée et la fleur est tombée ; mais la parole de Notre-Seigneur demeure éternellement. Isaïe, ch. XI.

E Monastère était tout à la joie de posséder une nouvelle novice sur laquelle reposaient déjà tant de solides espérances, lorsque, tout à coup, un voile d'immense tristesse enveloppa l'*Ave-Maria* et une profonde douleur envahit les esprits et les cœurs.

Quatre jours après la prise d'habit de Sœur Céline, je parlais au Noviciat de la préparation à la mort, de la nécessité de toujours se tenir prêt à recevoir les coups de cette terrible *faucheuse*. Nous analysions la rapidité de l'existence si bien décrite par Bossuet dans « l'image de la vie humaine ». « Il faut marcher, il faut courir : telle est la rapidité des années. On se console pourtant, parce que de temps en temps on rencontre des objets qui nous divertissent, des eaux courantes, des fleurs qui passent. On voudrait s'arrêter : Marche ! Marche ! Et cependant on voit tomber derrière soi tout ce qu'on avait passé : fracas effroyable ! inévitable ruine ! On se console, parce qu'on emporte quelques fleurs cueillies en passant, qu'on voit se faner entre ses mains du matin au soir, et quelques fruits qu'on perd en les goûtant : enchantement ! illusion ! Toujours entraîné, tu approches du gouffre affreux : déjà tout commence à s'effacer, les jardins moins fleuris, les fleurs moins brillantes, leurs couleurs moins vives, les prairies moins riantes, les eaux moins claires : tout se ternit, tout s'efface. L'ombre de la mort se présente : on commence à sentir l'approche du gouffre fatal. Mais il faut aller sur le bord. Encore un pas : déjà l'horreur trouble les sens, la tête tourne, les yeux s'égarent. Il faut marcher ; on voudrait retourner en arrière ; plus de moyens : tout est tombé, tout est évanoui, tout est échappé [1] ! » Mes sœurs, ajoutai-je, ce que tant d'orateurs illustres ont dit et redit du haut de la chaire chrétienne, chacune de nous peut se le redire dans la profondeur de notre solitude et dans le silence de l'oraison... Qu'est-ce que la vie ?... et qu'est-ce que la mort ?... qu'est-ce que le temps et qu'est-ce que l'Éternité ?... et nous continuâmes nos réflexions jusqu'au moment où, en interrompant brusquement le cours, je jetai un regard interrogateur sur nos quatorze Sœurs du Noviciat, lesquelles paraissaient brillantes de santé, radieuses de jeunesse, et je posai la question suivante : — « Quelle est celle d'entre vous qui n'a aucune frayeur de la mort et qui sourirait à sa venue ? »

Marie-Éléonore de Saint-Joseph se leva aussitôt et, d'un ton ferme, assuré, presque enthousiasmé, elle s'écria joyeuse : — « C'est moi, ma Mère! La mort ne m'effraye nullement, au contraire..»

Le lendemain, notre chère novice était atteinte d'une cruelle méningite, et au milieu de ses horribles souffrances, jusque dans son délire, elle gardait cette calme sérénité qui avait tant impressionné ses compagnes lorsqu'à la veille d'être ainsi foudroyée par un mal affreux, elle disait avec tranquillité : *La mort ne m'effraye nullement.*

En vain tout fut mis en œuvre pour conserver cette chère existence. Rien ne manqua à notre douce malade, mais rien ne la sauva ! La terrible maladie suivit son cours. Ni les soins dévoués de notre excellent docteur qui venait deux fois par jour visiter notre bien-aimée Marie-Éléonore, ni le dévouement de Mères et de Sœurs désolées qui disputaient à la mort une des plus belles fleurs du Noviciat, ni le concours de la science, ni la tendresse de nos cœurs, ni les prières de nos âmes ne purent enrayer les effrayants progrès de la méningite et, le 4 décembre, sans avoir repris connaissance depuis huit jours, sans pouvoir nous dire un mot d'adieu, mais pieuse, aimable, édifiante, jusque dans son délire et les affres de la mort, Marie-Éléonore expira après une agonie terrible dans ses premières heures, mais très paisible à la fin. C'était au matin du

---

1. *Sermon pour le jour de Pâques.* Bossuet.

premier vendredi du mois. Le Sacré-Cœur de Jésus avait cueilli
dans son cloître de l'*Ave-Maria* une fleur de son choix ! Deux de
nos Révérends Pères Franciscains et toutes les religieuses de la
Communauté assistèrent à ce trépas de notre douce novice : « Qu'elle
est consolante la mort des saintes religieuses ! » nous disait, deux
jours après, le Révérend Père Thadée en nous rappelant le calme
de ce doux trépas. Sœur Marie-Éléonore s'était vraiment endormie
dans le baiser du Seigneur : on avait senti le Ciel s'ouvrir au-dessus
de cette petite infirmerie, où notre chère novice avait rendu son
âme à Dieu après neuf jours de souffrances qui nous avaient paru
neuf siècles d'agonie. Cette mort prématurée et si inattendue brisait nos cœurs, mais nos âmes étaient consolées par la pensée des
joies célestes qui devaient être réservées à la chère disparue. D'une
foi ardente, d'une piété solide, d'une résignation admirable dans
les épreuves extraordinaires qui avaient fondu sur elle avant son
entrée à l'*Ave-Maria*, Marie-Éléonore de Saint-Joseph laissait
parmi nous le souvenir de grandes vertus généreusement prati-
quées et le magnifique exemple de sa résignation à la volonté de
Dieu. Nous passons sous silence la désolation de la Communauté,
ses larmes, ses regrets : on devinera facilement la douleur des Mères
et des Sœurs de la chère envolée : on s'aime tant dans le cloître...

Marie-Céline fut particulièrement atteinte au cœur par la mort
de cette compagne aimée : postulante avec elle, puis novice quelques jours avec elle, ayant rang immédiatement après elle parmi
les novices de chœur, Céline sentit le vide creusé tout à côté d'elle...
Dieu ne devait pas tarder à réunir là-haut les deux Sœurs qui
s'étaient tant aimées ici-bas... Aujourd'hui, leurs dépouilles mortelles reposent presque à côté l'une de l'autre dans le cimetière de
Talence, et, nous l'espérons, leurs âmes, réunies dans le sein de
Dieu, aiment encore et protégeront toujours le Noviciat de l'*Ave-
Maria* de Talence où elles ont été si aimées et tant pleurées...

Une des plus grandes consolations de Marie-Céline à la mort de
Marie-Éléonore eût été de ne pas quitter la chère défunte, de veiller
près de ses restes chéris et de contempler, dans de longues stations
auprès d'elle, la céleste beauté de son visage qui semblait refléter
quelque chose des joies de l'âme. Mais, laissant de côté la douloureuse consolation que réclamait son cœur, Céline préféra répondre
à ce que lui demandaient les inspirations de la charité. Il y avait
alors au Monastère une jeune postulante qui avait souvent parlé
de sa frayeur des morts et de l'impossibilité morale où elle était
de réagir contre cette épouvante ... Céline fit trève à sa douleur
pour penser à elle... et, avec une délicatesse inouïe, sans rien dire,

elle s'attacha aux pas de sa compagne qui, tout d'abord, ne remarqua pas l'assiduité de Marie-Céline à ses côtés, mais finit bientôt par comprendre pourquoi la charitable novice s'astreignait à la suivre ainsi... « Quel service me rendit alors cette douce et prévenante créature, dit, plus tard, la jeune fille, si terrorisée par la frayeur des morts !... Elle eut grand mérite à me suivre ainsi pendant plus de vingt-quatre heures... Le voisinage de la mort m'avait mise comme hors de moi... Séparée des religieuses qui veillaient et priaient près du lit mortuaire et de celles qui se trouvaient occupées dans leurs emplois, j'allais et je venais par le Monastère comme une âme en peine ; je ne pouvais rester en place... mais, avec une admirable patience, ma chère petite Sœur Céline me suivait doucement se rappelant que, dans de telles circonstances, j'avais dit ne pouvoir demeurer seule... Elle s'y prenait si bien qu'on aurait dit que c'était un pur hasard qui la mettait toujours sur mes pas... mais, plus tard, elle avoua que c'était uniquement pour diminuer ma frayeur qu'elle m'avait ainsi tenu fidèle compagnie... puis elle ajouta : « *Soyez tranquille, quand je serai morte, vous n'aurez pas peur de moi... Je ne vous causerai aucune frayeur...* » Le croirait-on, moi qui pâlissais et frissonnais au seul mot de mort, moi qui ne pouvais supporter la vue d'un cadavre et qui ne pouvais demeurer seule quand la mort entrait dans la maison que j'habitais, lorsque mourut ma bien-aimée compagne je n'éprouvai aucune terreur, je m'approchai d'elle, je la veillai, je la contemplai, et, depuis, je ne goûte pas de plus céleste consolation et de meilleures joies que celles dont je suis inondée, lorsque je vais m'enfermer *toute seule* dans la cellule où elle a rendu son dernier soupir et où elle me comble de grâces spirituelles... mes frayeurs ont disparu et j'appelle Céline : ma libératrice [1]... »

On le voit, Marie-Céline, était fidèle à ses anciennes habitudes de dévouement : après s'être fait dans le monde « la bonne accoutumée » de ses frères et sœurs, elle se constituait encore, dans le cloître, la gardienne de ses compagnes. Laissons encore parler la novice qui continue actuellement à jouir de la protection de sa céleste bienfaitrice .« Je n'oublierai jamais, écrit-elle dans son journal du Noviciat, l'émotion que je ressentis lorsqu'en arrivant à l'*Ave-Maria*, j'aperçus, se dissimulant dans un humble petit coin de la salle de Communauté, l'angélique jeune fille dont j'allais avoir le bonheur de m'appeler la sœur... En contemplant la pureté de sa physionomie, la beauté céleste de son visage et son air abaissé,

---

1. Notes particulières.

anéanti, je me rappelle m'être dit en moi-même : Vraiment elle ressemble à la bienheureuse Marguerite-Marie. Dans les jours qui suivirent mon entrée, je fus à même d'examiner de près mon admirable compagne, et tout dans sa conduite confirma mes premières impressions et les rendit inoubliables. Le continuel contact des novices entre elles me laissa voir jusqu'où allait la vertu de cet ange du cloître. Plusieurs fois je me demandais où pouvait se trouver en elle l'ombre d'une imperfection : j'analysais ses paroles et ses actes : elle était parfaite en tout ! ... J'étais extraordinairement émue de vivre à côté d'une telle sainte. Je me rappelle avec admiration ses excès d'humilité, sa délicieuse simplicité avec ses Révérendes Mères, son merveilleux talent à trouver toujours la dernière place, son adresse à s'effacer le plus promptement possible dès qu'un éloge était venu l'atteindre et sa manière charmante de se confondre en excuses et en remerciements lorsqu'une petite prévenance lui était faite par ses Mères ou ses Sœurs. Elle témoignait alors sa reconnaissance avec tant de grâces et de candeur que le cœur le plus insensible en eût été ému. Dès mon arrivée, je fus placée près de « l'ange du Noviciat »... Quelle bonne fortune pour mon indigence spirituelle ! Il me sembla que j'allais m'enrichir de tout ce que cette sainte créature allait me communiquer de ferveur et de saints exemples... La bonté sortait d'elle et se répandait à l'entour de sa personne comme un baume exquis. Que ne puis-je raconter toutes les prévenances qu'elle a eues pour moi ! Elle m'initiait aux usages monastiques pendant les cérémonies du chœur et les autres exercices de la Communauté ; elle veillait discrètement à ce que je n'omette rien des saintes coutumes de l'Ordre ; avec non moins de zèle veillait-elle à ce que je n'introduise aucune innovation dans les humbles petits emplois dont on charge les nouvelles venues.

» Un jour, qu'avec un reste d'esprit mondain, j'osai bien faire paraître mon étonnement de ce que j'appelais un excès d'humilité et de charité, elle me répondit en reprenant les termes dont elle s'était servie et en ajoutant d'un ton sévère qui ne souffrait pas de réplique : Ma Sœur, c'est ainsi qu'on pense et qu'on dit au Monastère ; je penserai et dirai toujours ainsi... »

» Notre cellule attenait à la sienne ; une mince cloison nous séparait, mais tel était son silence d'action que je ne savais jamais si elle était chez elle ou si elle en était sortie ; c'était comme une ombre d'ange qui traversait le Monastère ; sa vue seule portait au bien. Si je sentais en moi la lutte entre la nature et la grâce, je regardais Sœur Céline et le calme succédait à la tempête... Aux récréations, que de petits mots affectueux et édifiants je recueillis de ses lèvres si pures, particulièrement un jour où elle me conseilla d'avoir la plus entière confiance dans les Supérieures et elle ajouta : « C'est là un secret de grand bonheur. » Je ne compris pas de suite la portée d'une telle parole, mais, depuis, une heureuse expérience me l'a appris. »

Les notes intimes de chaque Sœur du Noviciat trahissent toutes la même admiration pour cette novice parfaite. Nous ne pouvons tout citer, mais nous nous bornerons à dire que dès qu'une jeune personne arrivait au Monastère, elle était frappée des vertus extraordinaires de cette religieuse de dix-huit ans, et plus elle apprenait à la connaître, plus elle en était ravie. Il ne se passait pas de jour que Céline ne donnât de merveilleux exemples de charité, d'humilité, de renoncement, d'exactitude.

« Sœur Céline, disais-je quelquefois en riant, ce n'est pas de la perfection qu'elle a, c'est de l'essence et de la quintessence de perfection qu'elle possède. » Inutile de dire que Marie-Céline n'entendait jamais de semblables réflexions ; elle s'en serait sentie défaillir de confusion, et nous, trop heureuse de laisser croître cette violette d'humilité, nous nous serions reproché de l'exposer au souffle de la vaine gloire. Au contraire, pour prêter main forte à ses désirs d'humiliations, nous dûmes souvent consentir à ses demandes de l'humilier publiquement. Alors, ravie de joie en ses abaissements, elle savourait le bonheur de l'abjection et se réjouissait d'autant plus qu'elle descendait dans de plus profonds abaissements... Il ne faut pas croire que, sans cesse attentive à se mortifier, à s'humilier, à se refuser de légitimes jouissances, Marie-Céline fût triste et morose. Non, elle était même devenue beaucoup plus gaie qu'elle ne l'était avant d'entrer dans le cloître. « Pourquoi, dit saint Thomas, l'Apôtre a-t-il uni ces trois fruits du Saint-Esprit, la charité, la joie et la paix, « *charitas, gaudium, pax ?* » C'est pour nous faire comprendre que la paix et la joie étaient inséparables[1]. »

Marie-Céline en était un exemple frappant. Sa joie était douce, mais c'était une joie si pure, si vraie, si charmante, qu'elle la communiquait à celles qui l'entouraient ; lors des récréations, il lui arrivait souvent d'en faire seule les frais, et cela avec un enjouement délicieux... elle se sentait si bien en famille parmi nous qu'elle laissait déborder son bonheur d'avoir trouvé enfin le lieu de son repos. Et plus elle devenait sainte, plus elle devenait intime avec ses Mères Abbesse et Maîtresse.

---

1. Méditations de saint Thomas.

Elle-même sentait son cœur se dilater et sa confiance déborder...
« Ma Mère, ma chère Mère, me dit-elle un jour, on ne me reconnaî-
trait jamais à Nazareth... Comme j'y étais sérieuse et concentrée,
en comparaison de ce que je suis maintenant... mais c'est ici mon
centre... j'ai trouvé ce que je cherchais... j'ai trop de bonheur... »

Et elle ajoutait à ces paroles des expressions de reconnaissance
qui nous touchaient profondément et des démonstrations de tendresse filiale auxquelles il n'y avait pas moyen de se soustraire...
Souvent, elle me disait : « Notre Très Révérende Mère m'a reçue...
oh ! comme je l'aime ! et que je voudrais le lui prouver... oh ! qu'elle
est bonne ! qu'elle est bonne ! ! » Son respect pour ses Supérieures
égalait l'affection qu'elle leur avait vouée. « C'est dès les premiers
jours de mon arrivée au Monastère, dit une postulante, que j'ai
été frappée de l'air modeste et candide de Sœur Céline. Son respect
pour ses Mères attira particulièrement mon attention. Il y avait
quelques heures que j'étais arrivée et ma Mère Maîtresse m'accom-
pagnait au réfectoire, lorsque nous rencontrâmes Sœur-Marie
Céline sous les cloîtres. Elle salua notre chère Mère avec tant de
modestie religieuse et tant de respect que j'en fus vivement impressionnée. Je compris tout ce que ce salut renfermait de vénération
et de tendresse pour l'autorité, et je fus dès lors embaumée du parfum des relations qui sont établies ici entre Supérieures et inférieures. »

Toute tendre et bonne qu'était notre chère Marie-Céline, elle ne
laissait pas sa charité dégénérer en faiblesse et c'était d'un ton
ferme, quelquefois sévère, qu'elle manifestait sa peine de voir
manquer au règlement... et qu'elle déclarait n'y pas vouloir con-
trevenir. Un jour, une postulante l'aborde en temps et lieu de
silence et lui pose une question indiscrète : « Mademoiselle, lui
répond-elle, je n'ai ni la permission de parler ici, ni celle de vous
rendre compte de mes affaires, » et l'austère silencieuse continue
son chemin à travers les cloîtres, laissant son interlocutrice fort
interdite.

Cette dernière ne manqua jamais plus au silence avec Marie-
Céline. Elle avait appris à connaître l'énergie de sa vertu et ne se
heurta plus à la régularité d'une telle religieuse.

La présence de Marie-Céline gênait quelquefois les nouvelles
venues encore peu habituées à la perfection du silence... Aussi,
elles l'avouent humblement, lorsqu'elles se permettaient de légères
infractions à ses lois, elles ne le faisaient point tant que Marie-
Céline était présente. Tout ce qui était manquement à la règle,
imperfection même, froissait cette fleur délicate qui plongeait les

racines de sa perfection dans la terre féconde des saintes observances et s'épanouissait si franchement sous le regard de Dieu et des Supérieures. Lorsqu'elle voyait un manque de franchise, un détour, on sentait qu'elle souffrait ; elle ne comprenait pas qu'on pût chercher à échapper au contrôle de l'autorité et, toute charitable qu'elle était, elle me félicita un jour de tout son cœur parce que j'avais congédié une jeune personne dont le peu de franchise révélait la non-vocation.

Telle était la parfaite religieuse qui embaumait notre cloître : humble d'une humilité si vraie qu'il faut avoir vu Marie-Céline à l'œuvre pour comprendre jusqu'où elle portait la conviction de son néant ; charitable pour ses sœurs, respectueusement filiale pour ses Mères, souple comme une enfant entre leurs mains, mais ferme comme le roc avec les postulantes qui auraient voulu avoir d'elle quelques concessions ; mortifiée et exacte, simple et candide, s'ignorant toujours et se croyant plus que jamais le « *mille fois rien de la Communauté,* » cette novice étonnait les plus anciennes religieuses et devait ravir Dieu et ses anges. Le Ciel en devint jaloux : et, *la solitude ayant germé, le désert ayant fleuri*, le Seigneur résolut de cueillir un nouveau lis dans notre parterre de l'*Ave-Maria...* Marie-Céline allait bientôt suivre Marie-Éléonore, mais avant de s'enfoncer dans « les perpétuelles éternités, » il lui restait encore à beaucoup souffrir, tant il est bien vrai, ô mon Dieu, que « les souffrances de cette vie sont les racines des joies célestes. »

# Chapitre Quatorzième.

## L'ÉPREUVE

> Je te conseille d'acheter de moi de l'or passé au feu. *Apoc.*, IV, 18.
>
> Mieux vaut au cœur humain pleurer et se consoler que de cesser, en ne pleurant pas, d'être un vrai cœur humain.
> S. Augustin.

À MESURE que l'âme de Marie-Céline allait s'élever dans les mystérieuses ascensions de la sainteté, son frêle corps allait décliner rapidement... Un soir d'hiver, je la rencontrai sous les cloîtres : sa pâleur m'effraya ; je fus droit à elle et, prenant ses mains toutes blanches dans les miennes, je lui dis : « Ma chère petite enfant, vous êtes malade ? Qu'avez-vous ? Il faut tout me dire... vos Mères doivent tout savoir pour essayer de tout guérir !... » Et, en disant ces derniers mots, j'essayais d'esquisser un sourire, je ne le pus ; mon cœur était navré ; l'inquiétude me dévorait et c'est en vain que je cherchais à dissimuler mon trouble : « Je vous en supplie, ma Mère, ne vous inquiétez pas, — répondit Céline — je suis un peu enrhumée, mais ce n'est rien. Je ne suis pas malade !! » Et elle déploya toute son éloquence pour rassurer ma tendresse inquiète, mais je demeurai fort préoccupée et je me demandais si je n'avais pas à me préparer à un grand sacrifice... Mes pressentiments n'étaient que trop fondés.

Quelques jours après, Marie-Céline se jetait dans mes bras en me disant : « Ma Mère, je n'en peux plus ! Je souffre beaucoup. » —

« Mais que s'est-il passé, lui dis-je ? il y a quinze jours, vous m'affir-
miez ne pas souffrir. » — « C'est vrai, me dit-elle, je ne souffrais pas...
mais, depuis, j'ai demandé à Dieu la souffrance et Il m'a répondu... »
Alors Marie-Céline me raconta ce qui s'était passé entre Jésus et
elle... Un des jours précédents, la chère petite Sœur, héroïque dans
sa manière de traiter son corps comme dans celle de briser son
cœur, s'était armée contre elle-même d'un de ces instruments de
pénitence que toute Clarisse appelle les joyaux de sa corbeille de
noces... A un moment donné, la douleur fut si vive que la nature
réclama et, sous l'étreinte de la souffrance, Marie-Céline, suivant
un mouvement instinctif de la nature révoltée et impatientée, fut
tentée de jeter à terre la discipline cruelle... mais elle se retint et,
fâchée contre elle de se trouver si lâche, se reprocha amèrement
ce mouvement de dépit, si involontaire qu'il fût ; elle supplia Dieu
« de la faire souffrir Lui-même puisqu'elle-même était si peu courageuse. » La réponse fut presque immédiate. Peu après, la chère
petite était saisie par les premières et terribles douleurs qui firent
éclater la maladie de poitrine.

J'interrogeai encore la généreuse enfant, et lorsque je sus tous
les maux qui avaient tout à coup fondu sur elle, je reconnus les
symptômes du mal qui allait nous la ravir. Je sortis de sa cellule
émue et brisée ; je fus me jeter au pied de mon Crucifix pour offrir
à Dieu ce brisement de mon cœur. Je n'avais pas fini de pleurer
le départ de ma chère novice Marie-Éléonore et un nouveau sacrifice se préparait, d'autant plus cruel et plus douloureux que c'était
« l'ange du Noviciat » c'est-à-dire la plus parfaite, la plus sainte
de nos enfants qui allait nous être ravie... Après avoir dit à Dieu
le *fiat* qui me déchirait le cœur, j'entrai navrée chez ma vénérée
Mère Abbesse : « Ma très Révérende Mère, lui dis-je, Notre-Seigneur veut encore cueillir un lis dans notre solitude, je crois notre
petite Sœur Céline mortellement atteinte... » Notre Révérende
Mère me répondit : « Voilà plusieurs jours que j'en avais l'intime
pressentiment. Cette enfant est mûre pour le Ciel. Il me semble
que sa couronne sera vite terminée ... » Et toutes deux nous échan-
geâmes des paroles émues, épanchant sous le regard de Dieu notre
commune douleur, nos regrets, notre admiration et redisant avec
des larmes dans la voix, de la tristesse plein le cœur et de la résignation plein l'âme : Le Seigneur nous l'avait donnée, le Seigneur
veut nous l'ôter : que son saint Nom soit béni ! !

Le lendemain, à la première heure, nous envoyâmes chercher
notre dévoué docteur... Ce n'était pas une guérison que nous pouvions lui demander : c'était une simple constatation... M. Caze-

neuve ausculta la malade, et, dès que Sœur Céline se fut retirée, il nous dit sans aucune hésitation :« Elle est perdue... ce n'est plus qu'une affaire de quelques mois ! » Sans doute, la chère enfant avait en germe depuis plusieurs années — nous assura le médecin — la maladie de poitrine qui allait l'emporter, mais, malgré cela, elle paraissait forte et ne souffrait pas... Il semble que le mal terrible n'ait éclaté que lorsque sa victime lui en donna le signal... ou plutôt le signal vint de Dieu et Dieu ne parut le donner que lorsque sa petite servante lui eut répété sa demande de souffrances.

Le 21 novembre, le divin Maître lui avait déjà prouvé qu'il avait entendu résonner jusque dans les profondeurs de son Cœur sacré cette phrase de sa petite immolée : « Me voici, mon Dieu, coupez, brûlez, tranchez... faites de moi ce qu'il vous plaira... » et les joies de ce beau jour avaient été troublées pour nous par les défaillances de la nouvelle novice... Enfin, au second appel que Céline fait à la souffrance, elle arrive, non point timidement et bénigne, mais hardiment et tyrannisante ; elle la saisit, l'envahit et imprime dans tout son être le sceau de la douleur, le sceau d'un nouveau crucifiement.

« On doit faire grand état de la douleur physique. Satan sait quelle épreuve elle est, puisque, vaincu par Job sur le terrain des pertes temporelles et des séparations les plus cruelles au cœur, il le défie encore, ou plutôt défie Dieu, en osant bien lui dire : La peau de ce grand patient que vous nommez emphatiquement « votre serviteur » n'ayant pas même été touchée, on n'a pas du tout encore le dernier mot de sa patience[1]. »

Le dernier mot de la patience de Céline allait donc se prononcer dans le *fiat* de la douleur physique et aussi, ajoutons-le, dans la sanctification de nouvelles douleurs morales, car ce fut de plusieurs branches d'épines à la fois que se ceignit le front de la jeune et douce victime.

Généreusement et intrépidement elle descendit dans l'arène lugubre de la maladie ; ni la souffrance ni la mort ne l'effrayaient, mais comme Marie-Céline devait avoir son Gethsémani, elle connut des heures de sanglante agonie : ce fut d'abord la perspective de la cruelle séparation de ses Mères et de ses Sœurs qui déchira son âme... « Vous quitter, me disait-elle un soir, en se blottissant dans les plis de mon grand voile noir, et en passant autour de mon cou ses bras que secouait déjà une fièvre dévorante... Vous quitter, ma Mère aimée, quitter ma Très Révérende Mère Abbesse... m'en

---

1. Mgr Gay. — Job, II, 3.

aller lorsque j'avais trouvé le bonheur, le vrai bonheur du cloître, de la vie religieuse, de la vie de Communauté... Oh ! dites-moi, n'est-ce pas cruel ?... » Et elle répétait : « Vous quitter ! !... Ne plus vous voir ! !... » Et elle éclatait en sanglots...

C'était le calice qui se dressait devant la petite fiancée du divin Agonisant du Jardin des Oliviers...

La scène était navrante... dans le silence de la nuit, dans la paix du Monastère, c'était la lutte, le terrible combat, l'effroi instinctif de la nature en face de l'épreuve, de la croix, de la mort... C'était l'écho prolongé du grand cri de douleur poussé à Gethsémani : « Mon père, que ce calice s'éloigne de moi... » mais à cette plainte, nous mêlions toutes deux le *fiat* de Jésus... et ce *fiat* rendait l'avenir moins triste et l'horizon moins sombre.

Malgré mon indignité, Dieu daigna faire de moi sinon l'ange consolateur, du moins la Mère consolatrice... Jésus mit dans mon cœur une pensée fortifiante : celle de l'union des âmes telle qu'Il l'a demandée pour nous à son Père... « *Père Saint, conservez en votre nom ceux que vous m'avez donnés afin qu'ils soient un comme nous sommes un !* » Ainsi avait prié Jésus la veille de son crucifiement, et moi, osant bien interpréter à ma faible manière les paroles divines, je fis entrevoir à celle dont l'âme était triste jusqu'à la mort les éternelles consolations de l'union en Dieu... « C'est bien là-haut la patrie des âmes, disais-je à Céline, heureuse êtes-vous de m'y précéder... Il est si triste, l'exil... Non, vous ne nous quitterez pas en montant au Ciel, car là-haut on ne cesse point d'aimer et vous nous aimerez toujours... nos âmes resteront unies en l'amour de notre Dieu, cette charité céleste est plus forte que la mort... »

Oh ! quelle soirée nous passâmes à parler du Ciel, de ses splendeurs, de ses joies, du Christ-Jésus qui nous y attend, de Marie notre reine qui nous y conduit... et nos âmes montaient, montaient ensemble vers la région de l'Immortalité... Sur l'aile des saints désirs, nous avions fui vers les rives éternelles, loin de la terre, où l'on pleure et gémit... la mort nous apparaissait presque comme la porte dorée qui mène à la vie bienheureuse tout ensoleillée des rayons de l'Immortalité. Quand nous nous séparâmes, il était tard, mais l'agonie morale de Marie-Céline avait cessé... Elle avait repris son calme céleste et lorsque je la vis, dans l'obscurité de la nuit, s'éloigner le long des grands cloîtres, je sentais qu'elle serrait à deux mains et qu'elle pressait sur son cœur le calice de douleur que lui offrait la volonté de Dieu : elle avait dit *Amen* à tous les divins vouloirs.

. . . . . . . . . . . . . . . . . . . . . . .

Cependant, les soins de tous les instants dont on entoura dès lors la chère malade devinrent pour son humilité une véritable souffrance. Confuse des prévenances dont elle était l'objet, elle nous disait, les larmes aux yeux : « On me soigne trop... C'est à moi de servir les autres et ce sont les autres qui me servent. » Mais, en dépit de ses plaintes, chacune était jalouse de lui rendre quelques petits services... Un jour, je la vis baisser la tête en rougissant, et comme je lui demandai le sujet de sa confusion, elle me répondit en pleurant : « Ma Mère, tout le monde a des attentions pour moi ! » C'était bien là le cri ému de son humilité... et elle s'inquiétait pour son âme des « trop grandes gâteries » dont elle se disait comblée... Je lui conseillai d'utiliser tout cela au profit de la perfection en acceptant les soins, le repos, les soulagements, comme une sorte d'épreuve humiliante, conséquence de la maladie... Céline me le promit, mais il était aisé de comprendre qu'elle eût préféré une bonne humiliation aux prévenances, une discipline à un bol de chocolat et le lever de la nuit au repos d'une chaise longue... Un jour de fête, la chère petite Sœur se vit contrainte par une violente quinte de toux d'interrompre son repas et de sortir du réfectoire. Je sortis avec elle... elle pleurait à chaudes larmes : « Que voulez-vous que la Communauté fasse d'un sujet toujours malade ! » me dit-elle.

Ce cri de désolation semblait trahir l'appréhension où elle était que nous ne voulussions pas la garder dans un état de santé qu'elle croyait devoir se prolonger indéfiniment. « Vous avez peur qu'on ne vous garde pas et moi je vous assure que vous resterez ici, lui dis-je en essuyant ses larmes... Notre bonne Mère Abbesse ne veut pas que vous soyez soignée ailleurs qu'au Monastère et ce sera moi votre infirmière... » Cette assurance ramena la paix dans le cœur de notre chère enfant et en fit à nouveau déborder la reconnaissance. Elle était résignée à la maladie, à la mort, mais qu'il lui était pénible de ne pas mener la vie commune et de mettre à contribution le dévouement de ses Mères et Sœurs ! Ainsi souffrait et gémissait Marie-Céline au début de sa maladie ; bien vite, cependant, la grâce allait faire de la chère souffrante une admirable résignée à toutes ces petites croix qui sont le cortège de la maladie et de l'infirmité.

Quant à nous, nous considérions comme un besoin et un devoir de nous dévouer à cette douce malade. Sans doute, il n'entre pas dans nos usages de garder des novices malades, mais dans la situation où se trouvait Marie-Céline, il ne nous vint pas à la pensée de la rendre à sa famille. D'abord, parler de départ à cette fille des cloîtres, c'eût été la tuer de douleur... et puis, qui l'eût soignée à

Nojals ? Les occupations de M. Castang le retenaient presque tout
le jour hors de chez lui... La chère Mme Castang avait disparu...
Ma Très Révérende Mère et moi sentîmes que c'était à nous de la
remplacer et de soigner sa chère enfant devenue la nôtre jusqu'à
son dernier jour... Toute la Communauté applaudit à telle décision
et Sœur Céline en comprit toute la délicatesse affectueuse. « Vous
avez eu la charité de me recevoir, disait-elle à sa Mère Abbesse...
vous y mettez le comble en me gardant dans cet état d'infirmité.
Du haut du Ciel, ma chère maman doit vous en remercier... elle
qui était si reconnaissante, qui dira ce qu'elle pense d'un tel dévouement... ? »

Pendant plusieurs semaines, notre jeune novice suivit encore
quelques exercices de Communauté compatibles avec ses faibles
forces. Elle assistait à l'Office, mais sans psalmodier, elle venait
avec nous à la salle de Communauté et, pour rien au monde, elle
ne se fût dispensée des exercices du Noviciat, comptant toujours
y recueillir des conseils de perfection et y glaner quelques humiliations... Mais que dire à cette angélique enfant, et que lui reprocher
ici-bas quand tout lui souriait là-haut ?... Quel renoncement nouveau lui prescrire ? N'en avait-elle pas assez de toutes les douleurs
qui l'accablaient ?... Je me serais trouvée cruelle d'y ajouter...
Marie-Céline n'en jugeait pas ainsi. Un soir d'hiver, je la trouve
tout en larmes au chauffoir... « Qu'avez-vous, ma pauvre enfant ?
lui dis-je fort inquiète... — Ma chère Mère, répondit Céline, avec
une désolation impossible à décrire, vous faites des observations
aux autres, tandis qu'à moi vous me passez tous mes caprices, » et
ses larmes redoublèrent. Pauvre chère enfant ! je ne pus m'empêcher de sourire en entendant parler de *ses caprices*... nous n'avions
jamais vu en elle que des vertus. Cependant, pour calmer ses alarmes, je fis semblant de prendre la chose au sérieux et je lui promis
de *ne rien lui passer !* Mais, comme à l'ordinaire, j'eus beau la
suivre et l'observer, je ne constatai que vertus admirables. Ses
compagnes jugeaient comme moi. Écoutons Sœur N...

« L'énergie de Sœur Marie-Céline était extraordinaire. Bien
qu'elle fût déjà très faible, elle voulait toujours travailler et se
plaignait humblement de ce qu'on lui refusât de participer aux
travaux ordinaires des novices. On devinait qu'user de dispenses
lui était un véritable supplice, mais elle ne le laissait pas voir et
accueillait, avec un sourire gracieux, le refus qu'on lui faisait souvent d'aller à tel ou tel exercice qui l'eût fatiguée. Très souvent
aussi, le soir, elle disait à notre Mère : « Il me semble que je ne suis
pas assez malade pour ne pas me lever demain au signal du réveil.

Voulez-vous bien, ma Mère, me laisser aller avec mes Sœurs au saint exercice de l'oraison ? »

» Mais on lui refusait toujours, car elle avait besoin de se reposer le matin, passant des nuits très agitées ; notre petite Sœur faisait alors son oraison dans le courant de la journée. Cette oraison était toujours fidèlement préparée dès la veille. Un soir, après Complies, je la vis au chœur, fatiguée, pouvant à peine se tenir. Comme notre Mère Maîtresse la faisait coucher habituellement de bonne heure, je m'approchai d'elle et lui dis : « Ma chère Sœur, notre Mère doit croire que vous êtes couchée ; vous êtes fatiguée, si vous y alliez ? » Elle me répondit : « J'ai demandé la permission de rester jusqu'à huit heures ; je ne puis pas lire, mais je vais préparer mon oraison pour demain. » En disant cela, elle s'assit à sa place, son voile baissé et dans son attitude habituelle, si modeste et si recueillie que j'en fus extrêmement édifiée et elle resta là une demi-heure comme en extase en face du Tabernacle. Sa vue seule me fit tomber en oraison. Oh ! qu'il était beau de voir cette jeune novice en adoration devant le Très Saint Sacrement, ou bien récitant son chapelet devant la statue de Marie Réparatrice, qui semblait offrir son bel Enfant Jésus à cette vierge victime.

Les vertus qui semblaient croître le plus en Sœur Céline étaient l'humilité et la charité... On eût dit qu'elles étaient devenues les deux ailes de son âme. Elle était toute charité, à tel point qu'elle, si réservée. ne craignait pas de se mettre en avant pour parler amour et charité ; elle allait même jusqu'à de ravissants petits excès qui faisaient le charme des récréations. Il ne fallait pas en sa présence accuser trop gravement de vol *Moscou*, le brave chien de garde du Monastère, ni trop médire des innocents moineaux qui venaient manger les maigres raisins du jardin... Elle avait un mot d'excuse pour chacun, ce qui nous amusait beaucoup.

Une de nos Sœurs du Noviciat s'entretenait un jour au parloir avec un de ses oncles, un saint religieux, fort partisan de la franche gaîté des Monastères.

En lui donnant des nouvelles de notre intéressante malade, elle lui dit en riant : « Ma petite Sœur Marie-Céline a tant de charité qu'elle ne veut même pas que nous disions du mal du *chat botté ! !* — C'est ineffable, dit l'oncle, mais voyons, ma nièce, racontez-moi cela en détail. — Eh bien ! cher oncle, reprit gaîment Sœur N..., figurez-vous que pendant les fêtes de la Sainte-Enfance nous eûmes grande fête au Noviciat, et, dans une récréation des plus gaies et des plus innocentes, une petite postulante fit le procès du chat botté : elle le déclara menteur, pour avoir fait passer son maître pour ce qu'il n'était pas, et méchant pour avoir menacé tant de pauvres gens d'être hachés en pâtée. Nous fûmes de son avis, afin de l'engager à continuer son discours qui ne manquait ni de finesse ni de piquantes allusions... Eh bien ! mon oncle, je vous affirme que Sœur Céline souffrait pour le chat ! ! » et de sa petite voix toute faible elle le défendit... « Pauvre chat, dit-elle, remarquez bien qu'il a sauvé et enrichi son maître !... vous ne parlez pas de son... dévouement... Pauvre chat ! Pauvre chat !... — C'est délicieux, s'écria le bon religieux... » et il demanda qu'on lui citât encore quelques traits de l'aimable vertu de cette douce avocate qui ne dédaignait même pas de prendre le parti... du chat botté... Mais Marie-Céline avait d'autres causes à défendre que celle du sauveur du marquis de Carabas, et vraiment elle pouvait bien être nommée l'ange de la paix, l'ange de l'humilité. Voyait-elle un simple nuage s'élever entre une novice, une postulante et leur Maîtresse, elle en paraissait contristée...« Humiliez-vous, disait-elle tout bas à celle de ses Sœurs qui hésitait à faire une excuse... » Quelquefois elle m'appelait tout près de sa chaise longue et, me présentant une compagne timide, embarrassée, elle me disait avec un sourire angélique : « Ma Mère, voici ma Sœur N... qui aurait besoin de vous dire qu'elle veut bien faire et qu'elle désire être votre consolation... » Cela était dit avec une délicatesse, une charité qui, d'avance, assuraient le succès de la cause qu'elle plaidait. Mais, comme nous l'avons déjà dit, cette charité immense ne frisa jamais la faiblesse. Marie-Céline avait le jugement trop droit et elle était trop vraie pour donner à ce qui eût été mal le nom et les apparences du bien. Aussi, avec discrétion toujours, mais avec une énergie extraordinaire et qui ne se démentit jamais, elle protestait contre toute irrégularité et trouvait des paroles d'or pour convaincre les nouvelles venues du bonheur extraordinaire que l'on goûte à suivre nos saints règlements dans leurs moindres prescriptions. La règle et l'autorité n'eurent jamais de meilleure avocate que cette jeune novice. Une de ses dernières paroles aux Sœurs du Noviciat sur son lit d'agonie sera celle-ci : « Il ne faut jamais faire la plus petite peine aux Supérieures, ou bien il faut s'abstenir de dire qu'on les aime... car peiner et aimer ne vont pas ensemble... »

Marie-Céline avait en horreur les compliments, les flatteries. Quand elle avait du bien à dire de quelqu'un, elle le disait simplement et en peu de mots ; sa manière de juger des personnes et des choses était parfaite. Lorsqu'il n'y avait pas de bien à dire, elle se taisait. Un jour, je lui demandai ce qu'elle pensait de deux personnes sur l'avenir desquelles nous allions être appelées à statuer. Dans

un entretien intime, on vantait à Marie-Céline certaines de leurs
qualités. Notre chère malade se contenta de sourire, et elle ne sortit
pas de son silence ; je savais que ce silence était significatif et il me
fut bientôt prouvé que sa manière de voir avait été la bonne, la
juste, la vraie.

Cependant, malgré toutes les affirmations de la science et malgré nos pressentiments douloureux, nous nous obstinions à espérer
contre toute espérance et nous demandions au ciel de nous conserver
encore cette enfant de bénédictions ; de toutes parts, des prières
ardentes s'unissaient aux nôtres et on partageait notre affliction.
Parlerons-nous de la douleur de M. Castang et de celle de ses fils
et de ses filles à la pensée que Germaine-Céline pourrait leur être
bientôt ravie !... Dans cette famille déjà si éprouvée par la mort,
on ne pouvait croire à un nouveau malheur... On espérait toujours...
on priait surtout et dans l'épreuve on ne cessait de bénir Dieu.


« Ma chère Germaine, — écrivait à la date du 10 janvier le bon
» oncle de Nojals, — je réponds à ta lettre de fin d'année que nous
» avons reçue avec plaisir, quoique tu nous dises que tu as été un
» peu fatiguée, mais nous espérons que notre lettre te trouvera com-
› plètement rétablie ; d'ailleurs je ne crois pas avoir besoin de te
» dire que, dans quelque position que nous nous trouvions, c'est
» toujours de la part de Dieu que tout nous arrive ; nous devons
» donc l'accepter avec résignation, car nous ne devons pas attendre
» le bonheur ici-bas.

» Nous réunissons quelques parents et amis, car nous faisons
» célébrer deux services pour le repos de l'âme de ta mère et de
» ton frère Louis ; j'espère que tu voudras bien joindre tes prières
» aux nôtres à cette intention. Sans doute, tu n'oublies pas de prier
» pour les besoins de la famille ; comme tu le sais, certains des nôtres
» ont bien besoin du secours de Dieu et de la Sainte Vierge, donc
» prions toujours avec confiance.

» Tu présenteras nos respects à tes bonnes Révérendes Mères.
» Offre-leur aussi nos sentiments de reconnaissance pour tout le
» bien qu'elles te font, et nos excuses pour la peine que tu peux
» leur donner.

» Reçois les affectueux compliments de toute la famille

» Ton oncle dévoué,

» CASTANG. »

Aucune compassion, aucun dévouement ne devait manquer à
Marie-Céline. Dès le début de sa maladie, M. l'abbé Gabard, notre
saint aumônier, partagea nos angoisses ; avec un tact exquis, une
bonté vraiment paternelle, il s'intéressait à la jeune malade et
demandait de ses nouvelles. Au commencement de janvier, notre
Très Révérende Mère recevait ces lignes charmantes :

« Ma très Révérende Mère,

» Que devient donc cette bonne petite Sœur Céline que je n'ai
» pas vue à la sainte Table depuis plusieurs jours ? Elle manque,
» voyez-vous, dans ce pieux cortège de saintes âmes qui viennent,
» chaque matin, chercher à l'autel, le pain eucharistique. Ce pieux
» cortège est pour moi l'image des saints du ciel : mais au ciel, il n'y
» a pas que le vétéran de la sainteté et le glorieux triomphateur de
» l'âge mûr ; il y a des anges aussi et Sœur Céline est l'ange de votre
» petit paradis... »

On ne pouvait exprimer d'une façon plus délicate une plus touchante sollicitude... Notre réponse fut celle du docteur et nous
donnâmes à M. l'aumônier la triste certitude que Marie-Céline
se mourait, lentement, mais, hélas ! sûrement... Ému de notre
douleur, M. l'aumônier nous répondit aussitôt pour nous dire à
quel point il s'associait à notre légitime affliction... il terminait
sa pieuse lettre par les lignes suivantes qui étaient un hommage
rendu à « *la fleur du cloître*, » dont les parfums de vertu commen-
çaient déjà à se répandre au travers de nos doubles grilles :

. . . . . . . . . . . . . . . . . . . . . . .

«... Ma Révérende Mère, c'est avec une vive peine que j'ai reçu
» de vous la confirmation douloureuse de mes paternelles appré-
» hensions. Sœur Céline est malade. Elle est malade de la poitrine,
» oui, de la poitrine... du cœur surtout, du cœur immatériel avec
» lequel on aime.
» Êtes-vous bien sûre qu'elle ne soit pas uniquement malade
» d'amour de Dieu ? *quia amore langueo*, comme l'Épouse du Can-
» tique.
» Celle que je n'avais prise que pour un ange, destinée par la
» grâce de Dieu à embellir et égayer le firmament de votre Monas-
» tère, est, je crois, une de ces grandes âmes qui, de bonne heure,
» selon la pensée des Saints Livres, aiment et désirent la sagesse
» éternelle et sont sollicitées par l'attrait mystérieux de la souffrance.
» Sœur Céline est malade, bien malade corporellement, mais, à

» coup sûr, elle est malade aussi, il y a longtemps que vous l'avez
» compris, de la nostalgie du Ciel. Les plantes et les fleurs exotiques
» ne vivent pas toujours dans nos pays ».     .   .   .   .   .   .   .   .

.   .   .   .   .   .   .   .   .   .   .   .   .   .   .   .   .   .   .   .   .

De la maison de Nazareth arrivaient aussi à Marie-Céline des
paroles d'affectueux intérêt et une assurance de prières qui lui
était précieuse.

C'est d'abord son ancien directeur qui lui adresse quelques lignes
d'encouragement paternel :

Lundi, ce 4 janvier 1897.

   « MA CHÈRE ENFANT,

» J'ai appris avec peine que votre santé ne s'améliorait pas,
» mais que, Dieu merci, vous étiez bien résignée. C'est là, mon
» enfant, la grande vertu des malades, l'abandon à la volonté divine.
» Oh ! qu'il est consolant d'avoir la foi et une foi vive : « Je suis
» entre les mains de Dieu, il est le Maître de tout et ce Dieu, ce
» Maître c'est mon Père : par conséquent tout ce qui m'arrive me
» vient de sa main paternelle et un père ne peut vouloir que le
» bien de son enfant alors même qu'il l'éprouve. »

» Nourrissez-vous de ces fortes et consolantes pensées, elles vous
» soutiendront.

» Je ne vous oublie pas dans mes prières et vous aussi, en pensant
» à notre cher Nazareth, veuillez avoir devant Dieu un petit sou-
» venir pour celui qui en a la charge spirituelle.

» Veuillez, avec l'hommage de mon respect, offrir à votre bonne
» Mère Abbesse mes meilleurs souhaits.

» Adieu chère enfant, et croyez toujours à mon affection pater-
» nelle.

« P. DREUX,<br>» Aumônier. »

Citons ensuite quelques lignes charmantes de la Révérende
Mère Saint-Pierre ; elles prouveront que Marie-Céline n'était pas
oubliée devant le Tabernacle de sa Première Communion :

J. M. J.                                                 Bordeaux, 12 janvier 1897.

   « MA BIEN CHÈRE ENFANT,

» Vos bons vœux ont franchi la clôture et sont arrivés jusqu'à
» moi, je vous en remercie, ainsi que des prières que vous faites à

» mes intentions. De mon côté, ma bonne petite Sœur Céline, je
» forme des vœux pour votre bonheur et aussi pour votre santé,
» qui, me dites-vous, n'est pas bonne. Ne dirait-on pas que le Saint
» Enfant Jésus, votre céleste fiancé, vous tend déjà les bras ?
» Mais il y aurait de quoi être jalouse ! A peine êtes-vous entrée
» dans la lice, que ce bon Maître voudrait vous couronner ! Pour
» quelques pas que vous avez faits dans la vie religieuse, votre
» carrière serait sitôt finie ! Il est vrai que votre saint Monastère,
» votre chère petite cellule, sont l'antichambre du Ciel ; mais l'en-
» trée de la chambre du roi restera encore fermée pour vous, nous
» l'espérons, et, d'accord avec vos saintes et dignes Mères, nous
» allons dire au bon Dieu de vous laisser encore pour travailler au
» salut des âmes et à votre sanctification.

» Présentez bien mon respect à vos vénérées Mères et renouvelez-
» leur mes vœux de sainte année. Je me recommande à leurs fer-
» ventes prières, ainsi que la Communauté et nos enfants.

» Adieu, ma bien chère enfant, donnez-moi un souvenir dans vos
» souffrances pour la réussite d'une affaire importante, comptez
» sur mes prières et croyez à la sincère affection de

» Votre toute dévouée

» Sœur MARIE-SAINT-PIERRE,

» *Supérieure.* »

Hélas ! malgré tant de pressantes instances pour retenir ici-bas
notre angélique enfant, elle se préparait avec ardeur au grand
voyage de l'Éternité et elle se dépêchait de devenir sainte. Vers
la fin de janvier, son état parut s'aggraver beaucoup et, en même
temps qu'elle entrait dans une nouvelle phase de souffrances, elle
s'élança dans une nouvelle région de sainteté... Il y eut alors, en
son âme, comme une nouvelle floraison de toutes les vertus. Cet
épanouissement ravit nos cœurs et fit trembler l'enfer... Jusqu'ici
nous avons vu Germaine-Céline supporter héroïquement l'infirmité, le malheur, la mort des siens, l'isolement, l'abandon, le sacrifice, les austérités, la maladie et l'annonce de la mort... Nous
allons maintenant la voir aux prises avec les démons. Ce dernier
combat eût manqué à son triomphe. Ne devait-elle pas imiter son
divin Modèle et, comme Lui, « briser le joug pesant du démon et
le sceptre de ce cruel tyran [1] ? »

1. Is. IX, 4.

# Chapitre Quinzième.

## COMBAT ET TRIOMPHE

> Bénissez le Seigneur au milieu des assemblées, vous qui êtes de la race d'Israël. Là, se trouve Benjamin encore adolescent, mais pourtant admirablement courageux.
> Ps. LXVII, 27.

E jour de l'Épiphanie, notre douce malade avait quitté sa petite cellule — la cellule rangée par les anges, disait-on à son insu — et elle s'était transportée dans une pièce voisine située au bout d'un grand corridor, beaucoup plus grande qu'une cellule ordinaire et fort aérée. Là, nous avions tout organisé pour adoucir un peu ses souffrances et favoriser ses goûts de solitude, de piété et de silence. Qu'on se représente une chambre avec deux fenêtres donnant sur le jardin cloîtré, une cellule aux quatre murs tout blancs... dans un angle, une petite cheminée ; dans le fond, la blanche statue de Notre-Dame de Lourdes et, aux pieds de l'Immaculée, le petit lit de fer de Marie-Céline... Une table et une petite armoire de bois grossier, une chaise de paille et trois escabeaux complétaient l'ameublement de cette petite infirmerie. Un bénitier, un Crucifix et deux ou trois images de papier en étaient l'ornement... Ajoutons que, de l'Épiphanie à la Purification, une charmante représentation de la grotte de Bethléem y charma les regards de la douce contemplative. L'Enfant-Jésus était là sous les yeux ravis de Marie-Céline, couché sur sa gerbe de paille, abrité sous un toit de chaume et de mousse, et tendant à sa petite fiancée ses deux bras divins...

Que de scènes délicieuses nous aurions à reproduire ici ! Un jour, j'entrai à l'infirmerie et je trouvai ma pieuse novice assise sur un petit banc et berçant sur ses genoux l'Enfant-Jésus enveloppé de langes… elle le caressait, elle le contemplait et lui disait de ravissantes choses… Le tableau était plus du ciel que de la terre. Marie-Céline était si virginale, tout enveloppée dans les plis de son grand voile blanc, qu'elle ressemblait à une vision céleste… Je pensai à la Vierge Marie lorsqu'elle tenait entre ses bras le divin nouveau-né… M'apercevant, elle m'attira doucement à elle… « Ma Mère, me dit-elle avec un sourire gracieux, toujours on me dit que je suis pâle : voulez-vous que je commence une neuvaine à l'Enfant-Jésus *pour qu'Il fasse ma joue rose ?* » Et de son petit doigt, elle me montrait les joues rosées de l'Enfant-Jésus me faisant comprendre qu'elle désirait emprunter aux joues du divin Bambino leur coloris charmant, afin de ne plus nous attrister par la pâleur des siennes… Inutile de dire que non seulement j'approuvai la neuvaine aux joues de l'Enfant-Jésus, mais que je la fis moi-même du meilleur de mon cœur… mais, hélas ! Céline garda sa pâleur de lis… D'autres fois, l'Enfant-Jésus demeurait dans la crèche et, en face de Lui, Marie-Céline se laissait aller à une amoureuse contemplation… Toute recueillie en elle-même, elle cherchait et voyait dans son cœur le véritable Enfant-Dieu… oh ! alors quel recueillement, quelle oraison ! Marie-Céline baissait son voile comme pour mettre une barrière entre elle et le créé : le Créateur seul l'occupait et la vue des meilleures choses lui devenait importune. « Un soir, raconte dans son journal Sœur N…, à la date de fin janvier, j'entrai à l'infirmerie pour faire une petite visite à notre bien-aimée Sœur ; je la trouvai plongée dans la contemplation et comme en extase… Immobile, le voile baissé, les mains jointes, elle ressemblait à un ange adorateur en face de la Crèche. Comme il me semblait que ce voile complètement baissé sur le visage devait beaucoup la fatiguer, étant donné son état de souffrance habituelle, je m'approchai d'elle et je lui dis tout bas : « Chère Sœur Céline, vous pourriez bien relever votre voile : vous êtes seule, personne ne vous distrait ici… et ainsi vous pourriez voir le cher Enfant-Jésus qui vous sourit et vous tend les bras. — Je sais bien, me répondit-elle, que je suis parfaitement libre de relever mon voile, mais, voyez-vous, si je le relève, je risque de regarder tout cela… » et de sa main, elle me désignait les anges de la crèche, les bergers, les petits agneaux… « Tout ça me distrairait et, pour le moment, gênerait mon oraison… » Je compris qu'elle voulait *Jésus seul*… et je me retirai promptement, craignant de lui causer encore plus de distractions que n'auraient pu lui en donner les anges et les agneaux… Et la chère con-

templative continua ses colloques avec son doux Jésus, supportant la fatigue d'avoir le visage entièrement voilé pour goûter la
joie de parler à son Dieu sans aucune distraction. »

Marie-Céline en arriva bientôt à ne plus penser qu'à « Celui que
chérissait son âme. » Survenait-il une distraction, elle se la reprochait et trouvait cela *surprenant*. Un soir, veillant à l'infirmerie,
elle m'appela près de son lit : « Ma Mère, me dit-elle, c'est incroyable ce que j'ai été distraite aujourd'hui... Quand je voulais penser
à mon Dieu, j'avais des distractions... — Quelles peuvent bien
être ces fameuses distractions ? repris-je en souriant. — Eh bien !
« je pense au feu qui brille en face de moi dans la cheminée », me
répondit-elle avec une angélique simplicité ! !... Voilà les distractions que se reprochait Marie-Céline. Le démon, jaloux d'une telle
perfection, fit éclater sa rage.

Une nuit, tandis que toute la Communauté était à Matines,
hormis Céline qui n'y allait plus depuis longtemps, le monstre
infernal vint l'épouvanter... Alors, on ne veillait pas encore la
malade, qui passait des nuits assez tranquilles, mais on allait la
voir avant et après Matines. En remontant du chœur, une Sœur
converse fut comme d'habitude lui proposer ses services. — « Je
n'ai besoin que de votre présence, lui dit-elle, veuillez rester avec
moi une demi-heure. J'ai peur ! » Très étonnée, la Sœur converse
demeura près de Céline dont l'émotion paraissait très vive... Mais,
peu à peu, elle se calma et congédia la Sœur. Le lendemain, elle
nous raconta ses frayeurs nocturnes. « Vous avez rêvé, ma pauvre
enfant, lui dis-je en riant. — Oh ! non, ma chère Mère, je n'ai pas
rêvé, ce n'était que trop vrai ! ! »

Je demeurai fort intriguée, car je connaissais le caractère de Marie-
Céline : elle était si calme dans ses assertions et ignorait la moindre
exagération... chez elle tout était vrai ! il n'y avait jamais eu le
moindre écart d'imagination.

Le soir, je lui proposai de faire coucher quelqu'un à l'infirmerie.
« Oh ! non, me dit-elle, espérons que cette nuit sera calme... » Elle
le fut, en effet, mais quelques jours après le démon revint à la charge,
toujours pendant Matines, et Céline crut s'évanouir de frayeur en
entendant son tapage. Le lendemain, me rendant compte de sa
nuit terrible, elle versa des larmes de terreur... « Eh bien ! lui dis-
je, il faut accepter qu'une de nos sœurs vous garde pendant Matines ».
Cette fois, elle ne le refusa point et notre Très Révérende Mère
Abbesse désigna une Sœur pour veiller la nuit suivante. Le démon
revint à nouveau et fut entendu par Céline et sa compagne.

Mais c'est en vain que le monstre lance sur les amis de Dieu un fleuve de tribulations. *Il ne s'assoupira ni ne dormira, celui qui garde Israël* [1] *et ce que Dieu garde est bien gardé !* Marie-Céline se jeta confiante dans les bras de son Crucifix et là, dans ce lieu de repos, elle pouvait dire avec Job : *Je mourrai dans mon petit nid, et j'y multiplierai mes jours comme le palmier,* et elle pouvait ajouter selon une belle interprétation : « Mon nid, c'est l'Église catholique dans laquelle j'ai le bonheur de vivre, la religion que je professe, le genre de vie que je mène, la Croix du Christ, mon Seigneur et mon modèle. Dans ce nid je veux vivre et mourir ; et ni les tribulations, ni les tentations ne pourront m'en arracher. Là je multiplierai mes jours comme le palmier, jusqu'à ce que je remporte la victoire et qu'on m'en donne comme témoignage la palme et la couronne [2]. » Marie-Céline demeura très calme dans cette nouvelle épreuve. Du reste, elle fut rassurée et consolée non seulement par son directeur, mais encore par notre vénéré Cardinal. Deux fois en huit jours, son Éminence daigna venir nous bénir et encourager. L'intéressante malade fut particulièrement l'objet de la sollicitude paternelle du prince de l'Église. Malgré ses innombrables occupations et préoccupations, Monseigneur le Cardinal a bien voulu demeurer toujours notre Supérieur immédiat, privilège bien grand, faveur inestimable dont nous ne saurions trop apprécier l'honneur et le bienfait... C'était donc à titre de Pasteur, de Père, de Supérieur que Monseigneur daigna venir plusieurs fois bénir et encourager « notre Benjamine encore adolescente, mais pourtant admirablement courageuse. » La bonté paternelle de son Éminence toucha profondément la chère malade. Nous n'étions pas moins émues qu'elle de voir rayonner sur son pauvre lit de Clarisse la pourpre cardinalice et le sourire plein de bienveillance de l'auguste Pontife. Marie-Céline puisa dans les entretiens dont daigna l'honorer un prince de l'Église, une force nouvelle pour souffrir et lutter contre Satan lui-même... mais qui dira les tressaillements de son âme lorsqu'un jour, sortant de l'infirmerie, Monseigneur le Cardinal l'autorisa à faire sa profession *in extremis*, dès que le Révérend Père confesseur et la Très Révérende Mère Abbesse le jugeraient opportun... Notre malade en éprouva une telle joie que ses joues si pâles se colorèrent de bonheur et l'allégresse de son âme s'exprima dans un céleste sourire. « Oh ! merci, Éminence, » s'écria-t-elle joyeuse... et, depuis ce moment, elle se prépara à prononcer les quatre grands vœux de l'Ordre, hâtant de ses désirs la dissolution de son corps. Mourir professe ! N'était-ce pas ce qu'elle avait toujours souhaité ?...

1. Ps. CXX, 4.
2. *Le Guide spirituel* du V. L. du Pont, S. J.

Cependant, le danger de mort ne paraissant pas imminent, Marie-Céline continua quelque temps encore son petit train de vie ordinaire : elle se levait pour la Sainte Messe, communiait à la grille du chœur, puis elle revenait à la salle du Noviciat, où, dans sa chaise-longue, elle assistait aux exercices de la matinée, à la récréation et à la lecture spirituelle. Vers trois heures de l'après-midi, une de nos chères Sœurs converses, douée d'une force extraordinaire, prenait la chère languissante dans ses bras et la portait dans son lit ; mais les jours où elle était plus fatiguée, elle ne se levait pas du tout et alors Mères et Sœurs se succédaient auprès de son lit de souffrances pour charmer son isolement et s'édifier de sa patience. Le lit et la chaise-longue de Marie-Céline étaient devenues deux chaires d'où, sans parler, elle prêchait la doctrine de la sainteté. Elle portait sur son visage le reflet de sa pureté angélique et de sa paix céleste. Elle ne sortait presque plus de son recueillement : on devinait que déjà l'âme habitait le Ciel : sa conversation était avec les anges et avec l'Époux divin qu'elle appelait de toutes les forces de son âme... Fidèle jusqu'à la fin aux moindres prescriptions du cérémonial de l'Ordre et des ordonnances de la règle, on la voyait ne se dispenser d'aucune pratique compatible avec ses faibles forces. Pendant les prières faites à la salle de Communauté ou au Noviciat, on pouvait la voir, malgré sa faiblesse, joindre les mains de la façon prescrite et donner des exemples de ferveur et de modestie qui ne s'oublieront jamais... Elle n'omettait pas une seule des inclinations et des petits saluts ordonnés par le Directoire, et on peut dire qu'elle n'a jamais perdu un seul mot des lectures et des conférences faites au Noviciat ou en Communauté. Elle en était avide et, même après avoir été administrée, elle demandait en grâce qu'on la portât au milieu des novices, afin de partager avec elles ce qu'elles appelaient « le festin de leurs exercices, » et elle s'y nourrissait comme elles du pain de l'humilité et des fruits de l'obéissance. De sa petite voix de plus en plus affaiblie, elle trouvait encore le moyen de s'humilier avec une incroyable énergie... « Je n'ai point de vertu, me disait-elle quelquefois, oh ! comme on me fait souffrir lorsqu'on a l'air de croire que j'en ai. » Un jour, deux Sœurs la portaient de l'infirmerie au Noviciat ; elles l'eurent à peine déposée à terre que Marie-Céline, emportée par l'ardeur de son humilité, se prosterna au milieu de ses Sœurs et, la face contre terre, elle s'accusa tout haut d'avoir manqué de charité et de politesse envers une infirmière. L'infirmière présente se récria : « Je vous en supplie, ma Mère, éclaircissez l'affaire, me dit-elle, car notre chère Sœur Céline se calomnie. » Pressée de s'expliquer, l'humble novice déclara qu'elle n'avait répondu que par un signe à une demande de sa compagne. « Or, ajouta Marie-Céline, à ce moment-là, ce n'était ni charitable, ni poli, mais je souffrais et je n'ai pas eu le courage de le prendre sur moi... » Voilà les manquements à la charité que cette parfaite religieuse se reprochait la face contre terre en se déclarant la dernière de toutes, la plus misérable des servantes du Seigneur. Il faudrait avoir vu Marie-Céline, il faudrait l'avoir entendue pour se faire une juste idée de l'effet que produisait en Communauté la présence de cette incomparable vierge, douce et humble... La plume ne peut servir de pinceau pour rendre ses larmes de componction, son attitude, humble, abaissée, anéantie, son sourire angélique, son regard si limpide et si beau, et le calme, la modestie virginale dont s'enveloppait tout son être... Sa physionomie physique reflétait sa physionomie morale : c'était un type de vierge et d'orante tel que nous en avions parfois rêvé, mais tel que nous n'en avions jamais vu. Lorsqu'on lui eut interdit tout travail à cause de son extrême faiblesse, nous la voyions demeurer des heures entières étendue, immobile dans une chaise-longue, les mains jointes, pressant contre son cœur le Crucifix auquel était vouée sa vie, les yeux baissés et le sourire sur les lèvres... On ne la laissait jamais seule ; toujours une de nous demeurait à ses côtés, mais si ce n'était notre Très Révérende Mère Abbesse ou sa Mère Maîtresse, elle ne parlait que fort peu. Avec ses deux Mères, au contraire, elle laissait ouvrir son âme et déborder son cœur... nous causions du Ciel, des joies de l'amour divin et des amabilités infinies du Cœur de Jésus... Derrière la muraille de ce pauvre corps défaillant, nous apercevions l'âme immortelle, toute parée d'extraordinaires vertus et prête à s'élancer vers l'Immortalité. Depuis longtemps déjà on prévoyait que Céline serait un jour bien puissante sur le Cœur de Notre-Seigneur et chacune la chargeait de ses commissions pour le Ciel. Une telle confiance ne devait pas être trompée. Anticipant sur les jours qui suivirent son doux trépas, citons ici un fragment de lettre d'une amie et bienfaitrice du Monastère, à laquelle il avait été accordé de voir Sœur Céline à la grille du chœur vers la fin janvier :

. . . . . . . . . . . . . . . . . . . . . . . . . . .

« Oh ! c'est vrai, je n'oublierai jamais ce que je ressentis lorsque » j'eus le bonheur d'entrevoir à la grille cette idéale enfant de dix- » huit ans. Je revois encore par la pensée ce corps frêle, que la fièvre » secouait déjà comme une fleurette qu'un vent cruel arrache pré- » maturément de sa tige. Dans ses beaux yeux candides (miroir » de l'âme, ainsi que l'a dit le poète), il y avait comme un reflet du

» ciel, tant d'innocence, de confiance heureuse, que je restai saisie,
» émue, en pensant que bientôt cet angélique regard plongerait dans
» l'Éternité, et contemplerait face à face ce Dieu qu'elle avait
» désiré pour son unique partage... Et tel est l'attrait de la vertu
» sur les cœurs qu'en la voyant j'enviai son bonheur !... mourir
» bientôt sur le Cœur de Jésus, de même qu'en cet instant, profon-
» dément attendrie, je la voyais souriante et heureuse s'appuyer
» sur le cœur de ses Mères très aimées, recueillant tendrement leurs
» sourires, leurs caresses, tel un petit oiseau confiant se blottit
» dans le nid sous l'aile maternelle !

» Dans le fond de mon âme, je lui disais déjà : Petite sœur Céline
» vous si pure et si belle devant Dieu, souvenez-vous de vos pau-
» vres amis de la terre lorsque vous paraîtrez devant Dieu...

» Quand j'ai appris sa mort, hélas ! pourtant prévue, j'ai senti
» mon cœur se briser ! C'est que j'avais tant espéré un instant que
» la Vierge de Lourdes conserverait à sa pieuse Communauté la
» délicieuse petite sainte ! Mais Marie elle-même, voyant un si
» beau lis, avait voulu, en terminant le mois qui lui était consacré,
» le cueillir de sa main divine pour en fleurir les célestes parvis et
» embaumer de son parfum le jardin de l'Époux. Ame de notre
» petite envolée, refleurissez là-haut. — Nous pleurons de vous
» avoir perdue, mais nous bénissons le Sauveur qui sitôt vous a
» donné le ciel auquel vous aspiriez, pour vous récompenser de votre
» foi et de votre ardent amour.

» Depuis que Sœur Céline n'est plus, que de grâces déjà obte-
» nues, grâces pour lesquelles sa tendre charité nous avait si déli-
» cieusement promis de se faire notre avocate quand elle paraîtrait
» devant Dieu.

» Aussi, aux larmes répandues depuis que nous est parvenue la
» douloureuse nouvelle de sa mort, se mêle de ma part tout un flot
» de reconnaissance envers elle !... Et déjà, éprouvant l'influence
» de son intercession auprès du divin Maître, je la prie chaque jour
» pleine de confiance et sûre d'être exaucée. »

. . . . . . . . . . . . . . . . . . . . . . . . . . .

La généreuse bienfaitrice que Céline aima tant sur terre et
continue d'aimer là-haut — elle le prouve — avait fait vœu d'accomplir le pèlerinage de Lourdes, si la Vierge Immaculée avait bien
voulu guérir notre enfant ; mais la Vierge de Massabielle, ainsi
que le dit Mme N***, avait préféré cueillir un lis de mai à l'*Ave-
Maria* et ce fut ainsi que, malgré nos larmes, malgré nos prières,
malgré les promesses de nos meilleurs amis, Marie-Céline ne guérit

pas... Du reste, elle en eût été désolée... Un jour qu'on parla de
commencer une neuvaine ardente pour sa guérison, elle fondit en
larmes et, d'une voix entrecoupée de sanglots, elle s'écria : « Si
vous vous y mettez toutes, vous êtes dans le cas de me guérir avec
tant de prières !... » Et elle pleurait amèrement...

« Ma chère enfant, lui dis-je, il serait plus parfait de vous établir
dans la sainte indifférence et de ne souhaiter ni de vivre ni de mourir,
mais seulement de faire la volonté de Dieu ! — Eh bien ! oui,
reprit-elle, je veux bien ce que Dieu veut... mais, s'il me faisait
choisir, oh ! laissez-moi demander le ciel ! »

« Vous supposez bien puissantes les prières de vos Sœurs, lui
dit notre Très Révérende Mère Abbesse, pour croire qu'elles vont
d'emblée, obtenir votre guérison ?... — Si elles s'y mettent toutes,
répondit-elle avec une délicieuse simplicité, j'ai bien peur qu'elles
finissent par l'obtenir. »

La plus grande souffrance de Marie-Céline était donc de se résigner à vivre... Elle eût voulu le Ciel le plus tôt possible... Ses ailes
ne demandaient qu'à s'ouvrir... elle semblait ne plus toucher à la
terre...

La dernière fois qu'elle inscrivit quelques pensées dans son journal, voici ce que son cœur lui dicta :

« Ma plume tremble en écrivant ces quelques mots... Mon Jésus
m'éprouve bien en m'envoyant la souffrance...

»... J'ai résolu que je serai une violette d'humilité, une rose de
charité, un lis de pureté :

» pour Jésus... »


Ici la chère enfant dut s'arrêter, la plume tombait de ses mains
tremblantes : mais le dernier mot écrit dans ses notes intimes resta
celui de *Jésus*... Remarque touchante! la dernière résolution écrite
de Marie-Céline est de devenir violette, rose et lis... or, ainsi que
nous le dirons plus tard, c'est comme une pluie de parfums célestes
qui tombera bientôt sur le Monastère et ailleurs, et on verra quelle
mystérieuse liaison avaient ces parfums miraculeux avec celle qui
embaumait le cloître de tant de vertus...

Marie-Céline n'avait pas perdu de temps, on le voit, dans l'œuvre
de sa sanctification... et elle était bien digne de se lier à son divin
Maître par des vœux éternels ! A l'aurore de son noviciat, elle
m'avait demandé d'écrire quatre lignes sur son journal et j'avais
tracé ce qui suit :

« Ma petite Sœur Céline se souviendra toujours de ses résolutions

SŒUR MARIE CÉLINE
EN COSTUME DE PENSIONNAIRE.

de prise d'habit et ne *perdra pas de temps* dans l'œuvre de sa perfection. Il faut devenir *sainte à tout prix !* »

Mes conseils avaient été suivis à la lettre et Marie-Céline n'avait pas perdu une minute du temps que Dieu lui avait donné pour aimer, pour souffrir, pour s'humilier, pour combattre et pour obéir. Alors même que, couchée sur un lit de douleurs, elle paraissait inactive, qui dira le merveilleux ouvrage que la grâce accomplissait en elle ! Non, elle ne s'arrêtait point dans son travail de perfection... Nous conservons une petite page imprimée que cette humble parfaite gardait précieusement dans son livre d'office de la Très Sainte Vierge, et dont les pensées allaient délicieusement à son cœur. Nous la citons ici : elle est le meilleur résumé de la vie de Marie-Céline :

« Je me tiendrai devant vous, ô mon Dieu, comme une bête de
» charge... et vous ne me rejetterez point, parce que vous êtes misé-
» ricorde.

» Dieu aime les humbles ; il arrête sur eux ses regards.

» Je veux aller au Ciel par le chemin battu, qui n'attire ni l'admi-
» ration, ni l'étonnement, ni l'envie, ni les regards de qui que ce
» soit sur terre... Je marcherai par cette voie, sans me détourner
» ni à droite ni à gauche, me laissant pousser, frapper, guider sans
» m'abattre, sans me laisser déconcerter par la fatigue, par le tra-
» vail, par le poids du jour et de la chaleur, allant droit à mon
» but, et remplissant pas à pas, de moment en moment, tous
» les desseins du Seigneur, jusqu'au jour mille fois heureux où j'irai
» me reposer et me délasser dans son sein pour l'Éternité. »

Tandis que Marie-Céline avançait vers l'Éternité par le *chemin battu* de la vie séraphique où tant de fils et de filles de saint François l'avaient précédée, au sein des montagnes de l'Ardèche, Marie de Saint-Germain soupirait le *fiat* de la résignation et en envoyait l'écho jusqu'à l'*Ave-Maria*.

Terminons ce chapitre par la citation de sa lettre du 19 février :

J. M. J.                                        Privas, 19 février 1897.

» MA TRÈS CHÈRE ET BIEN-AIMÉE CÉLINE
DE LA PRÉSENTATION

» Je n'ignore plus à cette heure le vrai motif de ton silence : tu
» es très malade et je ne te croyais qu'un peu souffrante... Pour-
» quoi donc, ma chère petite sœur, user de cette réserve envers

» moi ? Oh ! je le devine aisément ; la crainte de me causer du cha-
» grin t'a retenue ; en ceci encore, je reconnais ton excellent cœur.
» Mais, va, dis-moi bien tout : je préfère souffrir avec toi que de
» vivre calme et tranquille, tandis que ma sœurette est ainsi éprou-
» vée et malade. Et vraiment, ma chère Céline, j'estime que ton
» divin Fiancé t'aime beaucoup, puisque presque aussitôt après
» vos fiançailles il te fait don des plus beaux joyaux dont il pare
» ses plus fidèles épouses.

» *Fiat voluntas tua,* n'est-ce pas ? ma bien-aimée sœur, tu le dis
» avec moi, je le dis avec toi, mais peut-être avec moins d'abandon
» à la divine Providence, car la pensée que ma bien-aimée Germaine
» est souffrante me rend bien triste. Mais encore une fois : « *Mon*
» *Dieu, que votre sainte et adorable volonté soit faite.* » Nous sommes
» la chose de Dieu et par droit de création et par droit de rédemp-
» tion ; libre à lui de faire ce qui Lui plaît de sa chétive créature
» sans qu'elle ait la liberté de se plaindre. Donc, ma chère sœur
» Céline, de ton côté et du mien, parfait abandon à la volonté de
» Dieu : il ne nous afflige d'ailleurs que pour avoir à nous récom-
» penser. J'aime à croire, cependant, que ma lettre va te trouver
» mieux que la précédente, car je n'ai cessé de prier et de faire prier
» pour ton prompt rétablissement, et le bon Dieu se plaît à exaucer
» ces prières d'enfants, si simples et si candides.

» Oh ! ma chérie, que tu es donc heureuse ! que ton sort excite
» mon envie et ma reconnaissance envers Dieu, premier Auteur de
» ton bonheur ! Que de grâces et de grâces sans prix ! Je ne m'étonne
» pas qu'en échange, Jésus te donne un peu de sa Croix ; tu serais
» trop heureuse ! Il veut modérer les élans de ta joie, épurer, ce
» qui, en toi, ne serait pas parfaitement à Lui. Bénissons-le donc
» de tout et en tout.

» Quant à votre Très Révérende Mère Abbesse, remercie-la,
» mais avec effusion, de sa bonne lettre si pleine de sentiments
» pieux, si pleine de cœur, je ne trouve pas d'expression assez forte
» pour lui dire ma gratitude pour les soins dont tu es l'objet de sa
» part et de la part de ta Mère Maîtresse. Je prie aussi ma sœur
» Claire de vouloir bien agréer mes bien sincères remerciements
» pour les quelques lignes qu'elle m'a écrites en ton nom ; je suis
» persuadée qu'elle sera heureuse de se constituer ta secrétaire
» lorsque tu voudras encore me donner de tes nouvelles, ce qui,
» je l'espère, ne tardera pas : tu devines mon impatience. Quelques
» lignes de ta main me feraient grand plaisir, mais si tu ne le peux
» ne t'en inquiète pas, volontiers je ferai à Dieu le sacrifice de cette
» satisfaction naturelle.

» J'ai reçu depuis peu des nouvelles de nos chers grands-parents ;
» ils se portent assez bien malgré leur âge avancé ; ils prient pour
» nous et ils nous aiment toujours.

» Lubine et Lucia ne t'oublient pas non plus devant le bon Dieu
» et t'embrassent bien fort. Je te l'ai peut-être déjà dit, Lubine
» se prépare à faire, dans quelques mois, sa Première Communion ;
» elle aussi a besoin du secours du Ciel pour se disposer dignement
» à ce grand acte.

« A Dieu, ma bien-aimée sœur, en Lui et en son amour, je t'em-
» brasse bien fort et me dis toujours,

» Ton affectionnée :

» Sœur MARIE DE SAINT-GERMAIN. »


On le voit, le même *fiat* réunissait les deux sœurs dans l'abandon
parfait à tous les vouloirs divins... Toutes deux comprenaient qu'il
n'y a de paix et de consolation que dans l'acquiescement complet
à la volonté de Dieu : *Fiat !* Jésus a dit ce mot par amour pour
nous : redisons-le par amour pour Lui...

# Chapitre Seizième.

## LES SAINTS VŒUX

> Il a imprimé sa marque sur mon visage,
> afin que je n'admette pas d'autre amant
> que Lui... Et il m'a toute parée.
>
> Ste AGNÈS, *Vierge et Martyre.*

DANS le courant de mars, le mal cruel qui minait la douce patiente parut accélérer sa marche... Céline le comprit et elle s'en réjouit : faire ses vœux et aller au ciel, voilà ce qu'elle ne croyait pouvoir payer trop cher... Aussi, que lui importait une aggravation de souffrances ? elle en attendait un redoublement de bonheur... Prévoyant que, bientôt, elle aurait l'immense joie de prononcer ses vœux, elle s'y prépara par quelques jours de retraite, afin de ne pas être surprise quand le moment serait venu de se lier à la croix et de s'y fixer par les vœux de religion. Elle fit donc une petite retraite préparatoire... et son âme en fut dans la jubilation. Pour lui éviter toute fatigue, je restais avec la chère retraitante, je lui lisais les sujets d'oraison et je les lui commentais d'une manière qui était en rapport avec sa situation *in extremis.*

Combien j'étais émue moi-même de préparer à la Profession religieuse, et presque sur le seuil de l'Éternité. cette âme si pure et si belle !...

Le samedi, 20 mars, avait été particulièrement pour Marie-Céline une journée bénie ; elle avait été comblée de grâces spirituelles et, ressaisie par des désirs d'immortalité impossibles à comprimer, elle avait souhaité avec tant d'ardeur la venue de l'Époux sacré dans les joies de la Profession, que cet Époux divin l'admit dès le lendemain au baiser des Saints Vœux.

A minuit, elle fut prise d'une faiblesse telle que nous la crûmes sur le point d'expirer ; cependant, cette syncope dura peu, mais ce qui nous alarma beaucoup, ce fut l'enflure subite des pieds. Or, le docteur nous avait prévenues que lorsque cette enflure paraîtrait, elle pourrait être un des symptômes de fin prochaine.

Vers une heure du matin, je demandai aux Sœurs qui m'entouraient, de me laisser seule avec la malade et, toutes s'étant retirées, j'annonçai à Marie-Céline qu'elle serait administrée dans la journée. Sa joie éclata ! ! M'attirant à elle, elle m'embrassa tendrement, puis elle s'écria : « O ma chère Mère, que je vous remercie ! ! Quelle bonne nouvelle vous apportez à mon âme... » Et elle répétait lentement : « Je vais être administrée... ! Je vais faire mes vœux... Je vais mourir... quel bonheur ! »

Et, comme dans une sorte de ravissement, elle exultait en l'amour de ce Dieu vivant qui l'attendait au rivage de l'Éternité... « Le Ciel ! Le Ciel ! » disait-elle en élevant bien haut ses bras défaillants... son visage était radieux... son sourire céleste...

J'avais sous les yeux la réalisation magnifique de ce que la Communauté chantait au chœur à l'office des Laudes :

*Deus, Deus meus, ad te de luce vigilo* [1].

Dieu, mon Dieu, vers vous je veille dès l'aurore.

Mon âme a soif de vous ; ma chair aussi en combien de manières !

Dans une terre déserte et sans chemin, et sans eau, comme dans votre sanctuaire, je me suis présenté à vous, pour contempler votre puissance et votre gloire.

Parce que votre miséricorde est préférable à toutes les vies, mes lèvres vous loueront.

Oui, je vous bénirai pendant ma vie, et, en votre nom, j'élèverai mes mains.

Si je me suis souvenu de vous sur ma couche, dès le matin je méditerai vers vous, parce que vous avez été mon secours.

Et je serai transporté de joie à l'ombre de vos ailes ; mon âme s'est attachée à vous, votre droite m'a soutenu.


Ainsi chantait le chœur dans le silence de cette première nuit de printemps... et ainsi chantait Marie-Céline à cette première aurore du 21 mars... Une force extraordinaire me soutenait moi-même et, malgré les flots de douleur qui envahissaient mon âme près de ce lit de souffrances, j'avais encore le courage de répondre aux sourires et aux transports de mon enfant bien-aimée par des

1. Ps. LXII.

hymnes d'allégresse et des chants de triomphe. Il me semblait que ce n'était plus une créature que j'assistais, mais un ange... et, la voyant si près d'ouvrir ses ailes, je lui dis : « Que vous êtes heureuse d'avoir la certitude de mourir bientôt !... Moi aussi je voudrais aller au Ciel et quitter la terre... » Elle me prit les mains et me dit avec calme : « Non, ma Mère, il faut que je parte et que vous restiez.» Nous causâmes longtemps *du bonheur de mourir* et couvrant le Crucifix de nos baisers, nous lui offrîmes les sacrifices de la séparation.

A deux heures, une Sœur converse entra dans l'infirmerie... Frappée de l'air joyeux de la malade, elle s'arrêta à la contempler au pied de son lit... « Vous ne savez pas la cause de mon grand bonheur ? lui dit Marie-Céline... Aidez-moi à remercier le bon Dieu : je vais être administrée ; » puis se retournant vers moi elle dit encore : « Comment vous remercier de m'apporter de si bonnes nouvelles... Oh ! que je suis heureuse !... »

Le reste de la nuit se passa dans des sentiments d'actions de grâces ininterrompues. Le cœur en haut, la chère novice se préparait à la venue de l'Époux sacré... « Aujourd'hui je serai professe, » répétait-elle de temps en temps, puis elle retombait dans le silence de sa préparation intérieure aux grands actes qui allaient s'accomplir pour elle dans cette inoubliable journée du dimanche 21 mars. Malgré le brisement de nos cœurs, il fallait entrer dans les vues de notre chère enfant et faire de ce jour son plus beau jour de fête. Les Sœurs du Noviciat tressèrent des guirlandes et préparèrent des chants. Notre Très Révérende Mère Abbesse voulut que rien ne manquât à la solennité de telles fiançailles et, par son ordre, l'infirmerie fut transformée en salle de fleurs et de verdure. N'allait-elle pas devenir la salle des noces divines et le vestibule du Ciel ?... Marie-Céline assistait souriante à tous ces préparatifs. Notre Très Révérende Mère et moi ne la quittions pas, et tout en surveillant la décoration de ce sanctuaire de joie et de douleur, nous demeurions attentives à tous les sons de céleste amour que rendait cette âme virginale si pure et si belle.

A midi, l'aspect de l'infirmerie était délicieux ; des guirlandes de verdure semée de roses blanches couvraient les murs blancs et, se réunissant à la statue de Notre-Dame de Lourdes, elles formaient comme un dôme au-dessus du lit de la malade placé au milieu de l'appartement, aux pieds de l'Immaculée. En face de la porte, s'élevait un autel garni de draperies blanches et tout émaillé des premières fleurs du printemps ; la statue de l'Enfant Jésus de Prague le dominait : aux pieds du divin Enfant se trouvaient le

voile noir, le Crucifix et l'anneau destinés à la nouvelle professe...
Comme on n'avait pas eu le temps de se procurer Crucifix et anneau
neufs, j'eus le bonheur d'offrir à ma chère novice mon Crucifix et
mon anneau de Profession ; ils me sont aujourd'hui deux joyaux
doublement chers... Les yeux de la malade brillaient d'une flamme
surnaturelle en contemplant ces objets précieux dont elle allait
être parée dans quelques heures... Elle était ravie de ce que notre
Très Révérende Mère et moi lui disions du symbolisme de l'anneau,
du Crucifix et du voile noir... elle les baisait avec amour. Toutes
les religieuses vinrent lui faire une petite visite vers midi et demi...
Beaucoup ne pouvaient retenir leurs larmes. « Je vous en prie, mes
chères Sœurs, leur dit Céline avec un gracieux sourire, ne pleurez
pas, vous troubleriez ma joie... » puis, s'adressant à moi qui ras-
semblais toutes mes énergies pour ne pas laisser déborder le flot
de mes larmes : « Ma Mère, il faut que personne ne pleure, mais
qu'on chante et qu'on prie pour que je meure vite ; le plus tôt sera
le mieux. Au Ciel j'aimerai davantage le bon Dieu. — Vous ne
nous oublierez pas là-haut, lui dis-je ! » Elle me regarda d'un air
de doux reproche : « Vous oublier... ce serait impossible, répondit-
elle, non, je n'oublierai personne. » Voulant envoyer un mot de sa
part aux religieuses de Nazareth, je me penchais vers elle et je lui
dis : « Que faut-il faire dire aux Sœurs de Marie-Joseph ? » Elle se
recueillit un instant, puis elle répondit simplement : « Que je
meurs, et que je prie pour elles ! »

Une novice s'approcha de son lit et lui dit : « Vous n'avez jamais
eu l'air si heureux qu'aujourd'hui... » elle lui répondit en montrant
le ciel, puis elle s'écria : « Le ciel ! le ciel ! quel bonheur ! faire mes
vœux et partir !... » Cependant, l'heure solennelle de l'administration et de la profession approchait... M. l'aumônier se trouvant
absent de Bordeaux depuis la veille, le Révérend Père Thadée,
confesseur de la Communauté, devait le remplacer ; le Révérend
Père ayant été délégué par son Éminence le Cardinal Lecot, pour
présider cette touchante cérémonie de profession *in extremis*, il
s'y prêta avec son dévouement et sa bonté ordinaires. Du reste,
il semblait que c'était à lui que revenait de droit l'honneur de bénir
le voile noir de la nouvelle professe et de le lui offrir comme l'austère
parure dans laquelle elle devait s'endormir de son dernier sommeil.
Le 21 novembre, le saint religieux avait offert Germaine à Jésus
comme une présentation en fleurs... Le 21 mars, il présentait Marie-
Céline à l'Époux divin comme une présentation en fruits, dans la
consommation d'une alliance qu'allaient sceller les saints vœux
sur le seuil de l'Éternité...

A deux heures, on annonça l'arrivée du Révérend Père Thadée et du Révérend Père Jacques. Toutes les religieuses se rendirent à la porte de clôture qui s'ouvrit devant Jésus-Hostie...

Le Révérend Père Vicaire entra, portant le saint Ciboire ; avec lui entra également le religieux qui devait l'assister. C'était comme une procession de Fête-Dieu qui s'organisait sous les cloîtres. Nous n'oublierons jamais ce délicieux spectacle. Cette première journée de printemps jetait à travers les arceaux gothiques ses flots de soleil et de parfums. Aux piliers de pierre rosée, le jasmin, les clématites, les rosiers et le chèvrefeuille entrelaçaient leur rameaux vert tendre et semblaient incliner leurs boutons joyeux au passage du Très Saint-Sacrement.

Ces vierges voilées, précédées de la grande croix de bois et récitant les versets du *Miserere*... les fils de saint François répondant à leur psalmodie... Jésus traversant le cloître ensoleillé et fleuri ; dans les enfoncements de ce cloître, les grandes statues des saints qui étaient les muets témoins de cette procession, et, là-haut, sur le campanile, tout un essaim d'oiseaux dont le gazouillis était une harmonie de plus ajoutée à tant d'autres : tout cela pénétrait le cœur d'une suave émotion et nos yeux se remplissaient de larmes tandis que notre âme était remplie d'amour.

Arrivé à l'infirmerie, le Révérend Père Thadée déposa le saint Ciboire au milieu des fleurs et des cierges de l'autel, puis il resta quelques minutes seul avec la malade. Lorsqu'il l'eut confessée, le Révérend Père Jacques entra, suivi de la Communauté. Marie-Céline ressemblait, sur son lit, à ces saintes de nos églises qui dorment dans leur châsse. Parée de son vêtement monastique qu'elle porta toujours si saintement, voilée de son voile blanc qu'elle allait échanger contre son voile noir, elle reposait souriante et paisible sur son blanc oreiller et tenait pressé sur son cœur un grand Crucifix tout orné de lierre et de fleurs. A ce Crucifix était fixée la formule des saints vœux. C'était le contrat sacré de la céleste alliance.

Au moment de communier, Marie-Céline déposa entre mes mains ce grand Crucifix et reçut le saint Viatique ; puis, tandis que le Révérend Père reportait le saint Ciboire à l'église extérieure, les Sœurs du Noviciat chantèrent le cantique : « Le voici l'Agneau si doux, le vrai Pain des Anges. » C'était la chère malade elle-même qui avait choisi [1] ce cantique, sans doute parce qu'il lui rappelait le jour de sa Première Communion.

---

1. Le matin, pressée par les novices de leur dire quel cantique elle voulait qu'on lui chantât après sa Communion en Viatique, elle avait humblement demandé ce cantique de Première Communion dont elle voulait faire ainsi celui des deux plus beaux jours de sa vie.

« Pendant ce chant, dit une de ses compagnes, Sœur Marie-Céline nous ravissait : ses mains jointes sur sa poitrine oppressée, ses yeux fermés, son céleste sourire, son attitude extatique étaient un spectacle bien touchant. Nous étions toutes fort émues... il fallait se faire une violence inouïe pour ne pas éclater en sanglots. » Quand le cantique fut terminé, nous nous mîmes à genoux et nous attendîmes en priant le retour des Révérends Pères. Ils arrivèrent bientôt apportant les saintes Huiles. Avant de commencer la touchante cérémonie, le Révérend Père Thadée adressa ces paroles à la Communauté : « Mes Sœurs, il faut prier pour Sœur Céline et nous unir intérieurement à elle pendant l'administration du Sacrement de l'Extrême-Onction qu'elle va recevoir. »

Alors notre Très Révérende Mère Abbesse se plaça à la droite de la malade ; moi je me tins à sa gauche et j'eus le courage de présenter moi-même les mains et les pieds de notre chère enfant aux onctions saintes. Marie-Céline se prêtait aux cérémonies avec une joie que trahissait son délicieux sourire ; c'était une reine qui se sentait sacrer pour l'éternité. Voyant tant de bonheur, le Révérend Père invita les jeunes Sœurs à chanter un nouveau cantique. Elles entonnèrent un de ceux qui avaient les préférences de leur compagne et dont le premier couplet se terminait par ces paroles de céleste impatience :

> J'attends le ciel pour aimer à mon aise...
> Ah ! que ne puis-je y voler aussitôt !

Lorsque ce chant eut cessé, le Révérend Père prit la parole et commenta ce verset sacré :

« O mon Dieu, qui me donnera des ailes comme à la colombe pour voler vers le ciel et me reposer en vous, ô mon Jésus !... » Le Révérend Père y joignit de touchantes réflexions sur les grands vœux qu'allait prononcer l'heureuse novice, puis il termina par ces paroles gracieuses : « Le Monastère, cité sainte nous représente la ville de Jérusalem, cette salle ornée, c'est vraiment le cénacle ! Notre-Seigneur est venu ici en personne ; il est entré dans votre cœur. Dans peu de temps, Dieu se manifestera à votre âme dans la Jérusalem céleste et vous y fera jouir du printemps éternel. Jésus dit maintenant : Ouvrez-vous, portes éternelles, ouvrez-vous toutes grandes ; voici ma vierge qui m'a consacré le printemps de sa vie, qui a renoncé au monde, qui m'a servi dans le Monastère de l'*Ave-Maria* ; j'ai reçu tout l'amour de son jeune cœur. J'ai vu qu'elle était dans la disposition de se consacrer à moi sans réserve par la profession religieuse et je veux la prévenir de mes bienfaits.

Avant qu'elle ait formulé l'acte de son entière oblation. je l'ai
comblée de mes divines faveurs. Je suis entré dans son cœur qui
est ma demeure choisie ; j'ai dit à mon ministre de lui conférer le
sacrement de l'Extrême-Onction et elle l'a reçu entourée de ses
Mères et de ses Sœurs qui l'aiment tant... Je vais lui ouvrir mon
ciel au printemps de sa vie et, par une belle journée de printemps,
je lui offre la couronne des vierges en retour du sacrifice absolu
qu'elle me fait d'elle-même »

Alors commencèrent les touchantes cérémonies de la profession
religieuse. Après que Marie-Céline eut reçu le bienfait de l'absolution générale, elle assista ravie à la bénédiction du crucifix, du
voile et de l'anneau ; puis, notre Très Révérende Mère Abbesse,
s'approcha d'elle tenant en mains la grande croix fleurie, la sainte
Règle et la formule des Vœux. Marie-Céline posa ses mains jointes
entre celles de son Abbesse et d'une voix claire, distincte, calme
et heureuse, elle prononça les quatre grands vœux qui faisaient
d'elle une professe de l'Ordre séraphique.

Après l'émission solennelle de ces vœux, la Révérende Mère
Abbesse lui répondit : « Et moi de la part de Dieu, et selon son
inviolable ordonnance, si vous observez ces choses, je vous promets
la vie éternelle. » Toutes les religieuses répondirent : *Amen.*

La Révérende Mère remit alors la sainte Règle à la nouvelle
professe qui répondit : « *Dominus pars hœreditatis meæ et calicis
mei, tu es qui restitues hœreditatem meam mihi !* Le Seigneur est
la portion de mon héritage et de mon calice ; c'est vous, Seigneur,
qui me rendrez mon héritage ! !... »

Selon le cérémonial de l'Ordre, immédiatement après ces paroles,
la nouvelle professe baisa respectueusement les mains de sa Mère
Abbesse en témoignage de sa reconnaissance et de sa soumission,
puis le Révérend Père, prenant le Crucifix de profession, le donna
à l'épouse de Jésus crucifié en disant : « *Audi, filia et vide et inclina
aurem tuam ; obliviscere populum tuum et domum patris tui ; concu-
piscet rex decorem tuum et desponsabit te in fide !* Écoutez, ma fille,
regardez et inclinez votre oreille ; oubliez votre peuple et la maison
de votre père. Le roi du ciel sera épris de votre beauté et vous épou-
sera dans la foi !...

Le Révérend Père prit ensuite l'anneau et le passa au quatrième
doigt de la main droite de l'heureuse professe, en disant les paroles
liturgiques que le chœur répétait en chantant, pendant que la Révérende Mère Abbesse achevait de mettre l'anneau bénit :

« *Annulo fidei suæ subarrhavit te Dominus Jesus Christus !* Le
Seigneur Jésus vous donne cet anneau comme gage de la foi que
vous lui avez jurée en contractant alliance avec Lui ! »

Enfin, tandis que j'enlevais le voile blanc que Marie-Céline avait
porté si peu, mais si bien, le Révérend Père présentait le voile noir
et le mettait sur la tête de l'heureuse professe. En même temps
que la Très Révérende Mère Abbesse achevait de la voiler, le Révérend Père disait :

« *Accipe velamen, filia, quod perferas sine macula ante tribunal
Domini Nostri, Jesu Christi, cui flectitur omne genu cœlestium, terres-
trium et infernorum in sæcula sæculorum. Amen !* Recevez ce voile,
ma fille, et portez-le sans tache au tribunal de Notre-Seigneur Jésus-
Christ, devant qui tout genou fléchit, au ciel, sur la terre et dans
les enfers pendant les siècles des siècles. Ainsi soit-il. »

Aussitôt après ces dernières paroles, le chœur entonnait l'antienne
triomphale de sainte Agnès :

« *Posuit signum in faciem meam ut nullum præter eum amatorem
admittam ! !* Il a imprimé sa marque sur mon visage, afin que je
n'admette pas d'autre amant que Lui !... »
Le Révérend Père acheva la cérémonie en récitant les oraisons
prescrites par le rituel. Quand tout fut terminé, il dit à la malade :
« Ma chère Sœur, voilà que vous êtes toute au bon Dieu. Remer-
ciez-Le de toutes les grâces immenses qu'Il vous accorde aujour-
d'hui. Maintenant vous êtes prête, mais vous devez être bien résignée à la volonté de Dieu. S'il voulait votre guérison, il faudrait la
vouloir aussi. Vous voulez tout ce que le bon Dieu veut, n'est-ce
pas ? — Oui, répondit-elle. — Je comprends, reprit en souriant
le Révérend Père, pourquoi vous dites ce *oui* de si bon cœur ; c'est
parce que vous pensez, et moi aussi, que cette divine volonté sera
que vous partiez bientôt. — Oui, mon Révérend Père, dit-elle en
souriant aussi.
« Si vous ne vous envolez pas cette nuit, reprit le Révérend Père,
je reviendrai vous voir demain et régler le nombre de vos communions. » Marie-Céline sourit encore et remercia le Révérend Père.
Celui-ci, ayant béni l'assistance, se retira avec son compagnon.
Sur le seuil de la porte de clôture, il dit à la Révérende Mère Abbesse :
« Redites à Sœur Céline qu'elle est professe, aussi bien professe
que sainte Claire : elle a réellement fait sa profession ; elle en a
contracté les obligations, mais aussi elle en a tous les privilèges. »

En sortant du cloître, le Révérend Père eut la bonté de raconter aux Sœurs tourières quelques détails de la touchante cérémonie qu'il venait d'accomplir... « C'est un spectacle unique, dit-il, que nous a donné cette jeune professe radieuse sur son lit de douleurs... Oh ! la belle et touchante cérémonie ! »

Pendant ce temps, les compagnes de Sœur Céline priaient auprès de l'autel et contemplaient leur angélique Sœur ; celle-ci ne voyait rien, n'entendait rien ; elle était dans une sorte de ravissement et, auprès d'elle, on éprouvait quelque chose du Ciel.

Elle était vraiment belle, mais belle d'une beauté surhumaine... Son doux visage si jeune, si virginal, était comme transfiguré et, sous les reflets austères de son grand voile noir, elle était ravissante. Ses yeux fermés ne voyaient plus rien des choses de la terre... ses lèvres conservaient toujours un céleste sourire... sur sa poitrine brillait le Crucifix des vœux... à son doigt scintillait l'anneau des vierges... sur son lit drapé de blanc, reposait encore la grande Croix fleurie à laquelle était restée attachée la charte des vœux séraphiques. En voyant cette vierge toute parée et attendant la venue de l'Époux, dans ce repos qui ressemblait à l'extase, on se rappelait avec émotion ce mot de l'Évangile racontant le sommeil des dix vierges : « Or, comme l'Époux tardait à venir, elles s'assoupirent... et s'endormirent : *Moram autem faciente sponso, dormitaverunt et dormierunt* [1]... »

Cependant, l'heure n'avait pas encore sonné de l'entrée céleste dans la salle des noces... les vierges du Ciel ne vinrent pas encore à la rencontre de Marie-Céline, mais celles de la terre entourèrent son lit, devenu pour elle le trône de la Croix. Vingt minutes après le départ des Révérends Pères, nous nous approchâmes de Marie-Céline. A un mot de notre Très Révérende Mère, elle ouvrit enfin les yeux. Sa première parole fut un remerciement du cœur à ses deux Mères Abbesse et Maîtresse ; elle leur baisa la main, puis salua d'un sourire chacune de ses compagnes dont plusieurs versaient d'abondantes larmes... « Si vous demandiez votre guérison, maintenant que vous êtes professe, lui dis-je, peut-être obtiendriez-vous un miracle ? » — « O Mère, je vous en supplie, répondit-elle, laissez-moi partir... je ne désire que le Ciel, puisque je suis prête, il vaut mieux que je parte le plus tôt possible... » — « Si vous guérissiez, lui dis-je encore, nous recommencerions une nouvelle cérémonie de profession à la fin de votre année de noviciat ! Vous auriez

---

1. Matth., ch. XXV.

ainsi double fête ! » — « Ma chère Mère, reprit-elle avec un fin sourire, je me contente de celle-ci, » et elle ajouta d'un air joyeux : « Puisque le bon Dieu a commencé de me tuer, il faut bien qu'il achève ! ! »

Nous le sentions, rien ne retiendrait ici-bas cette âme qui avait entrevu le Ciel... et, déjà, elle n'était plus de la terre...

La grande cloche de l'église ayant appelé la Communauté au chœur pour l'office des vêpres, je demeurai seule avec ma nouvelle professe et, à genoux près de son lit, je laissai déborder de mon cœur en son nom les prières d'une triple action de grâces pour la sainte Communion, l'Extrême-Onction et la sainte Profession... Quand j'eus fini, Marie-Céline me dit d'un ton bien convaincu : « Maintenant, il faut que je commence à bien vivre, à être sérieusement une bonne religieuse. » Je ne pus m'empêcher de sourire à telle déclaration... et, intérieurement, j'admirai l'humilité de cette âme qui croyait n'avoir encore rien fait de bien et disait si sincèrement son : « *Nunc cœpi...* » — « Excitez votre âme à une grande reconnaissance envers Dieu pour tous les bienfaits dont Il vous a comblée aujourd'hui, lui dis-je, et rappelez-vous qu'en fait de pureté, d'humilité, d'obéissance et d'amour, il ne faut jamais dire, c'est assez ! »

Le soir, à 7 heures, nous eûmes encore une bien touchante cérémonie. Toute la Communauté se rendit à l'infirmerie, on illumina l'autel et une Sœur du Noviciat lut, au nom de Sœur Céline, la consécration des nouvelles professes à la Très Sainte Vierge... Ensuite on chanta un cantique admirablement choisi pour la circonstance et dont le refrain était bien le cri d'amour de la nouvelle professe de l'*Ave-Maria* :

> J'irai chanter au Ciel : *Ave Maria!*
> Ce cantique éternel : *Ave Maria !*

Après ce chant, on entonna le Psaume : *Ecce quam bonum et quam jucundum habitare fratres in unum.* L'humilité de Marie-Céline fut alors soumise à une rude épreuve. Selon l'usage, les religieuses demandèrent à baiser l'anneau de la nouvelle professe... Le premier mouvement de notre humble religieuse fut de retirer sa main ; mais notre Très Révérende Mère lui ayant dit de se prêter aux vouloirs de ses Sœurs, par obéissance, elle livra sa petite main blanche aux baisers de ses compagnes, leur disant ce mot charmant qui était la revanche de sa douce humilité. « Mes Sœurs, vous baisez l'anneau de notre Mère Maîtresse. » Après le baiser de paix, les religieuses descendirent au chœur en chantant le *Magnificat*. Ainsi se termina cette journée qui laissa dans toutes les âmes d'impérissables souvenirs.

Notons ici un détail touchant : Après le baiser de paix, Marie-Céline, avec sa délicatesse habituelle, voulut me rendre mon anneau de profession... « Ma Mère, me dit-elle, vous ne devez pas rester sans votre anneau, il ne serait pas convenable que je vous en prive. » Notre Très Révérende Mère étant présente, je lui demandai son avis... « Sœur Céline a raison, me dit-elle, reprenez votre anneau de profession, l'Enfant-Jésus lui donnera le sien... » Et notre Très Révérende Mère, se levant, fut prendre au Saint Enfant Jésus de Prague l'anneau d'or qui brillait aux deux doigts réunis de sa main droite : « Tenez, mon enfant, dit notre Révérende Mère en souriant, c'est le divin Enfant Lui-même qui vous offre l'anneau de l'éternelle alliance... » Jusqu'à sa mort, Marie-Céline porta l'anneau de l'Enfant-Jésus... et aujourd'hui, lorsque nous baisons le précieux joyau dont le divin Bambino est redevenu le possesseur, nous l'appelons : *la bague de Jésus-Céline.*

Vers neuf heures et demie, avant d'aller prendre quelque repos, je fus dire à Céline un dernier adieu. Après m'avoir saluée, elle éleva les deux bras au Ciel et les yeux en haut, comme s'ils cherchaient l'éternité, elle s'écria : « Le Ciel ! Le Ciel ! qu'il me tarde d'y aller... Je n'attends plus que le Ciel !... »

Après l'avoir embrassée et contemplée une dernière fois, je me retirai tout émue... « O mon Dieu, soupirais-je, en baisant mon Crucifix, vous nous aviez donné cette incomparable enfant : vous allez nous la reprendre : que votre Saint Nom soit béni ! ! ! » Et d'un flot de larmes, trop longtemps contenues, j'arrosai le *Fiat* de mon âme si cruellement triste et heureuse à la fois...


NOTA. — L'acte de profession de Sœur Céline a été transcrit, après sa mort, dans le registre de la Communauté, en les termes suivants :


*Au nom de la Très Sainte Trinité. Ainsi soit-il.*


*Sœur Marie-Céline de la Présentation, fille légitime de M. Germain Castang et de dame Marie Lafage ses père et mère, novice de ce Monastère depuis le 21 novembre dernier, étant tombée gravement malade et se trouvant à toute extrémité dans le courant du mois de mars, a eu le bonheur de faire sa profession in extremis le 21 de ce même mois de mars 1897 à 3 heures du soir. La cérémonie a été présidée par le Révérend Père Thadée, Vicaire du couvent des Franciscains et confesseur de notre Communauté, autorisé par son Éminence le cardinal Lecot, archevêque de Bordeaux, à recevoir la chère malade à la sainte profession. Sœur Marie-Céline a prononcé la formule de profession en pleine connaissance et dans toute la joie de son cœur et a fait ses vœux pieusement et librement entre les mains de la Révérende Mère Claire-Isabelle de Saint-François, Abbesse de ce Monastère, en présence du Révérend Père Thadée, du Révérend Père Jacques et de la Communauté congrégée à cet acte.*

*En foi de quoi nous avons dressé le présent acte au lendemain de la mort de Sœur Marie-Céline et l'avons signé avec les Révérends Pères.*

<table>
<tr><td>Sœur Claire-Isabelle de Saint-François,<br>Abbesse.</td><td>F. Thadée,<br>m. o.</td></tr>
<tr><td>Sœur Marie-Séraphine du Cœur de Jésus,<br>vicaire et maîtresse des novices.</td><td>F. Jacques,<br>m. o.</td></tr>
</table>

*Sœur Marie-Céline de la Présentation est pieusement décédée hier 30 mai 1897 à 3 heures du matin.*

*Elle a porté toute blanche aux pieds du Souverain Juge la robe de baptême de sa profession religieuse.*

*Fait au Monastère de l'Ave-Maria de Bordeaux. — Talence, ce 31 mai 1897.*

## L'ATTENTE DU CIEL

Tant qu'il me restera un souffle de vie,
je ne veux rien faire de répréhensible.
Job.

EPENDANT, le beau Ciel de Jésus que Céline cherchait d'un regard d'amour et vers lequel se tendaient joyeusement ses bras, ne devait pas lui ouvrir alors ses portes éternelles... Dieu lui réservait encore sur la terre soixante-dix jours de luttes, de souffrances, et cette dernière phase est la plus belle de la vie de Marie-Céline. A partir de sa profession, ma Très Révérende Mère et moi, nous nous constituâmes ses infirmières ; c'était pour nous un bonheur et un honneur de soigner et de servir cette chère privilégiée de Jésus... Celle-ci se confondait en excuses et sa reconnaissance et sa tendresse se manifestaient en toute occasion.

Presque constamment sous le regard de ses Supérieures, Marie-Céline leur était un sujet toujours nouveau et toujours grandissant de sainte édification.

Que ne pouvons-nous traduire tout ce qui éclata alors en elle de vertus splendides et tout ce qu'elle souffrit pour l'amour de son Jésus... En la laissant encore plus de deux mois sur la terre, Dieu voulait, sans doute, lui donner l'occasion de vivre en parfaite Professe, d'accomplir ses vœux et d'ajouter de nouveaux fleurons à sa couronne... Marie-Céline correspondit admirablement aux desseins de Dieu sur elle. L'idée du Ciel la préoccupait constamment, mais la pensée de sanctifier chaque minute des jours qu'il lui restait à vivre la préoccupait encore davantage.

Le lendemain même du jour où elle avait été administrée, elle

LA CELLULE RANGÉE PAR LES ANGES

demanda d'être tenue au courant des conférences du Noviciat et des avis particuliers qui y étaient journellement donnés aux novices-professes ; elle demandait ses petites permissions comme au temps de son postulat et de son Noviciat. Toute pénétrée des vœux qu'elle venait de faire, elle ne songeait qu'à les accomplir, sans inquiétude, sans scrupule, mais avec une perfection admirable. Sa charité croissait de plus en plus. La veille de l'Annonciation, elle me dit avec un calme délicieux : « Ma Mère, demain quand je recevrai le bon Dieu, laissez-moi lui demander de venir me chercher le samedi avant la semaine de Pâques, afin de ne pas empêcher la sainte Communauté de passer joyeusement les fêtes pascales... on s'accoutumerait à ma disparition pendant la Semaine Sainte et on serait consolé pour Pâques. » — « Vous croyez que nous nous consolerions si vite que cela ? » lui dis-je avec vivacité... Elle sourit affectueusement et j'ajoutai : « Il sera bien plus parfait de ne rien demander et d'attendre en paix l'accomplissement des desseins de Dieu sur vous. » Elle baissa la tête avec soumission et se résigna à reprendre vie ! C'était le plus grand sacrifice qu'on pût lui demander.

Le 25 mars, elle reçut la Sainte Communion de la main de notre Très Révérend Père Provincial qui remplaçait M. l'Aumônier. Après avoir communié la malade, sa Paternité voulut bien lui adresser quelques paroles dont les dernières furent celles-ci :

« Ma chère enfant, votre situation a une grande analogie avec l'état de notre Mère Sainte-Claire. Le bon Dieu venait la visiter de temps en temps sur son lit de douleurs. Ainsi en fait-il pour vous, ce divin Maître ! Redites à Jésus : Mon Dieu, je ne vous vois pas encore, mais je crois à votre sainte présence dans mon âme... Je vous adore, je vous aime de tout mon cœur. Faites que je meure pour votre amour, ô vous qui êtes mort pour l'amour de mon amour. »

Effectivement, pour l'amour de son Jésus, sa petite servante se mourait lentement. Elle écrivit quatre lignes à sa chère Sœur Marie de Saint-Germain ; sa main tremblante eut une peine inouïe à tracer ce mot d'adieu :

« MA SŒUR CHÉRIE,

Je meurs sans regrets, et je te donne rendez-vous au Ciel. Le jour de ma mort sera le plus beau de ma vie. Là-haut, je ne t'oublierai pas. Je t'embrasse et à Dieu !

Ta petite sœur qui se meurt,

CÉLINE. »

Marie de Saint-Germain répondit au petit billet si grand dans son laconisme par cette admirable lettre que nous citons tout entière malgré sa longueur :

J. M. J.                                        Privas, 2 avril 1897.

« MA BIEN-AIMÉE SŒUR,

» C'est donc bien vrai que tu veux me quitter et sans regrets » que tu m'as fait tes adieux. O ma chérie, tu me laisses inconsolable ; » quel vide pour mon cœur ! Mon Dieu, quel sacrifice me demandez- » vous encore : une mère ! un frère ! ma sœur! Quelle agonie ! Quel » martyre ! Mais *fiat ! fiat ! fiat !* Craindrai-je de te parler de la » mort? Non, puisque tu l'appelles de toutes les ardeurs de ton âme, » de tout l'amour de ton cœur. Ce sera pour toi le plus beau des » jours, me dis-tu, celui qui brisera les liens qui retiennent ton âme » captive ici-bas ; je le conçois aisément et pourrait-il en être » autrement? Tu pars, mais ton âme est blanche et pure comme » au jour de ton baptême, grâce à la sainte profession religieuse » que tu as eu le bonheur de faire. Il me semble voir Jésus, » ton nouvel époux, te tendre déjà les bras, te presser sur son cœur, » ceindre ton front de la triple couronne de la virginité, de la pau- » vreté, de l'obéissance et te donner une place parmi les vierges. » Ah! vraiment ton sort est véritablement digne d'envie et puisse » mon heure dernière être douce et calme comme la tienne ; comme » toi, puissé-je m'endormir et me reposer dans le sein de Dieu au » milieu des prières et des pieuses exhortations d'une sainte et » dévouée Mère ! Puisse le dernier battement de mon cœur être » un battement d'amour et d'action de grâces !

» Courage donc, courage, ma bien-aimée petite Céline, encore » quelques instants de souffrance et puis bientôt un repos, un bon- » heur immuables en compagnie de notre bonne maman, de nos » frères jouissant déjà bien sûr des fruits de leurs travaux. Oh ! » délicieuse entrevue ! tu lui diras, à cette chère maman, de veiller » sur nous, sur notre cher papa ; qu'il garde toujours sa foi pour » aller à son tour les rejoindre. O ma chère Germaine, je t'en supplie, » parle-lui de nos deux frères ; que je crains pour eux les entraîne- » ments du monde ! ! Parle-lui de nos petites sœurs, qu'elles imi- » tent un jour ton exemple, je le désire vivement. Parle-lui, ma » chère petite sœur, de tous nos parents, qu'ils soient tous des » saints ! Et maintenant, je me recommande moi-même à toi ; tu » sais ce qu'il me faut ; ne m'oublie pas, s'il te plaît.

» Sans doute, j'ai versé et je verse encore des larmes bien amères en pensant que tu vas me quitter, mais je te vois si bien préparée, si heureuse de sortir de ce monde, que je ne puis que bénir et remercier le Seigneur des faveurs qu'Il t'a accordées depuis quelques mois et qu'Il t'accorde à cette heure.

» Adieu, ma chérie, adieu, adieu, ou plutôt au revoir et bientôt, là-haut, en paradis pour ne nous séparer plus jamais.

» Ta sœur qui t'embrasse mille fois,

» Sœur  SAINT-GERMAIN. »

Citons encore la lettre que Marie de Saint-Germain écrivit à notre Très Révérende Mère Abbesse ; elle nous dira, une fois de plus, la tendresse avec laquelle la jeune religieuse de Saint-Joseph accueillait tout ce qui lui venait de l'*Ave-Maria* et la parfaite résignation qui se mêlait à sa douleur :

J. M. J.                                    Privas, 3 avril 1897.

« MA TRÈS RÉVÉRENDE MÈRE ABBESSE,

» Comme vous devinez bien ce qui peut me faire plaisir et donner à mon pauvre cœur du soulagement à sa peine !... Mais je suis confuse que vous, ma Très Révérende Mère, occupée et préoccupée par les soucis et les nombreuses affaires qu'entraîne le gouvernement d'un Monastère, daigniez cependant me donner vousmême de si longs et si précieux détails sur l'état de santé et les pieuses dispositions de ma chère petite sœur. Assurément, ma Très Révérende Mère, ils sont de nature à me consoler, à exciter ma reconnaissance envers Dieu, à m'engager à remplir fidèlement mes devoirs pour mériter que ma dernière heure soit, comme la sienne, bien paisible et bien sainte. Son bonheur de mourir tempère un peu mon chagrin et me fait espérer d'avoir bientôt au Ciel une protectrice de plus. Ne serais-je pas une ingrate de ne pas vouloir la sainte volonté de Dieu, alors que ce Dieu vient de se montrer si bon, si magnifique pour ma chère petite Céline ? Pauvre et chère enfant, je la pleurerai longtemps, longtemps je conserverai les précieux détails que vous me donnez à son sujet. Mais comment m'acquitter envers vous, ma Très Révérende Mère, envers votre saint Monastère, la bonne Mère Maîtresse qui

» affectionne aussi ma chère petite sœur ? J'en ai une preuve par
» vos détails sur le décor de sa chambre au jour de sa sainte pro-
» fession religieuse. J'ai baisé avec amour, arrosé de mes larmes
» les deux feuilles de lierre et la pensée que, ma Révérende Mère,
» vous avez eu la délicate attention de m'envoyer ; oh ! comme
» elles me disent bien la bonté de votre cœur, la tendresse de vos
» sentiments ! Merci, ma Révérende Mère, merci ! Quel précieux
» souvenir ! Ce devrait être assez, n'est-ce pas, ce semble, et cepen-
» dant... mais je n'ose exprimer mon désir de peur d'être indiscrète...
» je serais bien heureuse de posséder son chapelet, ou quelque
» médaille, ou tout autre objet pieux ayant été à sa disposition. Ma
» demande ne manque-t-elle pas de délicatesse ? Dites-le moi, ma
» Très Révérende Mère. Pauvre et chère Germaine, quel vide tu
» laisses dans mon cœur ! ! !

        » Daignez agréer, ma Très Révérende Mère Abbesse, la bien
» religieuse affection et la profonde reconnaissance de

                » Votre bien petite et bien affligée,

                        » Sœur SAINT-GERMAIN. »


Lorsque je remis à Marie-Céline la lettre de sa sœur, l'héroïque
enfant refusa d'abord de la lire : « Ma Mère, me dit-elle, nous sommes en plein carême, il n'est guère dans nos usages de recevoir de
lettres en ce saint temps... permettez que je vous rende cette lettre
sans la lire ; si je suis encore en vie à Pâques, vous voudrez bien
me la remettre alors... — Mon enfant, lui dis-je, comme il pourrait
bien se faire que vous soyez en Paradis à l'aurore pascale, il faut
absolument que vous lisiez cette lettre, afin de prendre connaissance des recommandations que vous fait votre sœur. J'aurais trop
de regrets de vous laisser partir sans que vous sachiez les grandes
intentions qui vous sont recommandées... Faites un acte de soumission. » A ce mot de soumission, Marie-Céline ne fit plus aucune
objection et elle m'écouta lire en entier la lettre émue de sa bien-
aimée sœur. Par obéissance, elle fit plus encore, car elle accepta
de dicter une lettre à l'adresse de son père et une à l'adresse de sa
sœur. Nous pensions que l'un et l'autre seraient heureux d'avoir
encore un mot de cette enfant chérie. Une sœur du Noviciat écrivit
donc sous sa dictée deux touchantes lettres.

Citons les quelques lignes adressées à son père :

« BIEN CHER PAPA,

» J'ai compris, d'après la lettre que tu as bien voulu m'écrire,
que ma sœur Lucie t'avait tenu au courant de ma maladie. D'abord
je l'avais fait prier de t'annoncer cette nouvelle, car je ne pouvais
pas écrire et je ne le puis encore. Je suis de plus en plus malade
et il n'y a plus d'espoir de guérison pour moi. Je vais quitter la
terre et m'en aller au Ciel. Tu penses bien que là-haut je ne t'oublierai pas. Que cette nouvelle ne t'afflige pas trop, cher Papa ;
je pars bien joyeuse, entourée des mille soins de nos Révérendes
Mères. Pour te donner une idée de leur bonté pour moi, que je
t'en cite seulement deux traits : Malgré la saison peu avancée, le
5 avril, elles m'ont fait acheter des fraises à 35 centimes pièce,
parce que j'avais témoigné le désir d'en manger. N'ayant pas la
force de porter ma main à la bouche, mes deux Mères elles-mêmes
me font manger comme leur petite enfant. Unis-toi à moi pour
remercier le bon Dieu de m'avoir donné de si bonnes Mères.

» Adieu, cher Papa, je t'embrasse de tout mon cœur en te recommandant de ne pas t'inquiéter à mon sujet. Je te remercie des
prières que tu fais pour moi. Veuille continuer, je t'en serai bien
reconnaissante, et te les rendrai au Ciel.

» Ta petite fille qui t'aime et qui quitte la terre sans regrets,
ayant fait à Dieu le sacrifice de tout ce qu'elle avait de plus cher
au monde... mais là-haut nous nous retrouverons... Adieu.

« Sœur CÉLINE »

A sa sœur également, la chère malade raconta l'histoire des fraises
à 35 centimes. Elle était navrée de penser qu'on avait fait pour
elle « de si gros frais... »

Son pauvre estomac ne supportait presque plus de nourriture.
« Que prendriez-vous volontiers ? » lui avais-je demandé un jour...
— « Je n'ai envie que d'une chose, dit-elle, mais c'est inutile de le
dire, car, en ce moment, vous ne pourriez me le donner. — Ayez
au moins la simplicité de le dire, » répondis-je ; elle m'avoua alors
que, depuis deux mois, elle désirait manger deux ou trois fraises...
Le lendemain même, notre T. R. Mère Abbesse demandait aux
Sœurs tourières de chercher par toute la ville les primeurs désirées
et ordonnait de les rapporter n'importe à quel prix. Marie-Céline
fut extrêmement surprise lorsque, le soir, on lui présenta cinq
grosses fraises dans un mignon panier... Elle ne savait comment

exprimer sa reconnaissance et sa joie, mais une parole indiscrète ayant révélé le prix de ces fraises précoces, la pauvre Clarisse en fut profondément affligée et nous fit de doux reproches. « J'irai en Purgatoire pour ces fraises, dit-elle,... je ne les mangerai pas tranquillement. — Rassurez-vous, lui dis-je, car tout est dans l'ordre : vous avez fait un acte d'obéissance en disant que vous désiriez des fraises et vous en faites un autre en les consommant... le reste est l'affaire de notre bonne Mère Abbesse, qui est toute charité. » La Mère Abbesse présente ajouta que, dût-elle vendre les vases sacrés pour le soulagement des malades, elle le ferait sans scrupule. Marie-Céline fut rassurée, mais elle nous supplia de ne plus faire *de telles dépenses*. On peut dire qu'elle aimait la sainte Pauvreté avec passion. Un jour qu'on l'avait transportée à la salle de Communauté pour lui procurer le bienfait d'un changement d'air, elle aperçut trois ou quatre lentilles par terre ; elle appela une jeune Sœur et lui dit : « Comment nos chères Sœurs converses laissent-elles perdre cela ? » Oh ! ramassez-le, s'il vous plaît, et portez-le à la cuisine. » Et elle ajouta : Cela me rappelle les paroles de la première Abbesse des Capucines de Lorgues : « Si une Sœur tombe, disait-elle, et casse » un grand vase plein d'huile, sans doute cela fait de la peine, car » c'est une perte ; cependant cela m'afflige moins que si je vois » gâter par négligence un grain de riz ou une lentille. Quand on a » bien l'amour de la sainte Règle dans le cœur, on est attentif à ne » pas blesser la sainte Pauvreté, comme on l'est à ne pas blesser la » prunelle de l'œil. » Ainsi Marie-Céline mourante prêchait la sainte Pauvreté. Elle voulait mourir en pauvre, en vraie pauvre... Un des premiers jours d'avril, ma T. R. Mère et moi, étant toutes deux assises près de son lit, elle demanda qu'on lui apportât la petite boîte qui renfermait sa correspondance, ses cahiers intimes qu'elle désirait voir jeter au feu et quelques images. Elle remit le tout entre les mains de sa Très Révérende Mère en lui disant : « Prenez tout, ma Révérende Mère, car je désire mourir en vraie pauvre et sans posséder quoi que ce soit. » Parmi les images renfermées dans sa petite cassette, elle en désigna deux choisies par elle depuis longtemps, pour les offrir à deux postulantes qui devaient revêtir le saint habit à la fin du mois. « Ma Très Révérende Mère, dit-elle, si j'étais déjà partie lorsque mes compagnes prendront l'habit, auriez-vous la bonté de leur remettre ces images de ma part ? » Nous le lui promîmes, les larmes aux yeux... Après qu'elle se fut ainsi dépouillée de ses derniers petits trésors intimes, elle joignit les mains et regarda le Ciel avec un angélique sourire... elle semblait dire à son Dieu : « Je n'ai plus rien sur la terre... j'attends la vie éter-

nelle... » Oh ! oui, c'était bien l'attente ; c'étaient aussi les derniers
jours de combat avant l'éternelle victoire et Marie-Céline était
alors, plus que jamais, un type magnifique des Enfants de l'Église
militante... Crucifiée par la douleur, anéantie de faiblesse, mais
forte de foi, d'espérance et d'amour, elle devait lutter à certaines
heures contre les tentations et contre le démon lui-même... Le
monstre infernal n'avait pas reculé et il faisait sentir qu'il était
là en face de Marie-Céline ; comme un chien à l'attache, il aboyait,
il provoquait, mais, comme le dit saint Augustin, ne sachant mordre que celui qui veut bien être mordu[1], il ne put jamais qu'effrayer
Marie-Céline ; il ne remporta jamais sur elle la plus petite victoire.
Mais si, d'un côté, Satan rugissait, de l'autre Notre-Seigneur
Jésus-Christ, se tenant près de sa vierge privilégiée, la soutenait
et semblait lui redire : « Aie confiance, j'ai vaincu le monde :
j'ai brisé malgré lui le sceptre du démon et l'ai affranchi de sa
tyrannie[2]. »

Cependant, quelque brisé que fût le sceptre diabolique, parfois
il effraya notre chère enfant. Un jour, qu'elle était sous le coup
d'une de ces grandes frayeurs provoquées par l'enfer en furie, elle
me pria de rester seule avec elle après la petite récréation que le
Noviciat était venu faire à l'infirmerie. « Ma Mère, me dit-elle,
j'ai peur ! Vous voyez ma faiblesse actuelle..., que sera-ce au moment de la mort... et alors quelle force aurai-je pour repousser les
démons qui reviendront sans doute plus nombreux et plus puissants
que maintenant ?... » et en disant cela, Marie-Céline pleura et
entra dans une angoisse terrible... Elle était étendue près du feu
dans sa chaise longue... je m'agenouillai à ses côtés pour être plus
près de son cœur effaré... et, posant ma main sur son front brûlant,
je lui dis : « Ma petite Sœur, oui, vous êtes bien faible, mais croyez-
vous que si quelqu'un tentait de vous précipiter dans le feu, ou si
vous y tombiez de vous-même, j'assisterais froidement à cette
scène, sans vous secourir, les bras croisés ?... — Oh ! non, Mère,
s'écria-t-elle, vous viendriez à mon secours... — Vous êtes donc
bien persuadée que je vous aime ? — Oh ! oui, dit-elle, en me souriant à travers ses larmes... — Eh bien ! mon enfant, qu'est-ce
que ma tendresse, si grande soit-elle pour vous, en comparaison
de l'amour maternel de la Très Sainte Vierge pour nos âmes ?
Qu'est mon faible pouvoir à côté de sa puissance ?... Ayez donc
confiance en Marie... non seulement elle peut vous secourir, *mais*

1. *Latrare potest, sollicitare potest, mordere omnino non potest nisi volentem.* Aug., lig. 20 *de
Civit.*, c. VIII.
2. Joan., XVI, 33.

*elle le veut...* Les démons fuiront devant elle et, abritée sous son manteau d'azur, vous vaincrez l'enfer, car, nous le disons tous les jours : *Marie est terrible à Satan comme une armée rangée en bataille !* » Cette pensée de Marie, auxiliatrice des chrétiens, rendit à Marie-Céline sa paix habituelle, mais, pour l'aider à vaincre plus sûrement l'esprit de ténèbres, je l'engageai à raconter au R. Père Thadée, le plus tôt possible, et les hardiesses du démon et le trouble accidentel de son âge.

L'expérience nous a prouvé que rien n'exaspérait davantage le monstre infernal que de révéler ses étranges fureurs : le dénoncer au Prêtre, c'est à moitié le vaincre...

La veille de la fête du Précieux sang, notre chère enfant connut la tristesse de Gethsémani et son âme eut comme un frémissement de mystérieuse douleur. Tandis que j'étais seule avec elle, se laissant aller à un de ces entretiens intimes qui lui étaient si fréquents avec sa Maîtresse, elle me dit : « Ma Mère, qu'il m'est triste de penser à quitter mes Mères et mes Sœurs... La peine m'étouffe... je voudrais pleurer... je ne puis... Je n'avais jamais connu le bonheur sur la terre sinon depuis mon entrée ici et combien j'en aurai peu joui !... O ma Mère, croyez-vous que je n'ai pas *mal au cœur* de vous quitter toutes... » Je consolai la tristesse de mon enfant chérie et je profitai de ce moment pour lui faire formuler à nouveau un acte de parfait acquiescement à la Volonté divine... Je lui fis faire le sacrifice de ces années de bonheur qu'elle avait rêvées au sein d'une famille qui était devenue si réellement la sienne... « Mettez ce sacrifice au pied de votre Crucifix, lui dis-je, et au moment de votre départ de ce monde, Jésus se souviendra de ce que vous avez déposé aujourd'hui d'amertume sur ses pieds adorables ! » La chère malade fit tout ce que je lui dis avec un sourire céleste, mais je sentais de la douleur plein son âme... et je compris ce que son *fiat* dut être méritoire aux yeux de Celui qui pèse les larmes et compte les soupirs...

Peu après, Sœur Céline me dit : « Ma Mère, j'irai au Purgatoire, car, depuis ma profession, j'ai dû faire des péchés véniels. D'ailleurs, des saints, de grands saints, ont passé par le Purgatoire, et moi qui ne suis pas une sainte, je dois y aller. » Je l'engageai à se jeter dans le sein de la Miséricorde divine, et à s'en remettre au Dieu bon, qui lui tiendrait compte de ses sacrifices et de tant de secours d'indulgences qui lui seraient prodigués... Après quelques moments d'entretien, elle était rassérénée. Le nuage avait fui de ce front si calme..., mais je restai longtemps près de la petite victime de l'amour, et je lui parlai du Sacré-Cœur « Dans votre Communion de

demain, lui dis-je, convenez bien avec Notre-Seigneur que vous
voulez rendre dans son aimable Cœur le dernier soupir de votre vie... »

Le lendemain, M. l'Aumônier apportait à Marie-Céline le Pain
de vie, le Froment des Élus ; avant de la communier, il voulut bien
lui adresser les paroles suivantes, qui correspondaient si bien à
l'état actuel de son âme, car Jésus lui était vraiment un Époux de
vrai choix ! !

« Ma chère enfant, nous lisons aujourd'hui dans le saint Bréviaire
une parole bien touchante : *Christus dilexit nos*. Le Christ nous a
aimés et il nous a lavés dans son sang. Unissez-vous de cœur à cette
fête du Précieux Sang de Notre-Seigneur Jésus-Christ que l'Église
célèbre aujourd'hui. C'est ce même Sang divin que je vous apporte.
car dans la sainte Hostie, il n'y a pas seulement le Sacré Corps de
Jésus, mais il y a aussi son Sang Précieux, le même qui a coulé
sur le Calvaire et qui coule à chaque instant sur des milliers d'autels.
Eh bien ! recevez-Le avec bonheur. Pressez cette grappe adorable,
ce Raisin divin, de vos lèvres ferventes, de vos lèvres aimantes. Il
rafraîchira votre âme, tout votre être en sera empourpré, votre
cœur et votre âme seront purifiés... »

Nous l'avons déjà dit, en appprochant de l'angélique enfant, on
ressentait des impressions du Paradis et personne n'échappait à
ces commotions célestes. De retour chez lui, M. l'Aumônier prenait
la plume et écrivait à notre Très Révérende Mère l'impression
étrange qu'il avait ressentie en communiant Sœur Céline... Comme
nous, en s'approchant d'elle, son âme avait senti le contact de la
sainteté ; ainsi le disent les lignes suivantes :


« Ma Très Révérende Mère,

» Je reviens tout ému de ma mission de charité, de ce que je
serais tenté d'appeler ma visitation au Monastère, puisque j'y
portais Jésus, dans le ciboire d'argent, comme Marie, vivant
ciboire, le portait dans son chaste sein quand elle visita sa
cousine Élisabeth.

» Il me semble que je descends du Thabor. J'ai ressenti une vive
émotion lorsque j'ai franchi le seuil de votre béni Monastère, ce
seuil devenu, en quelque sorte, sacré par vos vœux éternels de
clôture. — *hortus conclusus*, — lorsque j'ai vu s'avancer devant
Jésus, pour lui faire escorte, ces saintes cloîtrées, j'allais dire ces
saintes ombres, portant un cierge à la main, le visage voilé, les
pieds nus et murmurant la triste, mais si consolante psalmodie
du *Miserere*.

» Mon émotion s'est accrue lorsque j'ai vu notre pauvre malade
» angéliquement étendue sur sa pauvre couchette, *in lectulo*, les
» yeux baissés, dans l'attente du Bien-Aimé, les mains jointes dans
» l'attitude de l'adoration et de la prière. Avec quel saint respect
» elle écoutait, malgré sa souffrance, les pieuses exhortations que
» Jésus m'inspirait. Avec quelle sainte avidité elle a reçu le Dieu
» qui console et qui fortifie !

» Cette pensée m'obsédait, me hantait l'esprit : Je fais communier
» une sainte.

» Je le répète, ma Révérende Mère, il me semble que je descends
» du Thabor.

» En franchissant de nouveau, pour sortir, ce seuil inviolable à
» tous, sinon à Jésus et à celui qui le porte, je me répétais avec
» délices comme saint Étienne : J'ai vu un coin du ciel — *video
» cœlos apertos. Beatus homo cui cœli patebant.* — Heureux suis-je
» d'avoir été témoin d'un si beau spectacle ! *Hortus conclusus.*

A. GABARD,

» *Aumônier.* »

M. l'Aumônier ne se trompait pas, le Monastère était vraiment
devenu un coin du Ciel. Si Marie-Céline avait parfois ses heures de
Gethsémani et ses heures en croix, si elle avait ses luttes avec la
tentation et avec l'enfer, elle avait aussi de merveilleuses consolations.

Un jour, qu'étant un peu mieux, elle avait demandé d'être transportée à la salle de Communauté pour y entendre la lecture spirituelle, elle y fut enivrée de parfums célestes qui réjouirent extrêmement son âme. On lisait le récit de la sépulture de Philippa de
Gueldre ; lorsque la lectrice lut ces lignes : « Une chose advint,
digne de grande admiration, c'est que la fosse et le cercueil où elle
fut mise jetèrent une odeur si grande, si douce et si suave qu'il n'y
a senteur de rose ou de violette qui soit à comparer à cela, » Marie-
Céline, étendue sur sa chaise longue, sentit pendant quelques instants une suave odeur de violette, comme si elle eût tenu entre les
mains un énorme bouquet de violettes très parfumées. Ne sachant
d'où venait ce parfum, elle crut que quelque religieuse tenait un
bouquet de ces fleurs odoriférantes. Elle jeta sur la Communauté
réunie un regard discret ; elle vit que tout le monde travaillait et
qu'il n'y avait pas de violettes dans la salle. Alors elle se dit en

elle-même, avec une admirable simplicité : « Mais on vient de parler
de parfums de violettes dans la vie de Philippa, c'est sans doute ce
parfum que je sens... » Le soir, elle me raconta cela avec une candeur digne du prodige !

Ce n'était là que la première exhalation de ces mystérieux parfums que le Ciel allait répandre avec tant de prodigalité sur le
Monastère de l'*Ave-Maria*. Même au loin, la Fleur du Cloître exhalait
une céleste senteur. Citons-en ici un délicieux exemple :

Le mercredi Saint, 14 avril, on déposa dans le tour un magnifique
bouquet de roses blanches et de fleurs d'orangers pour l'autel de
l'infirmerie. Je le portai à Marie-Céline qui aimait beaucoup les
fleurs et qui admira cette gerbe fleurie. Une branche de fleurs
d'orangers superbe attira surtout notre attention. La détachant
du bouquet, je lui dis : « Voudriez-vous envoyer cette branche fleurie
à votre jeune bienfaitrice Marguerite qui aime tant les fleurs ? —
De tout cœur, répondit-elle, si vous croyez que cela lui soit agréable. » Aussitôt, je fus demander à notre Très Révérende Mère la
permission d'emballer la précieuse branche, et, à neuf heures du
matin, dans leur emballage de mousse et d'herbes, les fleurs d'orangers étaient jetées à la poste et partaient pour Paris ; le petit paquet
odorant portait l'indication suivante : « Envoi de Sœur Marie-Céline
de la Présentation. » Je ne me doutais pas de quelle manière mystérieuse il avait été annoncé, trois ou quatre jours avant, aux chères
destinataires. Grande fut mon émotion en recevant le Samedi Saint
les lignes suivantes, écrites par une chrétienne de vertu et de sainteté non communes dont le témoignage nous est précieux entre
tous :

Paris, Jeudi Saint, 15 avril 1897.

« MA TRÈS CHÈRE SŒUR ET MÈRE,

» En rentrant tout à l'heure de la grand'messe de communion
générale à la paroisse, nous avons trouvé le paquet adressé par
Sœur Céline à Marguerite.

Ces fleurs délicieuses ont fait un grand plaisir à Ghitte, qui a
une vraie passion pour les fleurs ; mais nous nous sommes demandé
de suite d'où elles venaient ? Étaient-elles pour orner un reposoir
dans la chambre de notre petite malade ? Irait-elle plus mal ?...

En tout cas, j'ai été moi-même bien émue. Figurez-vous qu'il
y a quelques jours, vers 3 heures du matin, je me réveille tout à
coup en pensant à petite Céline. Rien d'étonnant à cela. Mais en

» même temps une odeur délicieuse de fleurs d'orangers m'entou-
» rait de toute part. Étonnée, je me retourne pour frotter une
» allumette et mes vêtements semblaient imprégnés de ce même
» parfum ». Or, tout à l'heure, en respirant la jolie branche de fleurs
» d'orangers contenue dans la boîte, je n'ai pu dominer mon
» émotion. Je veux espérer encore que nous arriverons à Bordeaux
» avant la fin de cette chère petite enfant... » . . . . . . . .

. . . . . . . . . . . . . . . . . . . . . .

Quelque deux mois après la mort de Marie-Céline, la même personne sentait encore le merveilleux parfum et voici dans quelle
circonstance. Se résignant un jour à accepter la Volonté de Dieu
*quelle qu'elle soit*, dans une affaire de grande importance qui allait
se résoudre et pour l'heureux succès de laquelle on avait ardemment
prié la chère Envolée, le mystérieux parfum d'orangers se répandit
délicieusement dans l'appartement de Mme N... Peu après elle
apprenait l'heureuse conclusion de la grave affaire tant recommandée à Marie-Céline. Oh ! oui, cette fleur de l'*Ave-Maria* était bien
une fleur céleste, et célestes aussi sont les parfums dont elle continue à nous embaumer...

Mais avant de s'épanouir dans l'Éternité, Marie-Céline ici-bas
continuait à être un lis sur le Calvaire. La semaine Sainte fut terrible pour elle en douleurs, et nous étions persuadées qu'elle ne la
finirait pas sur la terre. Céline le pensait aussi, mais demeurait
d'un calme admirable. « J'attends, disait-elle, la Volonté de Dieu ;
quand Il viendra me chercher, je partirai ! » Un rayon de cette
paix céleste semble illuminer la petite lettre qu'elle dicta vers cette
époque à l'adresse de « sa chère Marguerite, » jeune fille de dix-
huit ans et bienfaitrice de notre chère malade.

Dieu seul !                              Sainte Claire de l'*Ave-Maria*
                                          de Bordeaux-Talence.


» Qu'y a-t-il sur la terre, qu'y a-t-il dans le Ciel que je puisse
» désirer, si ce n'est vous, ô mon Dieu ! »


Ma chère Marguerite,


» Je serais vraiment désolée de partir pour le Ciel sans avoir
» répondu à votre aimable lettre. Je vous remercie de tout cœur
» des ferventes prières que vous voulez bien faire pour moi chaque

jour, ainsi que de votre si affectueux souvenir. Je désire avec
ardeur d'aller au Ciel, et je vous promets de faire là-haut toutes
vos commissions sans en oublier aucune.

» Vous voudrez bien remercier de ma part M<sup>me</sup> votre Mère de
la bonté qu'elle a eue d'envoyer pour moi un gracieux mandat.
Il est employé à m'acheter des huîtres et des oranges. Sans doute,
ces douceurs ne conviennent guère à une pauvre Clarisse, mais nos
Révérendes Mères sont si bonnes qu'elles ne me laissent manquer
de rien. Elles sont toujours auprès de moi et me prodiguent tous
les soins que sait leur inspirer leur tendresse vraiment maternelle.
Je les aime, de mon côté, comme on peut aimer de si bonnes Mères.

» Je ne puis vous écrire moi-même ma petite lettre, parce que
ma main tremble et que je ne puis tenir la plume, mais j'ai pour
secrétaire Sœur N..., qui vous aime beaucoup et qui ne fait
qu'un avec moi. Nous sommes les deux mineures du Monastère
et il n'y a entre nous deux qu'une différence : c'est que je suis
toute blanche et que ma compagne est toute rose.

» J'ai été bien heureuse d'apprendre que vous allez venir au
Monastère le mardi de Pâques. Cette nouvelle m'a fait revivre.
J'espère que si je ne m'en vais pas au Ciel d'ici-là, je me ferai
porter jusqu'en bas pour avoir le plaisir de vous voir, car je ne
pourrais penser que vous êtes ici sans aller à vous. Si, toutefois,
j'étais déjà partie, je vous dirais bonjour du haut du Ciel.

» Adieu, chère Marguerite, je vous embrasse bien affectueusement.

» Votre petite sœur,

» CÉLINE. »

Marie-Céline ne fut pas chanter au Ciel l'*Alleluia* pascal... il
sembla, au contraire, que Dieu lui donna un renouveau de vie...
A partir du Vendredi Saint, à trois heures, un certain mieux se
manifesta. Elle demanda un peu de nourriture et, pendant quelques jours, un léger espoir nous vint de conserver encore quelques
mois au moins cette angélique petite Sœur... Cette lueur d'espérance ajouta aux allégresses alléluiatiques, et tous les amis de la
maison se réjouirent avec nous de ce qu'on n'osait appeler une
petite résurrection, mais de ce qu'on espérait être une timide amélioration.

Grande fut la joie de nos amies de Paris lorsqu'en arrivant au
Monastère, la mardi de Pâques, elles apprirent que Marie-Céline

pourrait supporter d'être transportée à la grille du chœur où la
sainte Règle les autorisait à la voir. Appartenant aux rangs de la
société parisienne la plus distinguée, Mme N...., la fervente chrétienne dont nous avons déjà parlé plusieurs fois, s'était attachée
par des liens d'une tendresse toute surnaturelle à la petite fleur
des champs de la Dordogne, elle l'aimait en mère, la comblait en
bienfaitrice, et sa fille Marguerite disait aimablement avoir en
Marie-Céline une petite sœur d'adoption. Bien touchante fut l'entrevue à la grille ; à travers les noirs barreaux de fer, M^{me} et M^{lle} N..
crurent voir passer une vision angélique, et, comme tous ceux
qui approchaient Marie-Céline, elles subirent le charme de sa
sainteté. Nous ne pouvons mieux terminer ce chapitre qu'en citant
les deux lettres que nous écrivirent la mère et la fille, quelques
semaines après la mort de notre chère enfant. Elles résument délicieusement les sentiments de leur cœur en l'émouvante entrevue
du 20 avril :

Paris, 2 juillet 1897.

« MA S... TRÈS AIMÉE,

» Vous me demandez mes impressions sur notre chère petite
» disparue... « Ce que l'on conçoit bien s'énonce clairement... »
» Je serais tentée de donner tort au poëte ; je sens au fond de
» mon cœur une affection profonde pour cette enfant à peine aperçue,
» mais il me semble presque impossible de traduire l'impression
» qu'elle m'a faite. Je me reporte avec bonheur à cette inoubliable
» date du 20 avril ; je revois par la pensée le Cloître ensoleillé, ma
» Révérende Mère Abbesse debout à la grille, et à ma droite ma
» Sœur chérie ; puis, tout à coup la porte s'ouvre et Sœur Marguerite
» s'avance portant son béni fardeau. Oh ! quel moment que celui
» où notre petite amie, soulevée à la hauteur de la grille, tourna
» vers nous sa figure angélique. On lisait clairement sur ce visage
» d'enfant les souffrances terribles qui la minaient depuis quelques
» mois ; en même temps, la joie de nous voir, la fatigue peut-être
» aussi avaient mis une teinte rosée sur ses joues amaigries. Elle
» était si jolie ainsi, si attachante. Il me semble encore l'entendre
» répondre à nos questions émues par quelques mots que la toux
» interrompait trop vite, hélas ! Vous souvenez-vous de ce geste
» charmant par lequel elle nous montra comment elle aimait et
» caressait sa Mère ?... Ses petits bras amaigris se nouèrent à votre
» cou, son cœur semblait s'élancer vers le vôtre.

» Je lui demandai de vouloir bien baiser les médailles de mon chapelet... elle en fit glisser les grains dans ses doigts effilés et les baisa toutes, puis elle me le repassa. Je saisis ce moment pour baiser à mon tour le bout de la petite main qui dépassait le barreau de la grille ; elle ne s'attendait pas à cela et sa confusion surprise dévoila la profonde humilité de cette âme d'élite.

» Nous lui parlâmes de sa profession, de cette belle cérémonie. — Vous êtes bien heureuse ? lui dis-je. — Oh ! oui, Madame, répondit-elle avec une expression saisissante. — Ma chère Sœur, vous parlerez de nous au bon Dieu lorsque vous serez auprès de Lui... — Oh ! oui, Madame.

» Cette parole résonne délicieusement à mon cœur ; j'y puise une grande force dans les luttes sans cesse renaissantes de cette vallée de larmes.

» Je fus très touchée le lendemain lorsque, venant nous faire ses adieux définitifs, hélas ! elle nous remercia en termes si émus de quelques gâteries insignifiantes que nous lui avions apportées. Il semblait à l'entendre que nous l'avions comblée ! Pauvre enfant, quand je pense que, quelques semaines plus tard, elle entrait dans l'Éternité ! Mais pourquoi la plaindre, quand le bon Dieu lui a donné la meilleure part ?

» Elle a tenu ses promesses, notre chère sainte petite Clarisse, et, depuis le 30 mai, elle nous a prouvé qu'elle parlait de nous à son divin Époux et l'invoquait pour ses amis.

» Rappellerai-je ici cette grâce précieuse que vous connaissez, obtenue huit jours après sa mort ; puis cette cause à laquelle elle s'était tant intéressée gagnée contre toute espérance, alors que le succès était presque impossible, et enfin cette dernière faveur... obtenue malgré les difficultés qui semblaient surgir à mesure que nous la demandions ?... Ce que nous pouvons affirmer, c'est que toute affaire confiée à Sœur Céline a été heureusement conduite et qu'elle a obtenu tout ce que nous lui demandions.

» Puissions-nous à notre tour marcher à sa suite et servir notre divin Maître de tout notre cœur, de tout notre esprit, de toutes nos forces et arriver au beau jour où, prosternées devant son trône, nous l'adorerons en vérité dans la compagnie de ses saints !... C'est alors que, retrouvant notre douce amie, nous pourrons lui exprimer la reconnaissance qui déborde de notre cœur.

» Je voudrais, ma chère S..., pouvoir mieux vous exprimer ce que j'éprouve en pensant à votre enfant ; mais ma plume est impuissante et ne peut que répéter que nous aimons notre Célinette de plus en plus. A mon retour de voyage, repassant dans mon

» âme les impressions de ces jours de bénédiction, et me rappelant ce
» que vous m'avez dit de la perfection avec laquelle Sœur Céline
» accomplissait chacune des actions de la journée, je me suis sentie
» poussée, je dirais presque *forcée* à vivre plus saintement, à me
» combattre avec plus d'énergie ; et, prenant Sœur Céline à témoin
» de ma résolution, je fis graver sur un anneau que je porte toujours,
» ces deux mots : « *Toujours mieux,* » et chaque fois que ma bague
» frappe mes yeux, j'entends Sœur Céline me disant : « Allons, *fais*
» *mieux !* » et j'essaie... »

. . . . . . . . . . . . . . . . . . . . . . .

A ces lignes émues et émouvantes ajoutons la lettre de Marguerite. La fille pense comme la pieuse mère et le dernier baiser de
Marie-Céline demeura, on le devine, un des plus beaux souvenirs
de sa vie.

« MA TRÈS CHÈRE MÈRE,

» Je ne veux pas attendre plus longtemps pour satisfaire le désir
» de mon cœur qui a besoin de vous exprimer à nouveau ce qu'il
» ressent pour celle de vos filles que vous aimiez tant et que le bon
» Dieu a rappelée auprès de Lui.

» En face d'un pareil sujet, je sens toute mon impuissance, et ne
» sais vraiment comment rendre la profonde et ineffaçable impres-
» sion que m'a causée Céline lorsque je la vis pour la première fois.

» Je me souviens si bien de ce mardi de Pâques passé en partie à
» l'*Ave-Maria !* de ce jour béni où j'eus le bonheur de vous voir !
» Il me semble être encore à la grille du chœur, je vous vois, debout
» à côté de mère et, juste devant moi, soutenue par Sœur Margue-
» rite, je vois la petite amie de mon cœur, notre Célinette tant
» regrettée.

» Je ne saurais rendre exactement le sentiment que j'éprouvai,
» lorsque je vis la porte s'ouvrir devant Sœur Marguerite portant
» son précieux fardeau ; quelle délicieuse créature que cette petite
» Clarisse amenée mourante devant nous ! Tout en elle révélait un
» être céleste ; je m'oubliais à la regarder, mes yeux ne pouvaient
» se détacher de ce charmant visage d'enfant, et l'impression qu'elle
» m'a causée était telle, qu'en quittant la chapelle, mon premier
» mot fut de dire à mère : « Ne trouves-tu pas que Céline ressemble
» à un ange ? »

» Chère petite Céline ! son souvenir me poursuit nuit et jour ; je
» crois toujours entendre sa voix émue remerciant mère du peu

que nous faisions pour elle, je la vois vous entourant de ses pauvres bras amaigris et vous caressant avec amour ; et quand vous lui dites : « *Lorsque vous serez au Ciel, vous demanderez du bonheur, rien que du bonheur pour ma Marguerite,* » je crois encore l'entendre répondre : « Oh ! oui ! oh ! oui ! »

Puis, je la vois encore, baisant mon chapelet et mes médailles dont le poids faisait trembler sa petite main décharnée, et nous envoyant un baiser accompagné d'un charmant sourire.

Les moindres gestes de notre petite amie, que je n'eus le bonheur de connaître que pour sentir plus vivement le chagrin que nous cause sa mort, ses moindres paroles sont gravées dans ma mémoire ; j'aime souvent à fermer les yeux et à me transporter par la pensée dans la chapelle de Talence où je la vis quelques instants ; et, si j'étais peintre, je ferais un beau tableau, la représentant dans les bras de Sœur Marguerite, sa petite tête penchée sur son épaule, un doux sourire errant sur ses lèvres, et nous envoyant d'un geste gracieux, en suprême adieu, un dernier baiser !

Voilà un sujet que je soumets au talent de N..., et maintenant je vous quitte, en vous embrassant du plus profond de mon cœur.

» Votre petite

» GHITTE. »

# Chapitre Dix-huitième.

## BÉNI TRÉPAS

Ah ! les Anges viendront me prendre
Sur mon pauvre lit de sarments ;
Ils mettront fin à mes tourments,
Ce matin j'ai cru les entendre...

Voici la fin de mes combats.
La terre n'est point ma demeure.
On m'honore : il faut que je meure !...
J'ai rempli mon rôle ici-bas [1].

EPENDANT, le mieux factice qui nous avait donné une lueur d'espoir disparut bientôt et, tandis que mai offrait à la nature ses sourires et ses fleurs, Jésus offrait à son épouse mourante le calice des dernières douleurs. A partir de la fête de l'Invention de la Sainte-Croix, ses souffrances devinrent terribles et c'était d'un instant à l'autre que nous nous attendions à la voir prendre son essor vers le lieu de son éternel repos. La toux était continuelle, la fièvre la dévorait, des crampes de poitrine la torturaient... l'oppression provoquait des crises d'étouffement qui étaient un vrai supplice, mais Marie-Céline s'étouffait en souriant... Un jour, prenant la main de notre Très Révérende Mère Abbesse, elle lui dit joyeusement : « Pendant votre absence, je m'étouffais et je croyais ne plus pouvoir respirer du tout... » et le ton de joie avec lequel elle racontait ses crises disait le bonheur qu'elle eût éprouvé à être étouffée tout de bon si c'eût été la volonté de Dieu... oh ! ce dernier soupir, qu'il lui tardait de le rendre !... « Surtout qu'on ne pleure pas

1. *Sainte Germaine*, poème par les Pères Comire et Tustes.

quand je mourrai, répétait-elle souvent, cela troublerait ma joie !... »

Pendant son noviciat, Marie-Céline s'était souvent écriée : « Je ne veux pas être une moitié de religieuse » et, ne faisant rien à demi, elle était devenue une religieuse complète... Rien ne semblait plus manquer à cette perfection acquise en si peu de temps... Marie-Céline était devenue céleste ; selon l'énergique langage de saint Augustin, il semblait qu'elle eût au milieu de la chair quelque chose qui n'était pas de la chair et qui tenait de l'ange plutôt que de la nature humaine... L'âme dominait l'infirmité du corps et son amour montait droit vers Jésus « comme une légère flamme qui s'élève d'un encensoir embaumé. » Pas une plainte ne s'échappait de ses lèvres, pas une impatience ne lui faisait rompre ce silence de paix dans lequel elle avait vécu et dans lequel elle devait mourir. Un jour qu'elle avait dû souffrir des conséquences d'un oubli involontaire, je lui demandais pourquoi elle n'avait pas parlé : « Je suis Clarisse, répondit-elle, et je ne dois plus m'écouter ; ne faut-il pas que je me mortifie ? Une religieuse ne doit pas réclamer et se plaindre comme peuvent le faire les personnes du monde. »

Chaque fois qu'on lui demandait si elle voulait passer de son lit dans sa chaise longue, se rafraîchir ou prendre tout autre soulagement, elle répondait invariablement : « Je ne dois rien décider : consultez mes Révérendes Mères : elles ont grâce pour savoir ce qu'il faut que je fasse. Tout se fera comme elles le voudront » : Un jour, je lui demandais son avis au sujet d'un objet pieux et charmant qu'on venait de lui offrir et que nous lui proposions d'envoyer, en souvenir d'elle, à une bienfaitrice du Monastère... elle me regarda avec une expression de douloureux étonnement : « Comment, me dit-elle, vous, ma Mère, qui êtes Mère Maîtresse, vous me demandez mon avis ? Les Supérieures doivent agir sans consulter les inférieures... L'autorité ne doit-elle pas commander et moi ne dois-je pas obéir ? » Et me tendant l'objet en question qu'elle tenait entre ses mains, elle me le remit avec une joie qui témoignait de son immense amour pour l'obéissance. Elle me rappela alors ce mot profond d'un saint religieux de notre Ordre s'offensant saintement de ce que son Supérieur le *priait* de remplir un emploi : « Les Supérieurs commandent, ils ne demandent pas !... »

Nos Sœurs tourières eurent le bonheur de l'entrevoir quelques semaines avant sa mort, un jour qu'on l'avait descendue sous les cloîtres pour y respirer le grand air. « N'avez-vous rien à dire à nos bonnes Sœurs ? » lui dis-je. Elle se recueillit un instant, puis elle leur dit simplement : « Mes Sœurs, obéissez toujours à nos Révéren-

des Mères et ne leur faites jamais de peine, » puis elle retomba dans
son silence habituel...

Son amour de la pauvreté n'était pas moindre que son amour de
l'obéissance : le Noviciat étant venu rendre visite à la chère malade,
les novices causèrent du beau jour de sa prise d'habit. L'une d'elles
rappela que, quelques jours auparavant, elle avait porté en la
solennité de sa vêture « le voile de Sœur Céline. » Elle appelait
ainsi le grand voile blanc qu'on avait offert à Marie-Céline le 21
novembre. La douce malade me dit en gémissant : « O ma mère,
combien cela m'attriste d'entendre dire : *Le voile de Sœur Céline...*
Vous savez bien que je n'ai rien, plus rien... que ce voile n'est pas
à moi. — Tranquillisez-vous, lui dis-je, c'est la dernière fois qu'on
parlera ainsi... Désormais nous appellerons ce voile : *le voile de
tout le monde ! !* — C'est cela, ma Mère, reprit-elle, oui... le voile
de tout le monde... Je n'ai rien, plus rien... »

Il fallait deviner les goûts et les répugnances de son pauvre estomac ; elle cachait si soigneusement les uns et les autres qu'elle n'en
laissait rien paraître, et répondait toujours par le plus gracieux
merci à tout ce qu'on lui proposait : peu lui importait de souffrir,
beaucoup lui importait d'être *vraie pauvre* jusqu'au bout... Bien
souffrir ou bien se sanctifier lui semblait tout un. Citons ici le témoignage d'une religieuse qui la comparait à « un ange aux prises avec
la souffrance. »

« Durant les nuits que j'ai veillé Sœur Céline, écrit-elle, j'ai toujours admiré son calme inaltérable, sa douce et tranquille patience.
Même dans les moments de crises aiguës, alors que survenaient des
quintes de toux violentes, douloureuses et prolongées, la sainte
petite malade savait trouver dans son amour pour Dieu le secret
de garder son angélique douceur et son silence de parfaite résignation. Jamais le moindre indice de contrariété, jamais la moindre
plainte ne s'exhalait de ses lèvres tranquilles, sur lesquelles s'était,
pour ainsi dire, acclimaté un sourire céleste. Parfois, la contemplant dans cet état qui me semblait tenir plus du céleste que de
l'humain, je me disais, ravie d'admiration : Un ange aux prises
avec la souffrance ne pourrait être plus admirable que ne l'est cette
enfant sur son lit de douleur. « Comme vous souffrez, chère Sœur,
lui disais-je parfois dans ces moments de crises ou lorsqu'elles
s'étaient calmées, et qu'il est pénible de n'avoir rien qui puisse au
moins vous soulager !... » Et la chère patiente de répondre avec un
calme parfait et un angélique sourire : « Oh ! mais ne vous désolez
pas... Le bon Dieu veut que je souffre... et s'il permet que rien ne
me soulage, moi, je ne veux pas qu'il en soit autrement... Au moins

voudrais-je *bien souffrir... souffrir très bien* ». Ensuite elle ajouta naïvement que l'heure était venue pour elle de mettre en pratique ce qu'elle s'était mêlée un jour de vouloir prêcher à son père et de mettre en pratique aussi ce que son père lui avait répondu à ce sujet. « — A votre père qui est si bon chrétien, lui dis-je, qu'osiez-vous bien lui prêcher ? Vous allez bien au moins me résumer ce sermon, bonne petite Sœur, voyons, que lui disiez-vous à ce cher papa que vous devez pratiquer maintenant ? — Oh ! le sermon n'est pas long, répliqua-t-elle gentiment. Je lui disais tout simplement : « Vois-tu, papa, le salut n'est pas si difficile qu'on veut bien le dire : pour gagner le ciel, il n'y a qu'à souffrir... Et n'est-ce pas vraiment cela ? » ajouta Sœur Céline en se tournant vers moi d'un air absolument convaincu. Mais le père compléta de lui-même la version, car Sœur Céline ajouta qu'il avait répondu par ces mots : « Oui, souffrir, mon enfant, mais tu devrais ajouter *bien souffrir.* » La réponse était digne des paroles qui l'avaient provoquée !... *Bien souffrir !* c'était ce que faisait Sœur Céline. « Elle est admirable, » dit un jour notre docteur M. Cazeneuve, en sortant de cette petite infirmerie où Marie-Céline, calme et paisible dans sa chaise longue, lui avait fait des adieux qu'elle croyait être les derniers. « Monsieur, lui avait-elle dit, je ne pense pas vous revoir, je vous dis adieu, je vous remercie des soins si dévoués que vous m'avez donnés depuis si longtemps. Croyez que je n'oublierai pas vos bontés : au Ciel, je prierai pour vous. »

C'était Dieu Lui-même qui soutenait notre chère crucifiée et l'aidait à si bien souffrir... Plusieurs fois la semaine, Jésus-Hostie sortait de son Tabernacle de bois et venait réjouir son âme. Quels jours de fête que ces jours de Communion ! En l'honneur du Lis des vallées, tout semblait en fleurs autour de Marie-Céline ; dans le cloître, à l'infirmerie, c'était un épanouissement général de l'incomparable mois des roses auquel répondaient les sourires de cette vierge en fleurs. Dans les pages charmantes d'une lettre intime, une âme de prêtre et de poète écrivit à ce sujet des lignes que nous nous reprocherions d'omettre. Ces pages sont comme la poétique photographie du cloître de l'*Ave-Maria,* au moment où Sœur Marie-Céline s'y mourait du céleste amour :

« Sainte clôture du Monastère, ah ! le monde ne vous connaît pas ! Il ne sait pas que vous êtes l'asile du vrai bonheur, autant que le bonheur est possible sur la terre. Il ne sait pas qu'en vous réside la paix, la paix la plus profonde, la paix véritable, la paix qui surpasse tout sentiment. Il faut vous avoir vue de près pour vous deviner, il faut, sainte clôture, vous avoir fran-

» chie, ne fût-ce qu'un instant, pour soupçonner vos chastes et
» ineffables ivresses.

» Sainte clôture, vous êtes le jardin des délices, le nouveau paradis
» terrestre, parce que vous êtes à l'abri du trouble et de l'agitation,
» loin du souffle pernicieux du monde. La grâce céleste circule per-
» pétuellement dans vos silencieuses enceintes comme la brise d'un
» printemps éternel. Avec l'Épouse des Cantiques, vous pouvez
» dire, heureuses cloîtrées : *Surge aquilo, et veni auster, perfla hor-*
» *tum meum et fluant aromata illius.* Retirez-vous, aquilon, venez,
» ô vent du midi, soufflez de toutes parts dans mon jardin et que
» les parfums en découlent.

» Sainte clôture, vous êtes presque à la lettre le vestibule du
» Ciel. Du cloître au Ciel, il n'y a qu'un pas.

» Il ne m'a pas été possible de traverser votre cloître béni sans
» en apercevoir les blanches arcades que tapissent de gracieux enla-
» cements de clématites et de roses, au milieu desquelles les oiseaux
» chantent, avec vous, les louanges de Dieu. *Hortus conclusus.*
» Suave jardin aussi, l'humble cellule où Sœur Céline repose. Des
» fleurs, partout des fleurs, sur les tables, sur les murailles ! *Flores*
» *apparuerunt in terra nostra.* Délicate attention ! C'est pour mieux
» recevoir Celui qui demeure et se nourrit parmi les lis, *qui pascitur*
» *inter lilia.*

» Gracieux parterre aussi, l'humble couchette de la malade que
» vous parsemez, que vous enguirlandez de roses. *Lectulus noster*
» *floridus,* dit l'épouse des saints livres. Ah ! je comprends. Comme
» cette épouse mystique, notre fiancée de Jésus, épuisée, mourante
» de faiblesse, a dit à ses Sœurs bien-aimées : Voici mon Dieu qui
» va venir, et pour que j'aie la force de le recevoir, *fulcite me floribus,*
» soutenez-moi avec des fleurs, fortifiez-moi avec des parfums.

» Des fleurs, toujours des fleurs, partout des fleurs. Il est vrai
» que Sœur Céline s'appelle aussi Germaine, comme l'angélique
» bergère qui faisait naître les roses dans les plis mystérieux de
» son tablier. Fleur terrestre, *flos campi,* Sœur Céline aspire à deve-
» nir fleur du Ciel, comme sa sainte patronne Germaine...[1] »

Notre Monastère était bien réellement le jardin fermé au sein
duquel le divin Maître allait venir cueillir une fleur de son choix...
mais de ces fleurs charmantes dont nous entourions cette nouvelle
Épouse mystique, Dieu sembla bientôt nous dire qu'elles ne suffi-
saient plus à embaumer le vestibule de son Ciel, et alors commença
une série de prodiges, pluie de parfums et chants angéliques, qui

---

1. A. Gabard, aumônier de l'*Ave Maria.*

laissaient deviner le Ciel entr'ouvert au-dessus d'une vierge sœur des anges.

Le lundi, 17 mai, vers les quatre heures du soir, Marie-Céline tomba dans une crise qui ressembla à une véritable agonie... On courut chercher médecin et confesseur ; le premier constata le danger imminent de mort où se trouvait la malade et promit de lui faire le lendemain une piqûre de morphine si toutefois elle vivait encore ; le second prodigua tous les secours spirituels à celle qui semblait si près d'expirer et il ne se retira qu'après avoir prié longuement auprès de ce lit de douleur... Marie-Céline paraissait inanimée... Avec une paille, je faisais tomber quelques gouttes d'eau sucrée et aromatisée sur ses lèvres desséchées... plusieurs fois nous nous demandâmes si elle ne touchait pas à sa dernière minute...

A un certain moment, son visage devint d'une beauté merveilleuse. Elle ne ressemblait plus à une créature humaine. Cette crise durait encore, elle semblait même avoir atteint son paroxysme lorsque, tout d'un coup, l'infirmerie et le corridor qui y conduit furent embaumés d'un parfum de roses si fort, si pénétrant qu'au dire des trois Sœurs qui le sentirent simultanément, on aurait cru être entouré d'une profusion de roses. Les religieuses qu'embaumait ainsi le merveilleux parfum étaient à genoux près du lit de Sœur Céline. Elles regardèrent autour d'elles : il n'y avait pas une fleur à l'infirmerie, pas une fleur non plus dans le corridor. A partir de ce jour, les fleurs furent supprimées autour de Marie-Céline : les parfums du Ciel étaient meilleurs, on le devine, que les plus suaves senteurs des plus odorantes fleurs, et, comme tout faisait pressentir que le prodige se renouvellerait, on voulait dûment encore le constater en supprimant tout parfum naturel. Dans la soirée, une ravissante et mystérieuse tourterelle fut aperçue sur le faîte du toit... Elle demeurait dans une immobilité extraordinaire et sur l'aile du cloître où se trouvait l'infirmerie de Marie-Céline. Elle y resta toute la nuit, le matin on la revit dans la même position. A huit heures, elle s'avança de quelques mètres et, s'arrêtant juste sur l'infirmerie au-dessus de la tête de la chère malade, elle y resta jusqu'à midi sans bouger... Le lendemain, elle reparut sur la toiture du chœur au-dessus du Tabernacle. Elle y resta plusieurs heures, puis elle disparut et on ne la revit plus jamais... Parfums et tourterelle rendaient saisissants les appels du Cantique sacré, et semblaient les réaliser parmi nous : « On entend la voix de la tourterelle ; les vignes ont donné leur parfum : Lève-toi donc, ô ma bien-aimée, ma toute belle et viens... »

Vers huit heures du soir, au moment où l'on aperçut la tourterelle, notre douce victime sortit de l'état effrayant où elle était
demeurée pendant quatre heures... Elle ouvrit les yeux, regarda
ses deux Mères qui ne la quittaient pas, et leur sourit délicieusement.

Quelques instants après, s'apercevant que les fenêtres étaient
ouvertes, elle dit à une de nos chères Sœurs converses présentes :
« Je crains que la fraîcheur du soir ne fatigue ma Très Révérende
Mère Abbesse ; ce n'est pas à cause de moi qu'il faut faire souffrir
ma Révérende Mère. » Notre Révérende Mère s'opposa à ce que
les fenêtres fussent fermées ; il fallait de l'air à la pauvre mourante
et, en dépit de ses charitables observations, on cherchait à lui en
donner le plus possible. Comme elle s'étouffait dans son lit et que
tout son corps meurtri ne pouvait plus supporter la chaise longue,
je lui offris de venir se reposer dans mes bras. Elle était si peu
pesante que je la gardai longtemps ainsi entre mes bras ; non certes,
il ne me pesait pas mon angélique fardeau ! Près d'une fenêtre donnant sur le jardin nous regardions le ciel, le beau ciel étoilé d'une
nuit de mai et nous causions éternité... « Ma Mère aimée, me dit-
elle, à un certain moment, d'un air anéanti : Je suis l'infirmité... —
Oui, repris-je, mais bientôt vous serez la force dans la gloire... »

Du 17 au 30 mai, on peut dire que la pauvre mourante avait
chaque jour plusieurs heures de véritable agonie. Pendant ce temps,
son visage se décomposait ou parfois il devenait si beau que c'était
comme un reflet du Ciel qui semblait briller sur ses traits et les
irradier... Elle demeurait ainsi des heures entières entre la vie et
la mort, le cierge bénit flambant à côté d'elle, et nous, agonisant
au pied de ce lit où s'éteignait cette précieuse existence. En sortant
de ces crises dont chacune pouvait être mortelle, elle avait des mots
charmants pour ses deux Mères qui ne la quittaient pas... « N'est-ce
pas une pratique d'admirable charité — nous disait-elle — de vous
assujettir ainsi auprès de moi ? » et, avec une délicatesse charmante,
elle nous faisait voir de la vertu où nous ne trouvions que de la joie
et du bonheur, car la seule consolation à notre douleur c'était de
lui prodiguer nos soins maternels...

Pendant ces treize derniers jours, ma Très Révérende Mère et
moi ne quittâmes pour ainsi dire plus la céleste languissante...
Notre vénérée Abbesse, souffrant alors beaucoup de douleurs qui
l'empêchaient de se baisser facilement, trouvait plus commode de
se mettre à genoux pour panser la plaie cruelle qui s'était formée
à la jambe de la pauvre martyre. Qui dira la confusion de Marie-
Céline lorsqu'elle voyait son Abbesse lui prodiguer ainsi à genoux

les services les plus maternels ! Son humilité en était aux abois...
et sa reconnaissance se traduisait de mille manières. Souvent elle
nous prenait les mains, les baisait avec tendresse et nous disait :
« Laissez-moi baiser ces mains : elles sont pour moi pleines de bienfaits... »

Bien grande aussi était sa reconnaissance pour une personne dont
la générosité et le dévouement, au-dessus de tout éloge, pour-
voyaient à tous les derniers besoins de sa pauvre existence. Chaque
matin, cette aimable bienfaitrice venait demander au parloir ce
qui pourrait être agréable à la douce malade, et c'était chaque jour
qu'elle arrivait chargée de douceurs nouvelles, preuves de sa touchante affection pour une Clarisse mourante...

« Dites bien de ma part à Mme F... que je suis profondément
touchée de semblables attentions, me disait-elle souvent... au ciel
j'espère acquitter envers elle ma dette de reconnaissance, en priant
Dieu de la combler de ses faveurs de choix... »

Le dévouement de nos Révérends Pères Franciscains et de M. l'Aumônier la touchait plus que nous ne saurions le dire... « Au ciel, je
n'oublierai personne, disait-elle... je prierai beaucoup pour tous
ceux qui m'ont fait du bien ici-bas... » Notre Très Révérende Mère
Abbesse lui ayant dit qu'elle allait écrire à Monseigneur le Cardinal
pour lui demander de lui envoyer sa bénédiction, elle en éprouva
une sorte de confusion... « Je serais bien heureuse de recevoir la
bénédiction de notre vénéré Cardinal, dit-elle, mais pourvu que
cela ne dérange pas Son Éminence. Voyez-vous un Cardinal se
déranger pour un petit je ne sais pas quoi comme moi ! ! »

« — Que croyez-vous être ? lui dis-je. — Ce que je suis, répondit-
elle, avec une humilité qu'il est impossible de rendre, ce que je suis ?
un petit vase de pourriture ! »

Chère enfant, voilà les sentiments qu'elle avait d'elle-même...
Oh ! comme elle était loin de se douter qu'elle était un encensoir
embaumé. Mais si Dieu lui cachait ainsi sa ravissante beauté
physique et morale, il la dévoilait de plus en plus à ceux qui s'approchaient d'elle... Impossible de rendre l'émotion dont on était saisi
en entrant dans cette petite salle où s'opéraient de célestes merveilles... M. l'Aumônier lui-même ne pouvait s'expliquer quelle
vertu secrète sortait de cette âme blanche comme la neige et em-
brasée d'un feu consumant.

Le 20 mai, il ne put s'empêcher de communiquer à notre Très
Révérende Mère les impressions extraordinaires qu'il ressentait
de plus en plus en approchant de la malade.

Ses impressions étaient celles de la communauté :

« Bien des fois **déja**, écrit-il, j'ai porté la sainte Eucharistie à
» Sœur Céline, et, loin de s'émousser en moi, l'émotion que je res-
» sens ne fait qu'augmenter chaque jour. Durant le cours de ma vie
» sacerdotale, j'ai souvent accompli ce pieux ministère, mais jamais
» je n'ai ressenti ce que j'éprouve auprès de cette séraphique enfant.

» Je le veux bien, je subis l'influence du milieu impressionnant
» dans lequel je me trouve, mais cela n'est pas suffisant pour expli-
» quer les suaves transports qui agitent mon âme, quand j'approche
» d'elle, quand je lui parle et que je dépose Jésus-Christ sur ses
» lèvres palpitantes.

» J'éprouve quelque chose de cette suavité que ressentaient les
» disciples d'Emmaüs, auprès de Jésus-Christ : *Nonne cor nostrum*
» *ardens erat ?* Il sort du cœur de cette enfant, comme du Cœur
» de Jésus, une vertu secrète qui agite l'âme délicieusement.

» Vous l'avez vu, ma Révérende Mère, j'ai été impressionné
» jusqu'aux larmes, et ces larmes étaient douces comme celles de
» ma première Communion et celles de ma première Messe.

» Il y a, dans cette frêle créature, une telle intensité d'amour
» pour Dieu, qu'une sorte de rayonnement se produit autour d'elle.
» Vous l'avez éprouvé, ma Révérende Mère. Pour moi, j'en suis
» atteint, j'en suis pénétré comme d'un phénomène physique. C'est
» comme le feu d'un foyer ardent et intérieur qui passe à travers
» l'enveloppe matérielle.

» A. GABARD,

» *Aumônier.* »

Tandis que Marie-Céline souhaitait de voir tomber au plus tôt
cette enveloppe matérielle qui la retenait prisonnière ici-bas, ceux
qui l'aimaient bénissaient le Seigneur de la conserver encore quelque temps à la terre. Écoutons Marie de Saint-Germain :

« MA PETITE SŒUR DE PLUS EN PLUS CHÈRE,

» Je bénis le Seigneur de ce que, dans sa miséricordieuse tendresse,
» il prolonge assez tes jours pour me donner la si légitime satisfac-
» tion de m'entretenir encore un peu avec toi. Je ne te demanderai
» pas de tes nouvelles ; je comprends trop, hélas ! ce qu'elles peu-
» vent être ; te parler d'ailleurs de vie, de retour à la santé, te serait
» pénible à lire, ton sacrifice étant fait depuis déjà longtemps. Que

tout, aujourd'hui, dans ton cœur et dans le mien, cède à la reconnaissance et à l'amour que nous devons à Dieu, pour les grâces
de choix dont il s'est plu à enrichir ton âme. Si sa volonté sainte
prolonge tes souffrances, c'est, sans doute, pour te donner l'occasion
d'épurer entièrement ton cœur, pour se trouver, à ton départ de
ce monde, dans l'heureuse nécessité de ceindre sans retard ton
front de la triple auréole de la Pauvreté, de la Chasteté et de l'Obéissance. Courage donc, ma chérie, courage ; encore quelques heures
de souffrances, et sonnera pour toi l'heure de la délivrance. Jésus,
ton noble et fidèle Époux, t'ouvrant ses bras comme à sa fidèle
épouse, t'introduira dans la Jérusalem céleste parmi les heureux
chœurs de ses élus. Oh ! ne nous oublie pas, nous si exposés au
milieu du monde ! veille surtout sur nos deux frères, lancés sans
appui dans le tumulte d'un monde corrompu et corrupteur.

» La grande, l'extrême bonté de tes bonnes Mères me touche de
plus en plus et d'autant plus que je ne puis rien en retour de si
grands bienfaits. Je compte sur toi pour leur obtenir du Ciel la
récompense due à leur dévouement vraiment maternel. De mon
côté, le faible tribut de mes prières ne leur fera pas défaut, mais
elles sont si imparfaites que je me demande de quelle puissance
elles peuvent bien être. Assure-les du moins, ma chère petite
sœur, de ma reconnaissance et de mon amour ; il me serait si
doux de te rendre moi-même les soins que réclame ton état.

» Encore une fois, à Dieu, ma chère petite sœur ; auprès de Lui
n'oublie personne. Parle aussi de nous à Marie, si véritablement
notre bonne mère depuis que la mort nous a ravi notre bien-
aimée maman. Je ne sais comment est « l'au-delà, » mais, si c'est
possible, jette-toi tout entière dans les bras et sur le cœur de cette
chère maman que je n'ai plus revue ici-bas depuis l'âge de treize
ans ; et dis-lui de ne point m'abandonner, et toi, ma Germaine,
joins aussi pour moi tes supplications aux siennes ; bien des
larmes amères et solitaires s'échappent de mes yeux ; si tu pouvais lire tout ce qui se passe en moi !

» Allons, à Dieu, ma bien-aimée petite sœur Céline, à Dieu !
dans son amour je t'embrasse du fond de mon cœur et te supplie
de prier pour moi.

» Ta sœur qui t'aimera toujours.

» Sœur SAINT-GERMAIN. »


Marie-Céline se berçait du doux espoir que Dieu l'appellerait
à Lui le jour de ses dix-neuf ans... et cette pensée lui donnait des

forces extraordinaires pour supporter ses intolérables douleurs qu'on ne soulageait plus que par des piqûres de morphine. Le 19 mai, elle me dit : « Ma Mère, lorsque j'étais à Nazareth, tous les dimanches soirs, en faisant mes dévotions, je demandais la grâce d'être religieuse et, un jour, je dis au Seigneur : « Mon Dieu, faites-moi religieuse et puis après, si vous le voulez, *faites-moi beaucoup souffrir*, mais que je sois religieuse !... Oh ! oui, mon Dieu, faites-moi mourir religieuse !... Aussi, ai-je toujours pensé que c'était bien inutile de demander ma guérison, parce qu'en m'envoyant cette maladie, Dieu m'a envoyé ce que je lui avais demandé... Cependant, lorsque je demandais à Dieu de beaucoup souffrir après ma profession, je pensais être atteinte surtout par les épreuves morales... — Ma pauvre petite enfant, lui répondis-je, il ne faut pas alors vous étonner de tant souffrir : vous payez le bonheur de votre vocation religieuse et ce bonheur nous ne le payerons jamais trop cher. — O Mère, c'est vrai, répondit-elle, mais je ne voudrais pas le faire payer aux autres. » Et, avec un air désolé, elle s'excusa du mal qu'elle nous donnait... Et moi je lui parlais de mon bonheur de lui avoir servi de mère... « Chère Mère, me dit-elle, je vais donc vous quitter ; il ne faut pas que je pense à la séparation... Oh ! quel sacrifice : quitter mes deux Mères... »

Alors je l'embrassai et, pour cacher mes larmes, je m'éloignai d'elle un instant...

Au sortir d'une crise affreuse, on lui proposa un abricot : elle hésita, refusa même. Je lui demandai la raison de ce refus qui m'étonnait beaucoup, sachant que ce fruit était celui qu'elle préférait à tout autre. « Eh bien, répondit-elle tout bas de sa voix mourante, les abricots, en ce moment, sont des primeurs et ce fruit est trop cher pour une pauvre. Du reste, c'est le premier abricot, qui paraît au Monastère, je trouverais plus convenable qu'il fût porté à la table de ma Très Révérende Mère Abbesse... — Il serait encore mieux que vous obéissiez et que vous me procuriez le plaisir de vous voir accepter ce fruit, » dit notre Très Révérende Mère qui arriva pendant ce débat charmant...

A partir de ce moment, la chère malade accepta sans scrupule les abricots qu'on lui offrit. Un demi abricot et trois ou quatre fraises, voilà ce qu'elle prenait dans tout un jour : ce n'était rien, mais dans son humilité, Marie-Céline trouvait que c'était trop...

Un jour que je déposai une fraise parfumée sur ses lèvres desséchées, — il y avait douze heures qu'elle n'avait rien pu accepter, — elle avala non sans difficulté le fruit savoureux, puis fermant les yeux et joignant ses petites mains sur sa poitrine, elle s'écria :

« Mon Dieu, je vous remercie de me donner ce que je n'ai pas
gagné... — Mon enfant, lui dis-je, personne ne gagne les bienfaits
de Dieu : il nous en comble gratuitement... Recevez-les en paix...
Nous sommes les enfants de sa Providence. »

Le lendemain, je demeurai seule avec elle pendant la Messe.
S'apercevant que je tombais de fatigue et de sommeil, elle me dit :
« Oh ! comme vous avez l'air malade ! — Ce n'est rien, répondis-je,
c'est une forte migraine, voilà tout. » Au bout d'un moment,
elle reprit : « Il vous faudrait boire une tasse de café noir et vous
seriez soulagée. » Cette idée de la pauvre mourante me fit penser
qu'elle-même accepterait peut-être volontiers un peu de café.
— « Ce qui me ferait surtout du bien, lui dis-je, serait de vous en
voir prendre vous-même. » Elle sourit sans répondre ! « Je suis
sûre, m'écriai-je, que vous en prendriez volontiers... et nous nous
épuisons depuis huit jours en recherches pour savoir quoi vous
offrir et surtout quoi vous faire accepter... » — « Ma Mère, me dit-
elle, en confidence, voilà bien plusieurs jours en effet que j'en ai
envie, mais il me semble que le prix du café n'est pas en rapport
avec la pauvreté que j'ai choisie... — Oh ! lui répondis-je, comme
j'aurais envie de vous gronder pour m'avoir caché ce désir !... Au
même instant, Mère Portière entra et vint demander de la part de
Mme F... ce qu'elle pouvait apporter à la malade qui lui ferait plaisir...
« Du café », m'écriai-je aussitôt et, deux heures après, la généreuse
bienfaitrice envoyait au Monastère le meilleur café des Antilles...
Marie-Céline en prit une tasse en me faisant de doux reproches.

Notre chère malade avait une grande confiance en saint Bernardin de Sienne... elle le suppliait de venir la chercher dès l'aurore
de sa fête, le 20 mai...

La veille, des parfums enivrants s'étaient répandus dans l'infirmerie ; la religieuse qui gardait alors Marie-Céline les avait sentis
pendant vingt minutes. La nuit suivante, tandis que Marie-Céline
soupirait après sa dernière heure et répétait cette petite invocation
qu'elle s'était composée :

> O cher saint Bernardin,
> Tirez-moi par la main,

les religieuses qui psalmodiaient au chœur les *Matines* de l'Apôtre
du Saint Nom de Jésus, furent très étonnées d'entendre la psalmodie d'êtres invisibles pendant que se lisaient au pupitre les trois
leçons de la Légende de saint Bernardin. En même temps, la Sœur
qui lisait les leçons était inondée d'une grande consolation inté-

rieure. Les autres religieuses soulevèrent leurs voiles et regardèrent de côté et d'autre, mais elles durent se contenter d'ouïr cette merveilleuse psalmodie sans rien voir. Ce fut pendant cette nuit que la malade eut des crises terribles, à la fin desquelles ma Très Révérende Mère et moi croyions être sur le point de recevoir son dernier soupir. Dès qu'elle pouvait parler, on l'entendait murmurer : « Saint Bernardin, prenez-moi par la main et emmenez-moi au ciel ! »

Le lendemain, une novice va faire la sainte Communion en pensant à sa petite Sœur Céline si près du ciel. En montant à la sainte table, elle est éblouie, et à tel point, qu'elle en fait presque un faux pas. Elle reçoit la sainte Hostie, pense encore à sa Sœur Céline, et l'Hostie semble changée en feuille de rose qui lui embaume la bouche.

La même novice écrivit plus tard : « Le 24 mai, fête de Notre-Dame Auxiliatrice, je faisais la Sainte Communion pour ma chère Sœur Céline. C'était son anniversaire de naissance... le jour de ses dix-neuf ans. Dès que j'eus avalé la Sainte Hostie, ma bouche fut remplie d'eau de roses jusqu'au moment de la bénédiction du Très Saint Sacrement qui suivit la Messe... Faisant partie du chœur de chant, je fus très embarrassée lorsqu'il fallut chanter le *Sub tuum* et le *Tantum ergo* : j'avais les lèvres très sèches et la bouche remplie d'eau parfumée. Après la bénédiction, il ne me resta plus que le parfum pendant un instant... »

Cette novice n'était pas seule à témoigner des merveilleux parfums ; ils continuaient à se répandre à l'infirmerie et au chœur.

Mais tandis que les anges se préparaient à célébrer le triomphe de leur petite Sœur, la vierge Céline, celle-ci souffrait de plus en plus et se désolait de voir que saint Bernardin avait laissé passer sa fête sans l'emmener là-haut célébrer, dans les « perpétuelles éternités, » le triomphe du Saint Nom de Jésus... Elle vivait d'un jour à l'autre de l'espoir de mourir, et chaque jour ses espérances étaient déçues... Le 21 mai, qui était un vendredi, elle avait supplié Jésus crucifié de la faire mourir dans les bras de sa Croix... A trois heures de l'après-midi, elle m'appela : « Ma Mère, me dit-elle, il est trois heures... et je suis encore là... Je pensais partir sûrement aujourd'hui... — Prenez patience, lui dis-je, c'est peut-être Notre-Dame Auxiliatrice qui viendra elle-même vous chercher. » Peu après, elle retomba dans cet état de prostration qui la laissait inanimée entre nos bras. Nous aussi nous étions au Calvaire avec cette douce victime de Jésus crucifié...

Le surlendemain soir, 23 mai, Marie-Céline ayant pu supporter
d'être transportée dans un autre lit pendant qu'on faisait le sien, nous
remarquâmes une grosseur, énorme comme la tête d'un enfant, qui
envahissait le côté gauche de la poitrine. Depuis plusieurs jours, nous
avions bien remarqué quelque chose d'anormal du côté du cœur, mais
nous avions pris cela pour un gros pli de l'habit de bure et nous
n'avions pu nous en rendre compte, la pauvre malade ne pouvant
même supporter d'être changée de position... Quant à Marie-Céline,
elle était si ignorante de son corps, qu'elle s'était bornée à subir la
souffrance sans remarquer l'horrible grosseur. Cette grosseur disparut à sa mort, mais on devine ce que souffrit la pauvre martyre.

Joignons à cela des plaies envenimées, des étouffements perpétuels et des douleurs atroces des pieds à la tête... Malgré la chaleur
de la fin de mai, Marie-Céline ne voulut jamais quitter l'habit de
bure qu'une Clarisse doit porter nuit et jour... « Notre saint habit !
disait-elle, quel bonheur de mourir dans l'habit de l'Ordre ! ! ! »

Le 24, jour de la fête de Notre-Dame Auxiliatrice, Notre Très
Révérende Mère offrit à Marie-Céline une magnifique clématite
blanche en l'honneur de ses dix-neuf ans... La clématite resta
toute la journée sur son oreiller, elle était comme un symbole de
la blancheur de son âme, et c'était comme une auréole de pureté
autour de sa tête brûlante et de son cœur embrasé...

Dans la journée, notre excellent docteur vint lui faire une piqûre
de morphine. Surprise par la sensation qu'elle en éprouva, elle eut
un soubresaut... « J'avais cependant bien promis au bon Dieu,
avant la venue de M. Cazeneuve, de ne pas bouger du tout, » me
dit-elle tout bas ; puis elle ajouta : « Veuillez demander au docteur
s'il y en a encore pour longtemps, ne sera-ce pas bientôt fini ?... »
Avec une bonté exquise, M. Cazeneuve lui répondit qu'il était de
son devoir de chercher à prolonger ses jours par tous les soins possibles. « Allons, lui dis-je, encore patience, ce sera peut-être pour
l'Ascension. — Pourquoi attendre l'Ascension ? soupira-t-elle;
après on dira la Pentecôte... O mon Dieu, quand donc verrai-je
s'ouvrir le Ciel ?... »

Cette journée de ses dix-neuf ans se termina dans d'atroces
souffrances, dans des affres terribles... « *Que ce petit bout de moi
meure !* » s'écriait, presque en râlant, la pauvre petite mourante.
Puis, craignant de manquer de résignation, on l'entendait dire
ensuite : « Quand le bon Dieu voudra ! Comme il voudra !... »

Plusieurs personnes s'étaient unies à nous pour demander ce
jour-là un *miracle* à Notre-Dame de Lourdes. Que de prières, que
de communions ferventes faites ici et ailleurs pour tenter de forcer

Dieu à nous laisser cette incomparable religieuse ! Mais Dieu semblait nous dire par des voix mystérieuses : « Ne dérangez pas, ne réveillez pas ma bien-aimée qui veut s'endormir de l'éternel sommeil ...» et la mort continua à approcher...

On s'aperçut un jour que Marie-Céline avait un pied chaud et que l'autre semblait être déjà d'un froid cadavérique... « Cela veut dire que j'ai un pied ici et l'autre dans la tombe, » dit-elle avec un calme non pareil ; et la Sœur converse de service à l'infirmerie se retirant à ce moment pour aller au chœur, elle lui dit sur un ton d'affectueux reproche : « Vous ne priez pas pour que j'aille au ciel ? demandez donc au bon Dieu de me prendre... »

Sur ces entrefaites, nous reçûmes de Paris une lettre qui nous arracha des larmes d'attendrissement : Mme N..., en allant recommander Marie-Céline à Notre-Dame des Victoires, s'était sentie poussée à offrir à Dieu un sacrifice héroïque pour racheter la vie de cette vierge Clarisse qui se mourait à Talence...

« Tous les jours, je refais mon offrande, écrit Mme N... et tous » les jours Marie-Céline est plus malade... Qu'arrivera-t-il ? Que » la volonté de Dieu s'accomplisse en tout !... Avec vous je me pen- » che sur ce lit d'agonie, je suis le progrès du mal impitoyable, » j'admire l'héroïque patience de notre chère petite Céline et je » souffre de ne pouvoir rien pour la soulager, rien que prier.

» Comme je vous le disais lundi, je suis allée à Notre-Dame des » Victoires, j'ai glissé mon cierge au milieu des innombrables » lumières qui révélaient tant de supplications, puis, agenouillée » à la table de Communion, j'ai fait mon offrande à notre Mère du » Ciel... Tout à coup, dans le silence profond, l'orgue résonne et » des centaines de voix entonnent le « *Magnificat...* » C'était l'exer- » cice du mois de Marie qui commençait. A ce moment-là j'ai cru, — » mais je n'étais qu'une présomptueuse — que la Sainte Vierge » nous accorderait la guérison de Célinette... Enfin, elle sait mieux » que nous où est la plus grande gloire de son Fils... »

.   .   .   .   .   .   .   .   .   .   .   .   .   .   .   .   .   .   .   .

Lorsque Marie-Céline sut à quel prix Mme N... tentait pour elle un miracle de guérison, elle en fut profondément touchée, mais elle protesta énergiquement... « Je suis très émue, dit-elle, de l'héroïsme de Mme N..., mais il vaut mieux que son sacrifice ne soit pas accepté et que moi j'aille au Ciel..., oui, il vaut mieux que je meure, mais dites bien toute ma reconnaissance à Mme N..., dites-lui aussi que, en allant au Ciel, je me souviens des commissions qu'elle m'a recommandé d'y porter !»

Le mercredi 26 mai fut une véritable journée de Purgatoire pour la pauvre petite mourante. « *J'ai le corps plein de feu,* » s'écriait-elle... On ne peut pas se faire une idée de ce qu'elle souffrit en cette veille d'Ascension. « Mère, me dit-elle de grand matin, est-ce que les piqûres de morphine coûtent bien cher ?... Si non, pourrait-on m'en faire une ?... » Ainsi, au milieu de ses agonies, cette parfaite amante de la pauvreté ne voulait accepter de soulagement qu'après s'être renseignée sur le prix des remèdes... Je lui dis de ne pas se préoccuper de la cherté de la morphine, mais je lui fis comprendre qu'elle était trop faible pour supporter plusieurs piqûres de suite.

Elle ne dit plus rien et retomba dans un état qui avait tous les caractères de l'agonie, la figure était décomposée et tout semblait annoncer la mort. Cependant, un doux sourire illuminait son visage. Nous lui proposâmes de recevoir Jésus-Hostie. Elle accepta avec joie. M. l'Aumônier lui apporta le Pain de Vie, à 8 heures. Je restai avec elle : nous commentâmes, pour sujet de l'action de grâces, ces paroles consolantes de l'Évangile du mardi des Rogations : « Cherchez et vous trouverez... frappez et il vous sera ouvert... demandez et on vous donnera... » « O Jésus, disais-je en son nom, je n'ai jamais cherché que vous : faites que je vous trouve... ô Jésus, je frappe à la porte de votre Ciel à la veille de votre Ascension, ouvrez à votre petite épouse... elle se meurt du désir de vous voir... chaque fois que j'ai frappé à la porte de votre Tabernacle, vous m'avez répondu... aujourd'hui encore vous venez à moi... mais c'est le Ciel qu'il me faut maintenant ! Après l'Eucharistie, le Ciel... » Notre Très Révérende Mère Abbesse entra alors à l'infirmerie. Je proposai à la petite épouse de Jésus de renouveler ses grands vœux entre ses mains... Elle accepta et, tandis qu'elle joignait ses mains entre celles de notre Vénérée Mère, je prononçai lentement la formule des Saints Vœux au nom de celle qui allait consommer là-haut les noces éternelles. Quand j'eus achevé, notre Très Révérende Mère, souriant à la malade, lui promit la vie éternelle de la part du Dieu vivant et selon son inviolable ordonnance... Notre chère enfant était radieuse, on sentait présent en son cœur, Jésus, Soleil de Justice... Nous continuâmes notre action de grâces : « Mon Dieu, disais-je pour elle, je vous demande la vie éternelle... et je sais que vous me la donnerez ! Déjà vous m'avez donné le centuple par toutes les grâces que j'ai trouvées dans la vie religieuse.. Soins, affections, faveurs spirituelles... merci mon Dieu... maintenant j'attends la vie éternelle... Attirez-moi à vous, Jésus, en la solennité de votre Ascension glorieuse... »

Quand nous eûmes fini, on dut procéder à des pansements douloureux... La main si douce de notre Révérende Mère semblait alléger ses souffrances... « Je vous remercie, lui dit-elle, au nom de tous mes parents »... Puis, se retournant vers moi : « Comme vous avez la figure fatiguée !», me dit-elle. Je la suppliai de ne pas penser à ma fatigue, mais à la sienne si cruelle.

Nos Révérends Pères Franciscains furent, comme M. l'Aumônier, d'un dévouement au-dessus de tout éloge, dans les services spirituels qu'ils offrirent à la malade. Le R. P. Père confesseur venait souvent lui renouveler le bienfait de l'absolution.

Connaissant quelque chose de la rage infernale contre cette blanche colombe, il redoutait un assaut diabolique au dernier moment, il nous en avait même secrètement prévenues. Ses prévisions se réalisèrent à la lettre comme on le verra bientôt. Cependant, la conscience de notre chère enfant était d'un calme parfait... Très brève, d'ordinaire, dans ses confessions, il arriva même qu'à la fin de sa vie, elle n'avait plus rien à déclarer : « Ma Mère, me dit-elle, le jour de l'Ascension, le R. Père m'a dit qu'il reviendrait demain me confesser, mais que dirais-je, ? Je n'ai rien à dire... Hélas ! dit-elle à un autre moment, le juste pèche sept fois le jour, mais moi je suis si aveugle que je ne vois pas mes péchés !... »

Plusieurs fois, dans ses grandes crises, je lui demandai si elle était tranquille, heureuse, si elle désirait le Confesseur. Sa réponse était invariable : rien ne la troublait, rien ne l'ennuyait...

« Oh ! qui me donnera des larmes ! s'écriait-elle un jour au milieu d'atroces souffrances... C'est affreux de ne pas pouvoir pleurer... Des larmes ! des larmes ! Donnez-moi des larmes !!!... — » C'était une de ses grandes tortures de ne pouvoir pleurer... il lui semblait que verser des larmes aurait été un soulagement, mais la nature s'obstinait à les lui refuser... Un jour qu'elle répétait : « Oh ! qui me donnera des larmes ? » je lui demandai avec tendresse : « Pourquoi vouloir tant pleurer... serait-ce d'ennui ?... — Oh ! non, me répondit-elle, ce serait plutôt de bonheur !... »

Le jour de l'Ascension, à minuit, elle se livra à l'espérance de finir au Ciel cette journée bénie : « Mon Dieu, s'écriait-elle, prenez-moi, je vous en supplie... emmenez-moi... » A l'aurore, elle demanda à notre Très Révérende Mère Abbesse de lui ordonner d'aller au Ciel... « Envoyez-moi au Ciel !... Je ne cherche que les biens éternels, mais les périssables, je n'en veux point... Oh ! le Ciel... » Dans l'après-midi, elle demanda l'heure ; on lui dit : trois heures vingt... « Oh ! mon Dieu, que c'est long, dit-elle, heureusement que mes Mères sont là... » Elle ajouta : « Le Ciel ! Le Ciel est mon partage ! ! !»

Vers quatre heures, il plut beaucoup, de gros nuages noirs s'amoncelaient à l'horizon... « Quel temps pour un jour d'Ascension ! me dit Céline. — Vous voyez, lui dis-je en souriant, que si vous étiez partie aujourd'hui, vous auriez eu un trop mauvais temps pour monter là-haut... il vaut mieux attendre ! ! ! — O Mère, répliqua Céline avec un fin sourire tout plein d'humilité, ce temps est bien assez beau pour moi... Je m'en serais contentée... » Sa voix s'affaiblissait de plus en plus... et elle ne supportait aucune espèce de liquide ou d'aliment... Elle faisait pitié à voir...

Depuis une dizaine de jours, je récitais journellement tout haut à ses côtés, les prières de la recommandation de l'âme à la suite desquelles notre Très Révérende Mère, qui ne la quittait pas, l'exhortait merveilleusement à se confier au Cœur de Jésus et à dire à son divin Époux : « Seigneur, je mourrai quand vous voudrez : ni une minute plus tôt, ni une minute plus tard que l'instant réglé par votre divine volonté... »

Un jour, après les prières de la recommandation de l'âme, elle demanda qu'on lui chantât le cantique des désirs du Ciel : c'était un joyeux appel à « sa sœur la mort » :

> On m'entendra comme la tourterelle,
> Toujours gémir dans ce bannissement,
> Toujours me plaindre et soupirer comme elle,
> Si je ne vois Jésus, mon cher Amant !
>
> O douce mort ! sans tarder davantage,
> Daigne finir mon trop malheureux sort.
> Fais que mon corps, par un heureux naufrage,
> En périssant, mette mon âme au port !
>
> Heureux moment qui dois briser mes chaînes,
> Me délivrer de ma captivité,
> Quand viendras-tu m'affranchir de mes peines,
> Quand vous verrai-je, éternelle beauté !
>
> Ah ! pour vous voir permettez que je meure.
> Divin Jésus ! c'est trop longtemps souffrir...
> Je ne vis plus, je languis à toute heure,
> Et je me meurs de ne pouvoir mourir !

C'était le chant du cygne, il irrita l'enfer qui répondit aux appels célestes de la Vierge mourante par le sifflement infernal de ses monstres.

L'avant-veille de sa mort, à une heure du matin, Marie-Céline, qui ne dormait pas, entendit à son oreille, tout près de sa joue, l'horrible sifflement d'un serpent. La religieuse, qui était assise à côté d'elle, l'entendit également. La malade fit un soubresaut et dit à la religieuse qui était près d'elle : « Maintenant qu'il ne tape plus, il va siffler et faire le serpent. » Le serpent infernal ne fit pas que siffler ; il osa bien faire sentir son affreux contact à la pure colombe dont en vain il voulait faire sa proie. Quel martyre ! ! Marie-Céline se tordait dans son lit : « Je vous assure qu'il est là ! » criait-elle, puis, finalement, elle s'écria : « Il est sous le lit maintenant ! »

Notre chère victime n'avait plus que deux jours à passer sur la terre, la fin de l'exil approchait... les souffrances redoublaient. Consumée par une soif ardente et ne pouvant supporter une seule goutte d'eau, c'était un vrai martyre, qu'elle endurait... « Je boirais la mer et les poissons, s'écriait-elle, et je ne peux pas seulement avaler une seule goutte d'eau... qu'on veuille bien prier pour moi afin que je ne perde pas patience ! » Pour fortifier son courage, on apporta du chœur à l'infirmerie le grand tableau de Notre-Dame du Perpétuel Secours ; Marie-Céline l'avait presque à côté d'elle et ses regards y demeuraient attachés avec une expression de confiance filiale qui disait qu'elle avait bien hérité du culte que sa mère avait voué à la Vierge du Perpétuel Secours... Marie-Céline avait grand besoin de puiser dans les Cœurs sacrés de Jésus et de Marie la force nécessaire à la lutte contre le démon des mourants. Un terrible assaut l'attendait encore.

Le 28 mai, elle se rappela que dans une certaine petite boîte, il lui restait quelques aiguilles, quelques épingles, et une petite image, dernier souvenir de sa mère... elle se fit apporter le tout et le remit entre les mains de notre Très Révérende Mère Abbesse ; puis, après ce dernier dépouillement, elle me dit : « Il faudrait peut-être donner une image, en souvenir de reconnaissance, à Sœur Marguerite qui m'a si souvent portée... à Sœur Yolande, qui a eu pour moi de si délicates attentions, et à Sœur Ange de la Vierge, qui a si souvent manqué les exercices de la Communauté pour se dévouer à me soigner [1]. » Nous fîmes venir les trois chères Sœurs qui reçurent l'image des mains de Marie-Céline en pleurant d'émotion... Son oubli d'elle-même était admirable, sa charité pour les autres ne l'était pas moins... Il faudrait des volumes pour citer les traits magnifiques qui illuminèrent les derniers jours de sa vie... Dans l'après-midi du 28 mai, elle reçut la visite de quelques Sœurs du noviciat : « Mes chères Sœurs, leur dit-elle, aimez toujours beaucoup les Supérieures, mais surtout prouvez-le par les actes. Il ne faut jamais faire de peine à nos Révérendes Mères. — Nous vous le promettons, dirent

---

1. Sœur Ange de la Vierge est la dévouée Sœur converse qui, pendant des mois, ne cessa de partager avec les Mères Abbesse et Maîtresse tous les soins donnés à la chère malade.

les jeunes novices fort émues, et nous dirons cela de votre part à toutes celles qui nous succéderont au noviciat. » Marie-Céline parut heureuse... Quelques instants après, elle prit la main de notre Très Révérende Mère Abbesse, puis la mienne, elle les baisa respectueusement ; puis, les ayant posées l'une dans l'autre, elle les mit dans les siennes en disant : « *Pour toujours unies ! !* — Oui, mon enfant, répondit notre Très Révérende Mère, notre union est éternelle !... — Pour moi, je m'en vais, reprit-elle : Dieu le veut ainsi, mais vous deux, mes Révérendes Mères, il faut que vous viviez encore longtemps, bien longtemps... On a besoin de vous ici... Tous les matins, j'offre mes souffrances à Dieu pour qu'il vous accorde une longue vie, pour vos intentions, pour ma famille, pour mes frères, pour nos bienfaiteurs, pour la maison de Nazareth... et pour les âmes du Purgatoire qui ont été les plus dévotes à la Passion et au Sacré-Cœur... »

Dans la soirée, on l'entendit murmurer tout bas : « *Quel bonheur ! quel bonheur !* » Elle répondit à celle qui lui demandait la cause de tant de joie : « *C'est parce que je vais aller au ciel !...* » Et cependant le Ciel ne s'ouvrait pas... quelle attente !... « Voyez mes mains, disait-elle, en montrant ses petites mains toutes blanches et décharnées : elles ne demandent qu'à partir... » Et elle appelait la mort ! ! « Je vois, dit-elle, que personne ne se presse d'acheter la bière ! »

. . . . . . . . . . . . . . . . . . . . . . . .

Pauvre enfant ! qu'il lui tardait de rendre son corps à la terre et son âme à Dieu ! mais qu'il était navrant pour nous d'assister à cette lutte entre la vie et la mort... Le vendredi soir, elle me dit : « O ma Mère, en aurai-je eu des déceptions ? » Et elle compta le nombre de jours au soir desquels elle avait espéré quitter la terre. Depuis le 21 mars, la liste en était longue : le 30 mai allait la clore ! Vers dix heures du soir, elle essaya de changer de position, elle ne le put ; il y avait plusieurs jours que, couchée sur le côté, elle écrasait son bras... impossible de la soulever ou de la toucher sans provoquer des crises affreuses. « Enfin, dit-elle, plus j'aurai souffert ici-bas, plus je serai récompensée là-haut... »

Le 29 mai fut illuminé d'un rayon de joie. Une lettre de Marie de Saint-Germain apprit à Marie-Céline que, le jour de l'Ascension, Lubinette avait reçu son Dieu pour la première fois... Citons la dernière lettre que Marie-Céline reçut de sa sœur quelques heures avant de mourir. Elle put la tenir quelques instants entre ses pauvres petites mains déjà glacées par le froid de la mort...

J. M. J.                                    Privas, 27 mai 1897.

  « MA TOUJOURS BIEN CHÈRE SŒUR,

 » Je ne veux point laisser partir ma lettre à l'adresse de votre
» Mère Maîtresse sans te dire un petit bonjour. Comment vas-tu,
» ma chérie ; ton divin Époux te laisse-t-il toujours souffrante ?
» Je m'imagine que le bon Dieu, en considération de tes souffrances,
» aura accordé à Lubine la grâce de faire une sainte première Com-
» munion ; c'est aujourd'hui 27, qu'elle accomplit ce grand acte ;
» je t'en préviens un peu tard, mais ne me blâme pas ; je devais
» t'écrire dimanche et j'en ai été empêchée. Lucia et Lubine t'em-
» brassent de tout leur cœur et se recommandent à toi d'une façon
» toute particulière.

 » J'ai pensé à toi, ma chère sœur, le lundi 24, anniversaire de
» ta naissance, mais longuement j'y ai pensé ! devant le bon Dieu :
» « O mon Dieu ! lui ai-je dit avec larmes, rendez, si telle est votre
» sainte Volonté, la santé à ma chère Germaine, pour qu'elle puisse
» jouir encore quelque temps de la vie religieuse où vous l'avez
» miraculeusement conduite conformément aux désirs de son cœur;
» ne privez pas si tôt les siens de son affection ! Cependant, mon
» Dieu ! avant tout et par-dessus tout, votre sainte Volonté !
» N'est-ce pas, ma chérie ? il faut bien se soumettre au bon plaisir
» de Dieu ; il est le Maître absolu de notre être puisqu'il en est le
» premier auteur. Mais pourquoi m'attarder à te parler de résigna-
» tion, alors que je te sais si heureuse de mourir ? j'en ai, assuré-
» ment, un plus grand besoin que toi. Et maintenant, voici, je viens
» de remercier votre bonne Mère Maîtresse des soins qu'elle te
» prodigue ; si tu le peux, dis-lui bien encore toute ma reconnais-
» sance et mon amour ainsi qu'à votre Très Révérende Mère Abbesse.
» Oh ! les bonnes Mères, comme elles t'aiment ! je ne sais ni leur
» exprimer ma reconnaissance, ni mon désir de les payer de retour;
» sois mon interprète, s'il te plaît.

 » Ici, notre bonne Mère Anna t'a recommandée aux prières de
» nos Sœurs ; toutes sont heureuses de te donner cette preuve de
» leur affection.

 » Adieu, ma chère petite Germaine, offre un peu de tes souffrances
» à Dieu, pour celle qui se dit encore

 » Ton affectionnée,

       » Sœur SAINT-GERMAIN. »


Vers sept heures du soir, assise près du lit de Céline, je causai
avec elle et une religieuse présente, du bonheur de mourir jeune.

Ma Sœur N... s'écria : « Oh ! que vous êtes heureuse, chère Sœur
Céline, et que j'envie votre sort... ! Vous allez voir Jésus dans son
beau Ciel et moi je vais rester peut-être de longues années dans
l'exil... » De sa petite voix mourante, Marie-Céline lui fit comprendre qu'une longue vie n'était pas une perte de temps lorsqu'on
était bonne religieuse... « La mort viendra pour vous comme pour
les autres, dis-je à Sœur N... !... Et, un jour vous serez à la place
de Sœur Céline, tout près de l'Éternité... — Oh ! quand je serai
à votre place, dit Sœur N... !... — Vous serez *bien heureuse*, reprit
Céline... — Bien heureuse, répliqua Sœur N... oui, je l'espère,
mais, pour bien mourir, il faut s'y être préparée par une sainte
vie... » Marie-Céline, fixant d'un doux et profond regard son interlocutrice, lui répondit : « Eh bien ! vous prendrez vos précautions !! »

Ainsi, jusqu'à la dernière heure, cette âme d'élite parlait le langage de la perfection... ; cependant, quelque austère et timorée
qu'elle fût, elle ne tomba jamais dans le scrupule et cherchait discrètement à l'écarter de l'esprit des autres lorsqu'il y apparaissait.
Quelques minutes après l'entretien que nous venons de rapporter,
une jeune religieuse s'excusait auprès de la malade d'une sorte
d'indélicatesse, d'un manque de discrétion qu'elle craignait d'avoir
commis... Marie-Céline la rassura : « Allons, lui dit-elle d'un air
gracieux, voilà que maintenant, vous allez devenir scrupuleuse...
calmez-vous et restez tranquille... »

Vers les neuf heures du soir, des symptômes alarmants se déclarèrent. A n'en pas douter, Marie-Céline traversait les dernières
heures de sa vie... Les prières redoublèrent auprès de sa pauvre
couche... La mourante nous demanda humblement pardon de tous
les sujets de peine qu'elle pouvait nous avoir causés... ; nos cœurs
se brisaient en recevant de telles excuses. Elle ne nous avait jamais
donné aucun chagrin, le premier qu'elle nous causait était celui
de mourir. A dix heures, regardant ma Très Révérende Mère et
moi, elle nous dit avec un sentiment d'inexprimable tendresse : « Je
regrette bien de vous quitter, je ne puis pas pleurer, mais je vous
assure que cette séparation m'est cruelle... ; » puis elle baisa son
Crucifix dans un élan d'admirable résignation... Nous continuâmes à prier. Tout à coup, elle, si faible que, depuis plusieurs jours,
elle ne faisait pas un seul mouvement, elle commença à s'agiter et
à se tordre comme lorsque le serpent rampait sous elle : « Je vois
le démon venir vers moi, » s'écria-t-elle, et la terreur se répandit
sur ses traits... elle se reculait vers ses oreillers et retirait ses bras
en criant : « Aïe ! aïe !... »

Nos prières à Marie redoublèrent... Notre Très Révérende Mère aspergeait d'eau bénite ce lit de mort contre lequel s'acharnait Satan. Le monstre ne quittait pas ce champ de bataille suprême... Marie-Céline continuait à le voir ; partout où elle signalait sa présence, on plaçait une grande image du Sacré-Cœur, aussitôt le démon changeait de place ; cette image de Notre-Seigneur qui le pourchassait, l'éloignait de la mourante. A un certain moment, le démon tenta d'escalader le pied du lit... Céline secoua fortement son drap avec son pied droit, inerte depuis si longtemps, en disant : « Tu ne monteras pas plus haut, va... » Une religieuse présente, voyant cet effort désespéré, dit à la mourante : « C'est l'image du Sacré-Cœur qui est là sur votre drap... — Mais, s'écria Marie-Céline. ne voyez-vous pas le diable là... sur le lit ?... » et, dans sa pâleur de mort, terrifiée et tremblante, elle faisait pitié à voir... Peu après, elle prit vivement son crucifix, le baisa et dit avec un ineffable sourire : « Qu'Il est bon Jésus ! Qu'Il est bon ! !... » Elle baisa aussi plusieurs fois la statuette de l'Enfant-Jésus de Prague et l'image de la statue miraculeuse de Notre-Dame de Laghet... Le calme était revenu, mais ce n'était qu'une halte dans ce combat solennel !...

Tandis qu'elle tenait son crucifix dans la main, elle parut à nouveau très effrayée. On lui murmura à l'oreille de saintes invocations : O ma Souveraine, ô ma Mère, etc..., Jésus, Marie, Joseph, assistez-moi dans ma dernière agonie, etc... La paix revint illuminer son visage pendant quelques minutes...puis un combat acharné recommença... Elle s'écria une dizaine de fois : « Il est là, il est là, il monte dessus... » et, de toute l'énergie de ses dernières forces, elle se reculait dans nos bras et criait de frayeur... Le démon paraissait s'être installé au côté droit et n'en plus bouger. Une des Sœurs présentes, qui se tenait à sa droite, lui dit : « Ne vous effrayez pas, c'est moi qui suis là... — Oui, je vois bien que c'est vous, répondit Marie-Céline, mais sa tête est à côté de la vôtre. »

. . . . . . . . . . . . . . . . . . . . . . . . .

Notre Très Révérende Mère Abbesse lui dit alors : « Mon enfant, dites à Jésus : Mon Dieu, je vous aime, je vous ai toujours aimé et je vous aimerai pendant toute l'Éternité... — Eh bien ! oui, mon Dieu, reprit-elle je n'ai jamais aimé que Vous... je n'aime que Vous et, ajouta-t-elle navrée, vous permettez que je sois tentée au dernier moment... » Il nous semblait entendre dans le silence de cette nuit d'agonie la parole de Jésus en Croix : « *Eli, Eli, lamma sabacthani...* Mon Dieu, mon Dieu, pourquoi m'avez-vous abandonné ? .

Elle ressentait aussi, comme son divin Sauveur, l'horrible tourment de la soif... Cet état navrait de compassion... « *Je boirais la mer,* ajouta-t-elle une demi-heure avant de mourir, et *je ne peux plus avaler une seule goutte d'eau...* » Marie-Céline touchait au terme de son martyre... encore deux quarts d'heure et elle allait voir son Dieu : c'était surtout de Lui qu'elle avait soif... « J'ai soif de l'amour ! » pouvait-elle redire encore... « Courage, courage ! Sœur Céline lui dit une religieuse présente, bientôt vous allez voir Notre-Seigneur le Bien-Aimé de votre âme, Celui que vous appelez depuis si longtemps, souffrez bien tout pour son amour, pour son unique et pur amour... »

A trois heures moins le quart, Satan s'approcha une dernière fois ; Marie-Céline s'écria avec un mouvement de crainte : « J'ai peur ! » Notre Très Révérende Mère, qui la soutenait dans ses bras, lui dit : « Ayez confiance, mon enfant, Notre-Seigneur est si bon, offrez-lui bien toutes vos souffrances, bientôt elles seront finies et il ne restera plus qu'à jouir du bonheur qu'elles vous auront valu... » — « Courage et confiance, ajoutai-je. Le Ciel, le Ciel, Sœur Céline, sera la récompense de tous vos combats, de toutes vos souffrances, de toutes vos peines, ne laissez pas perdre le moindre des mérites qui vous vaudront une récompense éternelle » ; puis, nous lui fîmes baiser le Crucifix... « Baisez-Le, ce Dieu amour, lui dit-on, vous l'aimez toujours beaucoup, n'est-ce pas ?... — *Oui !* » répondit-elle, et dans ce baiser et dans ce oui d'amour, elle retrouva sa paix radieuse. Satan s'était enfui honteux et vaincu ; tout combat avait cessé pour la vierge de Jésus, Marie allait venir la couronner.

Dix minutes avant de rendre le dernier soupir, Marie-Céline tourna ses regards du côté droit de son lit et, se mettant à sourire délicieusement, elle dit à celles qui l'entouraient : « Ne voyez-vous pas cette Dame qui est là ? Oh ! qu'elle est belle ! » Et trois fois de suite, comme en extase, elle répéta ces mêmes paroles : « Ne voyez-vous pas cette Dame qui est là ?... Oh ! qu'elle est belle ! ! » Et ses regards ravis demeuraient attachés sur la céleste vision. Tout à coup, elle s'écria : « J'entends des cloches qui sonnent... ; » puis, regardant en face d'elle, dans le fond de l'appartement, elle ajouta : « Je vois beaucoup de petites filles vêtues de blanc... » C'était, sans doute, la procession de ceux qui suivent l'Agneau « vêtus de robes blanches, avec des palmes en leurs mains... [1] ». Les anges et les vierges venaient à la suite de Marie chercher la fiancée du Christ...

Marie-Céline se redressa sur son oreiller, poussa quelques gémis-

1. Apocalypse. Chap. VII, 9.

sements prolongés qui ressemblaient au roucoulement de la colombe, puis, baissant doucement la tête du côté droit, elle expira dans les bras entrelacés de ses Mères Abbesse et Maîtresse.

Ainsi mourut Marie-Céline de la Présentation à l'âge de dix-neuf ans et six jours. C'était le 30 mai, un dimanche, à trois heures du matin... En bas, sous les fenêtres de la cellule, était un parterre de lis en boutons. Un de ces lis superbes laissa épanouir sa première fleur en même temps que Marie-Céline refleurissait là-haut... A l'horizon, dans un ciel nuageux, une traînée de pourpre et d'or annonçait l'aurore et ressemblait au sillon lumineux qui conduit de la vallée des larmes aux collines de l'Éternité...

En face de ces premiers feux du matin, devant une fenêtre exposée au levant, Marie-Céline inanimée reposait entre nos bras... Jésus, *Oriens*, de son cœur, s'était levé devant elle dans tout l'éclat de sa divine Majesté... Elle avait trouvé Celui que chérissait son âme... elle avait fui avec son Sauveur et son Juge... et là-haut elle brillait comme une étincelle ... *Fulgebunt Justi et tanquam scintillæ in arundineto discurrent...*

Sortez de dessous le boisseau, ô feu ardent... Montez, douce lumière, montez sur le chandelier d'or... de votre clarté douce, bienfaisante et céleste, illuminez ce Cloître que vous avez quitté... O vous, qui avez vécu dans l'ombre, triomphez dans la splendeur... ô vous dont la terre n'était pas digne, régnez dans les Cieux... ô vierge, hier petite, souffreteuse et mourante sur la terre, aujourd'hui grande et vivante dans la béatitude, triomphez dans la terre des vivants... O amante du Christ, couronnée sur la terre des épines de la mortification, soyez maintenant couronnée là-haut des fleurs de l'Immortalité... montez, montez du désert appuyée sur la croix qui ne vous a broyée dans l'exil que pour vous faire régner dans la Patrie... Vous avez vu Celui que vous avez servi et aimé... Ne nous oubliez pas auprès de Lui... parlez des servantes à leur Maître.. parlez de nos cœurs à son Cœur... parlez des vierges à leur Roi... parlez des Épouses à l'Époux... Séchez nos larmes et souvenez-vous de tous ceux qui, jusqu'au seuil de votre Éternité, vous disaient et redisaient sans cesse : « Priez pour nous... ne nous oubliez pas... »

# Chapitre Dix=neuvième.

## LES FUNÉRAILLES

Je repose en paix à l'ombre de la Croix que
j'ai tant aimée.

ÈS que Marie-Céline eut expiré, notre Très Révérende Mère Abbesse ferma ses paupières et, agenouillées près de ses restes mortels, nous récitâmes les prières consignées dans le Rituel de l'Ordre... Un reflet céleste semblait s'être répandu sur les traits de la défunte... nous ne cessions de la contempler au travers de nos larmes. Nous étions six à prier et à pleurer autour d'elle. Ses lèvres avaient gardé le sourire dont la vue de « la belle Dame » avait illuminé ses traits. Elle était belle à ravir. A cinq heures, notre Vénérée Mère Abbesse voulut lui rendre elle-même les derniers devoirs et la revêtir de sa dernière parure... Drapée dans la bure séraphique, voilée de son grand voile noir, parée du bandeau de la pureté, ceinte de la corde de saint François et couronnée de roses blanches, Marie-Céline demeura exposée à l'Infirmerie, les mains jointes sur son cœur et pressant comme un sceau, sur ce cœur qui avait cessé de battre, le Crucifix, bouclier d'amour devant lequel avait fui son ennemi. A cinq heures et demie, la Communauté fut réveillée par le chant du *De Profundis* qu'une religieuse chanta à voix lugubre dans les grands corridors qui longent les cellules... Nous passons sous silence l'émotion des religieuses en apprenant que « l'Ange du Noviciat » avait rejoint les Anges du Ciel... On devine les larmes de toutes et la douleur de chacune... mais sanglots et tristesse étaient mêlés de je ne sais quelle consolation qui disait à nos cœurs :

cette mort est un triomphe ; une étoile de plus brille aux pieds de Jésus, une sainte de plus est au Ciel...

A partir de six heures, la cellule mortuaire s'emplit de religieuses silencieuses et recueillies. Elles venaient prier et s'édifier auprès de ces restes si purs qui respiraient la sainteté et elles ne se lassaient point de contempler la beauté mystérieuse de ses traits. Ils avaient pris une expression céleste et trahissaient la béatitude, la paix et la joie au sein desquelles la douce Envolée avait rendu son âme à Dieu...

Cependant, la nouvelle de cette mort bienheureuse avait franchi les grilles... Les condoléances, les regrets, joints à des paroles de saint enthousiasme, nous arrivèrent de toutes parts. Les premières consolations nous vinrent du charitable prêtre dont l'âme délicate pénétrait si bien les mystères du Cloître, et dont les paroles et les lettres nous avaient déjà apporté tant de réconfort dans la phase douloureuse que nous traversions depuis plusieurs semaines ; au matin du 30 mai, M. l'Aumônier nous écrivait la lettre suivante :

« Ma Très Révérende Mère,

» J'apprends que Sœur Céline vient de rendre à Dieu sa belle » âme. Ses désirs sont enfin réalisés. Elle est auprès de Dieu vers » lequel elle soupirait sans cesse. Elle peut chanter en vérité main-» tenant : *Inveni quem diligit anima mea. Introduxit me in cellaria* » *sua.*

» Et vous, mes Révérendes Mères, tout en bénissant Dieu du » bonheur qu'elle goûte au Ciel, vous êtes dans les larmes.

» Je sais combien vous aimiez cette enfant ; je sais l'étendue de » votre dévouement pendant sa longue maladie ; je sais, par de » touchantes indiscrétions, dont je suis bien reconnaissant, les soins » absolument maternels que vous lui avez prodigués ; je sais que » vous laissiez difficilement à d'autres la satisfaction de veiller » auprès d'elle, jour et nuit, lui offrant... le dirai-je ? lui offrant... » à genoux vos soins charitables, comme vous les auriez offerts à » Notre-Seigneur Jésus-Christ et à la Vierge Marie.

» Vous avez été mère par la tendresse. Votre cœur éprouve » maintenant les déchirements d'un cœur maternel. Dieu ne s'of-» fense pas de vos larmes.

» Vous avez bien voulu, ma Révérende Mère, soulever pour moi » un coin du voile qui cache cette modeste existence. Je reste émer-» veillé de cette vision.

» Je ne m'étonne plus de l'état de perfection auquel Sœur Céline

est arrivée, lorsque je vois le chemin parcouru par elle, les efforts
surhumains dépensés pour y parvenir.

» La vie des Filles de sainte Claire, c'est la mise en pratique du
*regnum cœlorum vim patitur*, sous la forme la plus austère, j'allais
dire la plus effrayante, si je ne savais qu'elle est accompagnée,
ici-même, d'inénarrables faveurs du Ciel.

» Se séparer complètement du monde et pour toujours.

» Briser tous les liens qui attachent à la terre.

» Se livrer, pieds et poings liés, à la pénitence corporelle, sous
toutes ses formes, jusqu'à oublier presque que l'on a un corps.

» Rechercher en tout et partout ce qu'il y a de plus parfait.

» Immoler à chaque minute sa volonté, ses moindres désirs.

» S'oublier soi-même jusqu'à perdre pratiquement· la notion
du moi.

» Se constituer, dans toute l'acception du mot, la chose de Dieu.

» Sceller tous ces sacrifices par des vœux éternels.

» N'est-ce pas là l'expression la plus parfaite du *dilexit multum*
que Notre-Seigneur préconisa jadis et dont il a paru faire l'essence
de la sainteté ? Sœur Céline l'a pratiqué dans toute sa plénitude
et au sein d'une idéale pureté. C'est pour cela que, avec toute la
discrétion et toute la réserve nécessaires, en cette matière, j'aime,
ou plutôt, nous aimons à entourer cette tête angélique de l'auréole
céleste.

» Et lorsque je pense, mes Révérendes Mères, que cette existence
est la vôtre, avec le mérite en plus de l'avoir vécue plus longtemps ;
lorsque je pense que cette existence est celle de toutes vos chères
filles dont les incessants efforts ne tendent qu'à vous imiter et à
devenir aussi saintes que vous, oh ! alors, saisi du plus profond
respect et de la plus vive admiration, je m'incline et je trouve
tout naturel d'être ému, pénétré, subjugué, quand je me trouve
au milieu de vous, portant Jésus-Christ, l'Auteur de toute sainteté.

» Sœur Céline, pressentant que sa vie serait plus courte que la
vôtre, a gravi ce Calvaire à pas de géant, pour avoir le temps
d'arriver au sommet.

» Agréez, mes Révérendes Mères, avec le tribut de mes religieuses
condoléances, l'assurance de mon pieux dévouement.

» A. GABARD,

» Aumônier. »

A dix heures, nous reçûmes la visite du R. Père Thadée et nous
lui racontâmes les derniers moments de Marie-Céline. Les assauts

du démon n'étonnèrent pas le saint religieux, il les avait prévus :
« Elle devait subir ce dernier combat, nous dit-il, pour avoir un
nouveau triomphe. J'étais certain que Satan viendrait, mais qu'il
serait vaincu... Ne pleurez pas... réjouissez-vous ; il y a une Clarisse de plus en Paradis ! »

A midi moins dix, on sentit les suaves émanations de différents
parfums à la porte de la chambre mortuaire : il n'y avait pas une
fleur dans la maison, pas une fleur au chœur, pas une fleur près
de la défunte : la sainteté est un parfum !

A une heure, un médecin vint constater le décès, mais bien qu'il
fût, hélas ! incontestablement prouvé que Marie-Céline était morte,
son corps gardait toute la flexibilité d'une personne vivante... les
phalanges des doigts étaient si flexibles qu'on les faisait plier à
volonté en y faisant passer les anneaux de chaque religieuse. Toutes voulaient faire porter à la morte chérie le gage de la céleste
alliance... Cependant, le corps de Marie-Céline offrait si peu l'aspect et la raideur de la mort, que nous n'osions pour ainsi dire la
confier au cercueil... « On ne m'enterrera pas vivante, n'est-ce
pas ?... » avait dit Céline, deux jours avant d'expirer... —« Soyez
tranquille, lui avions-nous répondu... on s'assurera de votre mort
par les preuves voulues. »

Pour remplir notre engagement, nous eûmes le courage de demander au feu la preuve de ce trop réel trépas. Avec une tige de fer
incandescente, nous traçâmes, sous la plante des pieds si blancs
de la paisible morte, deux barres en forme de croix. Le fer rougi,
en entrant dans cette chair si pure, n'y fit point revenir la vie.
Marie-Céline était bien morte... Portant ainsi gravé, jusque dans
sa chair, le signe de la Croix, elle fut déposée dans un cercueil. Je
me rappelais ce cri de son amour : « Coupez, *brûlez*, tranchez,
faites ce qu'il vous plaira, ô Jésus. » Oh ! qu'il était bien vrai que
son corps, son cœur et son âme restaient la propriété de la Croix !...

Selon l'usage de l'Ordre, la défunte, étant dans le cercueil, on
fit reposer sa tête sur un faisceau de sarments, et ainsi livrée aux
derniers embrassements de la pauvreté, dormant dans le cercueil
des pauvres son dernier sommeil, elle fut descendue au chœur.
Près de la grille de la chapelle, des amis du monastère attendaient
avec impatience la douloureuse consolation de contempler la sainte
endormie.

Il était quatre heures du soir lorsque passa, sous les arceaux
fleuris du cloître, la bière découverte qui contenait les restes vénérés de Marie-Céline.

Portée par ses Sœurs, précédée de la grande croix de bois, qui était venue à sa rencontre le jour de son entrée à l'*Ave-Maria*, la défunte souriait encore à ce cloître aimé.

Tandis que les Sœurs chantaient les versets du *De profundis* et que des essaims d'oiseaux voletaient et gazouillaient dans le préau en deuil, je me rappelais, avec une émotion poignante et consolante tout à la fois, le chant de départ de Germaine de Pibrac. N'avait-il pas de touchantes analogies avec Germaine de Talence qui avait vu les anges le matin et reposait morte le soir sur son lit de sarments ?

> Ah ! les anges viendront me prendre[1]
> Sur mon pauvre lit de sarments ;
> Ils mettront fin à mes tourments.
> Ce matin j'ai cru les entendre...
>
> Voici la fin de mes combats,
> La terre n'est point ma demeure.
> On m'honore, il faut que je meure !
> J'ai rempli mon rôle ici-bas.

Et nous, la suivant dans les larmes de cette funèbre procession, nous, pleurant le départ de l'*Ange du Cloître*, nous qui aurions voulu au moins retenir dans la terre du Monastère sa dépouille chérie, c'était en vain que nous lui murmurions à travers le sapin de sa bière virginale :

> Quoi ! tu voudrais fuir de nos bras ?
> Ne nous quitte point à cette heure ;
> Sois l'ange de notre demeure ,
> O mon Dieu, ne l'exaucez pas !

Au moment où la défunte fut déposée au chœur devant le Tabernacle, un coup formidable retentit sous la statue de la Très Sainte Vierge. Cette statue de la Vierge franciscaine représente Marie tenant dans ses bras le divin Enfant, lequel perce d'un dard la tête du serpent infernal. Nous pensâmes que c'était le dernier frémissement du dragon en face des restes mortels de Marie-Céline.

A cinq heures, le médecin de la communauté vint donner à Céline une dernière preuve de dévouement en lui rendant une dernière visite. Ses constatations nous furent une sécurité de plus. Le docteur Cazeneuve examina les brûlures ; elles affirmaient bien la mort... Quant à la flexibilité, elle durait toujours.

Beaucoup de personnes vinrent prier et s'édifier à la grille du

---

1. Poème de sainte Germaine par les Pères Comire et Tustes.

chœur, au pied de laquelle était déposée la morte au doux sourire. Deux lettres résumeront les impressions de ceux qui eurent le bonheur de voir Marie-Céline endormie dans le baiser du Seigneur. La première est de M. l'Aumônier, qui ne voulut pas laisser finir la journée sans nous envoyer de nouvelles consolations; la seconde est d'une amie du Monastère; toutes deux trahissent la même admiration pour la défunte et la même sympathie pour nos âmes en deuil :

« MES RÉVÉRENDES MÈRES,

» Je viens de contempler, près de la grille du chœur, la dépouille bénie que votre aimable petite sainte vous a laissée, en s'envolant au Ciel, et que vous avez exposée aux regards attendris de ses Sœurs. Je viens de la voir dans son cercueil, indigne écrin d'une perle si précieuse.

» Ce n'est pas seulement le calme sacré de la mort chrétienne qui est empreint sur son visage, c'est un sourire céleste qui s'y épanouit délicieusement. *Ridebit in die novissimo*, est-il dit de la femme vertueuse, dans le livre des Proverbes. C'est bien là ce suprême sourire préconisé par Salomon.

» Mes Révérendes Mères, je n'ai pas eu le bonheur, comme vous, d'assister aux derniers moments de Sœur Marie-Céline, mais il me semble que, avant de mourir, elle a dû voir le Ciel ouvert. Les paupières à peine closes semblent s'être fermées à regret à d'ineffables visions. Elle a dû voir Jésus à la droite de son Père. Elle a dû voir Marie, sa bien-aimée patronne. Elle a dû voir le gracieux cortège des anges. Elle a dû entendre leurs suaves concerts. Le sourire qui reste épanoui sur ses lèvres n'est pas de la terre ; il ne peut être qu'un reflet du Ciel. Et, dans une ombre indécise, on croit voir flotter sur ce front si pur les premiers linéaments de ce nimbe dont elle est couronnée dans le Ciel.

» Révérendes Mères, soyez consolées dans votre profonde douleur. Vous avez une protectrice auprès de Dieu.

» A. GABARD,
» *Aumônier.* »

Bordeaux, 1ᵉʳ juin 1897

« MA CHÈRE MÈRE,

» Je suis allée cette après-midi au couvent sans avoir l'espérance de vous voir,.

» Après les douloureuses émotions des journées précédentes, j'étais sûre de vous trouver broyée.

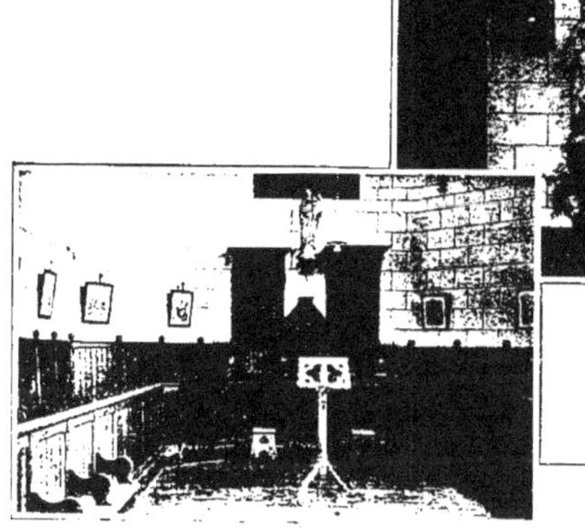

CHŒUR DU MONASTÈRE
DES CLARISSES
DE BORDEAUX-TALENCE.

FOND DU CHŒUR.

MONASTÈRE DE SAINTE CLAIRE
DE BORDEAUX-TALENCE
+ Infirmerie de Sœur Marie-Céline.

JARDIN DU MONASTÈRE
Allée de Saint Joseph.

» Vous l'aimiez tant, cette petite Sœur Céline ! Jésus vous l'a
» prise, mais pour lui donner un tel bonheur ! Oh ! oui, elle doit
» être heureuse, bien heureuse. En quelques pas, elle a atteint les
» rives éternelles. Maintenant, elle chante le jour qui ne finit jamais.
» Je ne la connnaissais pas. Je ne la connaîtrai qu'endormie du
» dernier sommeil.

» Ses traits empreints de la plus idéale sérénité, où planait un
reflet de la gloire d'En-Haut, m'ont produit une telle impression,
qu'ils ne s'effaceront plus de mon souvenir.

» Devant ce cercueil où ce lis brisé reposait immobile, mon
» cœur battait oppressé et triste, et, pourtant, au fond, tout au
fond de moi-même, je saisissais un indéfinissable sentiment de
joie et de lumière.

» On sentait si bien que c'était une élue, et que cette enfant
morte était vivante.

» Je disais à Mère Portière que je ne pouvais pas prier pour elle.
Souvent, depuis dimanche, je me surprends, murmurant ces
paroles : Petite Sœur qui êtes avec Dieu, priez pour moi.

» Dites à ma Révérende Mère Abbesse, je vous prie, que les coups
qui frappent la communauté me frappent aussi, et en plein cœur.

» Je lui renouvelle l'assurance de ma très respectueuse et très
vive affection.

» Vous direz aussi à toutes mes Sœurs la part que je prends à
leur peine.

» Ma Mère bien-aimée, pour vous mes meilleures tendresses.

» B. S. »

L'aurore du 31 mai nous retrouva veillant auprès du corps de
la chère envolée.

Nous avons su depuis que, dès ce jour, elle accordait des grâces
merveilleuses à des bienfaiteurs et amis du monastère. Oui, déjà —
on le sentait — la Fleur du Cloître s'épanouissait au Ciel, faisait
ressentir à ceux qu'elle avait connus et aimés le crédit que Dieu
accorde à la sainteté. Sur nous aussi, elle continuait à verser des
parfums. « Le 31 mai, après la sainte communion, dit une religieuse,
le corps étant présent dans le chœur, je sentis, pendant toute mon
action de grâces, un parfum de roses des plus pénétrants. » Or, il
n'y avait pas une seule fleur à la chapelle.

Avant de fermer le cercueil, nous nous approchâmes encore de
la défunte. Elle était plus souriante et plus flexible que jamais.
On aurait pu lui faire faire le signe de la Croix, les mains se lais-

saient porter au front et ailleurs avec une facilité saisissante. Les joues étaient devenues légèrement rosées, les yeux mi-clos semblaient vivants. Fermer ce cercueil et le laisser sortir de la clôture nous fut horriblement cruel.

Nos Révérends Pères Franciscains firent entendre pendant la messe des funérailles les chants de douleur et d'espérance par lesquels l'Église gémit, prie et se console à la mort de ses enfants. Puis, dans le corbillard des pauvres, le chaste corps de Marie-Céline fut rejoindre, au cimetière de Talence, les dépouilles mortelles de Marie-Éléonore et de Marie-Archange, filles de Sainte-Claire, moissonnées toutes deux à la fleur de l'âge dans le champ fécond de l'*Ave-Maria*.

Le jeune monastère de Talence avait déjà donné trois vierges au Ciel.

Tandis que le convoi funèbre s'éloignait du monastère, nous, les prisonnières de l'Amour divin, nous répandions à l'ombre du Tabernacle nos tristesses et nos larmes. Nous avions perdu notre trésor. Mais nous savons que le Ciel nous le garde et nous sentons que Marie-Céline nous aime toujours... D'une façon sensible et gracieuse, elle semble nous dire : Je suis avec vous. Sans doute, la fleur est au Ciel, mais son parfum nous demeure [1].

Nous ne saurions mieux terminer notre humble travail qu'en laissant la parole à M. l'abbé Gabard. Au retour du champ des morts, il voulut bien, pour la consolation de la communauté, nous donner le détail des cérémonies de l'enterrement et nous livrer quelques-unes de ses pensées émues. Nous en émaillons les dernières pages de l'humble vie de Marie-Céline. Elles sont la première gerbe fleurie déposée sur sa tombe à peine fermée, et nos lecteurs nous sauront gré de leur faire respirer le parfum d'espérance qui s'en dégage :

« J'arrive du cimetière où je suis allé accompagner la dépouille » mortelle de Sœur Marie-Céline.

» Le convoi du pauvre est bien modeste. Celui d'une fille de » Sainte-Claire l'est davantage encore, car il n'est précédé que » d'une humble croix de bois, symbole de la pauvreté volontaire. » Notre cortège, formé de quelques religieux franciscains, des

---

1. On ne compte plus le nombre de fois que de suaves parfums se répandent subitement dans le monastère que Marie-Céline a embaumé de ses vertus. Dernièrement, ils émanaient d'un objet qu'elle avait eu à son usage, et d'une façon si suave et si pénétrante, que les religieuses, témoins du prodige, peuvent affirmer qu'il semblait qu'on brisât à leurs côtés un flacon d'exquises senteurs. Ajoutons que la cellule où Marie-Céline a rendu le dernier soupir, se remplit souvent de parfums d'encens ; on dirait que des personnages invisibles y balancent des encensoirs.

Sœurs tourières, d'une députation de la maison de Nazareth et de pieux fidèles qui savent apprécier le faste funéraire à sa juste valeur, semblait piquer la curiosité publique. *Quæ est ista quæ progreditur ?* Quelle est cette morte qui s'avance, cette morte si déshéritée des biens de la fortune ? Et moi, dans le fond de mon cœur, je me disais : Ne la prenez pas en pitié. Elle est pauvre aux yeux des hommes, mais elle est riche aux yeux de Dieu. Elle a paru devant le Seigneur pleine de mérites. Elle s'est levée devant Lui *quasi aurora consurgens,* comme une aurore naissante; *pulchra ut luna,* belle comme l'astre des nuits ; *electa ut sol,* éclatante comme le soleil.

" Et je chantais le *miserere,* l'âme remplie de cette merveilleuse vision. Et, ce *miserere,* je ne le chantais point, dans ma pensée, pour l'âme de notre chère morte, mais bien pour cette foule, trop attachée aux biens de la terre, oublieuse de ses devoirs religieux, indifférente aux choses de l'éternité. Et, dans l'enthousiasme de ma foi, je redisais avec l'Église : *Benedictus Dominus Deus Israël,* Béni soit le Seigneur Dieu d'Israël, de donner ainsi au monde de saintes âmes qui prient pour lui et arrêtent le courroux de Dieu.

Puis, rempli de reconnaissance pour Celui qui est la Résurrection et la Vie, je confiai non pas au marbre qui suinte l'orgueil, mais à la terre humble comme la pauvre Clarisse, les restes précieux de votre chère enfant. Qui sait si, un jour, ce tombeau ne sera pas glorieux ?

Des mains pieuses vont planter sur cette modeste fosse une croix de bois, et semer des fleurs odorantes. Et du sein des lis embaumés, on entendra parfois murmurer ces doux mots :

> *Sub umbra illius quem desideraveram, sedi.*

> " Je repose en paix à l'ombre de la Croix
> " que j'ai tant aimée. "

.    .    .    .    .    .    .    .    .    .    .    .    .    .    .    .    .

Notre mission est terminée ; avec un auteur contemporain [1], offrant à la piété des fidèles la vie d'une grande servante de Dieu, nous disons au pied du Crucifix :

" Nous avons rempli l'humble tâche qui nous convenait : à la sainte Église, à Dieu, s'il y a lieu, de faire plus ! "

-----

[1] H. Chaumont. — Vie de Mᵐᵉ Carré de Malberg.

Rentrant dans le mystère de mon cloître embaumé, j'y redis au milieu des vierges en fleurs :

DIEU EST ADMIRABLE DANS SES SAINTS !

. . . . . . . . . . . . . . . . . . .

*MISERICORDIAS DOMINI IN ÆTERNUM CANTABO !* [1]

JE CHANTERAI ÉTERNELLEMENT LES MISÉRICORDES
DU SEIGNEUR !

. . . . . . . . . . . . . . . . . . .

*Les amis de l'angélique petite Vierge seront heureux d'apprendre que le* Procès de Réputation de Sainteté, *suivi récemment de celui de* non-culte *ayant été terminés, toutes les pièces de la Procédure* (dite Information), *réunies et copiées, furent portées à Rome à la Sacrée Congrégation des Rites, en juillet 1923.*

1. PS. LXXXVIII.

SUPPLÉMENT
à la " Vie de Sœur Marie-Céline "

# Prodiges et Faveurs

A LA DOUCE ET VÉNÉRÉE MÉMOIRE

DE

SŒUR MARIE-CÉLINE DE LA PRÉSENTATION

VIERGE CLARISSE, MORTE EN ODEUR DE SAINTETÉ

A L'AGE DE DIX-NEUF ANS

MONASTÈRE DE BORDEAUX-TALENCE

Publié avec l'*Imprimatur* du Maître
du Sacré Palais (Rome 1899)
et avec l'approbation de S. Ém. le Cardinal Lecot,
Archevêque de Bordeaux.

# LETTRE ADRESSÉE A L'AUTEUR

PAR

## Son Éminence le Cardinal LECOT

ARCHEVÊQUE DE BORDEAUX

ARCHEVÊCHÉ
DE
BORDEAUX

*Bordeaux, le 11 avril 1900.*

Ma Révérende Mère,

En publiant le récit des nombreuses faveurs attribuées à l'intervention de votre angélique Marie-Céline de la Présentation, vous avez obéi au sentiment qui vous a fait tant admirer et tant aimer l'âme de cette sainte Religieuse.

Vous avez voulu continuer l'édification qu'elle n'a cessé de donner pendant sa vie. Tous vos lecteurs se rendront compte de la pensée affectueuse qui vous a fait recueillir et publier les communications adressées à la Révérende Mère Abbesse et à vous-même, sur les impressions heureuses éprouvées par tant de personnes pieuses, après une prière à la sainte Enfant.

Si le bon Dieu a voulu et veut que la sainteté de votre chère petite compagne soit manifestée au grand jour, il saura la faire apparaître aux yeux de tous par des miracles régulièrement constatés, et donner à des prodiges déjà si consolants le caractère qui appelle et autorise les décisions de la Sainte Église.

En attendant, puisons abondamment aux sources d'édification que nous offre une si belle vie et une si sainte mort. Et s'il plaît à Dieu de nous donner dès maintenant, dans des faits prodigieux et répétés, la confiance que Marie-Céline est avec lui dans la gloire, remercions-Le avec effusion de nous avoir donné ce moyen ineffable de nous sentir attirés à le mieux aimer et le mieux servir.

Recevez, ma Très Révérende Mère, comme gage de mon dévouement à votre sainte Maison, une nouvelle et affectueuse bénédiction en Notre-Seigneur.

✝ V. L. Card. LECOT,<br>Archevêque de Bordeaux.

# DÉCLARATION :

Conformément au décret du Pape Urbain VIII, l'auteur déclare soumettre sans aucune réserve, au jugement du Saint-Siège Apostolique, l'appréciation des faits et celle de la doctrine contenus dans ce manuscrit et y soumet pleinement sa personne. L'auteur déclare également qu'en employant la qualification de Sainte, il n'entend donner à ce mot qu'un sens purement humain ; également aussi, il n'attribue qu'une portée humaine aux faits miraculeux rapportés dans ce récit et s'en remet en tout au jugement de la Sainte Église catholique, apostolique et romaine.

## AVANT-PROPOS

Pour répondre aux nombreuses sollicitations souvent réitérées de ceux qui, de tous côtés, réclament un supplément à la : «*Vie de Marie-Céline,* » morte en odeur de sainteté dans notre cloître de Talence, nous publions ces quelques pages, courts récits ou simples fragments détachés de la nombreuse correspondance reçue au Monastère.

Nous faisons cette publication avec toute la réserve et la soumission qu'exige notre Mère la Sainte Église en semblable occasion. Ce ne sont pas des documents officiels que nous présentons : ce sont des sujets d'édification, des relations prises parmi un grand nombre du même genre. Quelque succincte que soit cette notice, puisse-t-elle accroître encore la confiance populaire envers l'humble Clarisse, la faire invoquer d'une manière privée et faire redire à beaucoup d'âmes :

*« Dieu est admirable dans ses Saints ! !* »

# Sœur Marie-Céline de la Présentation

## Vierge Clarisse

### Morte en odeur de sainteté à l'âge de dix-neuf ans

### au Monastère de l'Ave-Maria de Bordeaux-Talence

---

> « Dieu lui avait donné en partage la douceur,
> l'abnégation et le dévouement ». (Proverbes).

> « Il était manifeste que l'esprit de foi dirigeait
> » ses œuvres. »                 (Saint Jacques, II, 22)

UELLE est l'âme envolée dont le souvenir embaume les pages de ce modeste opuscule ?... Quelle est cette humble Clarisse dont la « vie édifiante, » tirée à plusieurs milliers d'exemplaires, s'est écoulée avec tant de rapidité ? Quelle est celle qui a vécu *si petite* ici-bas, et qu'on proclame si grande depuis sa mort ?...

*« Ce n'était qu'une enfant quand Dieu l'a prise, écrit le T. R. P. Dehon* [1] ; *elle avait dix-neuf ans ! Mais c'était une enfant de la race des saints Louis de Gonzague, des Jean Berchmans, des Stanislas Kostka et il est peut-être dans les desseins de la Providence qu'elle devienne une Patronne de l'enfance et des noviciats comme ceux-là le sont déjà !* »

Née le 24 mai 1878, à Nojals, petit village de la Dordogne, morte le 30 mai 1897 dans une pauvre cellule de notre Monastère de Bordeaux-Talence, Marie-Céline de la Présentation, comparée à « la pauvre petite violette des champs, a passé comme elle, simple, discrète, oubliée ; mais tel est l'attrait de l'humilité qu'involontairement l'arôme de son innocence a des

1. R. P. Dehon, Supérieur général des prêtres du Sacré-Cœur de Jésus, Consulteur de a Congrégation de l'Index. (Lettre à l'Auteur.)

charmes puissants sur les âmes ; des effluves célestes s'en
exhalent... [1] ».

» Une âme d'élite se développant au sein d'une famille toute
chrétienne ; un précoce appel de Dieu ; l'acceptation généreuse
de toutes les douleurs, de toutes les souffrances, pour pouvoir
répondre à ce divin appel ; le sacrifice accompli dans la joie ;
quelques mois seulement de noviciat religieux ; puis la Providence jugeant le fruit mûr et l'enlevant à la terre : en peu de mots
voilà toute la vie de celle qui s'appela dans le monde Jeanne-Germaine Castang et en religion Sœur Marie-Céline de la Présentation.

» La nature et la grâce semblaient l'avoir formée de concert pour
la prédestiner au Cloître. Elle savait joindre aux vertus religieuses
la pratique de la pauvreté dont elle avait la passion. Elle était
donc bien à sa place chez les « Pauvres Dames de Sainte-Claire, »
ces Séraphiques Amantes de la Croix, dans l'Ordre des Franciscains, cette grande famille, tendre et austère, de pénitents qui
s'en vont pieds nus à travers le monde et le temps, faire aimer et
bénir Jésus-Christ et prêcher sa Croix avec toutes ses horreurs
naturelles et toutes ses divines tendresses... [2]. »

Non contente de s'être offerte en victime à l'âge de dix ans
« pour détourner les cruelles épreuves qui s'abattaient alors si
furieusement sur ceux qu'elle aimait, » elle renouvelle quelques
années plus tard sa vivante offrande :

« A sa prise d'habit, elle dit à son Jésus bien-aimé : Me voici,
coupez, brûlez, tranchez ; faites de moi ce qu'il vous plaira,
pourvu que mon amour pour vous croisse de plus en plus, c'est
tout ce que je vous demande. »

« Au cloître, elle est l'ange du Noviciat. On se demande où pourrait se trouver en elle l'ombre d'une imperfection. On ne se lasse
pas d'admirer ses excès d'humilité, sa délicieuse simplicité, sa
candeur incomparable.

» Un jour on est étonné de la voir s'acheminer rapidement vers
le Calvaire. Elle en donne l'explication : « J'ai demandé à Dieu
la souffrance, dit-elle, et il m'a répondu. »

» Elle souffre longtemps, et s'avance vite par la souffrance dans
la perfection. Elle avait dit : « Le bon Dieu veut que je souffre ;
au moins voudrais-je *bien souffrir, souffrir très bien !* »

» Ses derniers jours nous reportent aux légendes des grands
Saints du moyen âge : des parfums mystérieux embaument sa

1. Comte Gandelet, chambellan de S. S. Léon XIII.
2. R. P. J. Collomb, de l'Ordre des Frères-Prêcheurs.

cellule. La Vierge Marie vient au devant d'elle avec un cortège de Vierges... [1]. »

» Nous avons su depuis, que, dès le jour de son doux trépas, Marie-Céline accordait des grâces merveilleuses à des bienfaiteurs et à des amis du Monastère. Oui, déjà — on le sentait — la Fleur du Cloître, s'épanouissant au Ciel, faisait ressentir à ceux qu'elle avait connus et aimés le crédit que Dieu accorde à la sainteté. Sur nous aussi, elle continuait à verser des parfums. « Le 31 mai, après la sainte Communion, dit une religieuse, le corps étant présent dans le chœur, je sentis pendant toute mon action de grâces un parfum de roses des plus pénétrants. »

» Depuis lors, on ne compte plus le nombre de fois que de suaves parfums se répandent subitement dans le Monastère que Marie-Céline a embaumé de ses vertus. Dernièrement ils émanaient d'un objet qu'elle avait eu à son usage et d'une façon si suave et si pénétrante que les religieuses témoins du prodige peuvent affirmer qu'il semblait qu'on brisât à leurs côtés un flacon d'exquises senteurs.

» Ajoutons que la cellule où Marie-Céline a rendu le dernier soupir se remplit souvent de parfums d'encens : on dirait que des personnages invisibles y balancent des encensoirs. »

1. R. P. Dehon, Consulteur de l'Index.

# PRODIGES ET FAVEURS

L'encens de sa prière montait sans cesse, sa
lampe brûlait toute la nuit.          (Prov.)

A cellule bénie où Marie-Céline a rendu
son dernier soupir s'appelait « l'Oratoire
de Bethléem. » Plusieurs lampes entrete-
nues par la piété des fidèles y brûlaient
jour et nuit, au pied de la statue de Notre-
Dame de Lourdes, et la Communauté y
faisait les nombreuses neuvaines qui sont
journellement demandées par les amis et
admirateurs de la « *Fleur du Cloître.* »
Ce n'était jamais sans émotion que
les religieuses y faisaient de pieuses
visites. De merveilleux parfums s'y répandaient souvent et, lorsque l'encens s'y faisait sentir, au milieu
des lampes qui brûlaient aux pieds de l'Immaculée [1],
on se rappelait délicieusement ce verset de la Sainte
Écriture : *L'encens de sa prière montait sans cesse, sa
lampe brûlait toute la nuit* . . . . . . . . . .

. . . . . . . . . . . . . . . . .

Ce n'était pas seulement à « l'oratoire » et dans
le Monastère que se faisaient sentir les suaves parfums : ils se répandent souvent ailleurs et c'est pour
nous une véritable joie de citer ici le témoignage de
personnes dignes de confiance. Chaque assertion est
comme une fleur détachée de la Gerbe fleurie que nous intitulons :

*Prodiges et Faveurs.*

Madame N..., la généreuse bienfaitrice qui venait si souvent
pendant la maladie de Marie-Céline demander ce dont notre chère

---

1. Ces lampes brûlent en l'honneur de la Très Sainte Vierge pour la remercier des grâces
accordées par Elle à sa petite servante Marie-Céline.

mourante pouvait avoir envie, afin de le lui procurer au plus tôt,
et qui, avec un dévouement au-dessus de tout éloge, a soin d'entretenir ordre et fleurs sur l'humble tombe de notre bienheureuse
envolée, nous racontait le 20 novembre 1898 les faits suivants :

« Très souvent, nous dit-elle, depuis que je possède la délicieuse
Vie de Sœur Marie-Céline, c'est-à-dire depuis l'hiver dernier, j'ai
senti de mystérieux parfums. Un matin d'hiver, étant souffrante
et couchée je sentis une douce odeur de violettes répandue dans
ma chambre... Tiens, me dis-je, comme j'aime beaucoup les violettes, quelqu'un m'en aura apporté un bouquet. » Cependant je
réfléchis que personne n'était encore entré chez moi ; mais le
parfum était si fort que je m'assis sur mon lit et inspectai les
coins et recoins de l'appartement : il n'y avait rien. Je pensai
alors à Marie-Céline avec une délicieuse émotion et je ne m'éton-
nai point. D'autres fois, j'ai senti l'encens et divers autres parfums
très doux et très suaves. Mercredi dernier, 16 novembre, à deux
heures de l'après-midi, je me tenais dans mon cabinet de travail,
très absorbée par des occupations sérieuses, lorsque je sentis une
délicieuse odeur m'entourer de toute part. Ne faisant pas usage
de parfums, je pensai que peut-être grand-mère en avait laissé
là quelque flacon, car ces émanations étaient on ne peut plus
délicieuses et pénétrantes. Je cherchai à voir, mais il n'y avait
ni flacon, ni poudre... Je me dis alors : « Ce ne peut être que Sœur
Céline ; » cependant je ne pensais pas à elle. Mais, en réfléchissant,
je me souvins avoir pensé au livre « Fleur du Cloître » que j'avais
donné à lire à grand-mère. Je ne cherchai plus la cause du mystérieux parfum. M'adressant à grand-mère qui se trouvait là,
je lui dis : « Ne sens-tu pas ce doux parfum ? — Mais si, me répondit-elle ; quel délicieux parfum ! » Au bout d'un moment je repris :
Oh ! que cela sent bon ici, mon Dieu ! — Oui, reprend grand-
mère, tu as quelque chose de bien parfumé. — Mais je n'ai rien ! »
Quand elle se fut assurée que rien dans mon cabinet ne pouvait
causer cette odeur, je lui dis : Eh bien crois-tu maintenant ?
(Grand'-mère, n'ayant jamais constaté les choses surnaturelles
attribuées à Sœur Céline, affectait l'incrédulité quand on en parlait.) — Et quoi ? me répondit-elle, — Crois-tu en Marie-Céline ?
car c'est d'elle que nous vient cette faveur. » Grand'mère ne me
répondit pas, mais je compris qu'elle était ébranlée, car je la vis
devenir blême... Quelques instants après, j'étais obligée de sortir.
Le prodige continuait à la maison. J'ai été imprégnée de ce mystérieux parfum pendant une course de plusieurs kilomètres. Il

» était tellement fort et pénétrant que j'en étais presque incom-
» modée.

» Voici encore un autre fait, continue la même personne, qui m'a
» beaucoup frappée :

» C'était par une magnifique soirée d'août, mon mari et mon
» fils proposèrent une promenade en voiture. J'acquiesçai à leur
» désir en stipulant que nous irions à Talence. Je ne sais pourquoi
» je dis à Talence, car je n'avais aucun motif qui pût m'engager à
» aller de ce côté plutôt que d'un autre... Enfin, nous partons pour
» Talence. Le cocher, au lieu de nous faire suivre le chemin droit
» et court qui y mène, nous fait faire un long détour ; et, comme je
» demandais à mon mari et à mon fils par quel chemin nous con-
» duisait le cocher, ils me répondirent : Qu'importe : en tournant
» vers l'Église, nous y serons. » Et nous continuons de causer.
» Arrivés à dix mètres environ du cimetière, le cocher qui ne fai-
» fait pas attention (je crois qu'il dormait) laisse le cheval escalader
» un monticule de pierres de 1m. 50 environ de hauteur, de sorte
» que nous nous trouvons avoir une roue de la voiture sur la route
» et l'autre sur le tas de pierres. La voiture était donc complète-
» ment penchée et mon mari placé du côté bas se laissait glisser
» afin de se trouver à terre le plus doucement possible... Voyant
» cela, je retins mon mari près de moi et essayai de le remonter de
» l'autre côté de la voiture. Le cocher nous voyant ainsi en peine,
» au lieu de chercher à nous dégager, jeta les rênes sur le dos du
» cheval qui, ayant franchi l'obstacle pouvait s'emballer et nous
» mettre en péril. Il n'en fut rien. A l'instant même où le cocher
» jetait les rênes, le cheval s'arrêta court et je vis une *forme blanche
» bleutée* se dessiner dans la nuit au côté droit du cheval. En jetant
» les rênes, le cocher s'affaissa sur son siège comme un homme saisi
» de frayeur. Je ne sais s'il vit l'ombre. Pour moi, je me sentis
» envahie d'une joie intérieure que je ne saurais rendre et je suis
» entièrement convaincue que c'est Sœur Céline elle-même qui nous
» a délivrés du danger que nous avons couru. J'en ai pour garant
» cette joie extraordinaire et la présence d'esprit qui ne m'a pas
» abandonnée, moi si peureuse d'ordinaire... »

Mme N... termina en disant que l'ombre blanche avait la forme
d'un long manteau.


Mlle Suzanne Allard, de Talence, est la personne dévouée et
généreuse qui a bien voulu se charger de faire gracieusement toutes
les photographies représentant Sœur Céline en pensionnaire, au

SŒUR MARIE-CÉLINE DE LA PRÉSENTATION EN NOVICE.

« J'ai résolu que je serai une Violette d'Humilité,
une Rose de Charité, un Lys de Pureté
pour Jésus. »

(S° Marie-Céline).

commencement de « Fleur du Cloître, » (1re édition,) c'est-à-dire onze cents photographies environ.

Mlle Suzanne Allard raconte qu'un jour du mois de février 1898, entrant dans sa chambre, précédée de sa bonne, celle-ci s'écria tout à coup : « Ah ! mon Dieu ! que la chambre de mademoiselle sent bon ! » Entrée aussitôt et s'étant approchée du portrait de Sœur Céline, elle sentit elle-même très distinctement des parfums multiples où elle discerna ceux du lis, de la rose et de la violette.

Puis, allant dans la chambre voisine où se trouvaient, sur une table, une centaine de photographies de Sœur Céline, qu'elle avait reproduites, elle eut la sensation assez courte, mais très accentuée, du parfum de l'encens. Revenue à sa chambre, elle sentit de nouveau les parfums des fleurs.

Un autre jour, priant à côté de la photographie de Sœur Céline, en l'honneur de laquelle elle faisait une neuvaine pour obtenir, par son intercession, une grâce très importante, elle fut tellement enivrée d'un parfum d'encens qu'elle se retourna instinctivement pour voir d'où venait ce parfum. Cette suave émanation qui a été très vive n'a guère duré que le temps d'un *Pater* et d'un *Ave*.

Une dame de Bordeaux nous a raconté le fait suivant :

« Un jour d'hiver, j'étais souffrante de l'influenza. Obligée de
» garder ma chambre, je ne trouvai pas de plus charmante distrac-
» tion que de parcourir les ravissantes pages de « Fleur du Cloître. »
» Je me délectais depuis quelques minutes de cette intéressante
» lecture, lorsque, tout à coup, un parfum d'encens vint m'embau-
» mer, à ma grande surprise. Le parfum sortait du livre et parti-
» culièrement de la photographie. Je continuais ma lecture tandis
» que continuait le prodige. »

Le 23 mars 1898, nous fut raconté le fait suivant ; il s'était passé à Lourdes quelques jours auparavant.

Un monsieur fort incrédule au sujet des parfums merveilleux qui embaument le Monastère depuis la mort de Marie-Céline, s'en moquait poliment en présence de trois dames qui cherchaient en vain à le persuader. Or, il arriva qu'à un certain moment, M. X... ayant ouvert le livre de « Fleur du cloître » devant ces dames et un ecclésiastique présent, il s'en échappa tout à coup de délicieux parfums : c'était l'odeur suave de violettes fraîches. Le monsieur incrédule fut le premier à sentir les merveilleuses émanations, et grand fut son trouble, profonde son émotion. Après lui, le pieux ecclésiastique et les trois dames, tous fort émus, savourèrent aussi la douceur de ces parfums. Le prodige dura un certain temps ; il se renouvela même, à la grande consolation des cinq privilégiés.

A Paris, en mars 1898, un jeune homme de dix-sept ans, M. A. N.., était retenu au lit par une indisposition, du reste sans gravité. « Cherchant à distraire mon fils, nous écrivit plus tard Mme N... je lui fis voir mes souvenirs de Sœur Céline. Je lui montrai un à un les petits sachets qui renferment des fragments du linge de notre petite Sainte, quand il me dit : « Oh ! que cela sent bon ! est-ce que tu as mis du parfum dans ta boîte, mère ? » — « Voyez comme Sœur Céline nous gâte, » ajoute Mme N..., dans la relation qu'elle nous fit de ce fait charmant.

Le 29 mai 1898, veille de l'anniversaire de la mort de Sœur Marie-Céline de la Présentation, Mme X..., de Castillon (Gironde) lisait dans « Fleur du Cloître » le récit de la mort de la jeune Sainte. Il était neuf heures du soir, Mme X... voulant monter sa pendule, pour être plus sûre de ne pas manquer la messe le lendemain, qui était le lundi de la Pentecôte, souleva le globe de verre qui la recouvrait, Au même instant, des parfums d'encens d'une exquise suavité se répandirent dans l'appartement. Stupéfaite, elle prit en main la photographie de Sœur Céline qui était sous le globe de verre, et elle constata, avec une douce émotion, que ces parfums exquis émanaient de cette photographie, qui était d'ailleurs, pour elle, l'objet d'une pieuse vénération.

« Ayant en ma possession, depuis le mois de février 1898, la Vie
» de Sœur Marie-Céline, et, depuis le mois de mai, de petits sachets,
» j'atteste avoir senti très distinctement des parfums d'encens en
» plusieurs endroits différents, dans la cuisine, et dehors le plus
» souvent, environ six ou huit fois.

» JULIETTE FRETIER. »

» Libourne, août 1899.

On nous écrit de Saint-Sever (Landes) à la date du 8 novembre 1898, la relation suivante :

» Au mois de septembre dernier, tandis que je gardais le bébé
» confié à mes soins, je m'occupais à lire dans le livre intitulé « Fleur
» du Cloître » la vie édifiante de Sœur Marie-Céline de la Présen-
» tation, dont le récit m'intéressait vivement. Arrivée à ces
» lignes : « O belle fleur du Cloître, aujourd'hui épanouie dans

» le Ciel... » je fus subitement enivrée de parfums exquis, comme
» si la chambre où je me trouvais était remplie de fleurs et
» surtout d'héliotropes... Profondément émue, je demandai de
» suite à une jeune fille de treize ans, qui se trouvait dans le même
» appartement que moi, si elle sentait ce parfum délicieux. Le pro-
» dige ne dura plus qu'un court instant, et ce parfum que j'avais
» respiré avec tant d'émotion, s'évanouit alors, me laissant toute
» ravie et profondément convaincue de la puissance de Sœur Céline
» qui venait ainsi de se manifester à moi de cette façon surnatu-
» relle.

« LOUISE LABAT. »

« Je soussigné déclare avoir éprouvé les effets de la protection
» de Sœur Céline, et voici comment : Le 13 décembre 1898, j'étais
» affligée d'une grande peine intérieure, et, ne sachant que faire
» pour obtenir un soulagement spirituel, je résolus de m'adresser
» à notre petite sainte Marie-Céline de la Présentation. Pendant la
» messe, au moment de la Sainte Communion, je la priai avec con-
» fiance d'adoucir ma peine. Ayant la faveur de sentir souvent les
» parfums célestes dont elle embaume un grand nombre de privi-
» légiés, je la priai d'en répandre dans l'espace de quarante-huit
» heures afin que je sois rassurée, ce qui ne manqua pas. Le lende-
» main, au Sanctus de la messe, je sentis l'héliotrope ; à la Commu-
» nion je fus embaumée d'encens comme si je m'étais trouvée entre
» deux encensoirs. Enfin, après la messe, j'eus pendant un instant
» la sensation d'un doux parfum de vanille. Que Dieu en soit loué
» et glorifié !

» JEANNE-CATHERINE LAFFITE. »

La mère d'une de nos Sœurs Tourières, Mme Veuve Lebailly,
de Flers, (Orne), écrivait à sa fille la relation suivante :
» Tu ne saurais croire, ma fille, quelle a été mon émotion, l'autre
» soir, en lisant la vie de votre chère petite Sainte. Sans espérer
» une telle faveur, sans même la désirer, j'ai été embaumée des
» plus doux parfums. C'était une odeur que jamais je ne pourrai
» oublier. J'étais seule à ce moment et je n'ai parlé à personne de
» ce parfum, mais je ne puis m'empêcher de te le faire savoir. »

(Lettre du 9 janvier 1899.)

C'est jusque dans les solitudes des montagnes que Marie-Céline
fait sentir ses merveilleux parfums. A Lunet, petit village perdu
dans les montagnes de l'Aveyron, un facteur, père d'une religieuse

de notre monastère, en a été favorisé. Nous citons le passage de sa
lettre qui raconte le prodige :

« Ma chère fille, nous avons reçu le beau livre « Fleur du cloître »
» que tu as bien voulu nous envoyer avec les cinq reliques. Je n'ai
» qu'à te remercier ainsi que tes bonnes Mères. Quant au livre, je
» puis te dire que hier, 10 janvier 1899, vers les six heures du matin
» le lisant au lit, j'ai senti une forte odeur de roses d'un très bon
» goût. Ta tante l'a sentie de même.

» Jean-Antoine Malet. »

Le 18 janvier 1899, vers cinq heures du soir, Mme F... s'était
rendue au Monastère pour prévenir la Très Révérende Mère Abbesse
de son projet de faire repeindre la croix mortuaire de Sœur Marie-
Céline et convenir avec les Sœurs Tourières des pieds de fleurs à
transplanter sur la nouvelle tombe. Obligée d'attendre un instant,
Mme F... en profita pour aller prier à la chapelle devant l'autel de
Notre-Dame des Douleurs. A peine était-elle à genoux, qu'un doux
parfum de violettes vint l'embaumer délicieusement. Elle en savourait lentement la douceur, lorsqu'une Sœur Tourière entra dans
la chapelle et s'approcha de Mme F... Au même instant, la Sœur
sentit, elle aussi, le délicieux parfum. Or, il est à remarquer qu'il
n'y avait pas une seule fleur naturelle dans la chapelle ce jour-là.
Mme F... affirma que cette mystérieuse odeur lui était venue
comme une bouffée prolongée et qu'elle-même en a gardé longtemps la suave douceur. Après qu'elle eut parlé aux Sœurs, en
dehors de la chapelle, Mme F... y revint de nouveau pour s'assurer
si le mystérieux parfum durait encore. Elle le sentit comme la
première fois.

Un jour du mois de décembre 1898, Mlle Suzanne Allard, de
Talence, en proie à une profonde tristesse causée par de récents
malheurs et de cruelles appréhensions, pria très longtemps et à
diverses reprises Sœur Marie-Céline de la soutenir et de venir à
son aide. Elle se trouva tout à coup enveloppée de parfums de
violettes qui ramenèrent le calme dans son esprit et dans son cœur.
Plusieurs personnes qui étaient avec elle sentirent le même parfum
qui dura environ un quart d'heure.

Le samedi suivant, la même personne offrit à la Communauté
des Clarisses de recueillir les restes de Sœur Céline dans un caveau
qu'elle possède au cimetière de Talence. L'offre ne put malheureu-
sement être acceptée. Mais le lendemain vers quatre heures de

l'après-midi, alors que Mlle Suzanne Allard pensait à Sœur Céline et à ses vertus, de délicieux parfums vinrent, comme pour la remercier, se manifester à elle par bouffées pendant un temps assez long. Comme le mercredi précédent, les personnes de la maison eurent la même faveur.

« Travaillant avec ma compagne, Marie Reitaud, à des ouvrages » manuels, et ayant à mes côtés le volume « Fleur du cloître, » » j'ai senti une odeur très accentuée d'encens se répandre subite- » ment dans la pièce que nous occupions et disparaître après un » laps de temps assez considérable. Ma compagne a éprouvé au même » moment la même sensation très agréable et très forte.
» La vénération que nous avons toutes les deux pour votre sainte » Sœur Marie-Céline, nous porte à attribuer ce parfum à la présence » de « Fleur du Cloître » que nous lisons avec tant de joie et d'édi- » fication. »

» MARIA X... »<br>(Bordeaux, 1<sup>er</sup> mars 1899).

« MA RÉVÉRENDE MÈRE,

» Je ne puis résister au désir de vous faire savoir qu'en lisant le » livre si édifiant « Fleur du Cloître, » j'ai senti, à diverses reprises, » des parfums d'encens et de fleurs. Je ne sais à quoi attribuer ce » gracieux phénomène, mais comme je n'ai dans ma chambre ni » fleurs, ni encens, j'ai supposé que ces parfums ne pouvaient sortir » que du beau livre dont la lecture fait tant de bien à mon âme. »
» Ce n'est du reste qu'une des multiples faveurs, dont je crois » être redevable à la Sœur Marie-Céline, votre petite sainte.

» LAURE JOUGLA. »<br>(Bordeaux, le 4 mars 1899).

A tous ces témoignages de personnes du dehors si délicieusement embaumées par les mystérieux parfums, il nous semble superflu d'ajouter les dépositions des Religieuses du Cloître. Outre que nous dépasserions les limites de ce modeste opuscule, nous craindrions de fatiguer le lecteur par une nomenclature qui risquerait de devenir monotone. Cependant, pour échapper aux reproches qu'on pourrait nous faire si nous demeurions complètement muettes dans ce concert mystique, nous allons sobrement exposer quelques faits intéressants dont un arrivé à l'anniversaire de Profession de notre chère envolée.

Monastère de l'Ave-Maria de Talence-Bordeaux.
Mon nard a répandu son parfum...
CANT. I, II.

Le 21 mars 1899, écrit une postulante, second anniversaire de la Profession de notre petite Sœur Céline, les Postulantes, au nombre de cinq et deux Novices blanches, étaient réunies à l'oratoire (ancienne cellule de Marie-Céline) pour un exercice spirituel. A 8 heures 20, tout étant terminé, nous allions regagner nos cellules: notre chère Mère Maîtresse nous adressait quelques mots d'édification, nous engageant à imiter les vertus de celle qui, deux ans auparavant, à pareille heure, au soir du plus beau jour de sa vie, demandait le Ciel à grands cris, lorsque, tout à coup, Sœur Marthe, Novice, s'écria qu'elle respirait l'encens à pleins poumons. Au même moment, Sœur Suzanne, la dernière arrivée au Monastère, sentait le même parfum, tandis que moi-même et plusieurs de mes compagnes nous aspirions presque immédiatement d'enivrantes senteurs de seringa. Notre Mère Maîtresse étant allée prévenir notre Très Révérende Mère Abbesse de ce qui se passait, revint accompagnée de cinq religieuses, avec la permission d'attendre, en priant, pour savoir ce qui se passerait. En son absence, les émanations n'avaient point cessé, nous arrivant alternativement aux unes, puis aux autres, par bouffées d'encens, de douces saveurs d'oranger, de tubéreuse ou de plantes de ce genre. Quand nous fûmes réunies toutes treize et en prière, je ne sentis plus rien pour ma part, mais à mesure que nous récitions le *Magnificat* que Sœur Céline paraît affectionner singulièrement, les exhalaisons devinrent presque continuelles jusqu'à minuit. Sœur Marguerite qui avait accompagné notre chère Mère éprouva une telle commotion à la première fois, qu'elle a déclaré qu'elle n'aurait pu y résister : « *sans mourir,* » si cette odeur si douce, mais si pénétrante, avait duré plus longtemps.

Bien différents des parfums ordinaires artificiels ou naturels, ceux-ci, en effet, impressionnent plutôt le sens du goût que l'odorat ; ils provoquent une abondance extraordinaire de salive parfumée et sont ainsi sensibles jusque dans l'estomac. Aussi l'émotion est telle qu'on ne la peut décrire. Une Professe, ordinairement favorisée de Sœur Céline et qui n'avait rien obtenu depuis plus d'une heure qu'elle nous avait rejointes, sentit, subitement, près de sa joue droite, la chaleur de l'encensoir. Sœur Alix plus que surprise poussa ce cri naïf qui fit rire tout le monde : « Oh ! que c'est chaud ! mais cela m'a brûlée ! » tandis que son charmant visage en devenait tout rouge.

L'heureuse privilégiée continua à être embaumée avec neuf de nos chères Sœurs, jusqu'au coup de crécelle de minuit. A ce moment, la réveilleuse de nuit parcourut les dortoirs, selon l'usage, en chantant le verset : « *Et exultavit spiritus meus in Deo salutari meo.* » L'émotion étreignait tous les cœurs, et au milieu des dernières émanations d'oranger et de rose, nous quittâmes l'Oratoire, le cœur plein de la sainte joie d'une aussi belle soirée. Enfin, en arrivant au chœur pour sonner le premier coup de *Matines*, Sœur Marthe le trouva rempli de parfums d'encens.

Depuis plusieurs jours, des parfums variés s'étaient fait sentir en différents endroits du Monastère ; et Sœur Marthe, le matin même, avait eu les prémices de la fête, à l'Oratoire de Marie-Céline, par de très fortes émanations de violettes. Or, il est à remarquer qu'il n'y a jamais de fleurs naturelles à l'Oratoire, et, de plus, qu'ayant été blanchis tout récemment, les murs dégagent une odeur âcre de chaux qui vous prend à la gorge fort désagréablement.

Tout heureuse de rédiger et de signer ce rapport, j'ai engagé les heureuses privilégiées de la soirée du 21 mars à le signer avec moi :

*Sœur Madeleine, Postulante ;*
*Sœur Catherine, Postulante ;*
*Sœur Joséphine, Postulante ;*
*Sœur Suzanne, Postulante ;*
*Sœur Marthe de Béthanie, Novice ;*
*Sœur Angélique de la Croix, Novice ;*
*Sœur Marguerite-Marie du Cœur de Jésus, Professe ;*
*Sœur Alix de Jésus, Professe ;*
*Sœur Yolande du Cœur de Jésus, Professe.*

Une novice se trouvait un jour dans un état de grande souffrance morale. Elle d'ordinaire si calme, si tranquille, ne trouvait aucun adoucissement à sa peine. Dans une crise de désolation, seule, dans sa cellule, elle eut un moment d'angoisse telle qu'elle ne savait plus que faire pour retrouver la paix. Tout à coup, il lui vient à la pensée d'invoquer le secours de son ancienne compagne... Alors elle s'écrie : « *Sœur Céline, venez à mon aide, je vous en supplie !* Au même instant, une voix très douce, *et qu'elle reconnut être celle de Sœur Céline*, lui dit à l'oreille : « *N'ayez pas peur !* » En même temps, elle se sentit inondée de joie, la tentation cessa pour ne plus revenir, elle retrouva sa douce paix et appelle depuis Marie-Céline sa céleste Bienfaitrice. Depuis, elle n'a pas cessé d'éprouver la protection de celle qu'elle avait invoquée avec tant de confiance. Le 26 octobre, elle lisait des prières préparatoires à la sainte Communion qu'elle devait faire le lendemain. Voulant mettre à contribution le crédit de sa chère petite Sœur Céline, elle la pria intérieurement de l'aider à communier avec ferveur. Au même instant, de délicieuses bouffées de parfums de lis qui semblaient sortir de terre vinrent l'embaumer un bon moment. Puis, elle remarqua qu'elle se trouvait précisément à la place que Sœur Céline avait occupée au chœur durant son Postulat. C'était, pour elle, comme une aimable réponse à sa demande.

Vers la fin d'octobre 1897, nous commençâmes quelques démarches pour obtenir de ramener au Monastère la dépouille mortelle de Marie-Céline, inhumée provisoirement dans le cimetière de Talence. Le 29, Marie-Céline sembla nous faire comprendre que notre désir lui était agréable. Voici de quelle manière :

Le jour même où la Très Révérende Mère Abbesse avait recommandé en Communauté de prier à cette intention, deux Sœurs converses étaient allées scier du bois à la cave. Elles se livraient depuis un certain temps à ce rude labeur, lorsque la plus ancienne des deux se ressouvint de la recommandation de sa Révérende Mère Abbesse. « Alors, écrit-elle, je me dis en moi-même : « Chère » Marie-Céline, exaucez-nous... Faites revenir du cimetière vos » restes chéris. » Je n'eus pas le temps d'en *penser* plus long, car » ma compagne s'écria aussitôt : « Ma chère Sœur, ne sentez-vous » pas ce doux parfum de violettes et de jasmin qui se répand ici ? » » En une seconde, l'immense souterrain où se trouvaient les deux » Sœurs avait été converti en parterre embaumé. »

Un matin de l'hiver 1898, Mère N... se trouvait à la salle de Communauté qu'enfumait un vieux poêle ; mais les parfums célestes l'emportant sur l'âcre odeur de l'épaisse fumée, Mère N... en fut embaumée pendant vingt minutes. Après les exercices du chœur, elle se rendit au Noviciat réciter un « Souvenez-vous » à la Très Sainte Vierge. Tandis qu'elle priait, un suave parfum de violettes et de vanille pénétra tout son être et l'inonda de consolations. Aussi surprise que charmée, elle se demandait la cause de ce nouveau prodige, lorsqu'elle s'aperçut qu'elle s'était agenouillée à la place même que Marie-Céline avait occupée dans la salle du Noviciat.

Le 16 février 1898, notre Sœur jardinière, travaillant au parterre qui se trouve au-dessous des fenêtres de la cellule où mourut Marie

Céline, séparait les gousses de la plante du lis dont il est parlé dans sa Vie et qui laissa s'épanouir sa première fleur au matin du 30 mai 1897, au moment du béni trépas de Marie-Céline. Tout à coup, un délicieux parfum d'encens sortit de terre à l'endroit même où était cette plante. La terre venait d'être légèrement remuée par Sœur M... qui pensait au lis éclos à la mort de notre bien-aimée Sœur. Tout à coup le parfum de l'encens s'éleva de terre. Sœur M... éprouva même la sensation de chaleur qui accompagne le nuage de la fumée s'échappant de l'encensoir ordinaire. Deux Novices qui jardinaient à côté de la Sœur jardinière sentirent, comme elle, ces émanations d'encens pendant plusieurs minutes.

Le jour de la Toussaint 1898, des parfums d'encens se sont répandus à deux reprises dans l'oratoire de Marie-Céline. La nuit du 2 novembre, au chœur, une Sœur les a sentis pendant l'Office des Morts, à la place qu'a occupée jadis Marie-Céline. Encore à sa place le jour de la Toussaint, pendant la messe, il sortait du plancher une si forte odeur de roses, que la Sœur qui occupe actuellement cette place aurait été obligée de s'en aller, tant le parfum lui portait à la tête, si ces émanations avaient duré plus longtemps. Le soir, pendant le Salut du Très Saint-Sacrement, le prodige s'est renouvelé.

Ce fait remet en mémoire le prodige semblable qui eut lieu l'année dernière à pareil jour. Laissons parler la Sœur témoin de ce prodige : « Le jour des Morts, après la récitation des psaumes pénitentiaux » et la lugubre psalmodie du *Libera*, je me rendis à l'Oratoire de » Sœur Marie-Céline pour y prier. Il était environ neuf heures du » matin. En ouvrant la porte, je sentis un doux et suave parfum » d'encens. Tout émue, je m'arrêtai et regardai de tous côtés pour » chercher instinctivement la cause de ce parfum. Je vis alors un » tourbillon de fumée d'encens qui se répandit dans la salle, d'une » extrémité à l'autre. Le nuage se dirigea tout droit vers la fenêtre » auprès de laquelle était jadis le lit de Sœur Céline. L'encens, » après avoir tourbillonné au-dessus de l'endroit où se trouvait » sa tête, alla se dissiper dans la direction de la fenêtre et disparut » ainsi. »

Si des parfums merveilleux se répandent souvent dans le Monastère où vécut et mourut Marie-Céline, ajoutons que, souvent aussi, des chants mystérieux résonnent sous ses cloîtres. Parfois, des mélodies suaves ou de lentes psalmodies remplissent les lieux réguliers. C'est comme une troupe invisible qui prie et qui chante sans qu'il soit permis à celles qui les entendent de comprendre les paroles ou de saisir l'air de ces prières et de ces chants extraordinaires.

« Quand un prodige éclate, le cœur déborde de reconnaissance
» et se met à chanter [1]...» *Cantemus Domino, gloriose enim magni-
ficatus est* [2]... Chantons notre Dieu ; jamais sa gloire ne s'est manifestée ici avec plus de grandeur.

. . . . . . . . . . . . . . . . . . . . . . . . .

Citons un trait de ces chants mystérieux : il est pris dans les
Annales du Monastère.

Dans la nuit du 1ᵉʳ juin 1898, une religieuse de notre Monastère
entendit de son lit un bruit insolite qui lui fit craindre que des
malfaiteurs ne cherchassent à s'introduire dans le jardin cloîtré
pour voler les fruits et autres choses, ce qui était arrivé quelques
nuits auparavant. Sœur N... se leva donc et se dirigea vers l'Oratoire de Sœur Céline, car le bruit semblait venir de ce côté ; elle
regarda attentivement dans le jardin, et, s'étant assurée qu'il n'y
avait personne, elle se disposa à regagner sa cellule. Cependant,
elle ne voulut pas s'en aller sans avoir fait une petite prière dans
cet Oratoire béni où brillaient de nombreuses lampes. Il était dix
heures du soir. Tout le Monastère était plongé dans le sommeil.
Elle priait depuis quelques instants, lorsque, tout à coup, elle entendit, entre sa tête et le plafond, et dans la partie de l'appartement
où étaient mortes Sœurs Éléonore et Marie-Céline, un chœur de
cinq ou six voix qui faisaient entendre l'air triste et lugubre du
*Dies iræ*. Cela dura environ un quart d'heure, juste le temps, on
peut le présumer, de chanter cette prose tout entière. Elle ne dis-
tinguait pas les paroles, mais l'air était si véritable et si saisissant
que Sœur N..., immobile de stupeur et d'effroi, sentait une sueur
froide couler sur son visage et un frisson glacé parcourir ses mem-
bres. La Très Révérende Mère était malade à cette époque et Sœur
N..., comprenant que ce chant mystérieux était un pronostic de
mort, concentra sa douleur et résolut de ne la dire à personne.
Trois semaines après, c'est-à-dire le 19 juin, une Postulante tomba
malade et le docteur déclara que c'était une méningite : elle était
perdue. L'infirmerie du Noviciat n'étant pas encore construite,
notre Très Révérende Mère jugea à propos de faire transporter la
malade à l'Oratoire de Sœur Céline, afin qu'on fût plus à même de
la soigner. Sœur N... voyant cela comprit tout le mystère et ce ne
fut qu'en pleurant d'émotion qu'elle raconta à ses Révérendes
Mères le prodige lugubre dont elle avait été témoin. Deux jours
après, le 21 juin, fête de saint Louis de Gonzague, l'on profita de

1. Mgr Elisée Lazaire, Prélat de la Maison de Sa Sainteté, *Les Saintes Patronnes de la France*.
2. Exode, XV, 21.

quelques instants de lucidité de la malade pour lui administrer les derniers Sacrements.

La Communauté est restée persuadée que c'étaient nos chères envolées, jointes à d'autres âmes, qui étaient venues annoncer la mort de notre jeune Postulante par le chant si solennellement lugubre du *Dies iræ*.

*<br>* *

« Il ne suffit pas de recueillir la grâce, disent les maîtres de la
» vie spirituelle, il faut la garder. Il ne suffit pas de la garder, il
» faut la répandre. Le parfum n'est pas donné à la fleur pour elle
» seule. La bonne odeur de Jésus-Christ doit s'échapper et réjouir
» autour d'elle [1]. »

Ainsi la « Fleur du Cloître » répand dans les âmes des parfums de vertus et sur les corps malades des baumes de guérison :

Citons d'abord, le témoignage d'un saint prêtre :

« Au 29 juin 1897, écrit M. l'abbé Bonthoux, curé de la Haute-
» Jarrie (Isère), j'étais appelé près de notre frère, Gabriel Bonthoux,
» qui, depuis plus de cinq mois, souffrait d'un rhumatisme aigu
» qui avait amené une déviation complète de la colonne vertébrale.
» Notre malade nous causait une bien grande inquiétude ; car nous
» voyions avec peine son état empirer, alors que nous comptions
» que les chaleurs de la belle saison amèneraient quelque soulage-
» ment ; d'autre part, le patient semblait désespérer. C'était bien
» triste, en effet, de se voir, à quarante ans, empêché de continuer
» cette vie laborieuse qu'un père doit à sa famille.

» Je résolus alors, malgré les douleurs aiguës du malade, de ten-
» ter avec lui une course à Grenoble, afin de consulter quelque
» sommité médicale de notre ville. Mais quelles souffrances pen-
» dant ce voyage !

» Le 30 juin, nous descendions chez le docteur Girard, qui ne
» put dissimuler l'inquiétude que faisait naître en lui l'état de mon
» frère. Il déclara nettement qu'il ne pouvait rien pour soulager le
» malade ; l'état du mal est trop avancé. C'est trop tard !!! Il
» n'avait jamais vu de cas de déviation de colonne vertébrale aussi
» prononcé. Le patient, en effet, était tellement penché sur le côté
» droit que de sa main il touchait terre : « Mon cher ami, me déclara
» le docteur Girard, le mal dont souffre votre frère ne se guérit pas
» ou plutôt on n'en guérit qu'une fois : à la mort. Il n'y a rien à

_____
1. Mgr Élisée Lazaire.

» faire, ne perdons pas notre temps à discourir. Je ne donne pas
» d'ordonnance : c'est inutile. » Puis, pour me laisser encore un
» dernier espoir : « Essayez de lui faire prendre des bains aux eaux
» thermales d'Aix ou de la Motte-les-Bains. » Je m'accrochai à cette
» planche de salut, tandis que le malade me demandait en grâce
» d'aller mourir près de ses enfants. Après un jour de repos chez
» moi, à la Haute-Jarrie, nous partîmes pour la Motte-les-Bains ;
» c'était le 2 juillet. J'avais bien prié la Bonne Mère en lui rappe-
» lant le sacrifice que je lui avais fait à pareil jour, à propos d'un
» autre départ (bien triste aussi) et sans retour : le départ d'une
» de mes sœurs pour le cloître des Clarisses !...

» Après dix jours de traitement, et malgré les soins assidus du
» célèbre spécialiste le docteur Gubieu, l'état du malade était
» toujours le même. Dans l'intervalle, j'avais écrit à Bordeaux pour
» demander aux bonnes Sœurs Clarisses le concours de leurs prières.
» Sœur Thérésia me répondait aussitôt qu'on commençait une neu-
» vaine, et engageait le malade à invoquer *Sœur Céline* dont elle lui
» envoyait un fragment de vêtement. La prière : *Sœur Céline, guéris-*
» *sez-moi !* a été répétée bien souvent et avec pleine confiance par
» le patient. *C'était le salut.* Le 16 juillet, j'allai à la Motte-les-Bains
» en descendant de Notre-Dame de la Salette ; d'aussi loin que je
» fus aperçu par mon frère, il me cria : « Je vais mieux depuis que je
» prie Sœur Céline. » Ce mieux s'est continué jusqu'au 23 juillet,
» jour où il allait quitter l'établissement pour rentrer dans sa famille ;
» toute douleur vive avait disparu, mais il avait encore de la peine
» à se tenir entièrement droit, ce qu'il faisait quinze jours après
» sans douleur aucune. Depuis lors, mon frère Gabriel n'a plus eu
» aucun ressentiment de son mal. Je l'ai revu plusieurs fois, il est
» entièrement droit. On m'écrivait hier, 15 mars, que son état de
» santé était parfait.

» Cette cure si rapide, je l'atteste ici, a causé la plus vive sur-
» prise parmi les baigneurs. Le docteur Gubieu lui-même était
» émerveillé et très fier de son malade qui allait faire une si belle
» réclame à son établissement thermal ! Mais, pour mon frère et
» pour moi, c'est à Dieu que nous devons nos actions de grâces et
» à Sœur Céline, qui a bien voulu être notre puissante avocate près
» de Lui. Qu'elle reçoive ici l'expression de notre reconnaissance.
» Merci aux Très Révérendes Mères Clarisses de nous avoir fait
» connaître un si puissant secours dans leur jeune envolée.

» Abbé BONTHOUX,

» Prêtre. »

Citons encore quelques lettres, prises parmi les nombreuses
missives de ce genre reçues au Monastère ; ce sont comme des
échos d'actions de grâces que nos cloîtres répètent avec bonheur :


« B… (Haute-Loire.)

» Ma Révérende Mère,

» Ayant appris que des cures frappantes et même en nombre
» s'étaient opérées par l'intercession de Sœur Marie-Céline, j'eus
» l'inspiration de demander par elle la guérison de mon cher beau-
» frère.

» Il s'agissait d'un père de famille jeune encore, assez bien por-
» tant en apparence, mais atteint depuis trois ans et plus d'un mal
» aux reins très douloureux, et si tenace qu'aucun traitement ni
» aucun remède n'avait pu l'en guérir.

» Impossible au pauvre souffrant de soulever quelque fardeau
» et de se livrer à quelque travail pénible sans éprouver d'atroces
» douleurs.

» Jugez de mon heureuse surprise lorsqu'après avoir fait parve-
» nir à mon beau-frère un fragment du manteau séraphique de
» Sœur Céline que vous avez bien voulu m'envoyer. j'apprenais,
» quelques jours plus tard, que ce mal aux reins, si obstiné jusqu'ici,
» avait complètement disparu. Ma sœur, sa jeune femme, me l'an-
» nonçait dans les termes suivants : « Quelle bonne pensée tu as
» eue, ma chérie, d'envoyer cette parcelle d'une relique si précieuse
» à mon pauvre Marcel. Selon ta recommandation, il l'a portée sur
» lui avec confiance, et nous nous sommes unis à toi et aux saintes
» Clarisses dans les ferventes prières qui se sont faites pour lui.
» Chaque jour, nous avons récité en famille les trois *Gloria Patri*
» et l'*Ave Maria* indiqués sur ta lettre, pour remercier le bon Dieu
» et la Sainte Vierge des grâces qu'en a reçues cette chère privilégiée..
» Nos prières à nous sont bien peu de chose, mais celles de ces
» saintes Religieuses ont été d'une si grande force auprès de Sœur
» Céline, que la faveur demandée ne s'est pas fait attendre. Figure-
» toi qu'avant la fin de la neuvaine, les douleurs dont souffrait depuis
» si longtemps mon pauvre mari ont complètement disparu. Marcel
» ne sent plus rien de ce mal invétéré qui avait résisté à tout. Il
» peut faire son travail maintenant sans la moindre fatigue, et nous
» en remercions mille fois la sainte Clarisse de Talence à qui nous
» nous croyons redevables de ce bienfait. Remercie de notre part

» ces dames qui ont bien voulu prier pour nous. Nous conservons
» précieusement le petit morceau de bure dont l'envoi et le contact
» nous ont été si bienfaisants » . . . . . . . . . . . . .

. . . . . . . . . . . . . . . . . . . . . . . . .

Bordeaux, le 3 mars 1898.

» Pour la plus grande gloire de Dieu, je tiens à relater ici le bien-
» fait d'une guérison que je me plais à considérer comme miracu-
» leuse et dont j'ai été moi-même l'objet.

» Dans le courant du mois d'octobre 1897, il me vint au genou
» droit un mal si douloureux que je m'en préoccupai aussitôt. Une
» enflure énorme enveloppait ce pauvre genou que je ne pouvais
» plus mouvoir, et je souffrais dans toute cette région des élance-
» ments excessivement douloureux. Le mal s'accentuant rapide-
» ment, je consultai le docteur qui me déclara que c'était grave
» et qu'il n'y avait d'autre remède qu'une prompte opération[1].

» Je ne pouvais me résoudre à ce moyen extrême, et j'eus alors
» la pensée de demander ma guérison au bon Dieu par l'intercession
» de Sœur Céline, la petite sainte Clarisse de Talence.

La Révérende Mère Abbesse voulut bien me donner un mouchoir
» de cou en mousseline blanche qui avait été à l'usage de Sœur
» Céline, et j'en entourai le genou malade.

» Trois jours après, les douleurs avaient entièrement disparu,
» mais l'enflure restait. Je voulus en reconnaissance, autant que
» pour obtenir la disparition de l'enflure, me transporter à la tombe
» de Sœur Marie-Céline, où je priai longtemps. Un secret pressen-
» timent me disait que la guérison finirait par devenir complète.

» Je n'ai pas été trompée dans mon attente. Aujourd'hui, toute
» enflure a disparu. Je suis complètement guérie sans avoir employé
» d'autre remède que l'attouchement de la mousseline de Sœur
» Céline qui m'avait été remise et que j'ai laissée autour du genou
» durant plusieurs semaines.

» Reconnaissance à notre séraphique Bienfaitrice !...

» C.-M. J. COUSSEAU,

Tertiaire de Saint-François d'Assise. »

1. Déclaration du docteur Courtin, 23, rue Margaux : « Madame Cousseau est atteinte d'une synovite du genou droit, limitée au cul-de-sac inférieur, consécutive à la présence d'un corps étranger articulaire que l'on peut apprécier à l'examen. »

Une religieuse du Monastère de l'Ave-Maria de Talence raconte ainsi la guérison qu'elle attribue à l'intervention de Sœur Marie-Céline :

### Une faveur de Sœur Céline

« Depuis trois ans, j'étais atteinte d'une toux qui, légère dans
» le début, alla s'augmentant peu à peu et finit par devenir inquié-
» tante, tant elle était forte et suivie d'abondants crachats. De
» plus, je sentais mes forces diminuer insensiblement. Lorsque
» j'avais à faire à haute voix, la moindre lecture ou à monter quel-
» ques marches d'escalier, c'était avec beaucoup de peine que je
» pouvais respirer. J'éprouvais, en un mot, tous les malaises, symp-
» tômes de la cruelle maladie de poitrine qui est sans pitié pour les
» victimes qu'elle frappe.

» En voyant le grand bonheur que goûtait mon angélique com-
» pagne, en pensant au Ciel qu'elle appelait de tous ses vœux, je
» sentais naître en moi le désir de quitter au plus tôt cette terre
» d'exil.

» A la mort de notre chère Sœur Marie-Céline, mon âme fut en
» proie à la plus terrible douleur, adoucie par l'espoir que notre
» bien-aimée Sœur ne souffrait plus et qu'elle devait être déjà en
» possession du bonheur des élus.

» Pendant le jour et la nuit que nous eûmes la consolation d'en-
» tourer la chère défunte, je lui dis plusieurs fois : Sœur Céline, si
» je dois vous suivre bientôt dans la tombe, obtenez-moi du divin
» Maître la grâce de faire une bonne mort. » Et ce n'est qu'avec
» crainte (tant il me semblait être près de l'Éternité) que j'ajou-
» tais : « Vous qui aimiez tant le bon Dieu lorsque vous étiez ici-
» bas, il ne vous refusera pas ma guérison si vous la lui demandez ;
» mais alors accordez-la-moi au plus vite. » Le croirait-on ? peu de
» jours après, je jouissais d'une santé parfaite. Plus de toux, plus
» aucun malaise, tout avait disparu et bien disparu, car depuis lors
» je me porte à merveille et peux suivre sans peine les austérités
» de notre sainte Règle.

» Ma confiance en Sœur Céline est sans bornes, et c'est à chaque
» instant que je l'invoque et qu'elle me prouve en m'exauçant la
» puissance de son crédit dans le Ciel... Merci mille fois, Sœur bien-
» aimée, pour la faveur que vous m'avez obtenue et pour toutes
» celles que vous ne cessez de m'obtenir ; mais veuillez surtout me
» prêter votre secours au moment de la mort, afin qu'après avoir
» bien profité du temps que le Ciel daigne m'accorder, je puisse,
» comme vous, passer heureusement du temps à l'Éternité. »

Dans le courant de novembre 1897 un jeune vicaire, dont la santé semblait très compromise, nous fut spécialement recommandé. Des rhumatismes articulaires et des principes de maladies de cœur en faisaient, depuis plusieurs mois déjà, un vrai martyr de la souffrance. Tout un enchaînement de préoccupations et de peines morales étaient venues encore aggraver son état, et l'on nous demandait avec instance de prier pour lui dans la cellule bénie de Sœur Céline.

La Communauté s'empressa de faire pour l'intéressant malade une neuvaine particulière. Comme beaucoup d'autres elle eut de suite pour résultat une amélioration frappante sous tous les rapports. Les lignes suivantes écrites par le pieux ecclésiastique lui-même en fournissent la preuve :

« Depuis que vous avez prié pour moi votre chère Sainte, écrit-il,
» je vais beaucoup mieux de toute manière. J'ai retrouvé l'appétit,
» le sommeil et un peu plus de vigueur. Je n'éprouve plus mainte-
» nant que de simples douleurs peu violentes. Quant au moral, je
» veux croire que Sœur Céline est pour beaucoup aussi dans le sou-
» lagement ou plutôt dans la délivrance que j'ai obtenue..., et
» qui, grâce à son intercession et à vos prières, ne s'est pas fait atten-
» dre. Aussi ma confiance au crédit de cette privilégiée du bon Dieu
» grandit de plus en plus. »


Une belle petite fille de deux ans, Marie M..., avait tout d'un coup perdu ses fraîches couleurs et sa gaîté charmante ; le sommeil et l'appétit avaient complètement disparu ; la jeune maman de la baby se désolait un soir près du berceau de l'enfant, lorsque la grande sœur de la petite malade eut l'heureuse inspiration de glisser sous le chevet un fragment du manteau de chœur de Sœur Marie-Céline. O merveille ! tout aussitôt baby s'endort, et ce sommeil réparateur est suivi d'une guérison complète.


De notre Monastère de Sainte-Claire de C.

26 décembre 1897.


« MA TRÈS RÉVÉRENDE ET CHÈRE MÈRE,

» Que notre doux Sauveur Jésus verse à flots sur vos chères
» âmes tous les trésors de son aimable Cœur.
» Permettez-moi, très chère Mère, de remplacer cette année
» notre Révérende Mère, pour vous offrir nos vœux de bonne et

» sainte année. Notre bonne Mère est très fatiguée, surtout depuis
» deux mois qu'elle garde le lit ; elle nous a même donné de graves
» inquiétudes. J'étais sur le point de vous écrire pour la recomman-
» der à vos bonnes prières, lorsque votre chère lettre nous est par-
» venue. Les intéressants détails que vous nous faisiez connaître
» sur votre bien-aimée Sœur de sainte mémoire, ont changé notre
» plan. Depuis longtemps déjà, nous faisons neuvaine sur neuvaine
» pour notre chère malade sans obtenir aucun résultat ; enfin, nous
» en commencions une au Saint Enfant Jésus de Prague que nous
» devions prolonger jusqu'à Noël, avec toute la Communauté des
» Religieuses Trinitaires et leurs enfants. Je me proposais en même
» temps de vous écrire après. Peut-être, ma Très Révérende Mère,
» le bon Dieu veut-il encore plus glorifier son humble servante,
» qui a fini sa douce carrière au milieu de vous, par de nouveaux
» prodiges. Je vous l'assure, ma chère Mère, nous regarderions
» comme un miracle la guérison de notre bonne Mère. Nous venons
» donc avec une grande confiance solliciter cette grâce par votre
» chère petite sainte. Nous vous serons bien reconnaissantes de
» vouloir bien commencer une neuvaine à la Sainte Vierge en même
» temps que nous et de faire brûler une lampe dans la cellule de
» cette bienheureuse sœur. Voudriez-vous bien aussi être assez
» bonne pour nous envoyer par la poste un petit morceau de son
» habit religieux pour mettre sur l'estomac de notre chère malade.
» *Si elle guérit*, quelle consolation pour notre Communauté et quelle
» reconnaissance envers Marie-Céline. . . . . . . . . . . .

. . . . . . . . . . . . . . . . . . . . . . . . .

» Sœur V..., de l'Immaculée-Conception,

» Vicaire. »

Le 22 janvier, nous recevions de la Secrétaire du Monastère de
C. une lettre écrite au nom de la Très Révérende Mère Abbesse et
signée de sa main :

Ma Très Révérende et Vénérée Mère,

» On m'écrit d'une Communauté d'Ursulines de Valréas de faire
avec ces bonnes Religieuses une neuvaine à notre bien-aimée
Sœur Céline, et l'on demande même de vous écrire à cette inten-

» tion pour la faire aussi. C'est pour la guérison d'une jeune pro-
» fesse, malade depuis deux ans de la poitrine et que l'on désirerait
» vivement conserver. Elle-même désire extrêmement de guérir.
» Toutes nous prenons plaisir à parler de votre aimable petite Sainte,
» dans nos lettres. Sa vie nous ravit et nous ne sommes point éton-
» nées, ma bien-aimée Mère, des prodiges que Dieu opère par son
» intercession et de tant de consolations qu'elle fait pleuvoir sur
» votre béni Monastère. Certes, c'est une récompense bien méritée,
» car vous avez été, avec la Révérende Mère S..., ni plus ni moins
» qu'héroïques dans votre dévouement pour cette chère enfant.
» Nous donnons votre adresse, ma bonne Mère, dans nos lettres,
» aux parents ou amis, et nous signalons votre charmante publica-
» tion. C'est un trésor à faire connaître, car il est fait pour faire
» beaucoup de bien à beaucoup d'âmes.

» Je vais vous parler de moi maintenant et ne soyez pas étonnée
» si ce n'est pas moi qui écris ces lignes, car depuis que je suis en
» bon état, j'ai dû reprendre les soucis de la Maison qui ne me lais-
» sent guère le loisir d'écrire. Oui, très chère Mère, je me sens guérie
» et je vous en garderai, ainsi qu'à l'Élue du Ciel, une éternelle
» reconnaissance. Je dois vous dire, cependant, que ce n'a pas été
» subitement mais graduellement que le mieux s'est produit pen-
» dant que nous faisions la neuvaine. C'est très vrai que depuis
» deux mois et plus je ne pouvais avaler le pain, pas même dans
» le bouillon. Le peu que je prenais me fatiguait beaucoup et ma
» faiblesse allait croissant comme les maux d'estomac. Le docteur,
» très ennuyé ne savait plus que dire et que penser, ne trouvant
» rien pour me soulager. Mes pauvres enfants faisaient neuvaine
» sur neuvaine et se décourageaient presque, me voyant toujours
» plus souffrante. Lorsque nous commençâmes la neuvaine à Sœur
» Céline, les premiers jours, il n'y eut pas de changement dans
» mon état, mais, tout à la fin, le dernier jour peut-être ou l'avant-
» dernier, un mieux très accentué s'est manifesté ; mieux qui a
« continué sans s'interrompre. J'ai commencé à pouvoir prendre
» de la nourriture pendant la neuvaine et l'appétit ne m'a plus
» quittée.

» Vous le voyez, bien-aimée Mère, je n'ose dire que ce soit un
» miracle radical ; cependant nous ne pouvons nous empêcher d'y
» voir du prodige, et nous bénissons Dieu du fond du cœur.   .   .   .

.   .   .   .   .   .   .   .   .   .   .   .   .   .   .   .   .   .   .   .   .   .   .

» Sœur Saint P..., Abbesse. »

Le 8 septembre 1898, nous recevions de M. Ramonet, aumônier de l'Assomption, la lettre suivante :

« Bordeaux, 8 septembre 1898.

» En la fête de la Nativité de Notre-Dame.

» MA TRÈS RÉVÉRENDE MÈRE,

» Je défère bien volontiers à votre désir d'avoir une relation » fidèle de la guérison d'une élève de l'Assomption qui a invoqué » avec confiance la Sœur Marie-Céline. Je satisferai du même coup » la reconnaissance de la chrétienne famille qui m'a autorisé à la » nommer et ma dévotion personnelle à la petite Sainte de l'*Ave-* » *Maria*.

» Au début du mois de juin, Mlle Marguerite Crouzet, douce et » pieuse enfant de treize ans, eut un abcès dans l'oreille gauche. » Le mal, très douloureux, s'aggrava rapidement au point de nous » faire redouter la terrible complication d'une méningite. Remplis » d'une véritable angoisse, nous demandâmes à la prière ce que la » science n'osait nous promettre. Je ne songeai pas, je l'avoue, à » la Sœur Marie-Céline, dont je connais cependant, par ma propre » expérience, le crédit auprès de Dieu. J'allai tout droit à la Sainte » Vierge et prescrivis aux Religieuses et aux enfants, en l'honneur » de l'Immaculée Conception, une neuvaine quotidienne d'*Invio-* » *lata* ; et trois jours après, la méningite semblait conjurée. Mais » nous n'étions pas au bout de nos peines. Une tumeur inquiétante » s'était formée dans le voisinage de l'oreille et pouvait, au dire des » médecins, provoquer le retour des accidents cérébraux qui nous » avaient tant effrayés. En tout cas, la guérison était impossible » sans une opération délicate qui motiva le transfert immédiat de » l'enfant à la clinique du chemin d'Arès. Mais l'opération elle-» même présentait un sérieux danger, bien que l'à-propos des soins » intelligents donnés dès la première heure et la jeunesse du sujet » permissent d'espérer un heureux dénouement.

» Placés entre les deux menaces presque aussi alarmantes l'une » que l'autre du mal et du remède, les pauvres parents étaient » désolés. Madame la Supérieure de l'Assomption, à qui Mme Crou-zet confia son chagrin, lui conseilla de recourir à l'intercession » de sœur Marie-Céline, et lui remit un sachet contenant quelques

» parcelles de ses vêtements. Je lui envoyai moi-même un exemplaire
» de *Fleur du Cloître* ; enfin on adressa un pressant appel, toujours
» entendu, aux prières des Clarisses de l'*Ave-Maria*.

» C'était le samedi 11 juin. Vers trois heures de l'après-midi,
» Mme Crouzet appliqua le sachet des reliques sur l'oreille de sa
» fille, en demandant au Sacré-Cœur, par l'intercession de Sœur
» Marie-Céline, *une guérison naturelle, sans intervention chirurgicale.*
» Au contact du sachet, l'enfant s'écria : « Maman, je vais mieux ;
» je sens que je vais mieux ! » Plusieurs fois, dans la soirée, la petite
» malade, devinant les appréhensions persistantes de sa mère, la
» rassura en répétant : « Je sens que je vais mieux depuis que j'ai
» sur moi la relique de Sœur Céline ; vous verrez que ce soir le doc-
» teur le constatera. »

» La consultation eut lieu à sept heures. Le médecin, spécialiste
» éminent, constata en effet un mieux assez sensible pour surseoir
» à l'opération qui lui paraissait indispensable le matin : elle n'a
» jamais eu lieu. L'amélioration persista, progressa, fut bientôt la
» convalescence. L'enfant, aujourd'hui guérie, s'ébat joyeusement
» au bord de la mer : elle reprendra, au mois d'octobre, sa place
» parmi les élèves de l'Assomption.

» Je ne crie pas au miracle ; il n'y a pas, ce me semble, dans le
» fait raconté avec une scrupuleuse exactitude, les conditions néces-
» saires du miracle proprement dit. Mais le rapport évident qui lie
» la prière formulée à la grâce immédiatement accordée, justifie
» une fois de plus, après tant d'autres faits extraordinaires ou vrai-
» ment miraculeux, le recours à celle dont le parfum de sainteté,
» parfum de l'âme, parfum des sens, a déjà consolé et fortifié un
» si grand nombre d'âmes.

» Veuillez agréer, ma Très Révérende Mère, l'hommage de mon
» profond respect et de mon entier dévouement en Notre-Seigneur.

» H.-E. RAMONET,

» Aumônier de l'Assomption de Bordeaux. »


« Paris, le 20 janvier 1899.


» MA CHÈRE SŒUR,


» La lettre de ta chère Mère Maîtresse et la tienne m'ont été droit
» au cœur ; d'autant plus que la céleste Céline vient de s'intéresser

» tout particulièrement à moi et de m'obtenir deux grâces absolu-
» ment concluantes à son crédit sur le Cœur de Jésus. Il s'agissait
» d'une maison rivale, une grosse fabrique parisienne disposant
» d'énormes capitaux, qui voulait fonder une importante succur-
» sale proche de nous. J'ai aussitôt commencé une neuvaine à la
» chère petite Sainte, et, le neuvième jour, j'apprenais que l'affaire
» était complètement manquée. La seconde grâce encore plus mar-
» quante est également une grâce temporelle. De plus, figure-toi
» que depuis dimanche soir, à la suite de très grosses fatigues, je
» suis en douleurs de couches, et je ne suis pas encore bien remise
» au moment où je t'écris. Je me tordais dans d'atroces souffrances,
» lorsque j'eus l'idée de suspendre à mon scapulaire le sachet de
» Sœur Céline, ce qui a déterminé une grande amélioration dans
» mon état. Tu vois que cette petite Sainte m'aime bien pour me
» gâter ainsi...

> » Ta sœur qui t'aime,

> » N. A...   »


» Vers le mois de juin 1897, M. F. B..., de Bordeaux, âgé de dix-
huit ans, constatait dans son organisme les premiers symptômes
du terrible mal de l'épilepsie. A partir de ce moment, il eut à subir
deux ou trois crises par semaines, d'une durée variant entre une
demi-heure et une heure et demie. Le docteur, après un sérieux
examen, dut avouer à la famille qu'il ne pourrait guérir ce jeune
homme avant un laps de temps de cinq à six ans. Au commencement de novembre, une fluxion de poitrine, qui n'eut pourtant
aucune suite, sembla aggraver cet état.

M. F. B..., ayant entendu parler de grâces obtenues par l'intercession de Sœur Marie-Céline de la Présentation, du Monastère
des Clarisses, à Talence, accepta avec reconnaissance un fragment
de vêtement de cette jeune Sainte qu'il fit coudre à son scapulaire.
Il commença en même temps des prières, demandant à Dieu la
cessation de ses crises. Depuis ce jour, les crises n'ont pas reparu.
M. F. B... est heureux de proclamer qu'il attribue cette disparition
à Sœur Céline de la Présentation, en l'honneur de laquelle il continue à faire, tous les jours, des prières.

> » Bordeaux, 28 mars 1898 ».

## J. M. J. ÉTABLISSEMENT DES SŒURS DE MARIE-JOSEPH.

Bordeaux, 29 mars 1898.

» MA TRÈS RÉVÉRENDE MÈRE ABBESSE,

» Notre bien chère Marie-Céline vient de remettre en place mon
» mauvais estomac. Atteinte de gastralgie depuis de longues années,
» quand les crises se présentent, ordinairement, elles sont de plu-
« sieurs jours si ce n'est de plusieurs semaines. La semaine der-
» nière, je sentis que ma maladie d'estomac revenait. Le deuxième
» jour, qui était le 19, fête de saint Joseph, je fus au cimetière
» de Talence. A genoux, sur la tombe de votre bonne Marie-Céline,
» et après lui avoir demandé plusieurs choses intimes, je lui fis
» cette prière : « Ma bonne petite Germaine, obtenez que mon
» estomac se guérisse. Donnez-moi un peu de poussière de votre
» tombeau ; je ne veux pas autre chose ; poussière sur poussière,
» c'est ce qu'il me faut. » Depuis ce moment, je n'ai pas eu de
» vomissements (chose qui m'était arrivée trois fois la veille en une
» petite demi-heure) et je ne souffre pas.
   Merci à votre bien-aimée petite Sainte, ma Révérende Mère ;
» qu'elle veuille bien continuer son œuvre et qu'elle guérisse ma
» bien-aimée sœur qui est très malade. Veuillez le lui demander
» avec moi, ma Révérende Mère, et agréer l'hommage de mon
» profond respect.

                         » Votre très humble petite sœur en J. M. J.

                         » Sœur M. STANISLAS, assistante. »


Claire, l'ancienne amie et confidente de Germaine au pensionnat de « Nazareth, » avait perdu le sommeil depuis plusieurs mois ;
elle souffrait cruellement de ces insomnies perpétuelles et craignait
de tomber dangereusement malade. La Très Révérende Mère
Abbesse lui fit remettre le chapelet que Sœur Céline avait gardé
vingt-quatre heures dans sa bière. La nuit suivante, Claire le mit
autour de son bras en invoquant sa céleste amie. Le sommeil vint
immédiatement clore ses paupières et depuis cette époque, munie
de son précieux souvenir, elle n'a plus eu à subir la souffrance de
l'insomnie.


Une jeune religieuse d'une Congrégation de Bordeaux était très
dangereusement malade ; elle était atteinte de la fièvre typhoïde,

d'une pleurésie, d'une pneumonie avec complication d'épanchement. Elle était condamnée par le médecin. Ayant entendu parler de Sœur Céline, elle fit demander une parcelle de quelque chose qui lui ait appartenu. Notre Très Révérende Mère lui envoya mieux que cela : une mèche des cheveux qu'on avait coupés à Sœur Céline après sa mort. Puis, nous commençâmes avec les bonnes Sœurs de l'établissement*** une neuvaine à la Très Sainte Vierge pour la remercier des grâces accordées à Sœur Céline. La malade mit sur elle la mèche de cheveux. Le premier jour de la neuvaine, il y eut une petite amélioration dans son état. Le huitième jour, elle était levée, et le neuvième guérie sans convalescence.

Une compagne de Marie-Céline, Sœur A..., novice Clarisse, fut tout d'un coup atteinte d'atroces douleurs de tête et d'une fatigue générale qui inquiéta beaucoup son entourage. On redouta de suite une méningite. La malade appela Marie-Céline à son secours. On lui donna *un* cheveu de notre petite Sainte cacheté dans une enveloppe en l'excitant à la plus vive confiance envers l'Ange du Noviciat. Sœur A... eut à peine déposé le cheveu sur elle, que ses maux de tête cessèrent aussitôt et qu'elle sentit un soulagement subit dans tout son être.

Fort-de-France.

Le 14 juillet 1898, un employé de l'éclairage monté sur un toit pour préparer les illuminations fit une chute épouvantable et qui pouvait être mortelle. Guéri par Marie-Céline, d'une manière sensible, il l'atteste par les lignes suivantes :
« Par l'intercession de la Sœur Marie-Céline et une de ses reliques,
» je reconnais avoir éprouvé un soulagement subit dans mes souf-
» frances, et une prompte guérison, à la suite d'une chute terrible
» qui aurait pu entraîner la mort subite.

» Th. ALLONGÉ. »

Le Carmel de C..., dont le Noviciat est religieusement uni au nôtre, devait ressentir les particuliers effets de la protection de Marie-Céline. Une lettre de la Prieure à une de nos bienfaitrices, Mme de Juge, et deux lettres à nous affirment une heureuse guérison. Nous citons ces trois lettres dont deux sont signées par la Prieure et la troisième est la relation de cette guérison racontée par la personne elle-même :

J. M. J. T.                              « Carmel de C..., 10 novembre 1898.

« MA BIEN CHÈRE MADAME,

» J'ai attendu quelque temps avant d'envoyer la relation aux
» Révérendes Mères Clarisses, afin de bien nous rendre compte et
» pouvoir affirmer que la guérison obtenue est durable. Grâce à
» Dieu, il en est ainsi ; notre chère Novice, Professe depuis le 8
» septembre, suit la règle comme la Communauté. J'écris aujour-
» d'hui même au Monastère de Talence et leur envoie la relation
» faite par la Sœur elle-même.

» Agréez, chère Madame, l'expression de mon religieux et affec-
» tueux respect.

» Votre très humble servante en Jésus et Marie,

» Sœur THÉRÈSE DE JÉSUS, Prieure. »


» MA TRÈS RÉVÉRENDE MÈRE,

» Que la grâce du Saint-Esprit soit toujours en l'âme de Votre
» Révérence. *Amen.*

» Veuillez m'excuser d'avoir tant tardé à vous remercier du pré-
» cieux envoi des petits sachets et photographie de votre chère
» petite Sœur Céline. Un surcroît d'occupations et de préoccupa-
» tions a été la cause de ce retard. Pour l'envoi de la relation de
» la grâce obtenue par votre petite Sainte, j'ai désiré attendre
» quelque temps pour bien me rendre compte si la guérison obtenue
» était durable. Grâce à Dieu et à Marie-Céline, notre chère novice,
» professe depuis le 8 septembre, peut suivre la règle comme toute
» la Communauté. La chère Sœur elle-même vous envoie le
» compte-rendu de cette précieuse faveur.

» Nous avons en votre petite Sainte une grande confiance et
» nous sommes persuadées que, du haut du Ciel, elle veille sur notre
» petit Carmel. Nous l'invoquons souvent et l'aimons beaucoup.

» Le 21 novembre, fête de la Présentation de la Très Sainte
» Vierge, est le sixième anniversaire de notre installation au Car-
» mel de C... Je recommande tout particulièrement pour ce jour
» béni notre petite Communauté à vos bonnes prières. Que votre
» petite Sœur Marie-Céline nous obtienne une particulière bénédic-
» tion pour cette fondation tout spécialement consacrée à la Très
» Sainte Vierge Marie, notre douce et céleste Mère.

» Je salue cordialement toute votre chère Communauté et prie

» Votre Révérence d'agréer l'expression de mon religieux et affec-
» tueux respect.

» En Jésus et Marie, j'ai la grâce de me dire, ma Très Révérende
» Mère,

» De votre Révérence l'humble Sœur et Servante,

» Sœur THÉRÈSE DE JÉSUS, Prieure. »

» MA TRÈS RÉVÉRENDE MÈRE,

» Je suis heureuse de dire à Votre Révérence le bienfait que j'ai
» reçu de votre chère enfant, Sœur Céline. En toute simplicité,
» voici ce qui s'est passé. Au Carême dernier, le jeûne m'avait
» réduite à un tel état de faiblesse et de fatigue que je craignais
» fort de ne plus pouvoir suivre la Règle. Un jour, notre vénérée
» Mère me remit un fragment de linge ayant appartenu à votre
» chère et bien-aimée petite Sœur. Je le mis sur moi à l'instant,
» avec beaucoup de confiance et de dévotion, et je fis une neuvaine
» avec l'espoir d'être guérie par son intercession ; c'est ce qui
» arriva, car, trois jours après, le mieux commença à s'opérer, et,
» à la fin de la neuvaine, je fus complètement guérie. Depuis, je
» suis la Règle comme toutes nos Sœurs.

» Nous avons repris le jeûne au 14 septembre. Je l'ai fait jus-
» qu'à ce jour sans en ressentir la moindre fatigue. Mais il faut vous
» dire que je n'ai pas quitté un instant la petite relique. Voilà, ma
» Très Révérende Mère, le grand bienfait que j'ai reçu de votre
» chère Sœur Céline. Je vous demande encore le secours de vos
» prières pour la continuation du bienfait et pour l'intérêt spirituel
» et temporel de deux personnes qui me sont bien chères.

» Je prie Votre Révérence d'agréer les religieux hommages de

» Votre très humble servante,

» Sœur MARIE DE L'INCARNATION, Carmélite indigne. »

D'un de nos Monastères de Belgique, nous recevons la communication suivante :

« MA TRÈS RÉVÉRENDE MÈRE,

. . . . . . . . . . . . . . . . . . . . . . . . . . . .
. . . . . . . . . . « Je ne saurais trop vous remercier de l'intérêt
« que vous me portez ; merci mille et mille fois de tant de bontés.

» Oh ! comme je vais garder soigneusement ma petite feuille, car
» tout ce qui me parle de ma chère protectrice est si précieux à mes
» yeux. Je dis Protectrice, et c'est avec raison, tant ont été abon-
» dantes les grâces qu'elle m'a obtenues durant l'année écoulée.
» Oh ! je voudrais pouvoir tout vous dire, digne Mère ; mais vous
» le savez, il y a des grâces qui doivent rester voilées et Marie-Céline
» préfère que je garde le silence. Je vous dirai seulement que l'année
» qui m'a donné ma petite Sainte est celle qui est, à mes yeux, la
» plus belle, la plus douce, la plus pleine de ma vie, et tant que je
» vivrai, mon souvenir se portera avec émotion et reconnaissance
» vers elle. Oui, Marie-Céline est bien puissante sur le Cœur de
» Jésus, et sur celui de Marie, et ce que je n'avais pas su obtenir
» depuis bien des années de prières et de supplications, je l'ai obtenu
» par son intercession, et chaque fois que je l'invoque, je suis inondée
» d'une plus grande abondance de grâces. Ma santé elle-même
» s'est grandement ressentie de sa protection par le mieux toujours
» croissant qui s'est opéré en moi, au point que je puis me regarder
» comme guérie, et cette amélioration progressive est, à mes yeux,
» une plus grande grâce qu'une guérison instantanée, tant par le
» mérite de la souffrance qui m'est restée que par le moyen par
» lequel cette amélioration s'est produite, car il s'agissait d'une
» maladie nerveuse de douze années ; et c'est ici le cas de dire avec
» l'Apôtre : « Je puis tout en Celui qui me fortifie. » Daigne notre
» chère petite Sainte, Marie-Céline, me continuer sa douce protec-
» tion ; c'est ce que je vous prie de lui demander pour moi. · . . . .

. . . . . . . . . . . . . . . . . . . . . . . .

Encore en Belgique, Marie-Céline a fait ressentir, dans un de
nos Monastères, les effets de sa puissante protection. Une guérison merveilleuse nous est rapportée dans la lettre suivante :

J. M. J. F. C. C.                                           4 mars 1899.

» MA RÉVÉRENDE MÈRE,

» Au nom de notre chère Sœur guérie miraculeusement par
» Marie-Céline, je suis tout heureuse de m'acquitter d'un devoir
» de juste reconnaissance en vous faisant le récit de cette merveil-
» leuse guérison.
» En 1893, notre chère Sœur Agnès entra en religion jouissant
» d'une santé parfaite. Au bout de trois mois, elle fut admise à la
» vêture. Quelque temps après, elle fut prise de douleurs aiguës

» dans les genoux, dans les pieds, mais surtout dans les jambes.
» L'été venu, son état s'améliora si bien qu'elle fut reçue d'une voix
» unanime à la sainte Profession ; mais cette amélioration fut de
» courte durée, car le mal revint aussi violent que la première fois.
» Il n'a jamais été continuel, mais l'hiver la malade souffrait cruelle-
» ment des semaines entières pendant lesquelles le moindre travail
» la faisait souffrir beaucoup et lui donnait la fièvre. Le docteur
» qui avait été consulté dès le début déclara que c'était un rhuma-
» tisme accompagné de fortes fièvres, et lui ordonna un grand repos.
» Nous pouvons dire que tous les remèdes possibles furent employés,
» mais inutilement ; rien ne soulageait notre pauvre Sœur, qui eut
» alors la pensée de recourir au bon saint Antoine. En effet, le mal
» disparut pour quelques semaines ; au bout de ce temps, il revint
» plus terrible que jamais. Alors, notre bonne Mère Abbesse remit
» à la malade un sachet renfermant du linge de la chère petite
» Marie-Céline, lui ordonnant d'offrir vingt communions en recon-
» naissance si elle obtenait sa guérison. Une neuvaine fut faite,
» mais sans aucun résultat ; puis une deuxième, avant la fin de
» laquelle on conseilla à Sœur Agnès de remplir la promesse
» que notre Révérende Mère lui avait fait faire. La pauvre malade
» répondit tristement : « Si Sœur Céline me traite comme saint
» Antoine, je ne suis pas obligée de remplir cet engagement, car
» jamais je n'ai souffert de si atroces douleurs qu'à présent. —
» C'est peut-être le moment favorable, lui dit-on. — Eh bien, soit, »
» reprit-elle, mais c'était à contre-cœur, car, dans ce moment, les
» douleurs devinrent insupportables. Mais, ô prodige, au même
» instant, elles disparurent subitement, instantanément, pour ne
» plus revenir, car, depuis ce jour, elle n'a plus eu le moindre ressen-
» timent de ses souffrances passées. Cette guérison si merveilleuse
» s'est opérée, il y a près d'une année, et notre bonne Sœur Agnès
» fait maintenant la cuisine sans la moindre fatigue. Sa santé est
» aussi bonne que lorsqu'elle est entrée. Grâces à Dieu ! Amour,
» reconnaissance à votre chère aimée Marie-Céline. Si jamais la
» sainte Église béatifiait Marie-Céline, notre bonne Révérende
» Mère voudrait pouvoir vous envoyer une belle offrande pour les
» frais de béatification ! C'est un grand sacrifice pour elle et pour
» nous de ne pas en avoir les moyens actuellement.
» Veuillez agréer, ma Révérende Mère, l'hommage de mon pro-
» fond et religieux respect.

Votre toute dévouée en Jésus,

Sœur M..., pauvre Clarisse. »

« MADAME,

» Il y a quelques jours, je ressentais de nouveau les douleurs
» vives d'une maladie dont j'ai beaucoup souffert il y a onze ans.
» J'eus l'idée de recourir à votre sainte petite Sœur. Jusqu'au
» sixième jour de la neuvaine, mes souffrances augmentèrent, et
» après je n'éprouvai plus rien qu'une faiblesse due aux souffrances
» d'une maladie intérieure que j'ai depuis des mois. Connaissant
» la grande grâce qui m'a été accordée par cette trêve à mes dou-
» leurs, je m'empresse de la faire connaître à la chère famille reli-
» gieuse de Sœur Céline de la Présentation. Je vous prie, Madame,
» de vouloir bien faire prier votre Communauté afin que la santé
» me soit tout à fait rendue si tel est le bon plaisir de Dieu.
   » Recevez, Madame, l'assurance de ma considération très dis-
» tinguée.

» H. DE V..., enfant de Marie. »

»Vers la fin de septembre 1897, Son Éminence le Cardinal Lecot
renvoya au Monastère le manuscrit de « Fleur du Cloître » avec
une bienveillante lettre d'approbation.

Il y avait à peine quelques instants qu'il était dans la clôture,
qu'une colombe vint se poser sur le toit au-dessus du chœur. Elle
restait dans une immobilité complète. Proche du clocher, elle ne
bronchait même pas quand s'ébranlait la grosse cloche de la chapelle.

Voyant cela, nous en fûmes étonnées et une Sœur lui lança des
roses à poignées pour l'effrayer ; mais en vain, elle ne bougeait pas.
Elle resta là environ deux jours et ne s'envola qu'à peu près au
même temps où le manuscrit partait pour l'imprimerie.

Le 31 juillet 1898, M. Tourreau, vicaire général, étant venu présider une triple cérémonie de Profession, apporta de la part de
Monseigneur la permission de commencer la deuxième édition de
« Fleur du Cloître. » A midi, c'est-à-dire deux ou trois heures après
l'entretien du Vicaire général avec les Révérendes Mères, une Sœur,
sortant du réfectoire pour sonner l'*Angelus*, vit une tourterelle
au-dessus du toit de la chapelle. Or, avant sa mort, Marie-Céline
avait dit, en riant, à ses compagnes, qu'un jour elle reviendrait là.

Citons encore quelques gracieuses faveurs attribuées à Marie-
Céline :

Marie-Céline semble se plaire extraordinairement à favoriser

de grâces particulières les amis et les bienfaiteurs du Monastère ;
nous en avons une nouvelle preuve dans son apparition à un grand
catholique :

Un journaliste chrétien, très dévoué à notre Monastère, désirait
vivement nous seconder dans notre désir de voir revenir au Monastère la dépouille mortelle de Marie-Céline, provisoirement inhumée
au cimetière de Talence. M. G. S... nous avait offert les colonnes
de son journal pour faire connaître notre chère Envolée ; il avait
même poussé la bonté jusqu'à nous proposer d'aller lui-même
chercher au cimetière le corps de Marie-Céline dès que la permission
en aurait été obtenue, et de toute son âme il s'intéressait à ce retour
si désiré et si désirable.

Mais, tandis que M. G. S... souhaitait de nous faire rendre au
plus tôt le précieux dépôt confié à la terre du cimetière, Dieu résolut de rappeler à Lui son fidèle serviteur. Mûr pour le Ciel, après
avoir combattu en ce monde le bon combat, il allait recevoir là-
haut la récompence de ses œuvres. La santé du pieux journaliste,
très éprouvée par l'influenza, donna bientôt à sa famille des craintes
sérieuses. Mme G... eut la pensée de demander alors un fragment
de linge porté par Marie-Céline et s'empressa de le donner au cher
malade. Au monastère et ailleurs, on priait pour sa guérison, mais
les supplications furent cette fois, hélas ! sans d'heureux effets.
Le pieux écrivain avait terminé sa tâche ici-bas. L'heure avait
sonné pour lui de pénétrer dans un monde meilleur. Toutefois,
avant de mourir, une grande consolation lui était réservée : Dieu
voulut bien lui adoucir les derniers moments par la vision consolante d'un ange céleste, de l'« Ange du Noviciat » de Talence, de
Sœur Marie-Céline elle-même, dont la délicieuse apparition fut un
si doux réconfort au pauvre agonisant : « Deux jours avant d'expi-
» rer et profitant d'un moment où je me penchais vers lui pour
» suggérer à son âme quelques pensées pieuses, nous dit Mme G...,
» mon pauvre mari rassembla toutes ses forces pour me dire tout
» ému : « Surtout, gardez bien la relique de la petite Sainte ! —
» Que veux-tu dire, ami ? répondis-je ; est-ce de la relique de Sœur
» Céline, que tu veux parler ?... — Oui ! » et dans ce mot *oui*, il
» y avait tant de conviction et de céleste mystère, que, tout émo-
» tionnée, je m'écriai : « Certainement, nous garderons le souvenir
» de la petite Sainte ; l'aurais-tu vue ? — *Oui, je l'ai vue !* » affirma-
» t-il... Mme G..., tout émue, n'osa plus rien demander au cher
» mourant et respecta le silence qu'il garda après cette déclaration :
« Mais la parfaite lucidité d'esprit et le calme majestueux dont il
» jouissait ne me permettaient pas, dit-elle, d'avoir le moindre doute

» sur la réalité de la révélation que je venais d'entendre, et je
» demeure persuadée que Sœur Céline est venue, par sa douce pré-
» sence, encourager le cher mourant... »

Ainsi Marie-Céline semble avoir prouvé la pieuse gratitude qu'elle
gardait envers la famille G... pour tout le dévouement dont elle
avait bien voulu faire preuve à son égard.

Mlle N..., de Bordeaux, commerçante, avait deux traites impor-
tantes à payer le 14 avril 1898. Se sachant sérieusement menacée
par ses créanciers si ces traites restaient impayées, et, inquiète au
delà de toute expression, parce qu'elle n'avait qu'une minime partie
des fonds nécessaires, elle eut recours à l'intercession de Sœur
Céline. Elle pria Dieu sur sa tombe, et avoua qu'elle s'y sentit
pénétrée d'une confiance dont elle ne pouvait se rendre compte. Le
14 avril, à huit heures et demie du soir, alors qu'elle était dans la
désolation, une personne vint lui apporter, de la part d'un donateur
inconnu, une somme d'argent qui la mettait à l'abri de toutes poursuites.

Mlle N... attribue ce secours inespéré, et qui ne lui était dû à
aucun titre, à l'intercession de Sœur Céline.

Une jeune fille de Limoux (Aude) a écrit les lignes suivantes :

« Lorsque je fus sur le point de quitter ma famille pour entrer
» dans le cloître, de grands obstacles se mirent en travers de mes
» projets. Ma chère grand'mère ne pouvait se décider à me laisser
» partir et déclarait que je causerais sa mort en la quittant. Désolée,
» je me tournai vers Sœur Marie-Céline pour invoquer son secours
» en ce pressant besoin. Le croirait-on ? ma grand'mère, qui ne
» s'était pas approchée des Sacrements depuis quarante ans, se
» convertit d'une façon tout à fait inattendue et, chose plus surpre-
» nante encore, après s'être réconciliée avec le bon Dieu, elle lui
» fit généreusement le sacrifice de sa petite-fille. Amour, reconnais-
» sance à Sœur Marie-Céline ! »

Marie-Céline s'intéresse toujours à nos Monastères. La lettre
suivante le prouve :

« MA RÉVÉRENDE ET BONNE MÈRE,

» Louons Dieu dans ses Saints ! Par le premier mot de ma lettre,
» vous comprenez de quoi il s'agit. Oui, notre bon Maître a daigné

» manifester une fois de plus le mérite de son humble et fidèle ser-
» vante, de votre chère Sœur Marie-Céline. Nous venons de ressentir
» l'effet de la protection de votre petite Sainte.

» Comme je vous l'avais confié, à l'époque du premier de l'an,
» ma Révérende Mère, nous désirions voir s'augmenter notre petite
» famille religieuse. Aussi, après la lecture de votre bonne lettre,
» avons-nous résolu d'intéresser à notre cause votre chère Marie-
» Céline.

» Chose surprenante ! A peine une neuvaine de prières était-elle
» commencée, que plusieurs lettres nous étaient adressées, de jeunes
» filles qui sollicitaient leur entrée au Monastère.

» L'une d'entre elles surtout le désirait vivement et depuis long-
» temps, mais des obstacles semblaient y opposer une barrière in-
» franchissable. Mais que peuvent toutes les forces humaines en
» face de Celui qui commande aux vents et à la mer ? Aussi, avons-
» nous redoublé nos supplications, promettant à votre chère Sœur
» que si elle nous obtenait cette grâce, nous vous le ferions savoir
» aussitôt... Nous avons été pleinement exaucées ; notre jeune
» Postulante est maintenant près de nous, bénissant le Seigneur de
» l'avoir retirée du monde corrupteur. Puisse notre chère Marie-
» Céline compléter son œuvre en lui obtenant encore la sainte per-
» sévérance !... Nous allons de nouveau l'intéresser à d'autres
» vocations en germe. Les demandes sont nombreuses, mais le mot
» de l'Évangile peut bien s'appliquer ici : « Beaucoup d'appelés,
» peu d'élus ! » Oui, beaucoup entendent l'appel divin, mais peu
» y répondent. Aussi que d'actions de grâces ne devons-nous pas
» rendre à notre divin Maître de nous avoir choisies pour ses élues !

» Veuillez, ma Révérende Mère, porter notre souvenir devant
» Dieu, celui surtout de celle qui est heureuse de se dire

» Votre très humble sœur,

» Sœur CLAIRE DE JÉSUS, Abbesse. »

Une belle conversion arrivée à Blois nous a été racontée en ces
termes :

« Il y a ici un monsieur qui est mort hier ; il était franc-maçon
» et tout à fait de l'horrible secte. Il était bien malade depuis des
» mois ; sa famille priait, faisait prier, l'heure de la grâce n'arrivait
» pas. Il y a quinze jours, on m'en parla et je communiquai à Mar-
» guerite la pensée de prier Sœur Céline. Nous le fîmes chacune de
» notre côté ; quelques jours après, nous apprîmes que ce franc-

» maçon s'était rétracté devant ceux de ses amis témoins de ses
» apostasies, qu'il avait de lui-même désiré se confesser, communier
» et enfin souffrir pour expier. Nous sommes persuadées, ma fille
» et moi, que la chère petite Sainte n'y a pas été étrangère. Elle a
» fait pencher le plateau de la miséricorde. »

Nous citons ici le fragment d'une lettre adressée par une jeune
fille de Fumel ( Lot-et-Garonne) à une Religieuse de notre Monastère :

.   .   .   .   .   .   .   .   .   .   .   .   .   .   .   .   .   .   .   .

... « Votre chère maman ayant appris qu'un jeune homme de
» trente et un ans, Albert G..., se mourait et refusait toute consola-
» tion religieuse, fit parvenir à la mère du mourant un petit sachet
» contenant du linge de Sœur Marie-Céline. Qu'a fait votre « Fleur
» du Cloître ? » Elle a changé totalement les idées du pauvre Albert.
» Naguère il refusait de voir le prêtre, et, sans qu'on lui en reparlât,
» lui-même l'a demandé pour faire une bonne confession et une
» bonne mort. Gloire, louange à votre sainte Clarisse !

» Clorinde DURON,

» Enfant de Marie ».

Voici, entre bien d'autres, un trait de protection touchante que
l'on nous prie d'insérer dans ce rapport. La demande et le récit
nous sont adressés dans les termes suivants :

« Je serais reconnaissante à Madame l'Abbesse des Clarisses de
» vouloir bien insérer dans la seconde édition de la vie de Sœur
» Marie-Céline la petite note ou déclaration que voici :
» Depuis longtemps le travail manquait dans mon atelier de
» photographie et, avec le travail, disparaissait de chez moi notre
» modeste aisance. J'en avais le cœur bien gros, l'âme découragée.
» Or, à cette époque, me fut apportée une photographie de Sœur
» Céline pour que je la reproduise. La Sœur Tourière qui me l'appor-
» tait et à qui je fis part de ma désolation m'engagea à prendre
» courage et à ranimer ma confiance, ajoutant que la photographie
» de Sœur Marie-Céline me porterait bonheur. Et de fait, à partir
» de ce jour, le travail revint, il abonda et depuis je n'en ai jamais
» manqué.

» Fait à Bordeaux, le 24 mars 1898.

» Rousseau, photographe, rue de Pessac, 167. »

J. M. J.                          « Saint-Pierre d'Allevard, le 22 mars 1898.

     » MA TRÈS RÉVÉRENDE MÈRE,

    » Je vous envoie ci-inclus un mandat-poste de 20 francs pour
» m'acquitter d'une promesse que j'ai faite à Sœur Marie-Céline
» de la Présentation si elle m'obtenait dans un règlement de compte
» de ne pas subir de perte. Je viens d'être exaucée ; c'est pourquoi je
» m'empresse de payer à ma chère Sainte de « l'Ave-Maria » de
» Talence, ma petite dette.
    » J'ai entre les mains la vie que vous venez d'écrire, intitulée
» « Fleur du Cloître ». Ce livre est délicieux à lire, aussi nous aimons
» tout plein votre petite Sainte et nous la prions de bon cœur tous
» les jours ; elle est déjà venue plusieurs fois à notre aide. J'espère
» qu'elle y viendra encore, j'en ai la douce assurance ; elle avait si
» bon cœur quand elle vivait au milieu de vous, qu'il ne saurait
» être moins bon maintenant qu'elle est au Ciel ! !
    » Veuillez agréer, ma Très Révérende Mère, les sentiments res-
» pectueux d'une bien pauvre tertiaire de notre Père saint François.

                         » Marie TISSIER. »


                        « Aubenas (Ardèche.)
    » MA TRÈS RÉVÉRENDE MÈRE,

    » J'ai reçu votre précieux envoi. Comment vous remercier de
» ce délicieux volume « Fleur du Cloître », contenant la vie édifiante
» de cette sainte petite Sœur que j'ai été si heureuse de connaître
» et d'aimer. J'ai lu ce matin quelques lignes sur ses derniers jours
» et j'ai été plus que frappée et émotionnée en même temps de
» constater qu'à la fin de sa vie une tourterelle avait apparu mysté-
» rieusement plusieurs fois. Or, le 31 mai 1897, jour où l'arrêt de la
» Cour de N... fut rendu en notre faveur [1], et jour des funérailles
» de Sœur Marie-Céline, nous nous hâtâmes, au sortir de l'audience,
» d'aller à l'église qui se trouvait à côté de l'hôtel pour remercier
» Dieu de notre triomphe. Après être restés quelques instants à
» l'autel de la Sainte Vierge, nous nous dirigeâmes vers celui de

---

1. Marie-Céline aimait beaucoup Mme C. B., et sachant que son mari avait à soutenir un procès désastreux contre d'injustes adversaires, elle s'en préoccupa jusqu'à la fin de ses jours, demandant à chaque courrier « des nouvelles du procès. » Elle avait promis de plaider cette cause dès son arrivée en Paradis. Or, le procès fut gagné le jour même de ses funérailles.

» saint Joseph. A peine avions-nous fait quelques pas que Camille
» me pressa le bras pour m'arrêter et levant·les yeux vers la voûte,
» il me dit, en me la montrant avec la main droite : « *Ne viens-tu pas*
» *de voir cette tourterelle qui volait au-dessus de nous ?* » Tout étonnée,
» je regardai aussi, mais ne vis rien. Il ajouta alors : « Elle a dû se
» réfugier ici. » Or, les portes étaient à ressorts et ne restent jamais
» ouvertes, et bien souvent depuis, sachant surtout que cette chère
» petite Sœur avait été une avocate si précieuse auprès de Dieu
» pour nous, nous avons toujours cru que c'était l'âme de cette
» Sainte qui s'était manifestée de cette façon pour nous faire com-
» prendre qu'elle s'unissait à nous, à notre bonheur pour remercier
» le Ciel de cette éclatante victoire que nous sentions presque perdue
» au dernier moment. Aussi, à peine ai-je lu quelques pages de sa
» vie, que je suis plus qu'émotionnée en voyant tant de perfection.
» Je ne vois plus le monde de la même façon et il me semble que je
» suis plus forte pour endurer toutes les épreuves dont je suis abreu-
» vée. Que de bien ce livre est appelé à faire ! Je crois même que si
» on en lisait un peu chaque jour on finirait par entrer dans le che-
» min de la perfection. . . . . . . . . . . . . . . . . . .

. . . . . . . . . . . . . . . . . . . .

» Agréez, Très Révérende Mère. mes hommages respectueux.

» C. B. »


Nous ne résistons pas au plaisir de citer un trait bien touchant.
Vers la fin d'octobre 1898, une dame de Bordeaux arrive au monastère. A peine entrée dans le vestibule de la chapelle, elle dit à la
Tourière qui l'avait reçue : « Ma Sœur, montrez-moi, je vous prie,
*les traces de la Sainte !* » — « Madame, répond celle-ci, en désignant
» de la main la lourde porte de clôture, Sœur Céline a passé par
» cette porte pour entrer dans le cloître. » Aussitôt la pieuse dame,
pénétrée de respect, s'agenouille devant cette porte et prie un
moment avec une foi et une ferveur vraiment admirables ! Nul
doute qu'elle ne se soit relevée consolée et fortifiée...

# EXHUMATION ET TRANSLATION

> *Cella custos unguentorum,*
> *Cella pigmentaria.*
>
> *Cinnamone calamum*
> *Myrrham, thus et balsamum*
> *Superas fragrantia.*
>
> Trésor des parfums,
> Trésor des aromates,
>
> Vous surpassez en suave odeur la branche du
> cinnamome, la myrrhe, l'encens et le baume...
>
> (*Séquence,* ADAM DE SAINT-VICTOR.)

Cependant, malgré la joie que nous causaient les faveurs insignes par lesquelles Dieu semblait affirmer la gloire et le crédit de Marie-Céline, nous gardions au cœur l'angoisse de savoir ses restes mortels si peu préservés... Les restes précieux reposaient dans un cercueil de qualité si infime qu'il n'eût pas été étonnant de le voir s'affaisser, se pourrir, se fuser et laisser ainsi se confondre avec la terre du champ commun des indigents des ossements dont il eût été ensuite beaucoup plus difficile de garantir l'authenticité. Depuis un an, nous faisions des démarches actives auprès de la mairie de Talence pour obtenir le retour au Monastère du virginal cercueil... Mais toutes les tentatives étaient restées sans résultat, même la démarche officielle faite au nom de Son Éminence le cardinal de Bordeaux par un Vicaire général, même aussi une démarche bienveillante faite par la Préfecture de Bordeaux. Le maire avait répondu négativement à toutes les demandes et écrit à la Préfecture de Bordeaux : *qu'il y avait un cimetière à Talence pour y enterrer les gens de la commune.* Tout espoir de recouvrer actuellement le corps de la jeune Sainte était donc réduit à néant par ce refus obstiné de combler nos vœux. Du moins, voulûmes-nous tenter de retirer le corps de Marie-Céline du champ commun et de lui donner un manteau de plomb qui le préserverait mieux que le cercueil de pin des indigents... Avec une bonté et un dévouement exquis, M. Daniel Tardieu, propriétaire du « Castel » à Talence, et Mme Daguilhon de Juge furent nos mandataires en cette circonstance, et multiplièrent leurs démarches à la mairie jusqu'à ce que leur fût accordé le droit d'exhumer le cercueil de Marie-Céline pour le déposer ensuite, revêtu de chêne et de plomb, dans une concession de quinze ans, que devait acheter en son nom M. Daniel Tardieu. Tout étant régularisé pour les cérémonies de l'exhumation et de la translation, M. Tardieu convint avec la mairie que la touchante cérémonie aurait lieu le samedi 24 décembre, veille de Noël. Quarante-huit heures avant, ordre fut donné au fossoyeur de mettre à découvert le cercueil de la Vénérée Morte, afin que les employés puissent venir prendre l'exacte mesure de la bière. Cette mesure était nécessaire pour déterminer celle du double cercueil de chêne et de plomb. Grand fut l'étonnement de Mme F..., la bienfaitrice de Marie-Céline dont nous avons souvent parlé déjà, lorsque, se rendant au cimetière le soir du 22 décembre, elle entendit le fossoyeur lui dire que le cercueil de « la Sainte » était aussi intact que si on venait de le mettre dans la terre... Elle prolongea quelque temps sa prière au bord de la fosse béante, au fond de laquelle reposait ce cercueil admirablement conservé...Tout faisait pressentir la parfaite conservation du corps. Mme F... causa longtemps avec le fossoyeur, lui recommandant le plus profond secret sur la cérémonie qui se préparait pour le surlendemain. Nous ne voulions pas ébruiter la chose, car il y aurait eu au cimetière une vraie manifestation, et on aurait pu craindre que la foule, dans son enthousiasme, ne se précipitât sur le cercueil et mît en pièces contenant et contenu pour avoir des...reliques.

Lorsque Mme F... quitta la tombe ouverte de Marie-Céline, il était nuit, et il ne nous semble pas hors de propos de relater ici un fait extraordinaire arrivé à la même heure tardive dans le même cimetière, la veille de la Toussaint 1897. Il semble prouver une fois de plus l'affection de Marie-Céline pour Mme F... Cette excellente bienfaitrice revenait le soir de visiter la tombe de sa chère protégée et s'empressait de traverser le cimetière ; mais quel ne fut pas son étonnement d'entendre près d'elle une *douce et câline voix d'enfant* qui la suivait, *lui murmurant quelques courtes paroles* ; paroles incompréhensibles, mais prononcées d'un ton de voix si délicieux, si suave, que Mme F... se retourna cherchant l'enfant... Elle revint même sur ses pas cherchant toujours et convaincue qu'un baby quelconque l'appelait... et elle ne pouvait résister *à cette voix ravissante*. Mais elle eut beau chercher et regarder de tous côtés, elle ne vit aucun enfant. Du reste le cimetière était désert et déjà fermé à clef ; ce ne fut pas sans peine qu'elle put se faire ouvrir.. Dès qu'elle fut sortie de l'enceinte funèbre,elle eut le sentiment intime que la douce voix entendue était celle de Marie-Céline... La chère Sainte devait sans doute remercier Mme F... de la générosité avec laquelle elle avait entretenu sa tombe jusqu'à ce jour.

Le 22 et le 23 décembre, plusieurs personnes vinrent visiter la tombe de Marie-Céline. Grande fut leur surprise en voyant la fosse ouverte et au fond le cercueil *tout neuf* malgré son séjour de dix-huit mois dans l'humidité de la terre... Elles comprirent qu'une translation allait avoir lieu, mais n'en sachant ni le jour ni l'heure, elles ne purent que regretter de ne pouvoir y assister. L'une de ces pieuses personnes parvint à couper un petit morceau du cercueil. Mlle D... garde précieusement ce morceau de bois et elle nous a affirmé qu'il exhalait un délicieux parfum...

Dans la nuit de la veille de Noël, le 24 décembre, en notre Monastère, se passa un fait étrange. C'était vers une heure du matin. Entre les deux Sœurs assises au pupitre, une douce voix psalmodiait avec un des deux chœurs, mais sur un ton différent, le cantique *Benedicite omnia opera Domini Domino* qui est le Cantique des Trois Enfants : *Canticum Trium Puerorum.* La voix mystérieuse n'omit pas une syllabe des versets ( dits par le chœur avec lequel elle psalmodiait) qui composent le cantique biblique. Sœur N... ne perdit pas un mot de la douce psalmodie, et eut comme l'intime assurance que c'était Sœur Céline qui chantait avec nous ce Cantique de louanges. En cette nuit de givre et de frimas, du fond de sa tombe ouverte, elle semblait chanter d'une douce voix que sa compagne de postulat pouvait entendre : « *Brouillards et givres, bénissez le Seigneur ; gelées et frimas, bénissez le Seigneur. Glaces et neiges, bénissez le Seigneur : nuits et jours, bénissez le Seigneur !* » Ce que les Trois Enfants avaient chanté tant de siècles avant elle, la douce Marie-Céline semblait le répéter du fond de sa tombe givrée... Coïncidence frappante : les deux derniers jours pendant lesquels la bière resta découverte au fond de la fosse, deux religieuses entendirent une voix mystérieuse. Le 23, de une heure et demie à deux heures du matin, une de nos Sœurs entendit prier dans la chapelle extérieure ; et enfin, le 24, à une heure du matin, le cantique « Benedicite » se faisait mystérieusement entendre aux oreilles ravies d'une jeune religieuse, ancienne compagne de Marie-Céline. Ce dernier fait se passait à une heure du matin. A neuf heures, une trentaine de personnes étaient réunies au cimetière de Talence. Parmi elles, se trouvaient pour nous représenter plus particulièrement M. l'abbé Gabard, notre sympathique aumônier, M. Daniel Tardieu, Mme de Juge, nos Sœurs Tourières. Nommons encore Mme Cousseau, une grande amie du Monastère, guérie dans le courant de l'année par Marie-Céline d'une cruelle synovite, et qui allait être encore particulièrement favorisée en cette journée bénie... Ce fut un moment de grande émotion lorsque le cercueil fut sorti de la fosse et déposé aux pieds des assistants qui tombèrent à genoux pour le baiser respectueusement... En baisant ce bois béni, M. Daniel Tardieu sentit deux fois des émanations de verveine. « La verveine, dit l'abbé Demore, était la branche symbolique dont on couronnait les victimes dans les sacrifices figuratifs de l'ancienne Loi. » N'est-il pas touchant de penser que le parfum de la verveine s'exhalait du cercueil virginal de Marie-Céline ? N'avait-elle pas été une victime couronnée dans le printemps de sa vie, et, couchée dans sa bière, d'où s'exhalait telle senteur significative, ne semble-t-elle pas nous dire : « Couronnée des lauriers du sacrifice, j'attends en paix la résurrection de la chair... *carnis resurrectionem...* »

Quant à la Très Révérende Mère Assistante des Sœurs du Refuge de Nazareth, son témoignage trouve ici naturellement sa place :

### « Ma Très Révérende Mère Abbesse,

« Vous désirez que je vous écrive ce que j'ai senti sur la tombe
» béante de notre chère Sœur Marie-Céline le jour de son exhumation.
» Je vous le raconte en toute sincérité et simplicité. Comme vous
» le savez, ma Très Révérende Mère, M. le Commissaire s'est fait
» beaucoup attendre. Pendant trois bons quarts d'heure, deux de
» nos Sœurs et moi, ainsi que toutes les personnes présentes, som-
» mes restées debout ou à genoux autour de la fosse. Tous les regards
» fixaient le cercueil qui était à découvert. Il y avait déjà un grand
» moment que j'étais à genoux, disant mon chapelet, lorsque tout
» d'un coup *je sens l'odeur de l'encens.* Je ne dis rien. Je respire plus
» fort, pour voir si ce n'est pas une idée. Non, c'est bien l'encens.
» A plusieurs reprises, je respire assez fort pour m'en assurer. Cons-
» tatant que je ne me trompe pas, je regarde autour de moi pour
» voir s'il n'y a pas un encensoir. Je ne vois rien. Je continue à ne
» rien dire, disposée à faire bien attention si, au moment de la céré-
» monie, il ne se découvrira pas un encensoir. A mon étonnement,
» je n'en découvre pas : c'est bien du cercueil, me dis-je, qu'est
» sorti ce parfum. Mais je gardais mon silence. Cette odeur a pu
» durer quatre ou cinq minutes, pas davantage. Le lendemain, je
» ne me souviens plus qui me dit qu'on avait senti l'encens, alors
» je fus certaine que ce n'était pas une idée de ma part ; du reste,
» Sœur Zélia, une des deux Sœurs, qui étaient à l'exhumation, a
» aussi bien senti que moi, et, la première, elle m'en a parlé à notre
» retour à Nazareth.

» Daignez agréer, ma Très Révérende Mère Abbesse, la nouvelle
» expression de mon profond respect.

» Sœur M. Stanislas, Assistante. »

Mme Cousseau fut encore favorisée de « *la Sainte aux parfums* ».
En se baissant pour coller ses lèvres sur le cercueil, elle s'y appuya
des deux mains, et depuis ce moment elle ne se rappelle plus avoir
senti une seule fois une très gênante douleur au poignet qui la faisait beaucoup souffrir au moindre mouvement, et qu'elle croyait
être la conséquence d'un effort. Ce ne fut pas tout, et ici nous laissons parler Mme Cousseau elle-même :« Dès que la bière fut posée
» devant nous, je ne perdis pas de temps et je la baisai à plusieurs
» reprises, lorsque tout à coup *il me sembla que je mettais la tête dans
» un brasier de parfums !* Ces parfums s'exhalaient doux et suaves
» comme ceux qu'on brûle le Jeudi Saint. J'étais toute ravie de
» cette  merveille... »

Pendant ce temps, les personnes présentes s'empressaient, elles
aussi, de baiser la bière... On aurait voulu la couper en morceaux
pour en avoir de précieux souvenirs ! ! On ramassait comme un
trésor la terre qui touchait encore au cercueil... On convoitait les
clous qui formaient une croix sur le couvercle de la bière avec plus
d'avidité que l'on ne convoite des pierres précieuses. La présence
d'un agent et des fossoyeurs empêcha qu'on mutilât la bière pour
en avoir de précieux fragments... Ce cercueil fut examiné en  tout
sens. Sa conservation intacte frappait tous les yeux et faisait naître
dans tous les cœurs un indicible regret de ne pouvoir contempler
la morte chérie qu'on pressentait préservée de toute corruption.
Mais l'ordre du maire était formel. Défense absolue avait été faite
de soulever le couvercle et d'exposer aux regards de nos représen-
tants la dépouille vénérée de la « Sainte aux parfums ». Le sacrifice
fut cruel ! On s'en dédommagea en couvrant de baisers et de larmes
le cercueil de *la pauvre de Jésus...* un cercueil d'indigente... un
cercueil de huit francs ! ! Sur le couvercle, vers les pieds, une fente
d'un demi-centimètre de largeur sur dix centimètres de  longueur
semblait avoir été faite par la main du bon Dieu pour faire constater
aux témoins qu'aucune mauvaise odeur ne s'échappait de l'intérieur
du cercueil... Les employés des pompes funèbres, émus et respectueux, donnèrent aux assistants tout le loisir de contenter leur pieuse
dévotion ; puis la bière fut pliée dans une grande feuille de zinc,
soudée de toutes parts... La bière ainsi enveloppée fut ensuite

déposée dans un double cercueil de chêne et de plomb dont l'épaisseur était énorme... A la tête fut placé un flacon de verre portant le cachet du Monastère, et contenant sur parchemin l'acte qui affirmait l'authenticité du cercueil de Marie-Céline. Nous donnons à la fin de ce récit la copie de cet acte.

Il fallut longtemps, on le conçoit, pour souder le couvercle monumental qui fermait la bière de plomb. Cette longue soudure faite, plusieurs hommes soulevèrent les trois cercueils réunis en un seul et tandis que notre aumônier récitait les prières liturgiques, en surplis et revêtu de l'étole noire, le triple cercueil était descendu dans la nouvelle fosse qu'entouraient M. Daniel Tardieu, Mme de Juge, la Très Révérende Mère Assistante de Nazareth, les Sœurs Tourières, ayant tous un cierge à la main... Le reste de l'assistance suivait d'un regard non moins ému toutes les cérémonies de la translation et de la déposition dans le nouveau terrain... et bientôt, se mêlant à l'eau bénite, les premières pelletées de terre retentirent lourdement sur le manteau de plomb qui recouvre les restes bénis de la *Sainte de Talence*. Et maintenant Marie-Céline repose à nouveau en pleine terre jusqu'au jour où — s'il y a lieu et comme on l'espère — l'Église reprendra elle-même ces ossements de la Vierge Clarisse pour les faire monter de la terre sur les autels...

En attendant, la tombe de la pauvre fille de sainte Claire est jonchée de billets de demandes et d'actions de grâces ; ces billets sont en si grand nombre que chaque semaine le fossoyeur doit faire un trou dans la tombe pour enterrer là des centaines de ces papiers, témoignages touchants de la confiance populaire.   .   .   .   .   .   .

.   .   .   .   .   .   .   .   .   .   .   .   .   .   .   .   .   .   .   .   .   .

Copie du manuscrit sur parchemin renfermé dans le cercueil de plomb de Marie-Céline de la Présentation :

*Ici, dans ce cercueil de plomb reposent les ossements de Sœur Marie-Céline de la Présentation, née Jeanne-Germaine Castang, Religieuse de Sainte-Claire, morte en odeur de sainteté au Monastère de l'Ave-Maria » de Talence, le 30 mai, à l'âge de dix-neuf ans. Sœur Marie-Céline a d'abord été inhumée au cimetière commun le jour de son enterrement, 31 mai 1897 ; elle a été exhumée de cette première tombe le 24 décembre 1898, et placée dans un cercueil de plomb pour être mise dans un terrain de concession pour quinze ans... L'exhumation a été faite en présence de M. l'abbé Gabard, aumônier de la Communauté des Clarisses ; de M. Daniel Tardieu, de Talence ; de Mme de Juge, et des Sœurs Tourières des Clarisses. Les dits témoins ont attesté la*

*reconnaissance du corps et présidé à sa déposition dans la nouvelle
tombe.*

*Sœur Marie-Céline Castang était native de Nojals-Clottes (Dordo-
gne). Sa vie a été écrite et publiée en 1898 sous ce titre : « Fleur du
Cloître ou Vie édifiante de Sœur Marie-Céline de la Présentation ».*

*De nombreuses faveurs attribuées à Marie-Céline semblent affirmer
son crédit auprès de Dieu.*

A. GABARD, aumônier.                Daniel TARDIEU.

DAGUILHON DE JUGE.                  Sᵣ MARIE-ANTOINE.

Sᵣ CÉLESTINE DE JÉSUS.        Sᵣ GERMAINE DU SAINT-ESPRIT.


Depuis l'approbation de ces pages par le Vénérable Maître du
Sacré Palais, nous avons reçu les lettres et communications suivantes :


Un fragment d'une lettre du Très Révérend Père Léonard d'Es-
taires nous prouve que l'« Ange du Noviciat, » l'humble Fleur du
Cloître, est appréciée et vénérée dans le premier Ordre de Saint-
François :


Couvent des PP. Franciscains.                « Le 25 janvier 1899.
        Paris,
    83, rue des Fourneaux.


        » MA RÉVÉRENDE MÈRE,


            « Que le Seigneur vous donne sa paix ! »

« Il y a quelques jours, en visitant un de nos Couvents d'Angle-
» terre, je suis tombé sur la vie de Sœur Marie-Céline. Je n'ai pu
» que parcourir cette vie, mais je ne saurais vous dire l'impression
» et le bien que cette lecture m'a procurés. Depuis de longues années,
» aucun livre ne m'a fait autant de bien en me montrant l'action
» de la grâce dans une âme et par là en me faisant faire de salutaires
» réflexions.

» J'ai recommandé notre chère province de France et mon âme
» à Sœur Marie-Céline, et j'ai confiance que cette chère Sainte sera
» notre bon ange et notre protectrice spéciale. . . . . . . . .
. . . . . . . . . . . . . . . . . . . . . . . . .

                    » Fr. Léonard d'ESTAIRES,
                        » Ministre Provincial. »

Nous recevons de Madame l'Abbesse d'un Monastère de Chicago (États-Unis) la communication suivante :

» Chicago, 3 avril 1899.

» MA TRÈS RÉVÉRENDE MÈRE,

» Je vous remercie mille fois des précieux fragments du linge de
» Marie-Céline et de son saint Habit Religieux que vous avez bien
» voulu m'envoyer. Nous les avons reçus avec la plus vive joie et
» nous les conserverons chèrement.

» Il faut que je vous dise, ma Révérende Mère, que ce pieux
» envoi nous est arrivé tout imprégné de suaves parfums. Le tour
» de communication et la pièce du parloir en ont été embaumés
» pendant deux ou trois heures. Nos chères Sœurs et moi avons
» été émerveillées d'un pareil phénomène. On aurait dit que nous
» avions *d'énormes bouquets de roses devant nous.*

» Le R. Père Confesseur qui est venu au parloir a senti lui aussi
» ces merveilleux parfums et nous en avons été heureuses, car
» c'était un témoin de plus. ».   .   .   .   .   .   .   .   .   .   .   .

.   .   .   .   .   .   .   .   .   .   .   .   .   .   .   .   .   .   .   .   .   .

Troyes, 15 avril 1899.

» MA TRÈS RÉVÉRENDE MÈRE ABBESSE,

» Un membre de notre chère famille souffrait horriblement d'une
» fatigue intérieure ; heureusement, les douleurs ont cessé le Samedi
» Saint pour nous permettre d'être gais et heureux le saint jour de
» Pâques. J'ai la conviction que la disparition du mal est due à vos
» prières pour nous, et à la protection de votre chère Sœur Marie-
» Céline.

» Autre grâce dont nous croyons lui être redevables :

» La veille de la Passion, un jeune homme de nos amis était gra-
» vement malade. J'ai donné à sa mère accourue pour le soigner
» un sachet renfermant un fragment du linge ayant été à l'usage
» de la Vénérée Marie-Céline. Le lendemain, le danger avait disparu.
» Le jeune homme a pu partir pour Sens le Samedi Saint. C'est un
» miracle, dit-on, qu'il ait été si vite convalescent.

» L. D. »

« Bordeaux, 12 novembre 1899.

» Madame l'Abbesse,

» Sur le conseil d'une personne qui vénère la mémoire de Sœur
» Marie-Céline, parce qu'elle croit avoir obtenu par elle quelques
» grâces signalées, j'ai lu « Fleur du Cloître ».

» Je ne puis vous dire l'impression que m'a faite ce récit touchant
» qui porte tant à aimer le bon Dieu. Je dois vous dire que cette
» impression est arrivée à son comble, lorsque, à plusieurs reprises,
» j'ai senti des parfums *qui sortaient du livre* et, en particulier, de
» suaves émanations de violettes.

» Est-ce Sœur Céline qui voulait me donner un témoignage de
» sa protection dont j'ai bien besoin ?

» F. D. »

J. M. J.

Talence, 14 décembre 1899.

» Prions bien, ma Très Révérende Mère, prions bien ; Marie-
» Céline ne nous a pas encore exaucés, mais elle entend nos prières ;
» elle nous le fait comprendre, car, ce matin et hier matin, ma femme
» et une de mes enfants ont senti des parfums qui ne se manifes-
» taient certainement pas d'une façon naturelle.

» Il me semble que la pieuse défunte nous dit par là d'avoir con-
» fiance en sa protection. Je compte donc sur votre charitable
» intercession auprès de celle qui fut un ange de votre Monastère.

» Daignez me croire, ma Très Révérende Mère, votre très humble
» et très dévoué serviteur en Notre-Seigneur.

» Louis Gourreau. »

« M... par Lons-le-Saulnier (Jura.)

» Ma Révérende Mère,

» Reconnaissante de l'intercession de Sœur Marie-Céline pour
» l'heureuse délivrance de ma belle-sœur, j'envoie une modeste
» offrande de 20 francs pour son monastère, en recommandant ma
» famille et particulièrement ma petite nièce à vos bonnes prières.

» Veuillez agréer, etc...

« M. M. J. »

Une personne étrangère nous fit un jour, au parloir, le récit d'une guérison que nous relatons en quelques mots :

Une petite fille de six à sept ans, de Bordeaux, était atteinte de plusieurs graves maladies qui mettaient sa vie en danger. Le docteur ne donnait presque plus d'espoir. Sur ces entrefaites, on remit à la mère de l'enfant un fragment de la robe de postulante de Marie-Céline. La pauvre femme, désolée et voulant à tout prix sauver son enfant, mit sous le chevet la précieuse relique en invoquant ardemment la jeune Sainte. A partir de ce jour, le danger disparut peu à peu, et la fillette, ayant recouvré l'appétit, était guérie au bout de quelques jours.

« La Plaine, près Grenoble (Isère.)

. . . . . . . . . . . . . . . . . . . . . . . . . . .

» Notre petite Hippolyte a été bien malade au mois de juin ;
» elle avait pris un abcès dans l'oreille qui n'avait pas l'air de la
» faire beaucoup souffrir, mais qui lui donnait une fièvre impossible.
» Elle est restée à peu près trois semaines dans cet état, ne man-
» geant rien. Enfin, le dernier jour, un samedi, elle était très fati-
» guée, ne pouvant plus marcher ni se tenir debout. Nous étions
» inquiets et, quand vint le soir, en la couchant, je mis sous son
» oreiller un des petits sachets contenant le linge de Sœur Céline.
» Elle a dormi là-dessus comme une bienheureuse ! Le lendemain
» elle s'est éveillée bien contente en me demandant à déjeuner, ce
» qu'elle n'avait pas fait depuis trois semaines. Depuis, *toute fati-*
» *gue a disparu.* Aussi, j'ai bien confiance en Sœur Céline, et je la
» prie de protéger notre cher monde : petits et grands, qui ont tant
» besoin de protection.
» Amélie GAGNIÈRES.

» 1er janvier 1900. »

De braves ouvriers domiciliés à Talence, non loin du Monastère, se désolaient de l'état désespéré de leur petit enfant. Le médecin l'avait déclaré perdu et les parents ne conservaient plus aucun espoir.

La pauvre mère ayant fait part de son chagrin à l'une de nos Sœurs Tourières, celle-ci lui remit, pour son cher petit malade, un fragment de linge de Marie-Céline, l'engageant à le mettre sur le berceau de l'enfant et à prier la chère Sainte avec confiance. L'effet merveilleux de ce double moyen ne se fit pas attendre. Un mieux sensible se manifesta dans l'état du petit malade, et, le dimanche suivant, il était même si bien que les parents tout joyeux le portèrent au Monastère où ils venaient, disaient-ils, remercier *la petite Sainte aux parfums* d'avoir sauvé leur enfant d'une mort imminente.

« B. (Gironde,) 4 février 1900.

« Ma Révérende Mère,

» Je me sens pressée de vous donner connaissance d'un fait extra-
» ordinaire qui s'est passé à bord d'un paquebot partant pour l'Amé-
» rique. J'avais été priée d'accompagner au port de départ une
» jeune fille qui allait s'embarquer pour une longue traversée. Le
» paquebot ne devant lever l'ancre que vers le soir, je passai l'après-
» midi avec mon amie. Elle me fit visiter les cabines, les salons,
» etc., toutes choses fort intéressantes pour moi qui n'avais jamais
» eu l'occasion de mettre le pied sur ces demeures flottantes. Un
» peu fatiguées, nous allâmes nous reposer dans une petite pièce
» réservée aux dames. La conversation tomba sur Sœur Céline
» dont la jeune fille est une fervente admiratrice. Tout à coup, elle
» me dit : « Ne sentez-vous pas ces parfums d'encens ? » Je ne sen-
» tais rien, sinon des odeurs qui n'étaient pas précisément des par-
» fums, car à deux pas de notre siège un tuyau longeant le parquet
» laissait échapper un jet de vapeur affectant l'odorat plutôt désa-
» gréablement. Et elle, à deux reprises différentes, répéta : « *Oh !*
» *que cela sent bon !* » et elle s'aperçut, avec stupéfaction, que les
» parfums *émanaient d'une photographie de Sœur Céline* qu'elle
» avait dans sa poche. Elle m'avoua alors que, dès son arrivée sur
» le bateau, elle s'était trouvée *tout enveloppée d'encens*. Nous sor-
» tîmes du petit salon et, dans notre promenade à travers les étroits
» couloirs, les parfums la suivaient obstinément.

» A vrai dire, dans l'atmosphère épaisse et lourde de l'intérieur
» du paquebot, je ne sentais que des odeurs vagues de goudron, de
» charbon ou de cuisine, suivant les points où nous nous trouvions.

» Je cherchai vainement une fleur qui pût donner une apparence
» de vérité aux parfums sentis. Mais non, ils ne venaient pas de la
» terre. Et la jeune fille, dans ces manifestations surnaturelles,
» constatait avec joie et reconnaissance la protection de Sœur
» Céline à laquelle elle avait tout particulièrement recommandé
» son voyage. J'étais fortement impressionnée de toucher du doigt,
» de frôler, pour ainsi dire, un fait miraculeux,

» J'examinais mon amie que je sais loyale et supérieurement intel-
» ligente. Je la voyais *très calme*, s'occupant de son installation, de

» ses malles, de sa cabine, de tous les détails que comporte un si
» long parcours, n'étant, par conséquent, sous l'influence d'aucune
» exaltation religieuse ou mystique, et m'affirmant — chaque fois
» que je lui posais une question — que *des parfums très doux, suaves,*
» *délicieux,* la suivaient partout.

 » Dans quelques mots écrits à la hâte la première fois que le ba-
» teau fit escale, elle me dit : « Au moment où je trace ces lignes, je
» suis inondée de parfums. »

 » Dès que j'aurai reçu une nouvelle lettre, je vous la communi-
» querai. Je suis sûre que Sœur Céline ne s'arrêtera pas là et qu'elle
» continuera ses faveurs à cette jeune fille.

 » Quelles merveilles ! J'en suis toute remuée et saisie.

 » Agréez, ma Révérende Mère, mes respectueux hommages.

« B. N. »

« MA TRÈS RÉVÉRENDE MÈRE,

 » Parmi les faits nombreux dont j'ai été le confident ou le témoin,
» et qui semblent attester l'intervention de Sœur Marie-Céline,
» il en est un qui m'a particulièrement frappé ; c'est celui de
» Mlle Julie Bonaffoux, originaire du Tarn et postulante depuis trois
» mois à la Communauté des Sœurs Externes de votre Monastère.
» Le deuxième soir après son arrivée, comme elle venait de se cou-
» cher, une voix d'une douceur infinie retentit dans sa petite cel-
» lule, lui disant : « Et vous aussi, sentez, ma chère petite ! » Au
» même instant, la chambre fut embaumée de parfums exquis, tels
» que la jeune fille n'en avait jamais senti, et dans lesquels elle dis-
» tinguait surtout ceux de l'encens et de la violette. Le prodige a
» duré toute la nuit.

 » Ce fait, Très Révérende Mère, me paraît d'autant plus intéres-
» sant et remarquable que Mlle Julie Bonaffoux n'avait *jamais*
» entendu parler de prodiges, à l'occasion de Sœur Marie-Céline,
» et qu'elle n'osait confier à personne le secret de cette mystérieuse
» faveur. Elle n'a osé en parler, m'a-t-elle dit, qu'après avoir entendu
» raconter des faits analogues chez des personnes étrangères à la
» Communauté. Elle s'est dit alors : « Mais c'est peut-être cette
» petite Sœur Céline qui m'a accordé cette faveur pour m'encou-
» rager dans ma vocation. »

 » Cette ignorance préalable des faits me semble un témoignage
» particulier de véracité.

 » Daignez agréer, etc.     A. GABARD.
» Aumônier de l'Ave-Maria, à Talence.

» Février 1900. »

« Talence (Gironde,) 5 février 1900.

» MA RÉVÉRENDE MÈRE,

» J'habite, comme locataire une maison où la mémoire de Sœur
» Marie-Céline est particulièrement aimée et honorée. Elle y est
» invoquée journellement. Je partage ce sentiment d'amour et de
» vénération depuis que j'ai eu la faveur, à diverses reprises, de
» me sentir, pénétrée de parfums aussi délicieux qu'inexplicables,
» en compagnie de plusieurs personnes qui en ont joui comme
» moi.

» C'est sous l'impression de ces faveurs et revêtue d'un petit
» morceau de vêtement de Sœur Marie-Céline, que je suis entrée
» à l'hôpital, le 15 janvier 1899, pour y être soignée d'une angine
» diphtérique à laquelle les médecins ont eu toutes les peines du
» monde à m'arracher. D'ailleurs, ma situation était compliquée
» par mon état de grossesse assez avancée. Je priais toujours Sœur
» Céline.

» Je n'étais pas encore guérie complètement de mon angine,
» qu'un érésipèle de la dernière gravité me mit aux portes de la
» mort.

» C'est au milieu même de ma maladie, alors que les docteurs
» ne savaient qui sauver, de mon enfant ou de moi, que survint la
» naissance d'une petite fille, trois semaines avant le terme, avec
» des complications terribles.

» Trois jours après cette délivrance que, au dire des médecins,
» je puis appeler miraculeuse, je fus mise à la camisole de force, à
» cause des crises horribles qui me torturaient. Je n'avais plus cons-
» cience de mes actes. Ma situation était désespérée. Je n'étais
» plus qu'un squelette.

» Actuellement, je suis en possession d'une santé très florissante ;
» cependant les médecins m'avaient condamnée. Je suis tout à fait
» une exception, m'ont-ils dit. Ma fille, qui non seulement a échappé
» au danger qu'elle a couru à sa naissance plus qu'anormale, mais
» à des complications qui sont survenues depuis, se porte très bien.
» Pour moi, c'est l'enfant du miracle.

» En reconnaissance, je lui ai donné le nom de *Marie-Céline.*
» Veuillez agréer, etc.

» Hermance LAFITTE,
» 24, rue Victor-Hugo, Talence. »

Plusieurs lettres de la Martinique nous parlent de guérisons attribuées à notre angélique Sœur. Citons seulement une attestation :

« Fort-de-France.

« Une personne attribue sa guérison à la relique de Marie-Céline ;
» elle avait une fièvre cérébrale, était aveugle, sans connaissance,
» lorsqu'une amie lui a mis la *relique* au cou. Ce matin elle était chez
» moi et va mieux.

» Une autre dame *mourante* attribue aussi sa guérison « à la petite
» Sainte » invoquée avec ferveur.

» B... »

« Je m'étais piqué un doigt, raconte une pieuse dame, et je souf-
» frais beaucoup. La douleur était si vive que je ne pouvais dormir
» durant la nuit. L'idée me vint de prier Marie-Céline et de lui
» dem nder quelque soulagement. Quelques instants après, je m'en-
» dormis et, lorsque je me réveillai, je ne sentis plus rien, mon doigt
» était guéri. »

La même personne ayant subi une opération allait assez bien et portait constamment sur elle, avec dévotion, un fragment du linge de Marie-Céline. Or, il arriva qu'un jour elle quitta ou perdit ce fragment. Immédiatement, ses douleurs revinrent. Elle pensa qu'un tel état résultait sans doute de l'absence de sa « relique » et vint en réclamer une autre au Monastère ; alors son état de souffrance cessa.

« Bordeaux, 9 février 1900.

» Ma Révérende Mère Abbesse,

» Vous savez toute ma vénération pour Sœur Céline, le respect
» avec lequel je porte les fragments précieux de ses vêtements. Vous
» savez avec quelle confiance je l'invoque ; mais ce que vous ne
» savez pas, et ce que j'ai besoin de vous confier, ce sont les gracieux
» témoignages de protection qu'elle a bien voulu me donner. Les
» voici :

» Dans diverses circonstances, après l'avoir invoquée, j'ai été
» soudainement enveloppée de parfums délicieux et pénétrants qui
» disparaissaient soudainement aussi. Ce phénomène s'est produit
» plusieurs fois en faisant la sainte Communion. Ces parfums, d'une
» nature autrement délicate que les parfums ordinaires, étaient

LA SERVANTE DE DIEU
SŒUR MARIE-CÉLINE DE LA PRÉSENTATION
après avoir reçu le Saint Viatique, l'Extrême-Onction
et fait sa Profession in extremis
21 Mars 1897

toujours accompagnés d'un sentiment de joie très vive et très suave.

Ils se sont manifestés d'une manière très accentuée, un jour où, ayant entre les mains la vie de Sœur Céline, « Fleur du Cloître », j'allais sortir de ma maison avec une de mes amies, Mme L..., qui sera très heureuse d'en témoigner, car Mme L... en fut toute pénétrée comme moi.

C'était un parfum de tubéreuse comme la tubéreuse n'en donne pas ordinairement.

Il y a quelques jours, malade dans mon lit, malgré mes prières réitérées à Sœur Céline, que Dieu, dans ses desseins que j'adore, n'a pas sans doute voulu exaucer de suite, j'adressai cette prière à ma protectrice :

Chère petite Sœur, si vous m'abandonnez, si vous ne voulez pas vous occuper de moi, faites-moi comprendre, du moins, que vous m'entendez lorsque je vous prie... »

Immédiatement, des parfums du genre des aromates emplirent ma chambre de malade et disparurent un instant après, me laissant dans le cœur une joie qui n'était pas de la terre.

J'ai remarqué, à plusieurs reprises, que les parfums m'arrivaient par bouffées rapides et intermittentes.

Inutile de vous dire que je prie tous les jours ma petite Sainte de prédilection.

» X. »

Un propriétaire, très gêné dans ses affaires, ne pouvait parvenir à louer sa maison ; depuis deux ans, il était sans locataire. Inspiré de suspendre un petit sachet de Marie-Céline au mur de l'immeuble, il le fait, et tout de suite des locataires se présentent et sa maison est louée.

Orbec-en-Auge (Calvados), 10 février 1900.

Très Révérende Mère,

Nous avons beaucoup tardé à vous adresser nos remerciements. D'abord pour la grâce sollicitée, nous avons été complètement exaucées : un affreux scandale qui paraissait imminent a été enrayé ; tout est rentré dans l'ordre. Merci encore, ma bonne Mère, des précieux sachets que vous avez eu la bonté de nous envoyer.

Oh ! qu'elle doit être bien près du bon Dieu, votre chère petite

» Marie-Céline ! Sa vie si édifiante nous a vivement intéressées.
» Dans nos nécessités particulières nous lui demandons de vouloir
» bien être notre médiatrice.

» Veuillez agréer, ainsi que votre chère Communauté, nos senti-
» ments d'affectueuse sympathie et de vive reconnaissance.

» Sœur MECHTILDE,
» Supérieure des Religieuses de Notre-Dame »

Une pieuse ouvrière, manquant de travail, se rendit désolée au
tombeau de Marie-Céline pour la prier de lui venir en aide dans
cette pénurie et de lui envoyer du travail au plus tôt. La semaine
après, affirme-t-elle, elle en avait beaucoup.

J. M. J.

« Talence, 15 février 1900.

» MA TRÈS RÉVÉRENDE MÈRE,

» En vue de procurer la gloire de Dieu, je vous adresse le récit
» des faits suivants :

» Il y a quelques mois, je ne puis préciser la date, je me trouvais
» seule à la maison, avec deux de mes enfants en bas-âge, et avec
» ma fille Agnès, âgée d'environ treize ans et demi.

» Tout à coup, j'entendis retentir des chants *d'une grande beauté* ;
» je supposais que c'était ma petite Agnès qui chantait ; néanmoins,
» j'étais surprise, car je ne lui connaissais pas une si belle voix, et,
» de plus, les airs que j'entendais m'étaient *absolument inconnus*
» et je me demandais qui avait pu les apprendre à l'enfant...

» Ces chants paraissaient émis par une personne qui allait et venait.
» Je croyais donc que l'enfant s'habillait et qu'elle allait alternati-
» vement de sa chambre à une pièce contiguë où elle devait se rendre
» pour terminer sa toilette.

» Cependant, Agnès n'arrivant pas, au bout d'un moment, j'allai
» dans sa chambre ; les contrevents étaient fermés et elle dormait
» profondément.

» Dès lors, les chants que j'avais entendus ne pouvaient plus être
» expliqués par une cause naturelle, il n'y avait personne dans la
» maison qui pût les émettre. Comme à ce moment-là nous priions
» beaucoup la Vénérée Marie-Céline pour une intention pressante,
» et que nous avions distribué bon nombre de sachets contenant de

» ses reliques, nous avons cru voir dans ces chants célestes la réponse
» à notre confiance.

» Tel est le simple exposé de la vérité ; faites-en, ma Très Révé-
» rende Mère, l'usage que vous jugerez à propos.

» Veuillez agréer, ma Très Révérende Mère, l'expression de mes
» sentiments les plus respectueux.

» M. GOURREAU. »

Ainsi qu'on a pu le constater déjà, dans une multitude de cas,
le simple contact des petits sachets renfermant une parcelle des
effets de Marie-Céline a obtenu des résultats merveilleux... Notons
encore les faits suivants :

Une dame âgée, ayant à la jambe une plaie affreuse, dont elle
souffrait depuis longtemps, affirme avoir été guérie *par la simple
application d'un petit sachet*. Une autre, condamnée à subir une opération douloureuse, reconnaît en avoir été préservée par le même
moyen et par l'intercession de Marie-Céline qu'elle avait particulièrement invoquée à cette fin.

« Château de Mouguerré, Ernée (Mayenne),<br>» 18 février 1900.

» MA RÉVÉRENDE MÈRE,

» Ma cousine de Bonteville me transmet votre lettre demandant
la relation de certaines grâces touchant votre bien-aimée Sœur
Céline. Je vous avouerai en toute franchise qu'en question si délicate on a peine à oser qualifier d'extraordinaires certains faits,
mais je puis vous dire qu'au fond de mon âme, j'ai toujours consi-
déré certaines guérisons, dont j'ai été témoin, comme l'objet d'une
intervention absolument spéciale de votre chère petite Sœur. Je
n'entends leur donner que mon appréciation et vous les écris pour
réjouir votre cœur de Mère.

» Une Clarisse de Rennes m'avait fait connaître la vie de Sœur
Céline à propos de demandes de prières pour un très vénérable
prêtre, l'âme et le soutien de nombreuses œuvres : « Je suis sûre,
disait-elle, que son intervention sera bienfaisante. » Ce prêtre
alors (il y a près de trois ans), très malade d'albumine et usé par
le travail, était perdu, au dire de tous et de deux médecins consul-
tants, l'ataxie commençant.

» Du jour où on lui a remis le sachet de Sœur Céline, il a commencé
» à se remettre et a repris absolument son ministère au bout de
» quelques semaines ; il le continue depuis ce temps. Je puis vous
» dire que plusieurs personnes comme moi en ont été touchées.
» L'occasion me fait encore le recommander à vos prières en votre
» sainte Maison, car l'âge lui vient et sa santé est nécessaire au bien
» d'un nombreux troupeau.

» Un autre fait m'a particulièrement frappée ainsi que mon entou-
» rage.

» Un pauvre ouvrier, père d'une nombreuse famille, était pris
» d'une sorte de péritonite aiguë ; il était administré et le médecin
» avait dit à mon père qu'il ne s'en tirerait pas. L'idée me vint de
» lui remettre un sachet de Sœur Céline ; la nuit suivante, il s'en-
» dormait et la maladie cédait.

» Voici deux choses très saillantes qui ont augmenté ma confiance
» très vive en votre petite Sainte. Oh ! ma bonne Mère, recommandez
» lui encore mes intentions et veuillez agréer mes respectueux sen-
» timents.

» Jeanne DE HERCÉ. »


Bordeaux, 20 février 1900.


» Dans les premiers jours de l'année 1900, deux sommités médi-
» cales donnaient leurs soins très assidus à un enfant de dix ans, le
» jeune X..., atteint d'un mal si grave, qu'elles jugèrent indispen-
» sable d'avoir recours à une opération chirurgicale, pour arracher
» le malade à un péril absolument imminent. Leur avis était qu'un
» seul jour de retard pouvait lui être fatal.

» Tout était prêt, lorsque le père de l'enfant, redoutant les suites
» de cette opération, retira son autorisation. Les docteurs insistèrent
» en lui montrant sagement l'imminence du danger. Le père préféra
» laisser au bon Dieu le soin de sauver son enfant et assuma sur lui
» toute la responsabilité que les docteurs déclarèrent lui laisser tout
» entière.

» A ce moment-là, un fragment de vêtement de Sœur Marie-Céline
» fut secrètement appliqué au jeune malade, et d'instantes prières
» furent commencées pour sa guérison.

» Quarante-huit heures après, les docteurs, fort surpris, annon-
» cèrent aux parents que le mal avait complètement disparu, que
» l'enfant était radicalement guéri.

» A. G... »

« MA RÉVÉRENDE MÈRE,

» Je suis heureuse de porter à votre connaissance le fait suivant :
Le 1er février 1900, après avoir fait une lecture dans « Fleur du
Cloître », avec ma tante, et invoqué avec elle Sœur Marie-Céline
en qui nous avons une grande confiance, nous nous sommes trouvées subitement environnées de divers parfums délicieux qui se
sont succédé et qui nous ont rempli l'âme d'une vive joie.

» Ces parfums, dont nous ne pouvons comprendre la provenance
naturelle, ont duré environ une demi-heure et ont disparu presque subitement.

» Nous ne pouvons que les attribuer à Sœur Marie-Céline à qui
nous demandions aide et protection.

» M. L...

» Bordeaux, rue du Palais-Gallien. »


» Paris, ce 15 février 1900.

» MA TRÈS RÉVÉRENDE MÈRE,

» Vous me demandez de vous narrer par écrit les faits que je vous
confiai de vive voix, relatifs à ce que j'ai cru et crois être, plus
que jamais, une attention pleine de condescendance et de miséricorde — vu ma très grande indignité — de la part de votre
chère « *petite Sainte aux Parfums* », Sœur Marie-Céline.

» Je me rends à votre appel, ma Très Révérende Mère, non sans
être fort émue par le sentiment de traiter un sujet si grave, et de
converser, d'une plume familière, sur *Celle* qui, selon l'expression
du « Cantique », *s'est enfuie du désert de la terre, montant dans les
régions du Ciel comme une fumée de myrrhe, d'encens et de toutes
sortes de douces senteurs.*

» Mais si mon humble récit peut servir à l'édification des âmes et
à la glorification de cette « Fleur du Cloître », trop tôt ravie à la
terre, il n'est point de raisons qui soient susceptibles de m'arrêter.

» Voici donc, aussi simplement et sincèrement qu'il m'est possible,
l'exposé des faits tels qu'ils se sont passés :

» Je me trouvais à Bordeaux en 1898. Vivant très retirée, j'ignorais encore le nom et l'existence de Marie-Céline, connus déjà d'une
grande partie de la population pieuse et dévouée à votre Monastère.

» Un jour, — c'était le 2 novembre, fête des Morts, — diverses
causes se réunissaient pour me maintenir dans un douloureux

» état d'abattement : une de ces passes où la terre paraît vide et le
» ciel si loin qu'on ne le sent plus. On cherche à s'occuper, et le moin-
» dre acte retombe sur le cœur comme un plomb lourd. On voudrait
» penser et la pensée enserre le front d'une couronne d'épines. On
» prie ; la prière semble n'avoir plus d'ailes !

» J'insiste sur cet état d'âme, car il donne plus de valeur à la
» consolation qui survint, comme pour mieux attester que la Pro-
» vidence veille alors que nous la croyons endormie..., et que ses
» messagers célestes sont là, tout près, pour nous garder « *dans nos*
» *voies et nous conduire au but* préparé de toute Éternité. »

» Cette fête des Morts ajoutait à ma tristesse... La foule passait
» sous mes fenêtres, se rendant au cimetière de la Chartreuse... cha-
» cun portant des brassées de fleurs sur lesquelles le soleil se jouait...
» double symbole de survivance et d'espoir !

» Et je pensais : « Rien ne me reste en ce monde ! Jusqu'à mes
» morts qui sont au loin et dont je ne peux, comme font les autres,
» couvrir en ce jour la tombe de parfums et de prières. »

« La nuit tombait, lorsqu'un incident tout extérieur (un léger
» manquement dans le service de ma chambre) vint apporter son
» contingent de contrariété à ma disposition morale. Bien qu'il n'en
» valût certes point la peine, j'avoue, à ma confusion, que je perdis
» patience et me mis à me plaindre tout haut, comme on fait sous
» l'empire de l'humeur... Mais une bonne pensée surgit : « Allons,
» me dis-je, offrons-le pour nos morts ! »

» Et, sans appeler, je me mis à même de réparer avec calme l'oubli
» involontaire dont j'étais l'objet. Tandis que je me mettais à
» l'œuvre dans une pièce voisine de ma chambre, une pénétrante
» odeur d'oranger en fleurs se répandit autour de moi... Je ne pris
» pas trop garde, d'abord, mais la senteur progressa à me faire pres-
» que défaillir. « Oh ! pensais-je, on se croirait en Italie, à l'époque
» des pleines floraisons ! »

» Le parfum se maintint tant que dura mon occupation, la valeur
» de quelques minutes. Il m'accompagna jusqu'au seuil de l'appar-
» tement, sans que j'ajoutasse, bien entendu, la moindre significa-
» tion merveilleuse à l'incident dont je m'expliquais la cause par
» le bris d'un flacon d'essence ou tout autre fait naturel.

» Dès que je fus de retour dans ma chambre, je me rappelle
» qu'une grande paix succéda à l'agitation des heures précédentes.
» Je vaquai à mes prières avec consolations, *sentant, maintenant,*
» qu'elles étaient entendues et qu'autour de moi veillait la présence
» des Saints que nous avions fêtés la veille, et des chers morts que
» j'avais pleurés le jour...

» Peu après, le surlendemain, je crois, causant avec une amie de la dame chez laquelle je me trouvais, passagèrement, en pension, j'apprenais l'histoire de Marie-Céline, et comment un sachet renfermant une parcelle de ses vêtements, ainsi que le doux livre « Fleur du Cloître » — où si suavement l'angélique plume de la Révérende Mère Vicaire a retracé sa vie — avaient été apportés dans la maison. Mme X..., ma propriétaire, très gravement malade, s'était procuré une de ses reliques, confiante qu'elle lui obtiendrait amélioration de santé, peut-être même entière guérison. Elle et son amie Mlle*** lisaient en ce moment « Fleur du Cloître ». Ces dames, fort pieuses, priaient avec ferveur la petite Sainte que j'ignorais encore.

» Mlle *** me fit part des célestes particularités dont avait été entouré le lit de souffrance de Marie-Céline : et les visions surnaturelles, et les éclosions merveilleuses de fleurs, et les envolées d'effluves mystiques dont se trouvait embaumé, depuis, le Monastère de « l'Ave-Maria. » Les amis du Monastère, eux-mêmes, soit en priant Marie-Céline, soit en vaquant à leurs occupations, déclaraient avoir été visités par le passage d'odorants et inexplicables parfums. Des grâces de guérison physique et de secours surnaturels, s'en étaient suivies chez plusieurs.

» Ces faits ne me surprirent point ; mais j'étais loin de m'attendre que notre demeure avait dû être visitée aussi d'une attention de l'aimable Sainte.

» Ce fut donc sans ajouter d'importance à ma question, qu'en souriant je demandai : « Mme X... a-t-elle été favorisée comme les autres ? ou le sera-t-elle ? — Mon Dieu, répondit mon interlocutrice, personne d'esprit très judicieux et de piété très sûre, on ne peut rien affirmer encore ; mais, figurez-vous que le soir «des Morts », tandis qu'elle s'entretenait encore de Marie-Céline, Mme X... a cru sentir une très pénétrante odeur de fleurs d'oranger...

» — Oh ! ce n'est pas étonnant, répliquai-je ; ce soir-là, on avait, à coup sûr, brisé un flacon d'essence à la « cuisine, » car j'ai senti, moi-même, en y entrant, un parfum très prononcé... — Mais madame, il n'y a ni eau de fleurs d'oranger, ni essences d'aucune sorte dans l'appartement !... »

» Une inexprimable émotion nous gagnait. Cependant il fut convenu qu'on s'informerait aux autres étages de la maison. Là, non plus, nul ne possédait d'essences ou d'eau de fleurs d'oranger.

» Mon cœur ne demandait qu'à s'incliner ; mais je demeurais toutefois, confuse, incertaine... Comment avais-je pu être l'objet

» d'une telle faveur ? ? ? Et que pouvait bien signifier un tel signe
» pour la direction de ma vie ?

» C'est alors que je sollicitai une entrevue avec la Révérende Mère
» Vicaire et qu'elle m'apprit qu'à l'époque où elle écrivait « Fleur
» du Cloître », sa charité s'était préoccupée de mon humble souve-
» nir... qu'elle avait désiré apprendre de mes nouvelles et savoir
» mon adresse demeurée inconnue...

» La petite Bienheureuse avait lu dans le cœur de sa Mère, et elle
» était venue me manifester — à la façon des lis — que je devais
» me rapprocher du Monastère de « l'Ave-Maria » et aller y puiser
» en mes détresses d'âme, matière au *Sursum corda !* qui découle
» de ses blancheurs...

» Je suis allée aussi prier sur la tombe de Marie-Céline en son exil
» de Talence. Je dois dire que, si , au point de vue temporel, je ne
» fus point toujours exaucée dans l'entière mesure de mes désirs,
» bien des voies me semblent avoir été préparées par une interces-
» sion mystérieuse, qui me conduiront au but prévu par la Provi-
» dence.

» Ce qui me confirme dans mon entière confiance, c'est un second
» fait, analogue au premier, dont j'éprouvai la lumineuse influence,
» quelques mois après, en juin 1899.

» Fort incertaine à cette époque, sur des décisions à prendre sous
» bref délai, je conjurais le Sacré-Cœur, par l'intercession de Marie-
» Céline, de me manifester sa divine Volonté par une orientation
» quelconque des choses ou des événements.

» Le 20 juin, plus troublée à ce sujet que d'ordinaire, j'avais lon-
» guement prié. Préoccupée encore, un soin quelconque m'amena
» dans une des pièces de l'appartement où se trouvaient les deux
» dames, mes hôtesses, dont je parlais plus haut. A peine, entr'ou-
» vris-je la porte, qu'un parfum exquis de roses fraîches m'inonda
» de ses effluves. — « Vous avez des roses, Mesdames ? m'écriai-je,
» en me penchant pour découvrir un bouquet que je jugeais devoir
» être volumineux... — Mais pas une ! » m'ont-elles répondu una-
» nimement...

» Le parfum persista. Je fus seule à le sentir... Mais nos yeux à
» toutes se remplirent de larmes, lorsque, d'un commun accord,
» chacune s'écria : « C'est Marie-Céline ! »

» Un grave et douloureux événement de famille (fort inattendu
» de moi surtout) se préparait à l'échéance de quelques heures sur
» un point fort éloigné des lieux que j'habitais.

» La connaissance de ce fait devait, irrésistiblement, (si fort la
» main divine se profilait à travers), fixer mes incertitudes et me

» démontrer miséricordieusement ce que j'avais à faire, sans crainte
» qu'il eût à en advenir ni retours de regrets personnels ou égoïstes,
» ni craintes exagérées de m'être trompée, car il s'agissait d'un devoir
» à accomplir.

» Et maintenant, ma Très Révérende Mère, en dépit des ombres
» qui se mêlent aux plus lumineuses inspirations, en dépit de l'*ina-
» chevé*, inhérent à la réalisation de nos meilleurs desseins en ce
» monde, je crois en l'intercession puissante de Marie-Céline ! C'est
» elle, j'en suis convaincue, qui me valut le courage d'entreprendre...
» qu'elle m'obtienne la force de continuer... « plus tard, la joie
» d'avoir réussi, afin que ma gratitude puisse attacher un humble
» fleuron au diadème glorieux dont la Sainte Église, j'espère, cou-
» ronnera bientôt sa douce mémoire.

» En cet espoir, ma Très Révérende Mère, et dans le sentiment
» d'une profonde reconnaissance pour vos bontés, je suis votre bien
» respectueusement attachée,

» M. de H...

» P. S. — Je n'ai point à ajouter qu'en donnant à Marie-Céline
» le titre de *Sainte*. je désire demeurer dans les bornes fixées par les
» règlements de l'Église. »

« Paris, ce 17 février 1900.

» MA TRÈS RÉVÉRENDE MÈRE,

» C'est de tout cœur que je viens rendre hommage à la sainteté
» et à la protection de Marie-Céline, en laquelle j'ai grande confiance.

» Au mois d'août dernier, je venais de perdre mon fils aîné et
» mon cœur succombait sous le poids de la désolation.La première
» Communion de ma fillette n'avait pu avoir lieu, par suite du dou-
» loureux événement, dans les conditions ordinaires.

» Le R. P. de M... Jésuite, avait obtenu que cette consolante céré-
» monie eût lieu dans la chapelle des Religieuses Auxiliatrices, au
» pied de la butte de Montmartre, le Sanctuaire où saint Ignace et
» ses compagnons firent leurs premiers vœux.

» J'avais reçu de Bordeaux un sachet contenant une parcelle des
» vêtements de Marie-Céline et, depuis, je la suppliais de visiter
» l'âme de mon fils et de m'accorder la consolation qui me permît
» de le savoir heureux.

» Le matin de la première Communion de ma fille, le 1er août, je
» mis à son cou la relique venant de votre Monastère.

» L'enfant reçut Notre-Seigneur avec une angélique piété, se ma-
» nifestant par des torrents de larmes qu'elle déclarait être des lar-
» mes de joie.

» Sur les quatre heures de l'après-midi, fatiguée, elle reposait
» précisément sur la couche où son frère avait rendu le dernier sou-
» pir. Moi-même, je gardais ma fille, assise sur le même fauteuil et
» à la même place où s'asseyait constamment mon pauvre malade,
» lorsque soudain un parfum de verveine se répandit dans la cham-
» bre. Je crus qu'il venait du dehors et je continuai une lecture insi-
» gnifiante que j'avais entamée plutôt par contenance que par l'in-
» térêt que j'y prenais.

» Une seconde fois, des effluves de verveine viennent à moi. Je
» me penchai vers la fenêtre entr'ouverte ; rien au dehors. Une troi-
» sième fois, le parfum surgit de nouveau. La pensée de Marie-Céline
» me vint alors et je me mis à prier avec ferveur. Une quatrième
» fois, l'atteinte odorante se fit sentir plus pénétrante encore...
» Alors, je ne doutai plus de sa provenance merveilleuse, d'autant
» que je me souvins que mon pauvre enfant aimait beaucoup le
» parfum de verveine et qu'il s'en était privé volontairement les
» deux derniers mois précédant sa mort.

» Depuis, je prie Marie-Céline avec confiance et vous demande,
» ma Révérende Mère, de la prier avec moi, car mon cœur est fort
» plongé dans la tristesse, et la source des désolations est loin d'être
» tarie.

» Daignez agréer, ma Révérende Mère, l'expression de mes sen-
» timents respectueux et bien dévoués.

» M. DE G... »

« 16 février 1900.

» MA TRÈS RÉVÉRENDE MÈRE,

» C'est pour moi qu'on vous a demandé une neuvaine pour obtenir
» ma guérison par l'intercession de votre chère petite Sœur Céline.
» Je viens vous remercier de vos bonnes prières auxquelles nous
» nous sommes unies. Je vais beaucoup mieux depuis ce temps-là,
» et j'espère que, sous peu, ma guérison sera complète.

» En attendant, nous continuons toujours de prier et, de plus,
» je continue de porter le petit sachet contenant un fragment du
» linge que portait, pendant sa maladie, Sœur Marie-Céline de la
» Présentation. Il m'a été prêté par la religieuse garde-malade qui

me soigne, et, devant le lui remettre, je serais bien heureuse si
vous pouviez m'en faire parvenir un.

» Recevez, ma Révérende Mère, en même temps que tous mes remerciements, l'expression de mes sentiments les plus respectueux.

» (Une dame des environs de Cambrai (Nord). »

« Côte-d'Or, 23 février.

» MA RÉVÉRENDE MÈRE,

» Je viens vous remercier des prières que vous avez faites à Sœur
Céline pour ma petite fille atteinte d'une pneumonie si grave
qu'on n'espérait pas la sauver.

» Durant un de ses accès de fièvre, je lui ai mis dans la main un
fragment de linge à l'usage de Sœur Céline, en lui recommandant
de bien l'embrasser pour guérir. Elle le portait constamment à ses
lèvres. Le soir, comme on lui disait : « Il faut bien prendre toutes
les tisanes et les sirops que donne petite maman pour guérir »,
elle répondit avec colère : « D'abord, c'est pas les *tisanes* ni les
*sirops*, ni les *cataplasses* (cataplasmes), ni les *catoires* (les vésica-
toires) qui me guériront, c'est le *petit blanc* (le fragment blanc du
linge de Sœur Céline). N'est-ce pas, *petit* maman ? » Les paroles
de la chère petite étaient une prophétie ; sa foi naïve et sa confiance redoublèrent la mienne. Ses souffrances furent terribles,
mais je veillai à ce que la petite relique ne la quittât pas et fût
toujours en contact avec son petit corps.

» J'ai fait une promesse à Sœur Céline que je compte tenir quand
ma fillette sera complètement rétablie, ce qui, je pense, ne tardera
guère, la convalescence *s'annonçant fort bien*.

» Je vous autorise bien volontiers à faire figurer mon attestation
dans le Livre d'or de Marie-Céline, car c'est à elle seule que j'attribue cette guérison.

» Veuillez agréer, ma Révérende Mère, avec mes remerciements
réitérés, l'hommage de ma profonde vénération.

» Une maman reconnaissante,
» A. S. »

« 1er mars 1900.

» Faveur temporelle obtenue. *Deo gratias*. Merci à la chère petite
Sœur Marie-Céline, à qui nous avions recommandé cette affaire.

» La Mère Supérieure de la Congrégation de Notre-Dame, à Orbec. »

Terminons, en citant la lettre que nous avons reçue d'un Missionnaire de Chine. Jusqu'à l'Extrême-Orient, la Vierge Clarisse est
connue, aimée, invoquée, et on y forme des vœux pour la glorification future de Germaine de Nojals :

» Chine, le 25 juillet 1898.

» MA RÉVÉRENDE MÈRE,

» Permettez-moi de vous arracher quelques minutes à vos occu-
» pations, pour vous remercier de tout mon cœur de l'édification
» que vous venez de me procurer par la lecture du pieux ouvrage :
» « Fleur du Cloître, Vie édifiante de Marie-Céline », votre bien-aimée
» et si pieuse enfant. Une circonstance fortuite vient de me mettre
» entre les mains ce livre si délicieux ; et je ne résiste pas à l'impul-
» sion qui me porte, je le répète, à vous remercier de toute mon
» âme du bien que m'a fait cette lecture, et à me réjouir avec vous
» de votre bonheur d'avoir donné au Ciel une telle sainte.

» Je suis un inconnu pour vous, ma Révérende Mère, et rien,
» jusqu'ici, ne m'avait amené à connaître cette humble bourgade
» de Nojals, cette famille chrétienne des Castang, votre saint monas-
» tère de l'*Ave-Maria* de Bordeaux-Talence : enfin cette belle petite
» fleur si tôt épanouie et si tôt transplantée dans le jardin du Ciel.
» Je suis, dis-je, un prêtre, un pauvre missionnaire complètement
» inconnu de vous ; mais dois-je et puis-je oublier que tous les jours,
» dans le symbole des Apôtres, je redis la même chère formule :
» « *Credo... sanctorum communionem* », et qu'à ce titre, votre Monas-
» tère, ma Révérende Mère, plus encore (puisque j'ai le bonheur
» d'être tertiaire de saint François) votre Ordre tout entier, et votre
» petite Sainte, me sont unis par les liens les plus doux et les plus
» forts, « *suaviter et fortiter ?* »

» Oh ! quelle délicieuse pensée pour mon âme, lorsque, après
» avoir lu avec émotion de belles pages tout embaumées comme
» celles de la Vie de la Sœur Marie-Céline, du parfum de la Vertu et
» de la Sainteté, tout émaillées de fleurs si belles, si précoces, si virgi-
» nales, je me dis : Cette angélique petite Sœur Marie-Céline était
» ma Sœur en Notre-Seigneur et dans le saint Patriarche d'Assise ;
» je ne la connaissais pas, c'est vrai, selon le monde ; mais aujour-
» d'hui qu'elle m'est révélée, et avec cette beauté ineffable que
» donne la sainteté, avec cette brillante couronne dont la pureté,
» la pauvreté et la souffrance ont ceint son front innocent, aujour-
» d'hui qu'elle m'est révélée, combien je l'aime, combien je la vénère,

avec quelle douce et sainte confiance je me recommande à son intercession !

Ce matin, je pensais à elle, à la sainte Messe, au *Memento* des morts ; mais avec plus de douceur encore sa pensée me revint à la Communion, afin de la prendre comme ma médiatrice, pour offrir au bon Dieu des actions de grâces moins indignes de ce divin hôte, résidant au fond de mon cœur ; et je vous assure, ma Révérende Mère, que ce ne sera pas une fois seulement que je recourrai ainsi à la fervente petite Sœur Marie-Céline, pour venir au secours de ma faiblesse et de mon indignité.

Tout est humble dans cette jeune fille de dix-neuf ans, considérée d'un regard humain : lieu de naissance, famille, travail, Monastère où elle s'abrite, mort ignorée, sépulture des pauvres. Mais comme tout grandit sous le rayon de la foi, comme tout s'illumine et acquiert un lustre merveilleux, un éclat céleste ! Qui, dans le monde, a jamais parlé, et parlera jamais de Nojals ? Et pourtant, dans les annales de la Sainteté, il faudra dire de Nojals : *Nequaquam minima es in principibus Juda !* Car, de donner le jour à un Saint, n'est-ce pas pour nous, chrétiens, une gloire de beaucoup supérieure à celle d'avoir vu naître un homme d'État ou un grand capitaine ? Qu'est-ce que la prétendue gloire humaine, décernée ou reconnue par le monde, à côté de l'honneur que nous rendons, nous, à un Saint, à une Sainte, en lui érigeant des autels, ou du moins en lui recommandant, avec une légitime confiance, ce que nous avons de plus cher ici-bas, nos intérêts spirituels ? Ah ! ma Révérende Mère, j'entends d'ici la voix d'un de nos grands saints Docteurs du IVᵉ siècle, apostrophant telle ou telle grande ville (de son temps ? ou du nôtre ?) : « Pour moi, une ville dont les citoyens n'honorent pas le Seigneur, est plus méprisable que le premier bourg venu, plus hideuse que la plus obscure caverne. » Retournons (la chose est facile) la pensée du saint Docteur, et nous aurons un magnifique éloge, très vrai, à faire de cet humble bourg de Nojals, berceau de votre bien-aimée Sœur Marie-Céline.

Oui, il est vénérable, pour moi, ce petit bourg perdu dans la Dordogne ; et je le préfère certes à telle et telle grande ville, au nom retentissant et aux monuments somptueux, mais où le bon Dieu est trop peu et trop mal servi.

Cette chrétienne famille Castang, qui la connaissait ? Quelques voisins ou amis ; et même, savaient-ils les trésors de vie surnaturelle et de mérites accumulés dans ces cœurs pieux du père, de la mère, de l'oncle, des frères et sœurs de la chère jeune fille, et enfin d'elle-même ? Et pourtant, au regard de la foi, ne devons-nous

» pas encore, comme je le disais tout à l'heure, contempler avec
» amour et vénération un si bel intérieur de famille, où Dieu trou-
» vait le culte de foi, de charité, d'obéissance, de résignation chré-
» tienne au sein des plus rudes épreuves, qui lui est dû. Et permet-
» tez-moi ici, ma Révérende Mère, de vous avouer que je me sens
» d'autant plus ému devant ce noble caractère de M. Castang, que
» j'ai eu moi-même pour père un homme de la même trempe, du
» même esprit chrétien, d'une même patience au milieu des étreintes
» les plus cruelles d'un mal qui devait finir par me l'enlever.

» Ah ! ce nom de Castang, oui, il est obscur et il demeurera obscur
» pour le monde ; les oreilles du monde ne sont ouvertes que pour
» d'autres noms, prétendus illustres, qui fourmillent de nos jours.
» Mais, que nous faut-il dire et penser de tant de ces personnages,
» aujourd'hui exaltés et glorifiés par la coterie ? Hélas ! ma Révé-
» rende Mère, beaucoup, beaucoup peut-être, *laudantur ubi non*
» *sunt, cruciantur ubi sunt !* Oh ! que le monde est aveugle et trompé
» dans ses hommages à ses idoles !

» Qu'est-ce que je pourrais dire maintenant de votre pieux Monas-
» tère et des neuf à dix mois qu'y vécut votre bien-aimée petite
» Sainte ! Ma Révérende Mère, le mot de saint Paul me vient à
» l'esprit ; permettez-moi de vous le rappeler : *Ego plantavi, Apollo*
» *rigavit, Deus autem incrementum dedit.* Cette œuvre de la sanctifi-
» cation de votre chère enfant a été complexe ; mais le concours
» de toutes ces belles et puissantes causes réunies : la grâce divine,
» la vigilance et les soins des bons parents, les conseils et les prières
» de ses vénérées Supérieures, vous-même, ma Révérende Mère, et
» la bonne Mère Maîtresse des novices, les divers exercices de la vie
» de Communauté, enfin, l'extrême docilité de la chère enfant,
» toutes ces causes réunies travaillant ensemble, ont produit, dans
» l'ordre surnaturel... un véritable chef-d'œuvre.

» Devant cette courte vie de dix-neuf ans, dont à peine une année
» de Monasticat, devant cette courte vie pourtant si sainte et si par-
» faite, je conçois l'exclamation qui termine le pieux ouvrage de la
» Révérende Mère Maîtresse des novices : « Oui, le Seigneur est bien,
» en vérité, admirable dans ses Saints ! » Car, s'il a voulu se servir
» des hommes pour planter et arroser, c'est Lui pourtant qui avait
» infusé la sève si généreuse, c'est Lui qui donna l'accroissement,
» le développement, la floraison précoce, enfin la fructification con-
» sommée. Que restait-il, sinon de transplanter dans le Jardin éter-
» nel du Ciel ce jeune arbuste si magnifique et si docile aux efforts
» et aux soins des Jardiniers de la terre ?

» Ah ! je ferai le même souhait que l'un des écrivains qui ont

» envoyé leurs félicitations au pieux Auteur de cette belle Vie de
» Sœur Marie-Céline. Que le monde ne lit-il de ces pages bénies, qui
» serviraient si puissamment à l'améliorer, à lui faire apprécier ce
» qui mérite véritablement l'estime et l'amour ? Hélas ! on lui donne
» tous les jours, à ce triste monde, la pâture que vous savez ! Mais
» aussi, quelle peine vous avez, au fond de vos cloîtres, pour arrêter
» la colère divine à force de prières et de mortifications ! Je ne con-
» nais pas, je l'avoue, l'état moral de cette grande ville de Bordeaux
» qui, sans le savoir, abritait une si belle vie. Mais, malgré mon
» ignorance sur ce point, serais-je téméraire de penser que les vertus
» et les mérites de votre pieuse et sainte enfant ont conjuré plus
» d'un péril dans cette ville populeuse, et lui ont valu, sans qu'elle
» s'en doutât, plus d'une précieuse bénédiction ? *Credo... Sancto-*
» *rum Communionem !*

» Maintenant que tout est consommé ici-bas, et que la Révérende
» Mère Maîtresse des novices nous a donné ce livre si édifiant, Dieu
» voudra-t-il pousser plus loin encore, et donner à ce chef-d'œuvre
» de sa grâce et de son amour, comme un dernier sceau : celui de la
» glorification, non seulement dans le Ciel (nous pensons tous et
» croyons fermement que c'est déjà fait), mais encore sur la terre ?
» C'est là une question que, sans doute, vous vous êtes posée, ma
» Révérende Mère ; et j'oserai assurer que vos espérances ont trouvé
» plus d'un écho dans les cœurs de ceux qui ont lu la vie de Sœur
» Marie-Céline. Je souhaite qu'avec le temps, vienne, en effet, cette
» consécration solennelle de ce nom si beau et si pur, et que la pha-
» lange déjà si nombreuse des enfants de saint François et de sainte
» Claire glorifiés par le Saint Siège compte un membre, une vierge
» de plus. Il faudra évidemment pour cela du temps, des démarches,
» des prières ; il faudra surtout qu'avec la grâce et l'agrément du
» bon Dieu votre chère enfant ne se borne pas à répandre dans le
» Monastère le parfum des roses et autres fleurs odorantes. Ni vous,
» ma Révérende Mère, ni vos pieuses filles, ni ceux qui l'ont plus
» et mieux connue, ni moi-même, ne la croyons incapable de faire
» davantage. Daigne donc le bon Dieu y mettre la main, comme
» on dit ; et nous verrons une fois de plus, avec infiniment de bon-
» heur, se vérifier pour votre angélique Sœur Marie-Céline, la parole
» prophétique de son divin Époux : *Qui se humiliat exaltabitur !*

» En terminant ce doux entretien avec vous, ma Révérende Mère,
» sur votre sainte enfant, permettez-moi de solliciter pour moi une
» petite prière de la part de votre pieuse Communauté.

» Daignez agréer, avec mes sincères félicitations pour l'honneur
» qui vous revient, et à votre cher Monastère, d'avoir enfanté au

» Ciel cette chère petite Sainte, daignez agréer, ma Révérende Mère,
» l'hommage de mon affectueux et profond respect.

» Votre bien humble serviteur,

» P. G., *tertiaire de Saint-François,*

» Missionnaire apostolique. »

Nous pourrions multiplier le récit des grâces charmantes attribuées à Marie-Céline par ceux qui ont recours à son intercession,...
mais ce serait un volume qu'il faudrait écrire. Si nous ne pouvons
consigner ici toutes les actions de grâces, du moins nous réjouissons-
nous de ce qu'elles sont déjà publiées par la voix du peuple, ce bon
peuple bordelais qui appelle déjà Marie-Céline : « *la Sainte de Talence,*
« *la Sainte aux fleurs* », « *la Sainte aux parfums* ».

EGO FLOS CAMPI ! !

NOTA. — Les personnes qui reçoivent des grâces attribuées à
l'intercession de la Servante de Dieu, Marie-Céline de la Présentation, sont priées de les faire connaître au Monastère des Clarisses,
de Bordeaux-Talence pour servir au Procès de Béatification commencé de l'humble Clarisse, en attendant qu'il plaise à la sainte
Église de la proposer ensuite, dans nos nécessités, comme Médiatrice
auprès du Très-Haut.

Nous terminons la relation des premiers « Prodiges et Faveurs »
attribués à l'intercession de Sœur Marie-Céline par la poésie
suivante de M. l'Abbé Gabard :

VISION DE LA " BELLE DAME "

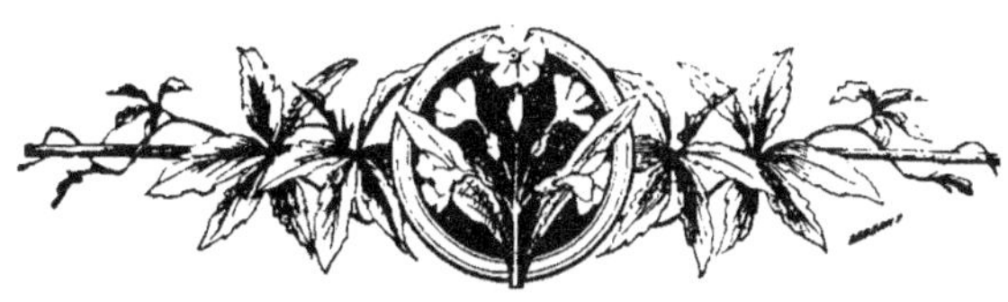

# Une Vierge se meurt !

Pour son Dieu, sous le toit d'un humble monastère,
A l'heure symbolique où se lève le jour,
Dans le beau dénûment du pauvre volontaire,
Une Vierge se meurt de séraphique amour.

Dès l'enfance, elle avait aimé le sacrifice,
Savouré la douleur, sans fléchir sous son poids,
Elle avait soupçonné les douceurs du cilice,
Les âpres voluptés du chemin de la Croix.

Elle était de ce monde où les âmes sont folles,
De cet ardent amour qui, n'aimant que Dieu seul,
Fait mépriser du temps les ivresses frivoles
Pour s'isoler de tout comme dans un linceul.

En un jour d'abandon et de sainte démence,
Comprenant le bonheur que l'on goûte à mourir,
Elle avait dit à Dieu : « Donnez-moi la souffrance,
Pour prouver mon amour, j'ai besoin de souffrir ».

Et la souffrance vint, terrible, inexorable,
Secouer durement ce fragile roseau,
Semblable à l'ouragan dont la rage implacable
Exerce sa fureur sur le jeune arbrisseau.

Supportant, sans faiblir, l'effort de la tourmente,
Comme le fier soldat sous le fer et le feu,
La Vierge, vers Jésus tournant sa lèvre aimante,
Disait avec transport : « Merci, merci, mon Dieu !

Coupez, brûlez, tranchez, je suis votre humble chose,
Faites de moi, Jésus, tout ce qu'il vous plaira ;
Retournez, s'il le faut, l'épine dans la rose,
Et la rose toujours pour vous refleurira.

Coupez, brûlez, tranchez, je suis votre victime,
Faites jusqu'à mourir couler mon sang vermeil,
Loin de moi dans la mort un ténébreux abîme,
J'y vois avec bonheur l'aurore d'un réveil ».

Et lorsque la mort vint pour fermer la paupière
De la Vierge au cœur d'or qui voulait tant souffrir,
La Vierge de Jésus l'attendait en prière,
Aspirant ardemment au signal de partir.

. . . . . . . . . . . . . . .

Mais, avant d'expirer, l'enfant tourna la tête
Du côté droit du lit où son corps virginal
Reposait comme un lis fauché par la tempête...
Tout à coup, souriant d'un sourire idéal :

« Ah ! ne voyez-vous pas cette Dame, dit-elle,
« Là... là, tout près de moi, ne la voyez-vous pas ? »
Sa bouche, par trois fois, répéta : « Qu'elle est belle !
« Ne la voyez-vous point ?... Elle me tend les bras... »

Et sa main essayait, en un pénible geste,
De dire encore : « Voyez cette Dame, voyez ! »
Ses grands yeux contemplaient la vision céleste,
Dans la béatitude et l'extase noyés.

« J'entends des chants sacrés et des cloches qui sonnent. »
Et regardant en face : « Ah ! je vois devant moi
« Je vois des anges blancs, tout blancs... ils me couronnent ».
Et, dans l'enivrement de ce sublime effroi,

Céline souriait d'un sourire angélique,
Puis, dans ce beau sourire, envoyant un adieu,
Comme un enfant s'endort, la Vierge séraphique
S'endormit doucement dans le baiser de Dieu.

A. GABARD,
*Aumônier de l'Ave Maria.*

# TABLE DES MATIÈRES


|  | Pages |
|---|---|
| IMPRIMATUR. | II |
| DÉCLARATION | IV |
| APPROBATION DE SON ÉMINENCE LE CARDINAL LECOT | V |
| APPROBATION DU MINISTRE GÉNÉRAL DE TOUT L'ORDRE DES FRÈRES MINEURS | VI |
| LETTRE ADRESSÉE A L'AUTEUR PAR LE R. P. DEHON | VII |
| LETTRE ADRESSÉE A L'AUTEUR PAR LE COMTE GANDELET | X |
| LETTRE ADRESSÉE A L'AUTEUR PAR M. VILLEFRANCHE | XIV |
| LETTRE ADRESSÉE A L'AUTEUR PAR LE R. P. COLLOMB | XVI |
| APPROBATION DE LA PRÉCÉDENTE ÉDITION | XIX |
| PRÉFACE DE L'AUTEUR | XX |
| INTRODUCTION | XXI |


## CHAPITRE I

### JEANNE-GERMAINE CASTANG


| | |
|---|---|
| Le village de Nojals-Clottes | 1 |
| L'église de Nojals | 3 |
| La maison Paternelle. | 4 |
| Naissance de Jeanne-Germaine Castang | 4 |
| Une famille patriarcale | 5 |
| Religion, honneur, devoir, c'est de famille » | 5 |
| Le berceau d'osier | 5 |
| Plutôt avoir cent enfants que d'en perdre un seul ! | 6 |
| Des parents chrétiens | 7 |
| La cinquième bénédiction du foyer | 7 |
| Le grain le plus vermeil de la grappe de famille | 7 |
| Que sera cette enfant ? » | 8 |


## CHAPITRE II

### UNE FAMILLE CHRÉTIENNE — ENFANCE DE GERMAINE


| | |
|---|---|
| « Le regard en haut on peut chanceler, mais jamais on ne tombe » | 9 |
| La foi robuste du paysan de la Dordogne ressemble à celle du paysan breton | 9 |
| « Mes enfants, a genoux, pour remercier la Très Sainte Vierge ». | 10 |
| « Un sou donné au pauvre n'appauvrit jamais » | 10 |
| Un oncle dévoué | 12 |
| La vocation d'une sœur aînée | 12 |
| Le ruisseau de Nojals | 14 |

Pages

« Traversons le ruisseau » . . . . . . . . . . . . . . . . . . . . . . . 15
Amusement néfaste . . . . . . . . . . . . . . . . . . . . . . . . . . 16
« La bonne Dame sainte Anne » . . . . . . . . . . . . . . . . . . . . 17

## CHAPITRE III

### CARACTÈRE DE GERMAINE

Germaine entend une voix que le monde ignore . . . . . . . . . . . . . . . 19
Vox dilecti . . . . . . . . . . . . . . . . . . . . . . . . . . . . . 19
Le lis de Nojals . . . . . . . . . . . . . . . . . . . . . . . . . . . 20
Germaine se fait « la bonne accoutumée de ses frères et sœurs » . . . . . . . . 20
Consommée en peu de temps, elle devait remplir un grand nombre de jours . . . . 20
Les mères sont des docteurs à part . . . . . . . . . . . . . . . . . . . 21
« Il faut s'habituer à tout, on ne sait pas ce que l'avenir réserve » . . . . . . . . 22
L'éternelle lutte entre la terrestre nature et la céleste grâce . . . . . . . . . . 22
Une page des malheurs de Germaine : la robe framboisée . . . . . . . . . . . 23
« Moi je veux voir Guignol » . . . . . . . . . . . . . . . . . . . . . . 25
Guignol ne laisse pas que de doux souvenirs . . . . . . . . . . . . . . . . 26
Le plus gros péché de Germaine . . . . . . . . . . . . . . . . . . . . 26
Le respect dû au bien d'autrui . . . . . . . . . . . . . . . . . . . . . 28

## CHAPITRE IV

### MARIE, REINE ET MÈRE D'UNE FAMILLE CHRÉTIENNE

« Je veux mourir religieuse » . . . . . . . . . . . . . . . . . . . . . . 31
Les hardiesses de Germaine à six ans . . . . . . . . . . . . . . . . . . 32
Le chapelet récité en famille . . . . . . . . . . . . . . . . . . . . . . 33
Il y a des chrétiens qui vivent et qui meurent avec l'Ave Maria sur les lèvres . . 33
Notre-Dame du Perpétuel Secours sauve Mᵐᵉ Castang d'une mort imminente . . . 33
Une brassée de lis offerte à la Vierge Marie . . . . . . . . . . . . . . . . 34
C'est à la suite de Marie que les vierges sont présentées au Roi . . . . . . . . 35

## CHAPITRE V

### CHARITÉ DE LA MÈRE. — HÉROÏSME DE LA FILLE. —
### GERMAINE S'OFFRE EN VICTIME

Parler des vertus de la mère c'est parler de celles de la fille . . . . . . . . . . 36
Héroïsme de Mᵐᵉ Castang . . . . . . . . . . . . . . . . . . . . . . . 37
« Nous sommes sûrs d'être prédestinés pour le ciel si nous pratiquons de tout notre
  cœur la miséricorde envers le prochain » . . . . . . . . . . . . . . . . 38
Gracieuse hospitalité offerte aux hirondelles . . . . . . . . . . . . . . . . 38
Gazouillis d'oiseaux et gazouillements d'enfants . . . . . . . . . . . . . . . 38
Germaine à dix ans pleure près de nombreuses croix . . . . . . . . . . . . . 38
Elle devient une héroïne, elle s'offre en victime . . . . . . . . . . . . . . . 39
Germaine est faussement accusée de mensonge . . . . . . . . . . . . . . . 41
Admirable silence ; comme Jésus elle se taisait . . . . . . . . . . . . . . . 41

## CHAPITRE VI

### L'ADIEU AU PAYS. — CRUELLES MORTS. — TRISTES SÉPARATIONS


Pages

Rien de plus douloureux que l'adieu au pays . . . . . . . . . . . . . . . . . . . 42
Arrivée à Bordeaux . . . . . . . . . . . . . . . . . . . . . . . . . . . . . . . . 43
Modestie de Germaine. . . . . . . . . . . . . . . . . . . . . . . . . . . . . . . 43
Germaine entre le 7 février 1891 à la salle de chirurgie, route de Bayonne . . . . 44
Elle se livre courageusement entre les mains des chirurgiens . . . . . . . . . . . 44
« J'aurais bien voulu ne pas me réveiller et aller au ciel ». . . . . . . . . . . . . 44
« Voyez Germaine comme elle prie bien » . . . . . . . . . . . . . . . . . . . . . 45
M. et M^me Castang perdent deux enfants en dix jours. . . . . . . . . . . . . . . 45
Sur les joues de ceux qui pleurent le Créateur essuiera toutes les larmes . . . . . 46
Maladie de Louis Castang . . . . . . . . . . . . . . . . . . . . . . . . . . . . . 47
Lorsque Dieu fait abonder les croix sur nos épaules, dans le cœur il fait surabonder
   ses grâces . . . . . . . . . . . . . . . . . . . . . . . . . . . . . . . . . . . 47
Étrange tentative : « Je te donnerai tout cela si tu veux te prosterner devant moi et
   m'adorer » . . . . . . . . . . . . . . . . . . . . . . . . . . . . . . . . . . . . 49
Vade. . . . . . . . . . . . . . . . . . . . . . . . . . . . . . . . . . . . . . . . . 49
Protection miraculeuse de Notre-Dame de Talence . . . . . . . . . . . . . . . . . 50


## CHAPITRE VII

### LE BAISER DE LA JOIE ET LE BAISER DE LA DOULEUR


Entrée de Germaine au pensionnat de Nazareth . . . . . . . . . . . . . . . . . . 51
Germaine est surnommée : l'ange de l'atelier. . . . . . . . . . . . . . . . . . . . 52
Les religieuses de Nazareth font l'éloge de l'ange de la douceur. . . . . . . . . . 52
Première Communion, 12 juin 1892. . . . . . . . . . . . . . . . . . . . . . . . . 53
A la Confirmation, Germaine reçoit le nom de Claire . . . . . . . . . . . . . . . 53
L'éloge paternel. . . . . . . . . . . . . . . . . . . . . . . . . . . . . . . . . . . 53
Mort de M^me Castang . . . . . . . . . . . . . . . . . . . . . . . . . . . . . . . 55
Le voyage du 30 décembre . . . . . . . . . . . . . . . . . . . . . . . . . . . . . 55
Le toit hospitalier . . . . . . . . . . . . . . . . . . . . . . . . . . . . . . . . . 56
« C'est donc fini, je ne verrai plus ma mère ! » . . . . . . . . . . . . . . . . . . 57
Germaine triomphe de l'agonie de son âme pour devenir la consolatrice des siens . 58
Comment fut conduite à sa dernière demeure la mère de douze enfants . . . . . . 58
Le 1^er janvier 1893 . . . . . . . . . . . . . . . . . . . . . . . . . . . . . . . . . 59
Mort édifiante de Louis Castang . . . . . . . . . . . . . . . . . . . . . . . . . . 60


## CHAPITRE VIII

### DIEU SEUL


Les trois sœurs prennent le chemin de Nazareth. . . . . . . . . . . . . . . . . . 62
Dieu sépare Germaine de tous ceux qu'elle aime . . . . . . . . . . . . . . . . . 63
Départ de Lubine et de Lucia pour Saint-Joseph d'Aubenas. . . . . . . . . . . . 63
Les désirs de Germaine sont changés en tourment . . . . . . . . . . . . . . . . . 64

Pages

Plaintes fraternelles . . . . . . . . . . . . . . . . . . . . . . . . . . 65
« Je puise le courage dans l'aliment divin » . . . . . . . . . . . . . . . . 65
« Le bon Dieu l'a permis ainsi, il ne faut donc pas murmurer » . . . . . . . . . 67
Germaine ange de paix ; « bienheureux ceux qui sont doux ! . . . . . . . . . . 69
Trois jours dans les larmes . . . . . . . . . . . . . . . . . . . . . . 69
Le divin Enfant de la Crèche a une petite main, cependant elle est grande en
    grâces . . . . . . . . . . . . . . . . . . . . . . . . . . . . . 70
« Que vais-je donc devenir si je n'ai plus personne ? » . . . . . . . . . . . . 71
Le dernier coup de vent de la tempête la pousse au port . . . . . . . . . . . 72

## CHAPITRE IX

### LE MONASTÈRE DE L'AVE MARIA

Le 2 août 1893. . . . . . . . . . . . . . . . . . . . . . . . . . . . . 74
Saint François et Sainte Claire. . . . . . . . . . . . . . . . . . . . . . 74
La chapelle de l'*Ave-Maria* consacrée par son Éminence le cardinal Lecot . . . . 76
« L'*Ave-Maria* hors les murs ». . . . . . . . . . . . . . . . . . . . . . 77
Le Lundi de Pâques 1896 . . . . . . . . . . . . . . . . . . . . . . . . 77
Germaine frappe au monastère ; il lui est ouvert . . . . . . . . . . . . . . 77
Lettre à Marie de Saint-Germain. . . . . . . . . . . . . . . . . . . . . . 78
Le vrai bonheur n'est pas ici-bas, mais on le possède lorsqu'on est à Jésus sans
    retour . . . . . . . . . . . . . . . . . . . . . . . . . . . . . 80
Le passe-port de Germaine : bienheureux les pères et les mères qui n'ont pas refusé
    à Dieu les enfants qu'il leur réclamait . . . . . . . . . . . . . . . . 81
« Je ne me coucherai pas avant d'avoir dit mon chapelet » . . . . . . . . . . 82
Dernière entrevue de Germaine avec son père et sa famille. . . . . . . . . . . 82
Adieu, Germaine... adieu... demain tu nous auras quittés. *Ecce venio* . . . . . . 83
Germaine lutte contre son frère : « Tu auras beau dire et beau faire, je me cloîtrerai
    parce que c'est ma vocation ». . . . . . . . . . . . . . . . . . . . 86

## CHAPITRE X

### LA MEILLEURE PART

Le 12 juin 1896, Germaine entre dans le tombeau de la clôture . . . . . . . . . 87
Elle entre au Monastère pour apprendre à mourir . . . . . . . . . . . . . . 87
Les maîtresses de Nazareth lui donnent leurs larmes et leurs regrets . . . . . . 88
*Attollite portas vestras* . . . . . . . . . . . . . . . . . . . . . . . . 88
Naïf étonnement de Germaine . . . . . . . . . . . . . . . . . . . . . . 89
*Omnis homo mendax* : tout homme est menteur . . . . . . . . . . . . . . . 90
Victoire décisive . . . . . . . . . . . . . . . . . . . . . . . . . . . 92
« Laissez-moi m'humilier » . . . . . . . . . . . . . . . . . . . . . . . 92
« Que suis-je pour qu'on s'occupe ainsi de moi ? » . . . . . . . . . . . . . . 94
« Je veux tuer mon moi et saccager ma nature » . . . . . . . . . . . . . . . 94
« S'immoler pleinement ». . . . . . . . . . . . . . . . . . . . . . . . 94
« Ce n'est pas si difficile que cela d'aller au ciel puisqu'il n'y a qu'à souffrir » . . . 95
Tout était céleste en Germaine. . . . . . . . . . . . . . . . . . . . . . 96
« Voilà une boiteuse qui marche joliment droit ! ». . . . . . . . . . . . . . . 96

## CHAPITRE XI

### AMOUR ET SACRIFICE. — MERVEILLEUSE RÉCOMPENSE


Pages

Germaine devient le bourreau de son cœur. . . . . . . . . . . . . . . . . . . . . . 97
N. S. lui demande des sacrifices dans son oraison . . . . . . . . . . . . . . . . 98
« Oh ! je vous en prie, laissez-moi être pauvre comme les autres ! » . . . . . . . . 99
Une petite âme. . . . . . . . . . . . . . . . . . . . . . . . . . . . . . . . . 100
La petite sainte du Noviciat. . . . . . . . . . . . . . . . . . . . . . . . . . . 100
Merveilleuse récompense : la cellule rangée par les anges. . . . . . . . . . . . 102
L'obéissant racontera des victoires. . . . . . . . . . . . . . . . . . . . . . . 103
Admission de Germaine à la Vêture . . . . . . . . . . . . . . . . . . . . . . . 104
« Voilà ma famille, c'est trop de bonheur » . . . . . . . . . . . . . . . . . . . 105
Une heure de céleste bonheur. . . . . . . . . . . . . . . . . . . . . . . . . . 105
L'Agendo-Contra. . . . . . . . . . . . . . . . . . . . . . . . . . . . . . . . . 105
Germaine veut briser sa plume. . . . . . . . . . . . . . . . . . . . . . . . . . 106
Plus les âmes s'aiment, plus leur langage est court . . . . . . . . . . . . . . . 108


## CHAPITRE XII

### LA PRISE D'HABIT


Le journal de Germaine. Premier jour, la petite guerre. . . . . . . . . . . . . 111
Deuxième jour, obéissance et humilité . . . . . . . . . . . . . . . . . . . . . 111
Troisième jour : coupez, brûlez, tranchez, faites de moi, ô Jésus, ce qu'il vous plaira 113
O mon Dieu, mille fois merci . . . . . . . . . . . . . . . . . . . . . . . . . . 114
Résolutions de retraite . . . . . . . . . . . . . . . . . . . . . . . . . . . . . 115
Examen de conscience. . . . . . . . . . . . . . . . . . . . . . . . . . . . . . 115
« C'est aujourd'hui la fête d'une Vierge : recherchons la pureté » . . . . . . . . . 116
Présentation en fleurs et présentation en fruits . . . . . . . . . . . . . . . . 117
Veni sponsa Christi . . . . . . . . . . . . . . . . . . . . . . . . . . . . . . . 117
Jeanne-Germaine Castang s'appelle désormais sœur Marie-Céline de la Présentation. 118
Il y a des offrandes que Dieu agrée toujours. . . . . . . . . . . . . . . . . . . 119
Le rendez-vous au ciel . . . . . . . . . . . . . . . . . . . . . . . . . . . . . 119
« Supportez-moi en votre présence comme une petite fleur ! » . . . . . . . . . . . 122
Lettre d'une pieuse sœur . . . . . . . . . . . . . . . . . . . . . . . . . . . . 122
Lettre d'un oncle chrétien. . . . . . . . . . . . . . . . . . . . . . . . . . . . 124


## CHAPITRE XIII

### LE DÉSERT A FLEURI. — DIEU A MOISSONNÉ


L'ombre de la mort se présente : « La mort ne m'effraye nullement, au contraire » . 126
Maladie foudroyante de sœur Marie-Éléonore de Saint-Joseph, sa sainte mort . . . 126
Dévouement de Marie-Céline. . . . . . . . . . . . . . . . . . . . . . . . . . . 127
« Soyez tranquille, quand je serai morte, vous n'aurez pas peur » . . . . . . . . . 128
Témoignage d'une compagne : elle était parfaite en tout . . . . . . . . . . . . 129
Elle était comme une ombre d'ange qui traversait le monastère. . . . . . . . . . 129
Charitas, gaudium, pax . . . . . . . . . . . . . . . . . . . . . . . . . . . . . 130
Marie-Céline est charitable, mais elle n'est pas faible . . . . . . . . . . . . . 131

## CHAPITRE XIV

### L'ÉPREUVE


Pages

Marie-Céline demande la souffrance à Dieu et Il lui répond . . . . . . . . . . . 133
Le Seigneur nous l'avait donnée, le Seigneur veut nous l'ôter : que son saint Nom
    soit béni . . . . . . . . . . . . . . . . . . . . . . . . . . . . . . . . . . . . . 134
L'heure d'angoisse . . . . . . . . . . . . . . . . . . . . . . . . . . . . . . 135
Énergie de Marie-Céline dans la souffrance . . . . . . . . . . . . . . . . . 138
Ravissants excès de la charité . . . . . . . . . . . . . . . . . . . . . . . . . . 139
Jugement parfait . . . . . . . . . . . . . . . . . . . . . . . . . . . . . . . . 140
Douleur et résignation des parents . . . . . . . . . . . . . . . . . . . . . . . 141
Sollicitude de pieux amis . . . . . . . . . . . . . . . . . . . . . . . . . . . . . 142


## CHAPITRE XV

### COMBAT ET TRIOMPHE


Marie-Céline entre dans la cellule de l'infirmerie le jour de l'Épiphanie . . . . . . 145
Sa contemplation devant la Crèche . . . . . . . . . . . . . . . . . . . . . . . 145
Rage de l'enfer : « J'ai peur » . . . . . . . . . . . . . . . . . . . . . . . . . 147
Sollicitude d'un prince de l'Église . . . . . . . . . . . . . . . . . . . . . . . 148
Son Éminence le cardinal Lecot visite Marie-Céline sur son lit de douleur . . . . . 148
Fidélité de Marie-Céline à ses Règles . . . . . . . . . . . . . . . . . . . . . 149
Impression qu'elle produisait : lettre d'une amie . . . . . . . . . . . . . . . . 150
Vœu d'une bienfaitrice à Notre-Dame de Lourdes . . . . . . . . . . . . . . . . 151
Marie-Céline pleure dans la crainte d'être guérie par tant de prières . . . . . . . 151
Elle veut être violette d'humilité, rose de charité, lis de pureté et sainte à tout
    prix . . . . . . . . . . . . . . . . . . . . . . . . . . . . . . . . . . . . . . . . 152


## CHAPITRE XVI

### LES SAINTS VŒUX


Céleste aurore dans une première nuit de printemps . . . . . . . . . . . . . . 157
Le bonheur de mourir . . . . . . . . . . . . . . . . . . . . . . . . . . . . . . 158
Le 21 mars, Marie-Céline reçoit le saint Viatique et l'Extrême-Onction . . . . . . 159
Elle prononce les quatre grands vœux de l'Ordre . . . . . . . . . . . . . . . . . 162
Marie-Céline professe de l'Ordre de Sainte-Claire . . . . . . . . . . . . . . . . 163
« Dieu a commencé de me tuer, il faut qu'il achève » . . . . . . . . . . . . . . . 165
Le baiser de paix . . . . . . . . . . . . . . . . . . . . . . . . . . . . . . . . 165
La bague de Jésus-Céline . . . . . . . . . . . . . . . . . . . . . . . . . . . . 166
Fiat . . . . . . . . . . . . . . . . . . . . . . . . . . . . . . . . . . . . . . . 166
L'acte de profession de Marie-Céline demeure écrit dans les archives du Monastère . 166

## CHAPITRE XVII

### L'ATTENTE DU CIEL


Pages

« Je meurs sans regrets » . . . . . . . . . . . . . . . . . . . . . . . . . . . . . . 169
Le *Fiat* de Marie de Saint-Germain . . . . . . . . . . . . . . . . . . . . . . 170
Dernière lettre de Marie-Céline à son père . . . . . . . . . . . . . . . . . . 173
Les fraises du 5 avril . . . . . . . . . . . . . . . . . . . . . . . . . . . . . . . . 173
Quatre lentilles . . . . . . . . . . . . . . . . . . . . . . . . . . . . . . . . . . . . 174
« Je n'ai plus rien sur la terre... j'attends la vie éternelle ». . . . . . . . . . 174
« Le démon ne sait mordre que celui qui veut bien être mordu » . . . . . . . . . . 175
Craintes et alarmes . . . . . . . . . . . . . . . . . . . . . . . . . . . . . . . . . 175
Frémissement de douleur . . . . . . . . . . . . . . . . . . . . . . . . . . . . . . 176
*Hortus conclusus :* le jardin fermé . . . . . . . . . . . . . . . . . . . . . . . 177
Les parfums de violettes . . . . . . . . . . . . . . . . . . . . . . . . . . . . . . 178
Merveilleux parfums de fleurs d'orangers . . . . . . . . . . . . . . . . . . . . 180
L'entrevue du 20 avril . . . . . . . . . . . . . . . . . . . . . . . . . . . . . . . . 182
Un baiser pour adieu . . . . . . . . . . . . . . . . . . . . . . . . . . . . . . . . . 185


## CHAPITRE XVIII

### BÉNI TRÉPAS


« Surtout qu'on ne pleure pas quand je mourrai » . . . . . . . . . . . . . . . . . 186
Encensoir embaumé . . . . . . . . . . . . . . . . . . . . . . . . . . . . . . . . . . 187
« Les supérieurs commandent, ils ne demandent pas › . . . . . . . . . . . . . . 187
Le voile de tout le monde . . . . . . . . . . . . . . . . . . . . . . . . . . . . . . 188
Poétique photographie du Cloitre . . . . . . . . . . . . . . . . . . . . . . . . . . 189
Le Ciel a versé son parfum et la tourterelle a fait entendre sa voix . . . . . . 191
Reconnaissance de Marie-Céline . . . . . . . . . . . . . . . . . . . . . . . . . . . 192
Impressions extraordinaires qu'on ressent auprès d'elle . . . . . . . . . . . . . 193
DIEU m'a envoyé ce que je lui ai demandé . . . . . . . . . . . . . . . . . . . . . 196
Mystérieuse psalmodie . . . . . . . . . . . . . . . . . . . . . . . . . . . . . . . . 197
Parfums célestes . . . . . . . . . . . . . . . . . . . . . . . . . . . . . . . . . . . 198
Les dix-neuf ans de Marie-Céline. — « Que ce petit bout de moi meure ». . . . . . 199
Héroïque offrande . . . . . . . . . . . . . . . . . . . . . . . . . . . . . . . . . . 200
Le chant du cygne et le sifflement du serpent . . . . . . . . . . . . . . . . . . 203
Dernier dépouillement — dernières recommandations . . . . . . . . . . . . . . . 204
Dernière agonie . . . . . . . . . . . . . . . . . . . . . . . . . . . . . . . . . . . 207
Les derniers assauts du démon . . . . . . . . . . . . . . . . . . . . . . . . . . . 207
Vision d'une « belle Dame » et d'une petite troupe vêtue de blanc . . . . . . . . 209
Mort de Marie-Céline . . . . . . . . . . . . . . . . . . . . . . . . . . . . . . . . 209
Priez pour nous, ne nous oubliez pas . . . . . . . . . . . . . . . . . . . . . . . 210


## CHAPITRE XIX

### LES FUNÉRAILLES


Céleste beauté de la défunte . . . . . . . . . . . . . . . . . . . . . . . . . . . . 211
Touchante consolation . . . . . . . . . . . . . . . . . . . . . . . . . . . . . . . . 212
Parfums suaves à la porte de la chambre mortuaire . . . . . . . . . . . . . . . . 213

Pages

La mise au cercueil . . . . . . . . . . . . . . . . . . . . . . . . . . . . . . . 214
Le passage sous les cloîtres . . . . . . . . . . . . . . . . . . . . . . . . . . 214
Exposition de la défunte . . . . . . . . . . . . . . . . . . . . . . . . . . . . 215
« Je l'ai vue dans son cercueil, indigne écrin d'une perle si précieuse ». . . . . . . . 216
« Lis brisé » . . . . . . . . . . . . . . . . . . . . . . . . . . . . . . . . . . . 217
Dernières cérémonies . . . . . . . . . . . . . . . . . . . . . . . . . . . . . . 217
Le retour du cimetière . . . . . . . . . . . . . . . . . . . . . . . . . . . . . . 218
« Je repose en paix à l'ombre de la croix que j'ai tant aimée ». . . . . . . . . . . 219
DIEU est admirable dans ses Saints . . . . . . . . . . . . . . . . . . . . . . . 219

# TABLE DU SUPPLÉMENT


                                                 Pages

IMPRIMATUR . . . . . . . . . . . . . . . . . . . . . . . . . . . . . . . . . 222
LETTRE ADRESSÉE A L'AUTEUR PAR SON ÉMINENCE LE CARDINAL LECOT, ARCHEVÊ-
    QUE DE BORDEAUX. . . . . . . . . . . . . . . . . . . . . . . . . . . . . 223
DÉCLARATION . . . . . . . . . . . . . . . . . . . . . . . . . . . . . . . 224
AVANT-PROPOS . . . . . . . . . . . . . . . . . . . . . . . . . . . . . . . 225

Sœur Marie-Céline de la Présentation . . . . . . . . . . . . . . . . . . . 227
La cellule de Marie-Céline. . . . . . . . . . . . . . . . . . . . . . . . . . 230
Rapport de M^me N.. . . . . . . . . . . . . . . . . . . . . . . . . . . . . 230
L'ombre blanche près du cimetière . . . . . . . . . . . . . . . . . . . . . 232
L'encens et les photographies . . . . . . . . . . . . . . . . . . . . . . . . 232
L'encens et Fleur du Cloître. . . . . . . . . . . . . . . . . . . . . . . . . 233
Incrédulité et parfums. . . . . . . . . . . . . . . . . . . . . . . . . . . . 233
« Oh ! que cela sent bon ! » . . . . . . . . . . . . . . . . . . . . . . . . . 234
Le 29 mai 1898 . . . . . . . . . . . . . . . . . . . . . . . . . . . . . . . 234
Attestation de Juliette Frétier . . . . . . . . . . . . . . . . . . . . . . . 234
Attestation de Louise Labat. . . . . . . . . . . . . . . . . . . . . . . . . 234
Attestation de Catherine Laffitte, . . . . . . . . . . . . . . . . . . . . . 235
Attestation de M^me Vve Lebailly. . . . . . . . . . . . . . . . . . . . . . 235
Attestation de M. Jean-Antoine Malet, facteur. . . . . . . . . . . . . . . 236
Parfums à la chapelle. . . . . . . . . . . . . . . . . . . . . . . . . . . . . 236
Parfums et consolation . . . . . . . . . . . . . . . . . . . . . . . . . . . 236
Attestation de M^lle Maria X . . . . . . . . . . . . . . . . . . . . . . . . 237
Attestation de M^lle Laure Jougla. . . . . . . . . . . . . . . . . . . . . . 237
Le 21 mars 1899 : pluie de parfums . . . . . . . . . . . . . . . . . . . . . 238
    Sœur Céline, venez à mon aide ! — N'ayez pas peur ! » . . . . . . . . . . 239
La cave embaumée . . . . . . . . . . . . . . . . . . . . . . . . . . . . . . 240
L'ancienne place de Marie-Céline au Noviciat . . . . . . . . . . . . . . . 240
    L'encens sortit de la terre ! . . . . . . . . . . . . . . . . . . . . . . . . 241
La Toussaint 1898 et le 2 novembre . . . . . . . . . . . . . . . . . . . . 241
Chants et mélodies . . . . . . . . . . . . . . . . . . . . . . . . . . . . . . 241
Le *Dies iræ* dans la cellule de Marie-Céline . . . . . . . . . . . . . . . . 242
Guérison de M. Gabriel Bonthoux de Clelles-en-Trièves (Isère) . . . . . . 243
Guérison d'un père de famille . . . . . . . . . . . . . . . . . . . . . . . . 245
Guérison de M^me Cousseau, de Bordeaux . . . . . . . . . . . . . . . . . 246
Une faveur de Sœur Céline . . . . . . . . . . . . . . . . . . . . . . . . . 247
Amélioration frappante . . . . . . . . . . . . . . . . . . . . . . . . . . . 248
Guérison de la T. R. Mère Abbesse des Clarisses de C . . . . . . . . . . . 248
Lettre de M. l'Abbé Ramonet, aumônier de l'Assomption de Bordeaux . . . . 251
« La céleste Céline vient de s'intéresser tout particulièrement à moi » . . . . 252
Une guérison. . . . . . . . . . . . . . . . . . . . . . . . . . . . . . . . . . 253
Lettre de la R. Mère Stanislas, Assistante. . . . . . . . . . . . . . . . . . 254
Le chapelet de Sœur Céline . . . . . . . . . . . . . . . . . . . . . . . . . 254
Une mèche des cheveux de Marie-Céline . . . . . . . . . . . . . . . . . . 255

Pages

Un cheveu de Sœur Céline . . . . . . . . . . . . . . . . . . . . . . 255
Soulagement subit dans une chute épouvantable. . . . . . . . . . . . . . 255
Une guérison au Carmel de C. . . . . . . . . . . . . . . . . . . . . . 256
« Oui, Marie-Céline est bien puissante... » Lettre de Belgique . . . . . . . . . 258
Une guérison en Belgique . . . . . . . . . . . . . . . . . . . . . . . 258
Lettre de M. H. de V. . . . . . . . . . . . . . . . . . . . . . . . . 260
Colombes et roses ! . . . . . . . . . . . . . . . . . . . . . . . . . 260
« Surtout, gardez bien la relique de la petite Sainte... Oui, je l'ai vue !.. » . . . . . 261
Secours d'argent imprévu . . . . . . . . . . . . . . . . . . . . . . . 262
Conversion d'une grand'mère. . . . . . . . . . . . . . . . . . . . . . 262
« Louons Dieu dans ses Saints » . . . . . . . . . . . . . . . . . . . . 262
Conversion d'un Franc-Maçon . . . . . . . . . . . . . . . . . . . . . 263
Une bonne mort . . . . . . . . . . . . . . . . . . . . . . . . . . 264
Du travail dans un atelier . . . . . . . . . . . . . . . . . . . . . . . 264
Règlement de compte sans perte . . . . . . . . . . . . . . . . . . . . 265
Vol mystérieux d'une tourterelle le jour des funérailles de Marie-Céline . . . . . . 265
« Montrez-moi, je vous prie, les Traces de la Sainte ! » . . . . . . . . . . . . 266
Exhumation et translation. . . . . . . . . . . . . . . . . . . . . . . 267
Souvenir de la veille de la Toussaint 1897 . . . . . . . . . . . . . . . . . 268
Voix mystérieuse au cimetière . . . . . . . . . . . . . . . . . . . . . 268
Le cercueil tout neuf . . . . . . . . . . . . . . . . . . . . . . . . . 269
*Benedicite omnia opera Domini Domino ! !* . . . . . . . . . . . . . . . . 269
Parfums de verveine, d'encens et d'aromates s'échappent du virginal cercueil . . . 270
Le triple cercueil de sapin, de chêne et de plomb est déposé dans le nouveau terrain. 272
Copie du Manuscrit sur parchemin enfermé dans le cercueil. . . . . . . . . . 272
Lettre du T. R. Père Léonard d'Estaires, Ministre Provincial. . . . . . . . . . 273
Une lettre de Chicago. . . . . . . . . . . . . . . . . . . . . . . . . 274
    ouble grâce : lettre de Troyes (Aube) . . . . . . . . . . . . . . . . . 274
Parfums sortant de « l'histoire de Marie-Céline » . . . . . . . . . . . . . . 275
Lettre de M. Louis Gourreau . . . . . . . . . . . . . . . . . . . . . . 275
Action de grâces . . . . . . . . . . . . . . . . . . . . . . . . . . 275
Guérison d'une fillette . . . . . . . . . . . . . . . . . . . . . . . . 276
Un petit sachet sous un oreiller . . . . . . . . . . . . . . . . . . . . . 276
Un fragment de linge de Marie-Céline sur un petit berceau . . . . . . . . . . 276
Des parfums à bord. . . . . . . . . . . . . . . . . . . . . . . . . . 277
« Et vous aussi, sentez, ma chère petite ! » . . . . . . . . . . . . . . . . 278
« L'enfant du miracle » ou la petite Marie-Céline Laffitte . . . . . . . . . . . 279
Une lettre de Fort-de-France, Martinique . . . . . . . . . . . . . . . . . 280
Double protection . . . . . . . . . . . . . . . . . . . . . . . . . 280
Lettre de Mᵐᵉ B. de Bordeaux . . . . . . . . . . . . . . . . . . . . . 280
Maison louée . . . . . . . . . . . . . . . . . . . . . . . . . . . . 281
Scandale évité . . . . . . . . . . . . . . . . . . . . . . . . . . . 281
Pieuse ouvrière . . . . . . . . . . . . . . . . . . . . . . . . . . . 282
Chants mystérieux : lettre de Mᵐᵉ Gourreau, de Talence . . . . . . . . . . . 282
Plaie guérie ; opération évitée . . . . . . . . . . . . . . . . . . . . . 283
Lettre de Mˡˡᵉ Jeanne de Hercé ; double guérison . . . . . . . . . . . . . . 283
Enfant « radicalement guéri ». . . . . . . . . . . . . . . . . . . . . . 284
Une demi-heure de parfums . . . . . . . . . . . . . . . . . . . . . . 285
Parfums de fleurs d'orangers. — « Avez-vous des roses ? » Lettre de Mᵐᵉ de H. . . 288
Le parfum de verveine : lettre de Mᵐᵉ de G. . . . . . . . . . . . . . . . 289
Lettre d'une dame des environs de Cambrai. . . . . . . . . . . . . . . . 290
Le petit fragment blanc . . . . . . . . . . . . . . . . . . . . . . . . 291
Action de grâces . . . . . . . . . . . . . . . . . . . . . . . . . . 291
Lettre d'un missionnaire de Chine . . . . . . . . . . . . . . . . . . . . 292
*Ego flos campi* . . . . . . . . . . . . . . . . . . . . . . . . . . 295
Nota. . . . . . . . . . . . . . . . . . . . . . . . . . . . . . . . 296

# AU MONASTÈRE DES CLARISSES
## de Bordeaux-Talence (Gironde)

*On trouvera :*

**FLEUR DU CLOÎTRE** : Vie abrégée de la Servante de Dieu Sœur Marie-Céline de la Présentation, très illustrée, avec nombreux dessins à la plume. 2 fr. franco.

**FLEUR DU CLOÎTRE** : Vie abrégée de la Servante de Dieu, 10e mille, in-12, 2 fr.; franco, 2 fr. 50.

**A LILY OF FRANCE** : Petite vie, en anglais, illustrée en couleur, édition de luxe, 2 fr. 50 ; franco, 3 fr.

**PRODIGES ET FAVEURS** multiples attribués à la Servante de Dieu Sœur Marie-Céline de la Présentation (1897 à 1923) ; 6 fr.; franco, 7 fr.

### PHOTO ARTISTIQUE
Grande : 25 fr.; moyennes : 10 fr. et 4 fr. ; petite (0.13 × 0,9) : 2 fr.

### IMAGES
60 centimes et 15 centimes l'unité ; la douzaine : 6 fr. et 1 fr. 50.

*On recevra avec grande reconnaissance au Monastère de Bordeaux-Talence les aumônes offertes par la charité des pieux fidèles.*

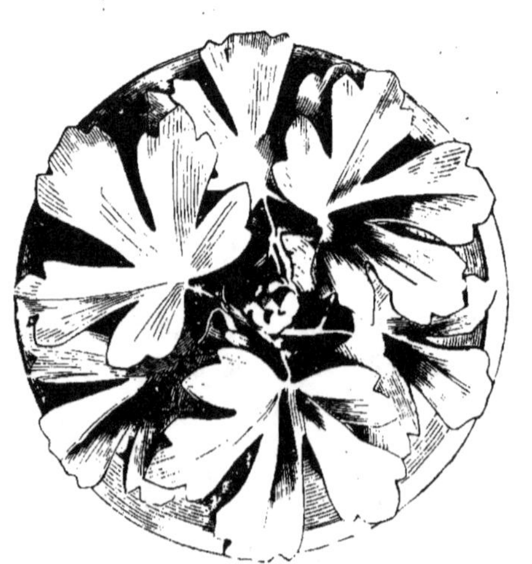